高等职业教育财经商贸类新编系列教材·连锁经营管理专业

连锁企业门店营运管理
（第 3 版）

范　征　主　编

喻文丹　喻　合　副主编

曹升洋　主　审

电子工业出版社

Publishing House of Electronics Industry

北京·BEIJING

内 容 简 介

本书根据连锁企业门店（主要是大型连锁超市）营运的工作内容编写，以连锁企业门店营运管理必备的理论知识和岗位技能为主线，以实用技能训练为核心，以大量取自连锁企业门店营运管理的实践案例为补充，通过对典型实践性问题的提出及相应情境的创设，让学习者"在学中做，在做中学"，循序渐进地全面掌握连锁企业门店营运管理的主要工作内容，实现从学习者向职业者的角色转换。

本书实践性较强，适合高职高专层次连锁经营管理专业的学生使用，也可作为经济类、企业管理类专业的参考性教学读本，还可作为零售业、连锁企业管理人员的培训用书。

未经许可，不得以任何方式复制或抄袭本书之部分或全部内容。
版权所有，侵权必究。

图书在版编目（CIP）数据

连锁企业门店营运管理 / 范征主编. —3 版. —北京：电子工业出版社，2017.7

ISBN 978-7-121-32168-9

Ⅰ. ①连… Ⅱ. ①范… Ⅲ. ①连锁企业—企业管理—高等学校—教材 Ⅳ. ①F717.6

中国版本图书馆 CIP 数据核字（2017）第 165501 号

策划编辑：朱干支
责任编辑：胡辛征
印　　刷：北京捷迅佳彩印刷有限公司
装　　订：北京捷迅佳彩印刷有限公司
出版发行：电子工业出版社
　　　　　北京市海淀区万寿路 173 信箱　邮编　100036
开　　本：787×1 092　1/16　印张：19.25　字数：566 千字
版　　次：2007 年 9 月第 1 版
　　　　　2017 年 7 月第 3 版
印　　次：2024 年 1 月第 12 次印刷
定　　价：43.00 元

凡所购买电子工业出版社图书有缺损问题，请向购买书店调换。若书店售缺，请与本社发行部联系，联系及邮购电话：（010）88254888，88258888。
质量投诉请发邮件至 zlts@phei.com.cn，盗版侵权举报请发邮件至 dbqq@phei.com.cn。
本书咨询联系方式：（010）88254573，zgz@phei.com.cn。

前　言

　　《连锁企业门店营运管理》是高职高专院校连锁经营专业的核心课程，学好本课程，能够帮助学生初步掌握连锁企业门店营运的技能，为胜任连锁企业门店营运部门相关岗位工作打下良好的基础。

　　全书结构由多年从事连锁经营专业教学和研究的老师与知名连锁企业的专家共同制定，以大型连锁超市营运管理必备的理论知识和岗位技能为主线，将全书分成四篇十二个学习型项目进行编写，分别是："规划篇"，包括项目一认知连锁门店管理的主要内容、项目二门店规划与设计、项目三陈列门店商品三个项目；"营运篇"，包括项目四认知消费者的购买行为、项目五商品定价管理、项目六门店商品促销管理、项目七门店客户服务管理四个项目；"信息篇"，包括项目八门店商品盘点管理、项目九门店订货收货及存货管理、项目十门店经营绩效评估三个项目；"安损篇"，包括项目十一门店安全管理和项目十二商品损耗管理两个项目。

　　参与编写书籍的人员既有专业老师，也有连锁企业的管理人员。专业教师有着良好的专业知识和素养，具有丰富的教学经验；管理人员有着丰富的实践经验，因此本书在理论与实践相结合、突出实践性教学和案例教学方面具有明显的优势，如许多案例、数据和技能训练都选自企业的内部真实资料，许多图片是老师去各个卖场拍摄的一手资料等。

　　本书结构完整、案例丰富，最大的特点是突出了技能训练。本书采取项目式的体例，即把大型连锁超市营运管理的主要工作内容分解成十二个项目，每个项目中有若干任务，每个任务中有阅读材料，任务后有精心设计的实用技能训练，使学习者通过阅读理解和训练，掌握任务中的知识点，循序渐进地全面掌握连锁企业门店营运管理的主要工作技能，实现学习者向职业者的角色转换。

　　此外，书中另一个亮点是配有二维码，读者通过扫一扫二维码即可观看到相关的授课视频和图片资料，增加了学习的即时性和趣味性。

　　本书由湖南女子学院范征担任主编，长沙师范学院喻文丹、长沙职业技术学院喻合担任副主编，湖南科技职业学院卢芳和李晓燕参与了编写。编者具体分工为：范征编写了项目二、项目三和项目五；喻文丹编写了项目六和项目七；喻合编写了项目一、项目四和项目九；卢芳编写了项目八和项目十；李晓燕编写了项目十一和项目十二。全书的编写大纲和总体框架由范征提出，并负责统稿、各章节内容协调和修改定稿工作，湖南千惠连锁商贸有限公司副总经理曹升洋担任本书主审。

此外，对参与本书第一版和第二版编写工作的老师、责任编辑王沈平和刘元婷表示感谢！

本书在写作过程中，得到了湖南千惠连锁商贸有限公司副总经理曹升洋先生的大力支持，电子工业出版社编辑朱干支为本书统稿和出版付出了辛勤劳动，在此表示特别感谢！

由于编者水平有限、编写时间紧迫，书中难免存在一些错误和缺点，恳请各位读者批评指正。

编　者

目 录

第一篇 规划篇

项目一 认知连锁门店管理的主要内容 1
    任务一 连锁门店及营运管理 2
        一、连锁门店的特征和功能 2
        二、连锁门店营运管理的目标和意义 4
        三、连锁门店营运管理的主要内容 6
        四、连锁经营的主要业态 8
    任务二 认知连锁企业组织结构设计 11
        一、连锁企业组织结构设计的内涵 11
        二、连锁企业组织结构设计的意义和原则 11
        三、连锁企业组织结构设计的内容和流程 13
    任务三 总部和门店的组织结构设计 14
        一、总部的组织结构设计 14
        二、门店的组织结构设计 17
    任务四 熟知连锁门店人事管理 18
        一、连锁门店员工配置方法 18
        二、连锁门店员工排班与会议管理 21
        三、门店员工招聘与培训管理 25
        四、门店员工绩效考评和薪酬管理 28
    课后训练 34

项目二 门店规划与设计 36
    任务一 认识门店布局 37
        一、门店布局的目的 37
        二、门店布局的原则 38
        三、门店布局的总体设计 39
    任务二 设计卖场布局 41
        一、设计门店通道 41
        二、设计顾客流动线路 44
        三、划分卖场区域 49

            四、磁石点理论···55
        任务三　创造门店空间···57
            一、门店气氛的设计···57
            二、门店橱窗的设计···60
            三、商品展示技术···64
        课后训练···66

项目三　陈列门店商品···69
        任务一　认知门店商品陈列···70
            一、商品陈列的内涵···70
            二、门店商品的配置···72
            三、商品陈列的区域和工具···77
        任务二　掌握门店商品陈列的方法··81
            一、商品陈列的原则和流程···81
            二、商品陈列的主要方法··88
        课后训练···93

第二篇　营运篇

项目四　认知消费者的购买行为···95
        任务一　认知人口变化的影响···96
            一、人口及相关概念···96
            二、人口变化的影响···98
        任务二　影响消费决策的因素···100
            一、消费者价值··100
            二、消费者购买行为··101
            三、影响消费者购买决策的因素···104
        课后训练···109

项目五　商品定价管理···111
        任务一　商品的价值理论···112
            一、商品价格和价值··113
            二、一般均衡和全面均衡···114
            三、特殊价格···115
        任务二　商品的定价目标及影响因素··116
            一、商品的定价目标··116
            二、影响商品定价的因素···117
        任务三　商品定价···119
            一、商品定价理论···119

二、商品定价基础 ··· 121
　　三、商品定价步骤 ··· 121
　　四、商品定价方法 ··· 124
　课后训练 ··· 127

项目六　门店商品促销管理 ··· 130

任务一　门店商品促销活动策划 ··· 131
　　一、认识门店促销 ··· 131
　　二、门店促销策划的步骤 ··· 132
任务二　门店商品促销活动方式 ··· 139
　　一、营业推广 ··· 140
　　二、人员促销 ··· 144
　　三、广告促销 ··· 145
　　四、公共关系促销 ··· 150
任务三　门店商品促销活动实施 ··· 151
　　一、人员方面 ··· 151
　　二、促销商品方面 ··· 152
　　三、广告宣传方面 ··· 153
　　四、卖场氛围布置 ··· 153
任务四　门店商品促销活动评估 ··· 153
　　一、促销评估的目的 ·· 153
　　二、促销评估的内容 ·· 154
　课后训练 ··· 157

项目七　门店客户服务管理 ··· 159

任务一　认识门店顾客服务 ··· 160
　　一、顾客服务的内涵 ·· 160
　　二、门店员工基本素质要求 ··· 161
任务二　熟知门店理货作业 ··· 162
　　一、理货员的岗位职责 ··· 162
　　二、理货员的作业安排 ··· 163
　　三、理货员的作业要领 ··· 164
任务三　熟知门店收银作业 ··· 168
　　一、营业前的工作流程 ··· 168
　　二、营业中的工作流程 ··· 169
　　三、营业后的工作流程 ··· 172
　　四、收银差异处理 ··· 174
任务四　处理顾客投诉 ··· 175
　　一、顾客抱怨问题的类型 ·· 175

二、处理顾客投诉的原则 178
　　三、处理顾客投诉的方式 179
　　四、处理顾客投诉的步骤 180
课后训练 184

第三篇　信息篇

项目八　门店商品盘点管理 186
　任务一　认知门店商品盘点 187
　　一、商品盘点的内涵 187
　　二、盘点的基础工作 188
　　三、盘点前的准备工作 194
　任务二　商品盘点作业实施 196
　　一、盘点作业流程 196
　　二、盘点的作业实施 197
　　三、盘点作业的注意事项 199
　　四、盘点结果的分析和处理 201
　课后训练 204

项目九　门店订货、收货及存货管理 206
　任务一　商品 ABC 分类管理 207
　　一、ABC 分类管理概述 207
　　二、ABC 分类法的运用 209
　　三、ABC 分类管理 211
　任务二　订货、进货作业管理 213
　　一、订货作业管理 213
　　二、进货作业管理 216
　任务三　收货作业管理 217
　　一、收货作业的原则与责任 217
　　二、收货作业的规范与程序 218
　任务四　存货作业管理 219
　　一、仓库作业管理 219
　　二、退换货及调拨作业管理 220
　课后训练 222

项目十　门店经营绩效评估 224
　任务一　认知门店经营绩效 225
　　一、门店的经营目标和作用 225
　　二、门店经营目标的评价内容 226

任务二　熟知门店经营绩效的评估指标 228
　　　一、门店经营绩效评估标准 228
　　　二、门店经营绩效评估的资料来源 229
　　　三、门店经营绩效的评估指标 231
　　任务三　改善门店的经营绩效 243
　　　一、安全性改善 243
　　　二、收益性改善 243
　　　三、销售性改善 244
　　　四、效率性改善 245
　　课后训练 245

第四篇　安损篇

项目十一　门店安全管理 247

　　任务一　认知门店安全管理 248
　　　一、门店安全管理的概念和意义 248
　　　二、门店重要部位的安全管理 249
　　　三、门店安全管理的组织机构 250
　　　四、门店安全事故的处理 251
　　任务二　门店职业安全管理 255
　　　一、员工与顾客的安全管理 255
　　　二、门店环境的安全管理 258
　　任务三　门店食品安全管理 262
　　　一、食品安全的内涵 262
　　　二、食品安全管理的核心价值观 264
　　　三、食品安全管理的主要内容 268
　　任务四　消防安全管理 273
　　　一、发生消防安全事故的原因 273
　　　二、门店消防管理的内容 274
　　　三、门店消防人员的工作职责 278
　　　四、消防检查与消防演习 278
　　课后训练 280

项目十二　商品损耗管理 283

　　任务一　认知商品损耗 284
　　　一、商品损耗概述 284
　　　二、商品损耗的计算 285
　　任务二　商品损耗的防范 287
　　　一、商品防损体系的建立 287

二、商品损耗的分类 ··· 288
　　三、商品损耗的防范及处理 ··· 290
　任务三　商品防损技术的应用 ·· 292
　　一、闭路电视监控系统 ·· 293
　　二、报警系统 ·· 293
　　三、无线射频识别技术 ·· 294
　课后训练 ·· 296

参考文献 ··· 298

第一篇 规划篇

项目一
认知连锁门店管理的主要内容

连锁商业中国化,中国商业连锁化,已经成为中国连锁业发展的必然趋势。

——黄国维(中国人民大学商学院教授)

学习目标

- 理解连锁门店管理的目标和意义
- 了解连锁企业组织结构设计的概念和意义
- 掌握连锁门店的组织结构设计的内容和流程
- 熟知门店员工配置和排班方法
- 了解门店员工培训和绩效管理

关键概念

组织结构设计　员工配置　招聘管理　培训管理　绩效管理　薪酬管理

体系结构

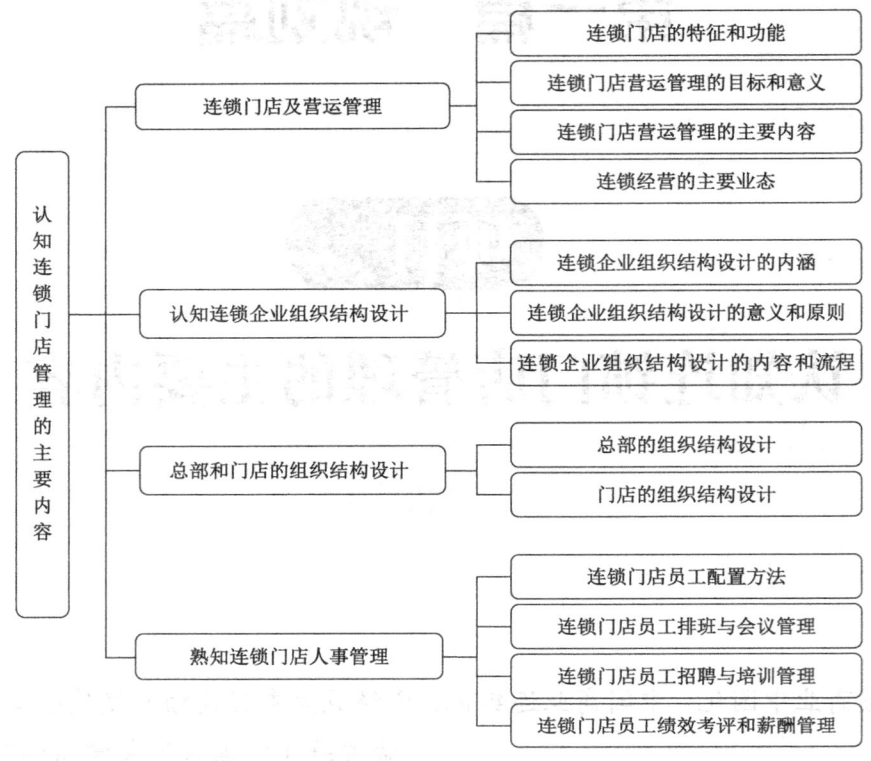

众所周知，许多连锁企业之所以能够成功，就是因为他们制定了统一的、相对固定的经营模式，如麦当劳、肯德基、家乐福、沃尔玛等，都在全球进行着统一和标准的成功运作。标准和统一就意味着高效率，是现代连锁企业管理的核心内容。

围绕着连锁经营这根规模发展轴的运转，管理标准对于轴的驱动具有核心的作用。可以这样说，如果管理的发展跟不上连锁店的规模发展，那么规模越大效益越差，门店开得越多，产生的亏损面可能越大。而管理标准和管理活动本身就是维系连锁经营统一运作的根本，因此确立明确的管理目标与制定严格的科学管理标准是驱动连锁企业规模发展的核心。

任务一　连锁门店及营运管理

一、连锁门店的特征和功能

（一）连锁门店的特征

在流通领域，连锁经营企业门店的经营管理与传统的单店相比，具有以下特征。

项目一　认知连锁门店管理的主要内容

1. 数量众多，规模经营

连锁企业门店是连锁经营企业的门市，是企业有计划设立在不同地区或地点的分散的经营网点。连锁经营企业将这些门店以一定的形式组成一个联合体，少则十几家，多则几千家，甚至上万家，通过统一化、专业化、规范化及标准化运营管理实现规模化经营。

2. 店名、店貌、服务标准化

连锁企业门店在店名、店貌方面实行统一规划，在服务上推行标准化。连锁经营企业下属的所有门店都使用统一的店名、店貌和标识，并为顾客提供标准化的商品和服务。

3. 统一分销

连锁企业门店是在其总部的统一管理下分销商品，将采购、配送等业务集中于总部，从而使连锁企业门店实现简单化经营。

4. 经营方式多样

不同的连锁企业门店的经营方式有明显不同。例如，百货商店、专业店采取柜台销售和开架面售相结合的方式，超市、便利店采取顾客自助服务、统一结算方式，购物中心则采取各经销店独立开展经营活动等。

5. 经营规模各异

连锁企业门店的经营规模不尽相同，小到不足百平方米，大到几万平方米。有的便利店的经营规模仅仅几十平方米，而大型百货商场、大型超级市场的经营规模都在 1 万平方米以上，一些超大规模购物中心的规模则达到了 10 万平方米以上。

阅读材料

沃尔玛简介

沃尔玛百货有限公司（Wal-Mart Stores，见图 1-1）由美国零售业的传奇人物山姆·沃尔顿（见图 1-2）先生于 1962 年在阿肯色州成立。经过 50 多年的发展，沃尔玛公司已经成为美国最大的私人雇主和世界上最大的连锁零售企业，多次荣登《财富》杂志世界 500 强榜首，并当选最具价值品牌。目前，沃尔玛在全球 28 个国家开设了超过 11500 家分店以及遍布 11 个国家的电子商务网站，下设 70 个品牌，员工总数 220 多万人，每周光临沃尔玛的顾客超过 2.5 亿人次。2015 的营业收入超过 4865 亿美元，再次位居世界 500 强之首。

沃尔玛 1996 年进入中国，在深圳开设了第一家沃尔玛购物广场和山姆会员商店，经过 20 年的发展，截至 2016 年 7 月 31 日，已经在全国 19 个省、2 个自治区、4 个直辖市的 168 个城市开设了 423 家商场，包括沃尔玛购物广场、山姆会员商店、沃尔玛社区店 3 种业态，创造了超过 10 万个就业机会。2015 年，沃尔玛在中国实现销售额 735 亿元，以销售额而言，位居中国百强连锁百货企业第 5 位。

图1-1 沃尔玛的 LOGO

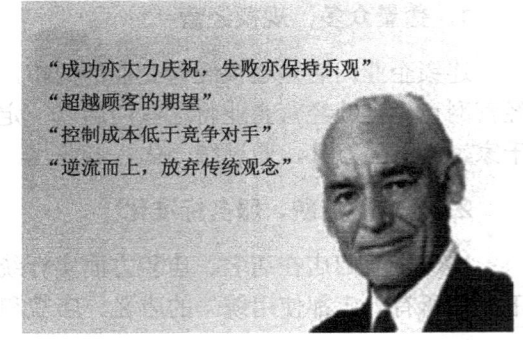
图1-2 沃尔玛的创始人山姆·沃顿

（资料来源：沃尔玛中国网站．http://www.wal-martchina.com/walmart/index.htm）

（二）连锁企业门店的功能

连锁门店是具体商品的经营者，它的主要功能是按照总部的指导，运用统一规划的外观设计、商品组合、规范化服务等具体手段，吸引顾客，完成销售、服务等日常经营工作。具体体现在以下几个方面。

（1）市场调查功能。一是调查商圈内的顾客信息，如人口数量和结构、职业和收入、消费水平和习惯等，以及周边的商业环境；二是调查商圈内的行业竞争状况，如相同业态和规模门店的商品价格、促销形式等。

（2）订货管理功能。根据销售情况及时订货，向配送中心要求配送所需商品或者自行采购。

（3）库存管理功能。对门店的商品库存进行科学管理。

（4）销售功能。这是门店管理的一个重要功能，负责商品及相关的促销活动。

（5）现场管理功能。负责门店工作人员、顾客及商品的管理。

（6）顾客服务功能。提供顾客所需要的服务，如送货上门、商品退换、操作示范及邮寄服务等。

二、连锁门店营运管理的目标和意义

（一）门店营运管理的基本目标

企业存在的前提就是利润，连锁门店经营的总目标就是实现长期利润并使之最大化。所以连锁门店必须按营运的标准化、规范化、系统化来体现每一个门店的工作质量、操作质量、商品质量和服务质量，从而达到最佳的经营效率。具体来说，连锁门店营运管理的基本目标主要体现在以下两个方面。

1. 营业收入的最大化

如果营运成本既定，营业收入的最大化意味着实现了门店利润的最大化。营业收入等于交易次数与客单价的乘积。因此要不断提高交易次数和客单价，才能实现门店的利润目标。而这并不是盲目地或单纯地运用各种促销方式就能达到的，必须通过正常的标准化营运作业才能实现。

项目一　认知连锁门店管理的主要内容

2．营运成本的最小化

营业收入不管怎样提高，如果不严格控制门店各环节的损耗费用，那么门店可能只有很低的利润甚至亏损，所有的努力都将白费。相反，如果营运成本控制得好，使营运损耗最小化，即使营业收入稳定不变也能实现利润的最大化。因此，控制营运成本、降低损耗是提高经营绩效的一个重要途径，也是门店营运管理的主要目标。

（二）门店营运管理的意义

对于连锁企业来说，门店营运管理具有十分重要的意义，主要表现在以下几个方面。

1．有利于连锁经营企业整个经营目标的实现

连锁企业通过分布广泛的众多门店，将总体经营计划分解成若干门店的具体计划，各个门店按照总部的统一部署，做好自身的经营管理，可以保证企业整体经营目标的实现。

2．能够规避投资风险和经营风险

门店通过实施总部的品牌战略，可以共享企业品牌和其他资源，从而有效地规避单体店自身投资的独立经营的风险。

3．有利于提升门店的竞争力

门店通过实施统一的店名、统一的标志、统一的店面、统一的店貌、统一的卖场设计、统一的商品陈列、统一的设施设备、统一的服务规程和统一的操作规范，从而提升自身的竞争力。

4．有利于提高门店经营效率

实行连锁经营的门店，能够将更多的精力放在商品销售上，真正实现门店营运上的专业化，有效地降低经营成本，从而提高经营效率，达到销售业绩的最高化和利润的最大化。

阅读材料

节能改造出效益

在零售业利润率偏低的情况下，节能减排成为企业竞争力的重要因素。如果按照目前1度电0.9元的零售业用电价格计算，节约1度电省下0.9元，相当于要实现100元的销售额才能得到。作为一个典型的微利行业，零售业目前行业平均净利润率只有1%左右。

近年来，随着零售业竞争的不断加剧，控制成本、提高效率成为零售企业提高利润水平的共识。未来节能减排势必成为零售业竞争的"重头戏"。

中国连锁经营协会一份全国零售企业耗电量调查结果显示，全国家电卖场、便利店、超市、大型超市和百货店5类零售业态全年耗电量超过300多亿千瓦时，其中以百货店和大型超市为甚。而在大型超市中，冷冻冷藏、空调与照明占了总耗电量的近80%。

我国零售业的能源消耗非常大，仅次于人力资源和房租，是企业三大成本之一，占企业总支出的10%～30%，比发达国家同类企业高出2～3倍。当然，这个差距也说明了节能潜力非常大。而据了解，即使处于能耗较低水平的北京大商场，单位面积能耗仍然高出气

候相近的日本同类商场40%左右。

零售企业节能改造，效益是较为明显的。所谓付出越多，收获越大。统计显示，对现有门店进行节能改造投资金额在100万元以下的企业占54.1%，节能效益平均为16.5万元；投资金额在100万元～500万元的企业占27.1%，节能效益平均为87.8万元；投资金额在500万元以上的企业占18.8%，节能效益平均为271.7万元。

据悉，2008年后，家乐福每家新门店都增加了200万元的节能投入，旧有门店也全部进行了节能改造。目前，家乐福单个门店一年因节能而减少的开支就达100万元，按照目前145家门店总数计算，每年减少开支1亿元以上。

三、连锁门店营运管理的主要内容

连锁门店营运管理是指连锁经营企业所属门店，按照总部所制定的经营战略和经营计划，严格执行各项政策、制度、标准和规范，对门店经营进行组织、控制的过程。其基本职能是商品销售与服务，主要管理内容包括环境管理、商品管理、人员管理、财务管理与信息管理。主要包括对员工、商品销售、资金周转、设备设施、营业现场等经营要素的管理。

（一）环境管理

环境管理包括店头外观与卖场内部环境。

1. 店头外观

由于交通、住宅动迁、调职等原因，门店的老顾客都会有一定比例的流失，同时又会有新的潜在顾客进入门店的商圈范围内。用什么手段来吸引每年新增的潜在顾客呢？据调查，有78%的消费者是凭感觉而进入店铺的，其中给这些顾客的第一印象便是店头外观。所以，门店必须每日对店头进行检查，并加强维护与管理。例如，橱窗是否明亮；视野是否良好；废弃纸箱叠放是否整齐、妥当；废物箱是否干净、卫生；门口道路是否清理、畅通；海报张贴的高度是否合适；是否有过期海报；店头看板、招牌是否干净、牢固；灯光是否明亮；雨伞架是否干净、就位；橱窗招贴是否变色、脱落等。

2. 卖场内部环境

例如，走道是否畅通；货架是否按商品配置图表来放置；有无擅自增减货架、网架、端架、吊架等情况；各种设备是否清洁卫生；发生故障的设备是否及时进行维修；卖场内的气氛是否良好，如空调、音响、POP广告等是否合适等。

（二）商品管理

商品管理包括商品陈列、商品质量、商品损耗、商品销售状况等方面的管理。

1. 商品陈列管理

商品陈列管理首先必须严格按照连锁总部所规定的统一标准；其次要做到满陈列，以便最有效地利用卖场空间；再次要注意陈列商品的及时整理，使商品陈列的方式、高度、宽度、陈列量、排面等符合商品陈列表的要求。

项目一　认知连锁门店管理的主要内容

2．商品质量管理

商品质量管理首先必须重视商品的包装质量及商品标签；其次要加强对商品保质期的控制；再次要对生鲜食品进行鲜度管理。

3．商品损耗管理

商品损耗管理首先要防止商品的动碰损耗；其次要加强防盗、防窃工作；再次要重视商品盘点。此外，对商品保质期的有效控制，以及促销活动的有效配合，也是控制商品损耗的有效途径。

4．商品销售状况管理

商品销售状况管理首先必须掌握商品的销售动态；其次要根据销售动态及时做出反应，如及时补充货源，及时处理滞销品，在总部的指导下及时调整商品陈列位置及商品价格等。

（三）人员管理

人员管理包括对员工的管理、对顾客的管理以及对供货者的管理。

1．对员工的管理

对员工的管理是人员管理的核心。其管理的重点是：按公司规定控制人员总数及用工时数；培养全体店员的团队合作精神；合理分配工作任务，并要求员工严格执行公司总部所制定的作业规范；树立全体店员的礼仪精神，做好服务工作；根据营业状况排定班次，做好考勤工作；应照顾到员工的身体状况及应有的权利。

2．对顾客的管理

对顾客的管理主要是指对顾客的了解、引导和适当的控制。例如，了解顾客的类型、各类顾客的需求特征；通过调查掌握社区内常住顾客的基本资料；在卖场内设置醒目的指示性标志，以便于顾客选购商品；对顾客的行为依法实施必要的限制，如明确告示顾客：店内不准吸烟，不准饮食，不准拍照，不准抄价，进入卖场必须存包等；妥善处理顾客的投诉。

3．对供货者的管理

无论是厂方人员还是公司内部的配送人员，送货或是洽谈业务，都必须在指定地点按规范程序执行，如需进入卖场，也必须遵守有关规定，如佩戴特殊的标志。

（四）财务管理

财务管理包括收银管理、凭证管理和现金管理。

1．收银管理

收银作业是门店销售服务管理的一个关键点，收银台是门店商品、现金的"闸门"，商品流出、现金流入都要经过收银台，因而，稍有疏忽就会使经营前功尽弃。从金钱管理角度来看，收银管理应把握以下重点：控制收银差错率；防止收入假币及信用卡欺诈行为；分清各班次收银员的经济责任；营业款要及时解缴；要严防内外勾结逃款。

2. 凭证管理

对连锁超市门店而言，会计工作由总部负责，但对于基本的凭证仍需要妥善管理，如销货发票、退货凭证、进货凭证、现金日报表、现金投库记录表、交班日报表等。有些凭证（如退货凭证、进货凭证）是日后结算付款的依据，与现金具有同等的效力，更应妥善保管与处理。

3. 现金管理

门店销售每天都会产生大量的现金，因此，对现金的管理直接关系到门店的经营绩效。现金管理包括备用金管理、现金投库管理、现金出库管理、现金安全保障管理。

（五）信息管理

连锁门店既是各类经营信息的发送者（信源），又是信息的接收者（信宿），因此，加强信息管理便成了连锁门店的一项重要工作。连锁门店的信息主要包括店内经营信息、竞争店信息、消费者需求信息。

1. 店内经营信息

店内经营信息是门店信息管理的重点，内容包括销售日报表、商品销售排行表、时间带别销售报表、供应商别销售报表、异常销售分析表、促销商品分析表、销售毛利分析表、ABC 分析表等。此外还包括员工的意见、建议以及他们的心理和行为状态等情况。

2. 竞争店信息

连锁门店有责任对附近的竞争店情况进行调查，内容包括与竞争店的距离、交通条件、商品质量及价格、商品结构、店铺规模、顾客购买行为等。

3. 消费者需求信息

消费者需求信息包括消费需求的总体趋势、社区内消费者的总体规模、收支水平、购买特征等。其中，顾客投诉情况的分析应作为了解消费者需求的一个重要途径。

四、连锁经营的主要业态

根据分类原则，我国零售业态分为 12 种有店铺零售和 5 种无店铺销售。连锁经营企业所开设的门店可分为标准超市、大型综合超级市场、仓储式商场、便利店、百货商店、专业店、专卖店及网上商店等。

1. 标准超市

标准超市初步实现了满足消费者一站式购买生活必需品的需要。标准超市以经营生鲜食品和生活日用品为主。将商品品类细分成果蔬、鲜肉、活鱼与冰鲜、熟食、一般食品、日用百货、杂品类等，按营业面积分块设定商品经营区域，并实行统一标准化管理和一次性集中付款。

2. 大型综合超市

大型综合超市由于其经营内容的综合化，能够真正满足消费者一站式购足的需要，按

项目一 认知连锁门店管理的主要内容

营业面积分块设定商品经营区域，采取统一标准化管理和一次性集中付款运营方式。

3．仓储式商场

仓储式商场属批发性质的超级大卖场。其特点表现为：实行会员制、量贩式经营，运用会员制度牢牢地锁定小商店、小酒店、小服务业及机关、学校等稳定的顾客群，采用法人与个体会员制相结合的服务方式，集中体现批发配销的业态性质；门店选址上以交通便利为首要的选择目标，以高速公路为各目标市场之间的物流连接线，采取仓场合一的经营形式。

4．便利店

便利店是指以经营即时性商品为主，以满足便利性需求为第一宗旨，采取自选式购物方式的小型零售店。便利店，英文简称CVS（Convenience Store），是一种用以满足顾客应急性、便利性需求的零售业态。

便利店在经营上体现了便利的经营特点。便利店的目标市场应在城市中的车站、学校、医院、居民小区及公共活动区附近，目标顾客主要为年轻人，特别是大学生、中学生、居民小区及工作岗位上的年轻人和"夜猫族"。其目标顾客追求的是便利而不是价格。

5．百货商店

百货商店是以中高档消费者、追求时尚的年轻人和流动人口为目标顾客的。商品以时尚生活日用品为主，采取柜台销售与自选销售相结合的方式，服务功能较齐全，商品价格一般较高，经营面积较大，商品品种丰富，选址为城市繁华区和交通要道。

6．专业店

专业店是从百货商店中分化出来的，专门经营一类商品或几类相关联商品的商店。其目标市场定位在某一类商品上做到了品种齐全，或在某一种商品上做到了款式多样、花色齐全。由于其经营商品种类的有限性和专业化，使得门店经营与管理相对简单、门店运营效率很高。门店能够提供完善专业的商品销售服务，营业员不但要了解商品的基本性能、功能和对顾客的吸引力所在，还要掌握商品的原料特性、工艺流程、使用与保养等各个方面的知识。完善的顾问式咨询和无顾虑的售后服务，是专业店门店服务的典型特征。

7．专卖店

专卖店是指专门经营或授权经营某制造商品牌或中间商品牌，以适应消费者对品牌选择需求的一种零售业态。专卖店的显著特点之一是经营的商品品牌具有排他性，而且只经营同一品牌的不同种类的商品，具有品牌经营的个性化的特点。专卖店的服务比一般的零售店的要求高，强调周到灵活的服务。因为专卖店的服务对象往往是比较固定的，眼光通常比较挑剔，而且还掌握了一定的专门知识，极个别甚至达到了"发烧"的地步。专卖店的营业员和导购员一定要是该商品的行家，具有相当丰富的商品专业知识，能用令人信服的理由来引导顾客购买相应的商品。周到灵活的服务还体现在能够帮助顾客进行消费设计，根据顾客的特点，为他们设计生活、引导消费，提供多种个性化服务、多功能服务及专项服务等。专卖店门店的另一个显著特点是实行特许经营。

8．网上商店

通过互联网络进行买卖活动的零售业态，它与实体商店的产别在于利用电子商务的各种手段，达成从买到卖的过程的虚拟商店，从而减少中间环节，消除运输成本和代理中间的差价，为普通消费和加大市场流通带来巨大的发展空间。

阅读材料

2015年中国连锁百强（中国连锁经营协会2016年5月3日发布，此处之列出了前30名）如表1-1所示。

表1-1 2015年中国连锁百强（前30名）

序号	企业名称	2015销售（含税万元）	销售增长率/%	2015年门店总数/个	门店增长率/%
1	苏宁云商集团股份有限公司	15860000	24.4%	1577	-4.4%
2	国美电器有限公司	15368559	4.1%	1932	3.9%
3	华润万家有限公司	10940000	5.2%	3397	-17.7%
4	高鑫零售有限公司	10790644	4.8%	409	9.9%
5	沃尔玛（中国）投资有限公司	7354653	1.6%	432	5.1%
6	山东省商业集团有限公司	6372149	-0.3%	740	7.6%
7	联华超市股份有限公司	6047365	-2.1%	3912	-9.5%
8	重庆商社（集团）有限公司	5943751	-3.3%	340	1.5%
9	百盛餐饮集团 中国事业部	5170000	2.0%	7000	7.7%
10	永辉超市股份有限公司	4930942	14.8%	394	16.9%
11	家乐福（中国）管理咨询服务有限公司	4010221	-12.3%	234	-1.3%
12	大商股份有限公司	3841351	1.9%	171	-14.5%
13	长春欧亚集团股份有限公司	3617802	11.9%	97	19.8%
14	中百控股集团股份有限公司	3500646	8.7%	1096	5.7%
15	武汉武商集团股份有限公司	3460628	1.8%	95	-3.1%
16	石家庄北国人百集团有限公司	3280115	2.1%	120	17.6%
17	宏图三胞高科技有限公司	3204327	5.6%	589	3.0%
18	步步高集团	3101749	14.7%	577	9.9%
19	农工商超市（集团）有限公司	2851127	-3.0%	2493	-2.8%
20	北京物美商业集团股份有限公司	2625527	19.5%	552	-2.3%
21	中石化易捷销售有限公司	2480000	44.8%	25000	4.2%
22	天虹商场股份有限公司	2459246	5.1%	231	220.8%
23	烟台市振华百货集团股份有限公司	2435082	4.1%	122	9.9%
24	利群集团股份有限公司	2424083	5.0%	580	-3.3%
25	山东家悦投资控股股份有限公司	2297684	9.7%	623	2.5%
26	文峰大世界连锁发展股份有限公司	2152911	-0.8%	875	-0.5%
27	王府井集团股份有限公司	2086600	-3.7%	31	10.7%
28	锦江麦德龙现购自运有限公司	1910000	1.1%	82	1.2%
29	银泰商业（集团）有限公司	1864946	1.8%	45	2.3%
30	北京迪信通商贸股份有限公司	1860596	10.1%	1605	8.2%

（资料来源：中国连锁经营协会网站．http://www.ccfa.org.cn）

项目一　认知连锁门店管理的主要内容

任务二　认知连锁企业组织结构设计

一、连锁企业组织结构设计的内涵

组织结构是一个组织内构成要素之间确定的关系形式，或者说是一个组织内各要素的排列组合方式，主要涉及企业部门构成、基本岗位设置、权责关系、业务流程、管理流程以及企业内部协调与控制机制等。

组织结构设计的目的是帮助企业围绕其核心业务建立起强有力的组织管理体系。

连锁企业组织结构是指连锁企业全体员工为实现企业目标而进行的分工协作，在职务范围、责任、权力方面所形成的结构体系。

组织结构的确立是连锁企业发展的重要环节，科学合理的组织结构是连锁企业获得市场成功的必备条件之一。

连锁企业一般由总部、配送中心和门店组成。总部是连锁企业的最高层组织，是连锁经营的指挥领导层、经营决策层和后勤服务层，被称为连锁企业的大脑中枢，主要职责是经营决策和指挥领导，一般具备以下职能：财务管理、质量管理、经营指导、市场调研、店铺开发、商品开发、商品配送、促销策划和教育培训等。只有建立健全总部，才会有门店的良好业绩，并有助于进一步完善总部的组织功能和服务功能。

配送中心是连锁企业的物流机构，具有连锁体系内商品采购、配置、分销等经营功能，承担着各门店所需商品的进货、库存、分货、加工、集配、运输和送货等任务；是整个连锁企业的商品经营中心，统一进行商品属性管理、新品引进、供应商管理、商品采配和执行总部商品战略规划，属于经营中心和利润中心。配送中心主要为本连锁企业服务，也可面向社会。

门店是连锁企业经营的基础，是整个连锁企业的终端销售网点，其主要职责是按照连锁总部的指示和服务规范的统一要求，按各职能部门的设计进行工作，承担日常的经营业务活动，如商品销售和顾客服务。

如果是直营连锁，总部与分店是上下级关系。

如果是加盟连锁、自由连锁，则总部与分店之间是一种经济合同关系，在法律上是平等的，在业务上是合作的，在运营上是指导与被指导的关系。

连锁企业的就是通过总部的标准化、专业化、集中化的管理，使得门店的作业简单化和高效化。

二、连锁企业组织结构设计的意义和原则

（一）连锁企业组织结构设计的意义

1. 优化组织资源配置

1+1＞2 还是 1+1＜2，根本原因就在于组织结构不同，要素组合在一起的方式不同，从而造成了要素间配合或协调关系的差异。因此，一个企业是否表现出色，是否可持续发展，不是看企业的领导人多么伟大，最重要的是看企业的组织结构是否能让平凡的员工通

过不平凡的努力，创造伟大的业绩。反之，则让优秀的员工做出平凡的业绩。

2．塑造核心竞争力

过去人们一直认为企业竞争的优势在于特定的资源或某种能力。现在理论界开始关注组织内部结构和组织行为，提出企业核心竞争力不是特定的组织资源或能力，而是组织内部运行机制，它确保企业经营的不同方面得以协调，使各种资源得到有效整合而获取最大效应。一些特殊的，难以完全模仿的能力，形成了组织竞争优势的来源。

连锁企业的迅猛发展，就在于它赋予了企业一种完全不同于传统单店经营的组织机制，使得企业的人、财、物、信息等各种资源能够得到有效组合并充分发挥作用。

（二）连锁企业组织结构设计的原则

组织结构是企业的骨架，是实现战略目标的载体，是连锁企业运营的支撑，是岗位设置的依据，是企业信息流的渠道。如果企业缺乏合理的组织结构，就会造成分工不明确、权责不清楚、沟通渠道不畅通等，其内在机制很难充分发挥。设计组织结构时应遵循以下原则。

1．任务与目标原则

企业组织结构设计的根本目的是为实现企业的战略任务和经营目标服务的，这是一条最基本的原则。每个部门或岗位都是企业组织结构的一部分，都与特定的目标有关，否则就没有存在的价值。企业为什么要设置这个部门或岗位，对实现战略目标有什么贡献。设置部门、岗位要以事为中心，事与人要高度配合，而不是以人为中心，因人设部门，因人设岗位，因岗位设部门。

2．统一指挥原则

无论什么工作，一个下级只能接受一个上级的指挥，如果两个或者两个以上领导人同时对一个下级或一件工作行使权力，需要协商后才能下达的命令，由领导协商一致后，再行下达。一级组织只能有一个负责人，实行首长负责制，正职领导副职，副职对正职负责。

3．专业分工和协作的原则

一家现代企业无论设置多少个部门，每一个部门都不可能承担企业所有的工作。企业部门之间应该是分工协作的关系，如企业中有管财务的，有管人力资源的，有做营运的，他们之间的分工协作对于企业经营的成败至关重要。

4．责权对等原则

责任是岗位必须履行的义务，权力是岗位规定应该行使的权力。设置的部门或单位要承担多大的责任，就应该使其拥有相应的权力，否则就无法完成相应的职责。

5．精简高效的原则

对实现企业战略目标没有实际意义的部门、岗位一律不能设，只设置那些能为企业创造价值的岗位。精简高效要考虑管理层次和管理幅度两个问题。管理层次指企业自上而下或自下而上的管理阶梯。企业负责人和最基层员工之间，层次过多，一般都会造成信息失真，严重的还会歪曲或过时，因此，管理层次越少越好。管理幅度亦称管理跨度，指一名

项目一　认知连锁门店管理的主要内容

领导者能够直接有效指挥下属的人数。由于受个人业务、知识、经验条件的限制,一名领导者能够有效领导的直属下级人数是有一定限度的,管理幅度太大,无暇顾及;管理幅度太小,可能没有完全发挥作用。一般来说,高层管理人员的管理幅度为4~5人,但一些基层例行工作,监督工作不复杂,所以基层管理者可以领导若干人。如一个收银主管可能领导十几名收银员。实现什么样的管理层次与管理幅度要根据门店的实际状况因地制宜,不能"一刀切"。

6．集权与分权相结合的原则

在组织结构设计时,既要有必要的权力集中,又要有必要的权力分散,两者不可偏废。

7．稳定性和适应性相结合的原则

在进行组织结构设计时,既要保证企业外部环境和企业任务发生变化时,能够继续有序地正常运转;同时又要保证企业在运转过程中,能够根据变化了的情况做出相应的变更,具有一定的弹性和适应性。

三、连锁企业组织结构设计的内容和流程

(一)连锁企业组织结构设计的内容

(1)按照企业战略目标要求,建立合理的组织架构,包括管理层次和职能部门的建立。

(2)按照业务性质进行分工,确立各个部门的职责范围。

(3)按照所承担的职责赋予各个部门、各管理人员相应的权力。

(4)明确上下级之间、个人之间的领导和协调关系,建立畅通的信息沟通渠道。

(5)设计企业的业务流程、管理流程和相应的组织文化,以保证所建立的组织结构有效地运转。

(6)根据企业内外部环境因素的变化,适时地调整组织结构。

(二)连锁企业组织结构设计的流程

1．明确任务

连锁企业的任务主要有5类。

(1)商品采购、运输、配送、库存、标价、商品陈列。

(2)门店维护、清洁、保卫。

(3)顾客调查、顾客事务接洽、顾客跟踪调查、处理顾客投诉。

(4)商品包装、退货、销售预测、预算等。

(5)商品的维修与调换、处理收据与财务记录。

2．工作分类

(1)按功能划分,将工作按不同业务领域划分,如促销、采购、门店营运。

(2)按产品划分,将工作按商品或服务为基础进行划分。

(3)按地理位置划分,将工作按不同性质的商圈进行划分。

大型连锁企业对工作进行分类时可综合利用上述方法。

3．任务分工

任务分工主要包括企业内部的专业化分工和员工应从事的具体工作。

4. 组织定型

将类似工作合并为一个部门，进而将不同部门整合成一个有机的连锁经营组织。在这一环节要注意以下事项。

（1）区分不同的工作，并清楚地描述出来。

（2）明确工作之间的关系。

（3）确立组织的层次、结构及组织管理幅度。

任务三　总部和门店的组织结构设计

一、总部的组织结构设计

1. 典型的总部组织结构

连锁企业为实现规模效益和确保品牌的良好形象，一般都采用集权的方式进行管理，各门店的管理层主要是负责商品的销售，而在店铺建筑风格、内部设施的装饰、经营的商品品种组合、商品配送、服务规范及促销活动等方面，都执行总部统一的标准，通过良好的物流和信息系统保证其日常经营的顺利进行。

连锁企业总部应具有门店开发、营销、教育培训、指导、财务和信息收集职能，因此一般应设有市场开发部、门店运营部、财务部、人力资源部等部门。其典型的组织结构如图1-3所示。

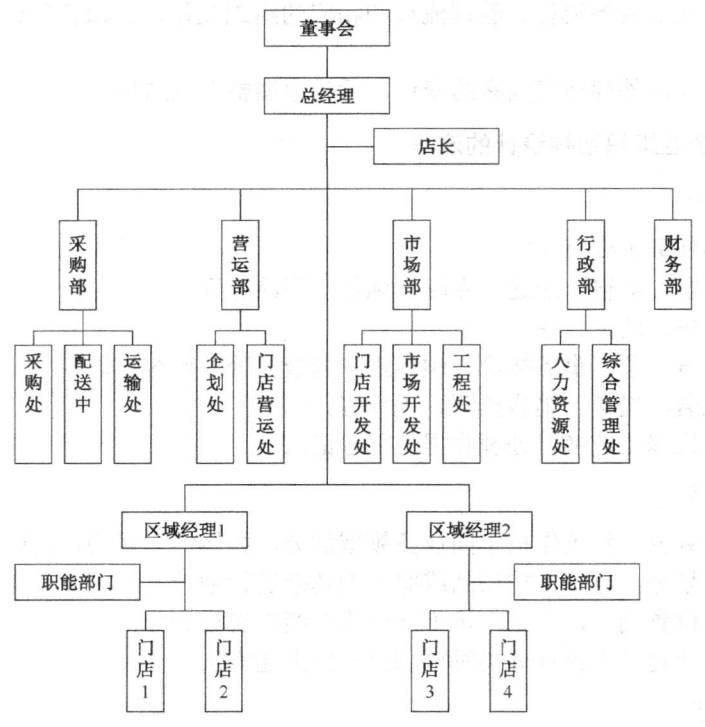

图1-3　直营模式下连锁企业总部的组织结构

项目一　认知连锁门店管理的主要内容

2．总部各主要部门的职能

（1）采购处。

采购处主要负责确定连锁企业商品定位取向（确定商品品类和品牌），新产品之开发、评估、洽谈的处理；竞争厂商，同类产品之价位、促销等市场信息的收集、分析；争取新商品广告促销，配合数量折扣或赠送；商品之开发设计与成本控制；其他相关商品开发事项；现存商品之淘汰评估和执行；商品之规划、执行与资料之分析；新商品试销计划及淘汰建议；定期商品开发会议之召开；列出热门、冷门商品排行榜供决策用。对门店进行商品布局规划设计；选择、评估、确定合格的供应商，签署采购协议；对不合格供应商索赔、解除供应关系；跟踪分店销售情况及配送中心信息，及时补充货源；负责各门店采购部及供应商之间的信息沟通，及时传递和反馈信息；商品采购合同的档案管理等。

（2）配送中心。

配送中心主要负责运送排程计划的规划、执行、调配；仓储空间陈列位置之规划及调配；仓库清洁维护管理及储位安排；有关进货、发货作业之管理；产品退货、报废之呈报及签核处理；各店调货事项的协调处理；部门必需品请购的核准；发车时间表查核；货品请购单的签核；商品问题的处理。

设备维修、申购；商品促销配合事项；国内消费形态趋势之研究、分析；成本控管与改善分析；车辆修理、验车及核签；车辆检查及保养表的回收（总表的填写）；车辆修理费请款的复核；厂商货款请款时的复核。

（3）企划处。

企划处主要负责拟订年度季、月营销计划；广告宣传及各项活动的规划执行；营销策略规划与环境分析；有关广告媒体之联络事宜；市场资讯的收集、分析与呈报；其他相关营销策略规划事宜；有关广促计划之统筹、规划与督核；门店制作物设计、规划及门店布置；门店配置图（台账图）规划；门店宣传、美工、广告文字作业。

门店 POP 作业；门店广告文字、图形绘制及设计；各项刊物及制作物设计、规划；媒体与报章杂志之联络沟通事宜；媒体与报章杂志之效益评估适宜；门店刊物的撰编与发行；门店促销活动教育、指导与执行督导；促销活动各项使用物的准备与清点；促销活动现场的布置与彩排；促销成果的回报与修正建议；其他有关宣传与促销现场之执行事项；相关资料的存档（企划案、相片等）；竞争同业的信息掌握分析；营运部营运目标的协助达成。

（4）市场部。

市场部主要负责根据企业发展规划和经营目标，制订新店拓展计划；制订新店投资项目计划，组织实施拓展工作；对新店项目进行初期的筛选、预审、可行性分析，参与重大投资项目的谈判；新店的拓展选址、洽谈和相关协议的签订；加盟店的甄别选择，组织培训和指导、跟进服务；新店筹建管理、内部设施设备的配置与管理；建筑物内工程的维修、改建、装修、扩建工作；设备保养、维修工作；调研、分析市场及行业竞争情况，撰写市场分析报告等。

（5）行政部。

行政部负责企业整体形象策划和品牌推广；策划和实施各类企业文化、企业形象的推广活动；建立、健全企业及各部门的各项管理规章制度、工作规范；企业日常行政事务的办公支持及各种活动的组织和实施；协调安排企业的各种会议及对外行政事务、总务后勤等工作；制定企业人力资源部的长期规划、中期规划和年度计划；企业组织结构、单位职责与权责划分的研究、分析及改进；企业人事制度及其作业程序的研究、设计和改进；企业人员编制的制定、控制、实施与调整等。

（6）财务部。

财务部负责制定企业财务会计制度及内部控制制度并组织实施；编制企业财务计划、财务预算，审查财务计划和预算执行情况；拟定资金筹措和使用方案；建立会计核算体系，并对经济活动和财务支出进行核算；审查商品价格、工资、奖金及其他涉及财务收支的各种方案、公司及各店原始凭证；查核总部、各门店账项，检查存货；建立企业资产管理体系，监督存货管理情况。

流动资金管理（现金、支票）事项；应付账款管理事项；现金管理事项；分析财务报表事项；资金调度计划事项；之审核；收支传票凭证查核事项；发票管理（含查核）事项；银行往来公共事务处理事项；借贷款办理事项；预算收支分析事项；预收支控制查核事项；预算编列事项；股务登记事项。

阅读材料

成都红旗连锁股份有限公司的组织结构如图1-4所示。

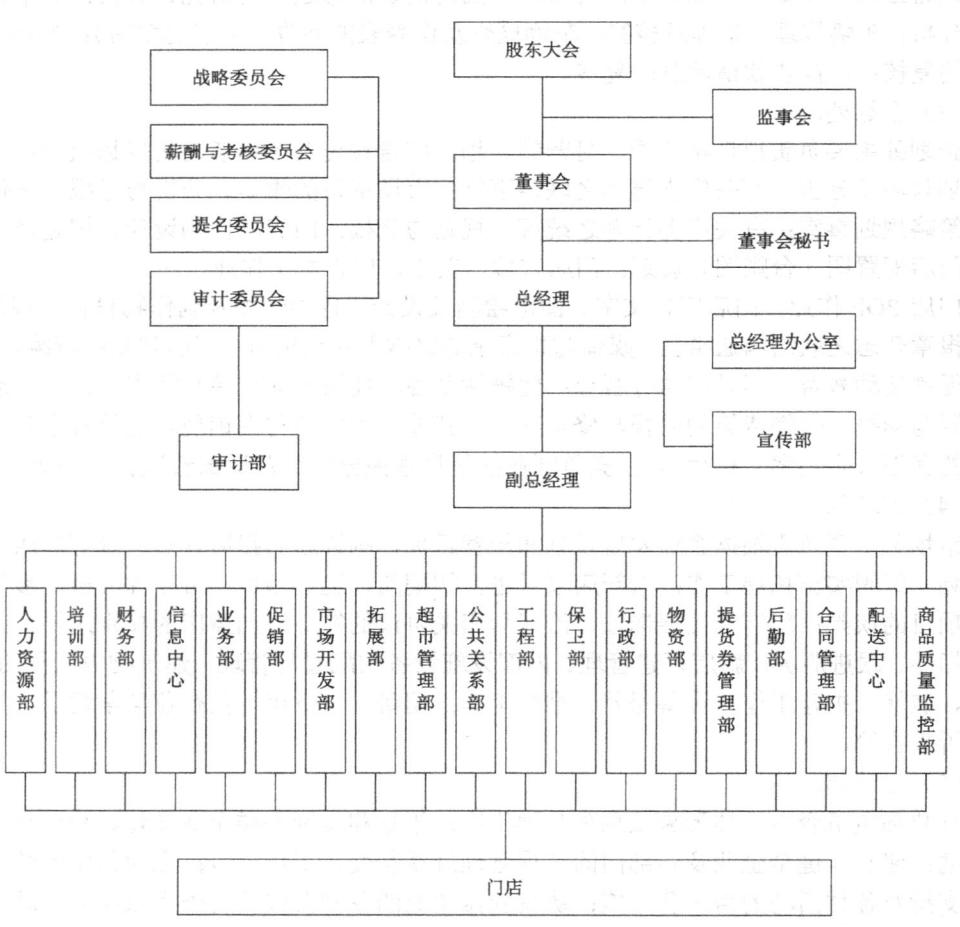

图1-4 成都红旗连锁股份有限公司的组织结构

项目一　认知连锁门店管理的主要内容

二、门店的组织结构设计

1. 典型的门店组织结构

门店是连锁企业经营者和顾客以金钱与商品从事交易的场所。一般来说，门店通常按食品、生鲜、百货分类设置3个部门，再辅以相关服务部门形成分店的组织构架，或者主要包括收货部、防损部、收银部、服务中心、综合服务部。人力资源部和采购部可由总部直接统一负责，也可在分店设置相应部门，负责分店的人事、商品采购工作。典型的门店组织结构如图1-5所示。

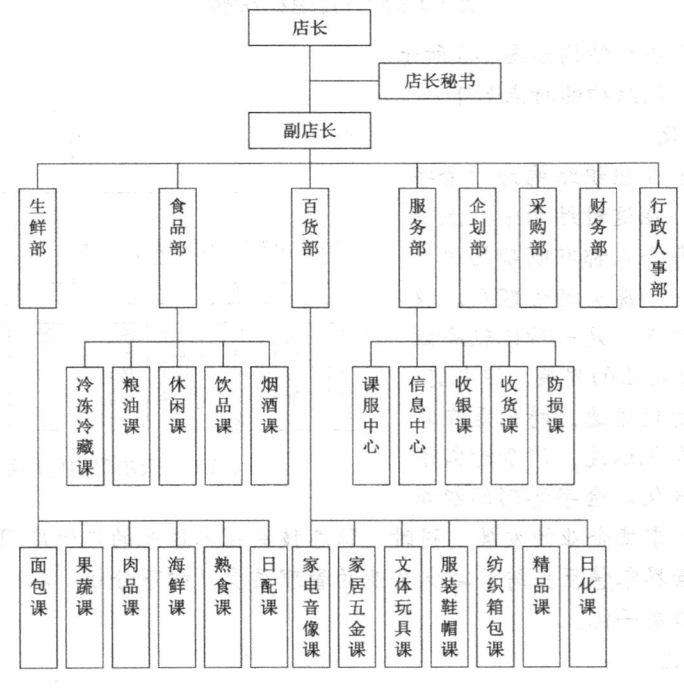

图1-5　典型的门店组织结构

2. 门店的基本职能

门店是连锁企业总部各项政策、制度、标准、规范的执行单位，也是利润的直接创造者，其基本职能如表1-2所示。

表1-2　门店的基本职能

职　能	主　要　内　容
销售管理	跟进市场的销售情况、发展趋势，并提出对策和建议； 制订销售计划，提出促销建议，落实促销方案； 总结促销工作，为下一步促销计划的制订提供依据
商品管理	对商品陈列、商品库存、商品质量、商品损耗、店采商品价格、商品销售状况等方面进行管理
人员管理	员工管理：对员工进行科学管理和培训，提高员工素质，为顾客提供良好的服务。 顾客管理：建立顾客档案，了解顾客需求，提供个性化、针对性的售后服务
财务管理	负责收银管理及凭证管理，严格控制各项费用开支，降低经营成本

续表

职　能	主　要　内　容
信息管理	负责店内经营情报、竞争者信息、消费者需求情况的管理，总结运营工作的经验和教训，不断提高门店整体管理水平
环境管理	创造干净整洁的购物环境，让顾客舒适购物，加强安全管理，创造安全的购物环境

阅读材料

沃尔玛的门店组织结构

沃尔玛的门店组织结构如图 1-6 所示。

沃尔玛门店组织结构的特点如下。

1. 组织扁平化

传统的零售企业组织结构为"金字塔"形层级结构。在这种结构中，上下级间层级分明，每个人都有明确的权力和责任，中间为一个庞大的管理层。该结构在稳定的环境下，是一种比较高效的组织结构，适合企业的发展。但当前，企业面临的环境变化迅速，特别是在零售业，市场环境变化迅速，消费者需求日益多样化和个性化。金字塔形的组织

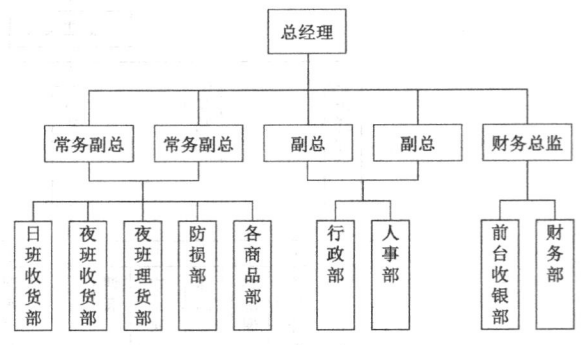

图 1-6　沃尔玛的门店组织结构

结构已明显不利于零售企业的发展。同时，信息技术在零售业的广泛应用使扁平化结构和管理成为可能。世界零售巨头纷纷减少企业的管理层次，向下分权，各个分店具有较大的自主权，管理更趋扁平化。

2. 管理分权化

当前，管理分权化已成为国外零售企业组织管理的共识。它和扁平化趋势产生的背景一样，都是由消费者需求的多样性及技术在零售业的应用所推动的。分权化是指上层管理者把一些管理权和决策权与下级共享。这样做的好处是显而易见的，可以在较大程度上，鼓励下级并使其努力工作，从而更好地满足消费者的需求，提高工作效率。

任务四　熟知连锁门店人事管理

一、连锁门店员工配置方法

连锁超市一般由众多的门店组成，每个门店的营业面积、营业额、劳动量却不相同，因此，保持门店预期需求与人员供给之间的平衡就成为门店人员配置的一大难题。一方面，雇用太多的店员会影响门店的成本和利润，一般门店的人员费用占营业额的比率通常在 6%～12%，占总费用的 30%～50%；另一方面，员工人数太少则会增加工作量，打击员工士气，影响客服质量和损害销售额，因此，维持恰当的员工人数对于门店营运而言至关重

项目一 认知连锁门店管理的主要内容

要,通过科学的方法来满足人员配置的需求,既能够控制门店的工资支出,又能找到足够的技术熟练的员工,以确保各项业务的顺利开展。

门店人员配置方法的指导原则是了解需求,找到合适的人员供给,并确定恰当的服务水平。具体来说有以下3种方法。

1. 按员工生产性指标配置

(1)总员工数=总目标销售额÷每人销售额(1+工资提升率)。

(2)总员工数=目标销售总利益额÷每人目标销售总利益。

2. 依据各部门各职务分析的工作量来配置

(1)整理门店数据。确定所有门店工作的数量和种类。了解员工行为、客户模式、人员配备的限制因素与要求、现有排班流程以及员工的工作范围。

(2)预测人员配置需求。基于销售额与顾客资料,按时刻、天、销售计算得出。通过影响人员需求数量的内部因素(如本地促销与销售)和外部事件(如天气、节假日)估算出人员配置需求。结合这些数据和营业时数、开店与关店以及其他营业活动,得出每日每班的工作时间表。

(3)生成人员配置的备选方案。考虑换班、人员可用性和假日等限制因素,确定可满足人员配置需求的各种备选方案。

(4)确定最终人员配置方案。将预测人员配置水平与现有条件进行对比,识别必要的变更,如额外销售人员的人工成本,从而确定销售旺季和淡季所需的全职与兼职人员人数。

3. 依据劳动量(销售量)情况或门店面积来配置

(1)按销售量标准:每月完成4万元销售额配备一个店员。

(2)按门店面积标准为(以法国为例):120~400平方米的小型超市,每100平方米配备一个店员;400~2500平方米的中型超市,每36平方米配备一名店员,2500平方米以上的大型超市,每28平方米配备一名店员。

店员一般包括收银员、营业员、理货员、会计、服务台人员等。

总之,只有做好适当的组织编制及人员配置工作,才能有效运用人力资源,充分发挥每个员工的能力,以提高门店整体的人员效率和竞争能力。

技能训练

利民公司的组织结构变革

利民公司于1991年开创时只是一家小面包房,开设一间商店。到2007年因经营得法,又开设了另外8间商店,拥有10辆卡车,可将产品送往全市和近郊各工厂,公司职工达120人。公司老板唐济简直是随心所欲地经营着他的企业,他的妻子和3个子女都被任命为高级职员。他的长子唐文曾经劝他编制组织结构图,明确公司各部门的权责,使管理更有条理。唐济却认为,由于没有组织图,他才可能机动地分配各部门的任务,这正是他取得成功的关键。正式的组织结构图会限制他的经营方式,使他不能适应环境和职员能力方面的变化。后来在2009年,唐文还是按现实情况绘出一张组织结构图(见图1-7),由于感到很不合理,没敢对父亲讲。

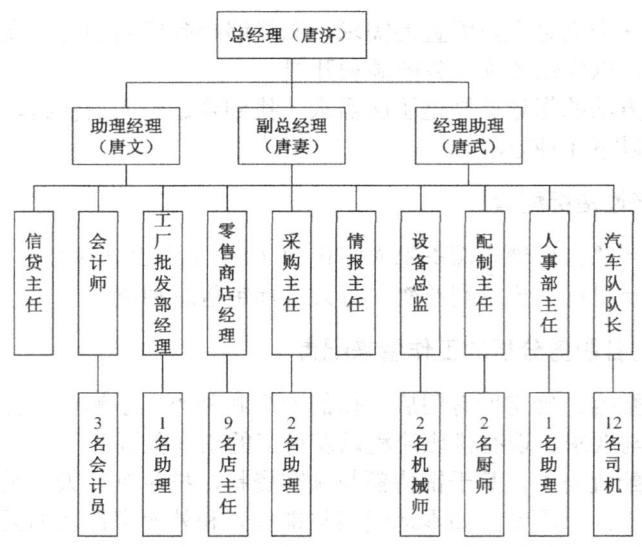

图 1-7　2011 年以前的组织结构图

2011 年唐济突然去世，家人协商由刚从大学毕业的唐文继任总经理，掌握公司大权。唐文首先想到的是改革公司的组织结构，经过反复思考，设计出另一张组织结构图，如图 1-8 所示。他自认为这一改革有许多好处，对公司发展有利。但又感到也会遇到一些问题，如将家庭成员从重要职位上调开，可能使他们不满（尽管他了解公司职工对其父原来的安排都有些怨言）。于是他准备逐步实施这项改革，争取用一年左右的时间去完成它。

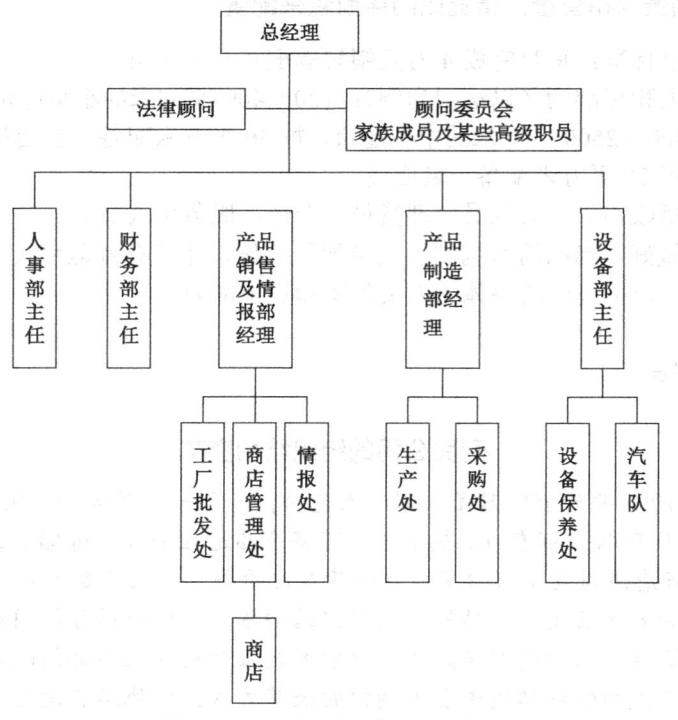

图 1-8　2011 年设计的组织结构图

讨论：唐文为什么要把组织结构改成图 1-8 的样子，原先的结构有什么问题？

项目一　认知连锁门店管理的主要内容

二、连锁门店员工排班与会议管理

（一）员工排班管理

1. 排班的意义

保证有足够的人员在岗工作，是确保门店完成销售任务以及提供优异顾客服务的前提。合理恰当的排班，是门店提高销售、优化利润的手段。合理的排班，具有以下意义。

（1）将合适的员工在适当的时候放置在适当的岗位，使人尽其才，提升员工的满足感。

（2）确保有足够的人手完成预定工作任务并提供优异的顾客服务。

（3）有效地控制人工成本，确保最优化的人力资源配置，提高工作效率和士气。

（4）确保员工有足够的时间用于学习、培训等自我发展活动。

2. 排班的原则

（1）以顾客服务和销售需要为基础来安排适当的、适时的人力配置。

（2）达到人力运作的最大效果，以最少的人力来完成最多的工作。

（3）对所有的工作人员均一视同仁，尽可能公平。

（4）保持一定的弹性及机动性，以便针对特殊情况做出调整。

（5）保证员工早晚班次的合理轮换。

（6）符合当地劳动法规的要求。

3. 排班的步骤

（1）前期准备。

① 熟悉情况：卖场实行的班次，公司对排班考勤的规定，员工的素质、工作能力与经验等。

② 收集资料：空白排班表、文具，销售计划和预算，上周、上月排班情况，部门员工请假、休假申请情况。

（2）安排班次。

将销售预算详细分解到日；规划每日预计的大型活动，如促销、市场调查、盘点等，根据每天的销售预计与活动来安排每天的当班员工数，合计每日的总工时，回顾排班情况是否合理并做出相应修改。班次的时间安排原则如下：早早班为营业开始前 1.5 小时，早班时间为营业开始前 1 小时，班次具体时间由各店自行安排，如以 8:00 开始营业的门店为例，早早班上班时间为 6:30，早班上班时间为 7:00。

（3）审核排班。

排班完成后，应再次确认排班表，确认当前的排班能够满足交易量、顾客数、部门销售的预计；确认所排员工是否能够按时上班，确认员工两个班次间有至少 10 小时的间隔时间可以休息、调整。

（4）批准和张贴。

将排好的排班表呈交上级管理层审核批准，并交人力资源存档，将批准后的排班表张贴在公告栏，通知相应员工。

4. 排班的具体要求

（1）管理人员排班。

商场的管理人员担负着许多重要的职责,他们的合理排班尤为重要。管理层的排班必须兼顾到员工管理和业务管理两方面的需求。好的排班让管理人员有足够的时间和他的员工沟通,激励士气,提高生产率,同时能够确保销售计划的顺利实现。管理人员的排班要求如下。

① 店长每周应当排两个早早班、3个早班、一个晚班,早早班应负责和防损一起开门,晚班应和当天晚值人员及防损共同清场后关门。

② 管理人员的休息日安排在非周末的时间,以确保在高峰时期有管理层在场,一个月内应当安排上不同的班次,确保他们对于自己管理的区域有全面的了解和监督。

③ 特殊部门管理人员,如生鲜经理、主管应多安排早班,参与早上的验收货、上货,并参加每月的盘点,对部门的毛利情况有所了解;前台经理应多安排晚班,晚上客流大;在早上开业时和晚班关门时应有防损经理或主管。

④ 代班管理人员的安排。店总经理安排各部门经理轮流当班,店总经理未当班时,由代班的值班经理代行店总经理责权;其他代班一般由管理人员指定其直属下级担任。代班管理人员一般不与授权,特殊情况需紧急签字时可由值班经理上报后由店总经理委托或电话授权代班人员行使。

⑤ 员工的排班由各部门经理完成;主管的排班由相应经理完成;经理级及以上的管理人员的排班由店总经理完成。

⑥ 排班的时限:员工的排班以周为单位完成,管理人员的排班以月为单位完成。

(2) 员工排班。

在给卖场员工进行排班时,总体应从以下方面考虑。

季节、节假日,每日的销售高峰时段,客流变化趋势;部门的销售预期、固定工时工作和可变工时工作、员工的可工作时间以及休假等情况;有无促销活动和其他重大事件,排班还可能受到一些其他因素的影响,如当地劳动政策、特殊事件、天气因素等。排班时应优先安排周末等销售高峰期,遵循以下次序:星期六、星期日、星期五、星期一、星期二、星期三、星期四。避免在法定节假日安排员工加班,造成不必要的费用开支。

固定工时的工作指无论销售额、客流量大小都必须安排的工作,如订货、日常清洁、设备维护等;可变工时的工作指会根据销售额、客流量的变化而变化的工作,如补货、促销等。在安排排班时,应当首先根据固定工时的工作量来安排人手,再根据销售预期来安排其他员工数,确保能够满足销售的需要。

(3) 前台员工排班。

前台排班应依据顾客人数和交易次数进行,而非单纯依据销售额。考虑交易量、某天内预计通过收银机扫描的商品数等因素,确定每天什么时段开放哪些收银机;依据收银员的扫描速度,将工作效率高的员工安排在客流量大的收银机;考虑最近工作失误较多的员工,适当予以调动,安排他在比较不繁忙的收银机。

根据突发情况灵活调整实际上岗的收银员人数,如突然出现恶劣天气时,可适当减少当天上班的收银员数,避免人力资源的浪费。为保证每天排班的合理,每个前台主管应有一份排班表的复印件。每天早班的主管应排好当天收银员的上机情况,通知当班收银员具体上岗的收银机。

(4) 生鲜区员工排班。

项目一　认知连锁门店管理的主要内容

全面考虑各个岗位的需求，特别是熟食、面包等生产岗位较多的部门，排班时应细化到岗位，不仅要考虑每天工作的总人数，还要保证每个岗位都有足够的人手从事生产加工工作。

鲜食部门早、晚、通宵班的工作不尽相同，在安排员工时应考虑到不同工作的需求，确保有足够的人员在销售高峰期负责顾客服务。

阅读材料

小门店的排班

某门店有7个人，分早、中、夜班，还要休息，其中中班1个人，早晚班各2个人，并且小五要求第一天上中班，小四要求星期天休息，应该怎么排？

1．条件要求

早班2个人，晚班2个人，中班1个人，休息2个人；上早班的人员第二天可以上中班或者晚班；上中班的人员第二天可上任意班次；晚班人员第二天必须休息或上中班；休息人员第二天可以上早班或者中班；小五第一天上中班并且小四星期天休息。

2．人员编号

一、二、三、四（小四）五（小五）六、七；星期编号：1、2、3、4、5、6、7（星期日）。

3．排班列表

列出横坐标，纵坐标；先固定小五星期一中班，小四星期天休息；休息人员第二天休息，所以固定小四星期一上早班（中班另试）；中班人员第二天上早班、晚班或中班，所以先固定小五第二天上早班（中晚另试）；星期一小四早班小五中班，按照2人早班2人晚班2人休息定晚晚早早中休休；按照晚班人员第二天休息，早班人员第二天中晚班，休息人员第二天任意班。排列星期二：休休晚晚早早中，并得出休息的一人上早班，一人上中班。所以星期三依次推算：早中休休晚晚早……一直排列到星期天。具体如表1-3所示。

表1-3　某门店周排班表

星期＼员工排班	一	二	三	四	五	六	七
1	晚	晚	早	早	中	休	休
2	休	休	晚	晚	早	早	中
3	早	中	休	休	晚	晚	早
4	晚	早	早	中	休	休	晚
5	休	晚	晚	早	早	中	休
6	中	休	休	晚	晚	早	早
7	早	早	中	休	休	晚	晚

（二）门店会议管理

会议是一种沟通方式，很多工作必须通过会议才能收到较好的效果。作为一名店长，应该根据工作需要，经常组织相关人员举行工作会议（早会、晚会、周会、月会），讨论和解决问题。

1．门店会议的意义

门店会议，可以让团队意识到制度的约束性和工作的规范性，可以激发员工对工作的责任感，也可以通过会议解决工作中出现的各种问题，或是制定各种目标或计划。因此，作为门店的负责人，通过组织店员按时开会，是一种有助于团队完成任务的有效方式。

2．会议主持的职业素养

（1）具有良好的语言表达能力，语言清晰流畅，富有亲和力和穿透力。
（2）具有良好的组织协调能力，能自如驾驭会场，秩序井然。
（3）具有良好的思维应变能力，思维果断，随机处理突发事件。
（4）具有良好的时间管理能力，能在规定的时间内完成任务。

3．会议主持的技能

（1）能根据背景资料确定会议召开的时间、地点和内容。
（2）能根据背景资料确定会议的主题和主持内容。
（3）能根据主持会议的需求准备相关数据资料。
（4）能灵活运用主持技巧，效果明显。

4．门店常规会议组织

1）晨会的组织
（1）晨会的概念。
晨会是指利用上班前5～10分钟的时间，全体员工集合在一起，互相问候，交流信息和安排工作的管理方式。晨会是人员考勤、活动发表、专业指导、经营总结、唤起注意、培训教育、信息交流的方式。
（2）晨会的意义。
培养团队、鼓舞士气、节约时间、突显效果、管理锻炼。
（3）晨会的主题。
一方面是上级统一布置的晨会内容，另一方面是由自己确定的晨会内容，包括会议的中心思想和解决的问题，应当提前做好准备。
（4）晨会的形式。
晨会是主题式的演讲，提问式的启发，还是讨论式的互动？每种形式有各自不一样的优点，在具体的实施过程中，可以灵活地运用。主题式的演讲适用于店内优秀员工的经验总结，这个演讲的主题可以是如何和顾客有效沟通，也可以是如何处理顾客的异议，或者是一个简单的哲理小故事，让大家分享，寓意深刻，发人深省，使早晨混沌的大脑变得理性。主题的选定可以由主讲的员工来选定。这种方式一方面可以分享经验，整体提升员工的能力，另一方面也可以锻炼员工的自信。提问式以及讨论式，这两种方式可以运用于美容院日常经营中出现的具体问题的探讨，鼓励员工多去思考自己工作的改进之处。

2）晨会的注意事项
（1）角色的转化，给员工一个表现的舞台。

项目一　认知连锁门店管理的主要内容

每天的晨会上，如果都是店长在滔滔不绝地重复类似的话，对员工并没有很大的吸引力。可以考虑转换角色，由员工来轮流主持晨会，这样对员工能力的提升很有好处。

（2）及时有效的反馈。

晨会结束之后，店长还需要关注晨会上提出来的问题或者是建议是否真正落实到了行动中，做好持续的效果追踪和反馈，真正地做到实处。

3）周例会

（1）周例会的概念。

周例会是以周为单位固定时间召开的例行会议，用以总结上一周的工作，交流心得与经验，传达总部最新动态，布置本周工作重点。周例会通常由经理/店长主持，卖场管理层全体参加，具体时间视门店营业情况而定，会议时间控制在45分钟左右。

（2）周例会目的。

除了总结上周工作、布置本周重点工作这两项基本目的外，周例会还有如下目的。

① 管理者的工作经验分享。
② 管理问题探讨与改善。
③ 短期经营状况分析与信息分享。
④ 激励、表彰优秀与先进，树立典型。

（3）周例会的设计与流程。

① 收集资料，准备议题（会议设计）。
② 填制、下发会议通知。
③ 参会人员集合。
④ 会议开始。
⑤ 主题发言：宣传贯彻/沟通/指导工作；管理/经营问题分析研讨。
⑥ 改进意见达成一致，制订改进计划/方案。
⑦ 激励/表彰。
⑧ 会议纪要/会议简报。

月例会可以参照周例会组织进行；其他专题会议可以参照促销、处理顾客投诉等专项课题组织进行。

三、门店员工招聘与培训管理

（一）门店员工招聘管理

1．确定门店用人资格

（1）基本条件的设定。

门店用人的基本资格包括3个方面。

一是学历要求。对于普通员工，学历方面的限定并不严格，高中以上即可。若是管理人员，则要求大专以上学历。

二是性别要求。连锁门店的岗位比较多，一般来说，收货员、保安员等岗位考虑安全及体力，宜招收男性员工，收银员、客服员等服务性岗位宜招收女性员工。

三是工作经验要求。对于普通员工无工作经验要求，但对于技术操作人员或管理人员，则必须要求应聘者应具备相应的工作经验。

（2）符合法律法规的要求。

招聘要遵守国家关于平等就业的相关法律、法规和政策，向所有应聘人员提供平等的聘用机会，即不论性别、婚姻状况、宗教信仰、肤色、种族、民族、地区或社会背景等，人人都享有平等的竞争机会。

对于担任某些岗位应具有的资格证如驾驶执照、会计证、药剂师证、电工证等必备条件，是不能放宽的。

招聘工作是非常专业化的人力资源管理工作，应建立规范的招聘管理制度（含流程、表单），以及科学实用的人才甄选工具和方法来指导招聘工作。招聘工作由人力资源部统一管理，并组织实施，各部门不得自行招聘。

（3）其他要求的设定。

由于各个门店的经营目标具有差异性，因此对员工的教育和工作背景也会有差别。以招聘店长为例，对学历要求一般是高职或大专毕业即可，但在实际操作中，如果经营者认为店长应具备领导控制才能，则具有企业管理教育背景的人可能就会受欢迎；如果经营者希望店长应擅长财务管理，则具有会计、统计专业教育背景的人会优先考虑。

2. 门店员工招聘实务

（1）人员需求申请。

人员招聘需求的主要来源一般包括这些情况：门店新开张；某部门出现编制增补；离职空缺。这时，部门负责人就会填写人员需求申请，门店人力资源部便根据其需求进行招聘。

（2）招聘准备工作。

在公开招聘前，应成立招聘小组，制订招聘计划和起草各种招聘文书，确定招聘的人员数量、质量和结构等。招聘计划应明确招聘人员的素质条件、招聘地区、范围以及起点薪资或待遇等内容。

（3）确定招聘渠道。

门店招聘的大多为操作层次和基层管理层次的员工，因此招聘的渠道主要是人才市场、大专院校、网络、中介、张贴海报、熟人推荐以及报刊等媒体。

（4）招聘宣传和接受报名。

① 招聘宣传。招聘宣传是招聘中的重要环节，直接影响招聘的效果。门店在确定招聘职位和用人标准后，就应大力宣传、吸引和鼓励求职者踊跃报名应聘，应聘的人越多，就越有可能找到高质量的合适人员。招聘宣传的内容一般包括企业的概况、招聘岗位、福利待遇、报名条件和起止时间、地点、报名手续，以及考核内容和方式。

② 接受报名。在招聘信息发布后，就开始接受报名。受理报名时主要任务有两个：一是检验有关证件和收集报名表格，确认应聘者的报名资格，符合条件者发放准考证；二是对应聘者进行初步面试，淘汰那些明显不符合岗位要求的人员。

（5）人员测试。

人员测试包括3个层次：一是对收银员、理货员等操作层次员工的测试，主要观察他们的仪容仪表，询问其工作动机即可；二是对技术性强的岗位，如电器维修人员，则还要测试其操作技能；三是对管理岗位，如部门主管，则还需要进行心理测试，包括人格、智力、兴趣爱好等，判断其是否具有管理的潜质。

项目一 认知连锁门店管理的主要内容

(6) 录用决策。

这是人员招聘的最后一个工作环节，包括4项工作。

① 确定录用名单。根据测试结果，确定最适合职位要求的人员名单，由人力资源部统一发出录用通知书。在录用通知书中，应该明确报到的时间和地点，应该附录如何抵达报到地点的详细说明和其他应该说明的信息。

② 签订劳动合同。根据《中华人民共和国劳动合同法》，门店与员工签订劳动合同，在合同中要明文规定员工的试用期限和用工期限以及相应的薪资待遇，明确双方的责任、权利和义务。

③ 岗前培训。岗前培训的目的一是让新员工接受企业的经营理念，熟悉各项管理制度，适应新的环境；二是掌握专业岗位技能。

④ 试用安置。新员工一般都有一定期限的试用期，试用的目的是检验新员工的体力、智力、知识、技能与岗位是否适应，试用期内考核不合格的员工不正式雇用；试用期内考核合格的人员办理正式雇用手续并妥善安置，如吃、住、行的安排，从而实现人与事的最佳匹配。

(二) 门店员工培训管理

对连锁企业来讲，标准化要求更高质量的培训。培训是企业根据其发展战略对人力资源的需要，对员工进行技术、技能、工作方法，以及企业理念和文化的传授，使员工通过技能的提高和思维方式的转变，从而提高和改善工作绩效。

通过培训使企业真正具备"造血"机能，从而真正提升营业团队的专业化程度。离开了培训，营业手册所规定的作业标准就难以为员工所理解、接受和执行。

据有关统计资料表明，对员工培训投资1美元，可以创造50美元的收益，其投入产出比为1∶50。因此门店营业人员的持续、系统培训，是门店经营管理至关重要的一个环节。高效合理的培训能够提高员工的整体素质，增强企业的竞争力；改善企业的工作质量，减少和杜绝各种工作差错的产生；改善企业管理内容，提高劳动工作效率；减少违纪违规的现象；降低企业的损耗；增强员工的职业稳定性，降低员工流失率；提高顾客的满意度；提高团队的凝聚力。因此，建立完整的培训系统，对门店各级员工的有效选拔、任用、教育、开发是连锁超市稳步发展、持续进步的关键所在。

企业获取高质量、高素质的人力资源有两个途径：一是从外部招聘；二是对内部员工进行培训，提高员工素质。连锁企业的专业人才，目前国内的教育系统还未直接培养出来，也无法从社会上直接聘得，这就更需要从本连锁体系的实践和锻炼培训中培养人才。

例如，世界上最大的零售企业沃尔玛就重视对员工的培训和教育，建立了一套行之有效的培训机制，并投入大量的资金予以保证。各国际公司必须在每年的9月与总公司的国际部共同制订并审核年度培训计划。培训项目分为任职培训、升职培训、转职培训、全球最佳实践交流培训和各种专题培训。在每一个培训项目中又包括30天、60天、90天的回顾培训，以巩固培训成果。培训又分为不同的层次，有在岗技术培训，如怎样使用机器设备、如何调配材料；有专业知识培训，如外国语言培训、计算机培训；有企业文化培训，全面灌输沃尔玛的经营理念。更重要的是沃尔玛根据不同员工的潜能对管理人员进行领导艺术和管理技能培训，这些人将成为沃尔玛的中坚力量。

一套完整的培训系统包括多种类型，按纵向层次开发为3层。

(1) 职前培训。

职前培训是指新员工进店后的基础培训。其偏重于观念教育与专业知识的理解。让新员工首先明确连锁超市门店的规章制度、职业道德规范，以及相应的专业知识。其基本内容包括两项：一是服务规范，让每个员工树立依法经营、维护消费者合法利益的思想，同时，把服务仪表、服务态度、服务纪律、服务秩序等作为培训的基本内容，让员工树立"顾客是上帝"、员工代表企业的思想；二是专业知识培训，在帮助员工树立正确的工作观念的基础上，理解各自工作岗位的有关专业知识。一般可分为售前、售中、售后3个阶段的专业知识。

售前，即开店准备。具体包括店内的清扫、商品配置及补充准备品的确认等所必须掌握的专业知识。

售中，即营业中与销售有关的事项。具体包括待客销售技巧、维护商品陈列状态、收银等事项。

售后，即门店营业结束后的工作事宜。建立良好的顾客利益保障制度、商品盘点制度等工作。

(2) 在职培训。

由于企业内外环境和工作重点的变化影响，有时要对在岗员工进行转岗或晋升，同样需要进行培训。在岗培训是职前培训的延续与发展。通过在岗培训，可以提高员工工作的积极性，更有利于员工工作绩效的进一步提高。

在职培训偏重于职前培训基础上的操作实务性培训。培训内容主要按各类人员的职位、工作时段、工作内容、发展规划进行培训。主要涉及人员为店长（值班长）、理货员、收银员等门店工作人员，按其职级展开和实施。

店长的培训主要包括以下内容：店长的工作职责、作业流程、对员工的现场指导、员工问题的论断与处理、商品管理、如何开好会议、顾客投诉处理、管理报表分析、信息资料管理等。例如，家乐福的店长课程就包括店长就职培训、财务、人力资源、团队管理、市场营销和美工培训等15个课程。

理货员的培训主要包括以下内容：理货员的工作职责，作业流程，领货，标价机、收银机或POS机的使用，商品的陈列技巧，补货要领，清洁管理等。

收银员的培训主要包括以下内容：收银员的工作职责、收银操作顾客对答技巧、简易包装技巧等。

(3) 一岗多能的培训。

除了让员工明了各自岗位所需的知识和技能外，许多情况下也需要员工发挥其"多能"。事实上，超市门店内尤其是便利店中有某些工作是需全体员工都能操作的，如商品的盘点作业、商品的损耗处理、收银操作等。店长如在这方面抓好了对职工的培训和管理，就大大减少用了工人数，减少了相应费用支出，从而提高门店的盈利水平。

四、门店员工绩效考评和薪酬管理

（一）门店员工绩效考评

1. 门店员工绩效考评的目的

绩效考评是指门店在既定的经营目标下，运用特定的标准和指标，对员工过去的工作

项目一 认知连锁门店管理的主要内容

行为及取得的工作业绩进行客观公正的评估,并运用评估的结果对员工未来的工作行为和工作业绩产生正面引导的过程和方法。

一般来说,连锁门店员工绩效考评的目的主要有以下几个方面。
(1)检查和改进员工现有的工作绩效。
(2)为员工晋升、加薪提供依据。
(3)确定人员培训和人力资本投资的需求。
(4)检查和改进门店的人力资源管理工作。

2. 门店员工绩效考评标准的原则

考评标准

3. 门店员工绩效考评的内容

对门店员工的绩效考评一般包括4个方面,即能力、品德、态度和业绩。
(1)能力。
能力考评是指对员工的能力素质,即在工作中运用所学知识解决实际问题的能力的考评。通过能力考评,能够区分员工的能力,并把能力强的员工提拔到重要的岗位上,把能力偏低的员工调离现职,有利于提高门店的管理效率。

具体来讲,人的能力可分解为基本常识、专业知识(技能)、工作经验及身体素质4个部分,对员工能力的考评就可以分别对这四部分的内容做出评价。例如,对商品的名称、产地、用途、特点以及用途的介绍;接待顾客以及顾客投诉的处理技巧等都是员工能力考评的内容。

(2)品德。
对员工品德的考评主要是看员工做事的风格,如是否尊重顾客;与同事的合作是否和谐;是否尊重事实、知错必改;是否遵纪守法、维护门店利益;是否保守商业机密;言行是否一致、洁身自爱;是否爱贪小便宜等。

(3)态度。
一般来讲,员工能力越强,工作业绩应该越好,但是如果员工工作态度不好,出工不出力,即使能力强,也不会有好的业绩。因此,工作态度的考评是一项重要内容。

工作态度的考评内容主要包括出勤率、纪律性、工作积极性、责任性和主动性等方面。工作态度决定员工能力的发挥程度,只有好的工作态度和能力相结合,才能创造出好的工作业绩。

(4)业绩。
业绩考评就是对员工的工作效率和效果的考评,效率指的就是投入与产出的关系,如果一名员工在同样的资源(时间、精力)投入下能获得多于他人的产出,则其效率就高;或者说,对于同样的产出,投入的资源比别人少,其效率也比别人高。

除了考评效率外,还要考评效果,所谓效果,就是指最终有效成果。例如,甲、乙两名营业员同时卖出同一件商品,所花费的时间和成本完全相同,但在出售过程中,甲的销售方式灵活多变,乙则生硬呆板,一天下来,两人的营业额相差很多,相比之下,显然甲的效果更好。

由此可见,效率涉及工作的方式,而效果涉及工作的结果。任何一个门店都应朝着"高效率+高效果"这一方向努力,因此员工的考评不能缺少这一内容。

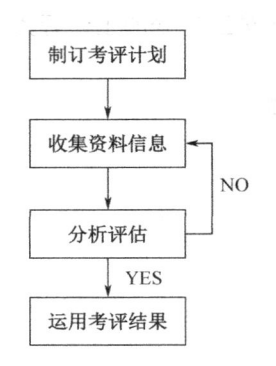

4. 员工绩效考评的流程

员工绩效考评的流程如图1-9所示。

（1）制订考评计划。

为了使考评工作有条不紊地进行，必须首先明确考评的目的和对象，再根据目的、对象选择重点考评的内容、考评的时间和方法。

（2）收集信息资料。

员工的考评结果常常关系到员工在门店中的地位和前途，所以，要求作为考评基础的信息必须真实、可靠和有效，收集考评所需的信息，一般可以采用记录法、抽样法、问卷调查法等。

图1-9 员工绩效考评的流程

（3）分析评估。

这一阶段就是对员工的能力、品德、态度和业绩做出切合实际的综合评价。具体方法是先由多个考评者根据考评指标对被考评员工分别进行定性或定量的评估，然后将每个考评者的考评结果进行综合分析，从而得出被考评者的最终考评结果。

（4）运用考评结果。

考评是手段而不是目的，考评的结果为门店管理者提供了被考评者的大量有用的信息，具体作用如下。

① 根据考评结果，找出员工的不足和短板，帮助其改进绩效。

② 为员工的任用、晋级、加薪、奖惩提供依据。

③ 检查门店管理各项政策的合理性，如人员配置、员工培训等方面是否有不足，如何改进和完善等。

（二）门店员工薪酬管理

1. 薪酬的构成

薪酬是指门店对员工付出劳动的回报，从广义上讲，薪酬分为经济类和非经济类两种。经济类薪酬指员工的工资、津贴、奖金等；非经济类薪酬指员工获得的成就感、满足感或良好的工作气氛等因素。

根据薪酬构成的各部分性质、作用和目的的不同，门店薪酬大体可分为工资、津贴、奖金和福利四部分。

（1）工资。工资是指由门店定期用货币支付给员工的劳动报酬。根据零售业的工作性质和特点，其工资的主要形式可分为月工资和小时工资两种。月工资是指根据员工的职务等级或技术等级所确定的工资数额，每月按时发放；小时工资是指根据员工小时工资标准和实际劳动时间来计量工资的数额。小时工资标准一般以工作日法定工作时间去除日工资标准求得。其计算公式为：小时工资标准＝日工资标准/工作日法定工作小时数。小时工资制度一般适用于非全日制工作或需要以小时计付工资的工作。

（2）津贴。津贴是指补偿员工在特殊条件下的劳动消耗及生活费额外支出的工资补充形式。津贴分配的唯一依据是劳动所处的环境和条件的优劣，而不与员工的工作能力和工

项目一　认知连锁门店管理的主要内容

作业绩对应和联系，具有很强的针对性和相对均等分配的特点。

（3）奖金。奖金也称奖励工资，是为员工超额完成任务或取得优秀工作业绩而支付的额外报酬，其目的在于对员工进行激励，促使其继续保持良好的工作状态。奖金比起其他薪酬形式具有更强的灵活性、针对性和明显的差异性。奖金既可以根据个人工作业绩发放，也可以根据部门和门店的经济效益发放。

（4）福利。根据我国劳动法的有关规定，员工福利可分为"社会保险福利"和"用人单位集体福利"两大类。

社会保险福利是为了保障员工的合法权益，由政府强制性要求用人单位为员工购买的福利，概括地说就是"五险一金"，即养老保险、工伤保险、失业保险、医疗保险、生育保险和住房公积金。

用人单位集体福利是指用人单位为了吸引人才或留住员工而自行为员工发放的福利，如员工宿舍、员工餐厅、健康检查、员工辅导、主管配车及停车位提供等。

2．薪酬管理的内容

薪酬管理是连锁门店管理的重要组成部分，包括以下主要内容。

（1）薪酬的目标管理，即薪酬应该怎样支持企业的战略，又该如何满足员工的需要。

（2）薪酬的水平管理，即薪酬要满足内部一致性和外部竞争性的要求，并根据员工绩效、能力特征和行为态度进行动态调整，包括确定管理人员、技术人员和操作人员的薪酬水平。

（3）薪酬的体系管理，这不仅包括基础工资、奖金、津贴、福利的管理，还包括如何给员工提供个人成长、工作成就感、良好的职业预期和就业能力的管理。

（4）薪酬的结构管理，即正确划分合理的薪级和薪酬等，正确确定合理的级差和等差，还包括如何适应组织结构扁平化和员工岗位大规模轮换的需要，合理地确定工资宽带。

（5）薪酬的制度管理，即薪酬决策应在多大程度上向所有员工公开和透明化，谁负责设计和管理薪酬制度，薪酬管理的预算、审计和控制体系又该如何建立和设计，并随着门店经营状况和外部环节的变化及时调节。

3．薪酬管理的实施

（1）薪酬核算。

薪酬核算是连锁门店薪酬管理中的一个重要环节。目前，大多数零售企业采用的是月薪制，即按月发放工资。另外也有一些企业实行日薪制，即依据月历天数为计算基准（如 2 月只有 28 天，则日薪×28，3 月有 31 天，则日薪×31），周六、周日即国家法定节假日虽然不上班，但薪资照给。由于月薪是固定的，不存在核算问题，但薪酬调整、出勤状况、加班时数及奖金等因素，会造成薪酬数量的变动，因此核算也在所难免。

薪资核算的内容包括：新进核薪作业；薪酬异动；出勤统计；缺勤（离职）核薪；年终核薪作业。其中，出勤统计是考勤中对出勤、缺勤、加班的日常记录，结合奖惩与其他加减项目，于月初将这些资料加以统计，输入薪酬管理系统，由计算机自动算出员工的出勤资料。日薪和月薪的计算方法如下。

① 制度工作时间的计算。

年制度工作日＝365 天－104 天（休息日）－11 天（法定节假日）＝250 天。

月制度工作日＝250 天÷12 月＝20.83 天/月。

年制度工作工时＝250×8＝2000（工时/人·年）。

月制度工作工时＝2000/12＝166.67（工时/人·月）。

月计薪天数＝（365－104）÷12＝21.75（天/月）。

日工资＝月工资收入÷月计薪天数。

② 日薪制（以月历天数 31 天为例）。

日薪×（31－事假天数－1/2 病假天数）＋（日薪/8h×每天 2h 内加班时数×1.5）＋（日薪/8h×每天超过 2h 加班时数×2）＋（日薪/8h×2 倍加班时数）＋（日薪/8h×3 倍加班时数）

③ 月薪制（一律以 21.75 日/月为计薪基准）。

月薪＝月薪/21.75×（事假天数＋1/2 病假天数）＋（月薪/167h×1.5 倍加班时数）＋（月薪/167h×2 倍加班时数）＋（月薪/167h×3 倍加班时数）。

（2）年度调薪。

正常经营的企业，一般每年都会给员工调整薪酬，调整的幅度因企业而异。大型零售企业薪酬实行制度化，依制度运作；小的零售企业则由经营者个人控制，人力资源部只要修改好薪酬档即可。调薪方案主要有 3 种。

① 依考评成绩调整。根据员工的绩效考评成绩分配不同的调整比例进行调整，如表 1-4 所示。

表 1-4 考评成绩等级及对应的调薪幅度

等级	比例/%	调薪幅度/%
特优	10	10
优秀	20	8
良好	50	6
中等	15	5
合格	5	4

② 给部门确定总额，由主管分配。例如，某门店服装部有员工 10 人，薪酬总额为 10000 元，调薪幅度为 10%，则由主管根据员工的表现确定谁可以调薪。

③ 年度例行调薪。如果没有特殊情况，企业根据薪酬等级每年为员工调整薪酬，原则上每人每年可升一级，但是对表现特别突出者，可升二级，表现欠佳者可不升级。

阅读材料

门店的薪酬结构

某超市是辽阳市较大的私营商业超市之一，占地面积 2 层楼，大约为 5000 平方米，拥有职工 300 余人，分成 4 个部门：营销部、财务部、企划部、综合部。经营商品近万种，年营销额 2000 多万元，净利润近 500 万元。

该超市对其薪酬采取分类管理办法，对不同职位的员工采取不同的薪酬分配形式。相

项目一　认知连锁门店管理的主要内容

应的薪酬体制分为两种：技能工资制和提成工资制。

一、技能工资制

门店的基层员工实行技能工资制，如糕点师、烹饪师等，其构成主要有以下几点。

（1）基本工资。用来保障员工的最低生活水平需要，是参照当地的最低工资标准的相关规定确定的，约占工资的20%。

（2）岗位工资。根据该超市岗位的性质和责任的不同，将不同的职务分别划分为若干等级，并为不同的级别设置了不同的岗位工资标准，这部分是岗位工资制度的主要部分，占工资的50%左右。

（3）技能工资。这是根据岗位对级数水平的需要，以及相对应的员工实际具备的学历、技能水平，通过技能等级考和确定的工资，占工资的10%左右。

（4）年功工资。年功工资是根据员工在该超市的服务时间所计算的，按一定的提效公式计算，每年都会有所增加，占工资的10%左右。

（5）效益工资。根据该超市的当年实际效益，按一定的比例算出效益工资，根据岗位的不同，效益工资也是不同的。

（6）各种津贴。大体包括餐饮、住房及各个岗位性质不同津贴。

二、提成工资制

提成工资制是为该超市的销售员工设计的，主要分为两部分：基本工资和根据销售效益按一定比例提取的奖金。

（1）基本工资。用来保障员工的最低生活水平需要，是参照当地的最低工资标准的相关规定确定的，约占工资的50%。

（2）效益奖金。根据该超市的当年实际效益，按一定的比例算出效益工资，根据岗位的不同，效益工资也是不同的，约占总工资的40%。

（3）各种津贴。大体包括餐饮、住房及各个岗位性质不同津贴，约占总工资的10%。

三、薪酬体系的特点

（1）较为科学的薪酬体系形式。这体现了薪酬体系的双重职业生涯的思想。该超市运用的薪酬体系，与传统的等级工资制度下的升职才能加薪是不同的。采购人员的工资与主任、副主任的工资是差不多的，根据自己的职位重要性而划分薪酬的多少。采购人员随着负担的担子重量，职位也不断提升，相应的工资也不断升高，最高的采购主管可享受主任级别的工资水平。这点无疑对员工产生了巨大的激励作用，并且借此可以吸引更多的人才。

（2）岗位技能工资等计划。某超市按岗位的重要程度将不同职系的岗位归入职级，使不同职系的岗位有纵向发展的可能性，使薪酬有了一个公平、一致的基础。

微课视频：连锁门店运营管理基本内容　　微课视频：连锁企业的基本构成　　微课视频：微课连锁企业的类型

课后训练

一、填空题

1．门店人员管理包括_____、_____以及_____。
2．商品质量管理包括重视_____及_____；_____的控制和_____鲜度管理。
3．门店财务管理包括_____、_____、_____。
4．连锁企业一般由_____、_____和_____组成。
5．如果是直营连锁，总部与分店是_____级关系。
6．组织结构设计的意义在于_____和_____。
7．便利店目标顾客追求的是_____而不是_____。
8．专卖店的显著特点之一是经营的商品品牌具有_____，另一个显著特点是_____。
9．连锁企业门店营运管理基本目标主要体现在营业收入的_____和营运成本的_____。
10．门店信息管理包括_____、_____、_____。
11．门店晨会的时间一般为_____分钟；周例会的时间一般控制在_____分钟。
12．门店用人的基本资格包括_____、_____、_____3个方面。
13．门店培训按纵向层次开发为3层：_____、_____、_____。
14．对门店员工的绩效考核一般包括4个方面，即_____、_____、_____和_____。
15．门店薪酬大体可分为_____、_____、_____和_____四部分。

二、简答题

1．简述连锁企业门店的特征。
2．简述连锁企业门店的功能。
3．简述门店营运管理的意义。
4．简述门店管理的主要内容。
5．简述组织结构设计的原则。
6．简述连锁企业组织结构设计的流程。
7．简述门店排班的原则。

三、技能训练

1．比较不同连锁门店的经营特征。
要求：将学生分成3～4人一组，调查学校所在城市的5～10家不同业态的连锁企业，将相关数据填入表1-5，由任课教师进行点评。
2．中山市壹加壹商业连锁有限公司是珠三角地区极具知名度和竞争力的商业连锁企业，该企业创办于1994年。历经十余年创业，现已拥有39间大型连锁商场，经营网络遍布中山城乡及珠海、江门等地。总营业面积达16万平方米，经营品种达4万种；另配备占

项目一 认知连锁门店管理的主要内容

地 60 亩（1 亩≈666.67 平方米），建筑面积达 3.8 万平方米的一期、二期的现代化配送营运中心，同时建立全光纤网络覆盖，实行进、销、存一体化的计算机 POS 机系统；年度销售额历年来居中山商业首位，成为中山地区最大型的本土化零售企业。

为了进一步拓展业务，公司决定在中山小榄镇新开一家连锁店，新店营业面积为 780 平方米，主要经营百货、食杂水果、烟酒品种。预计日均顾客（购物）流量为 280 人，日销售额为 29260 元，营业时间为 8:00～20:00。

请运用人员架构与配置原理和方法，为该店设置各种职务岗位，配置职务人员，明确理货员的岗位职责，并写出一份结构简明、思路清晰、操作性较强的文字说明书。

3．S 超市每天 8:00 开门，22:00 闭店，员工每天上班时间为 7:30～22:30，正常情况下，每周周六和周日为销售高峰。实行每天两班倒，其中 A 班上班时间为 7:30～15:30，B 班上班时间为 14:30～22:30，AB 班每周轮换一次，每人每月休息 8 天，特殊情况下经过店长许可可以调换班次，另外如遇节假日繁忙时段视情况适当调整排班。目前 S 超市有收银员 9 名（一号到九号），五、六号两位家庭住得比较近且关系非常好，八、九号员工属于新聘人员。根据营业情况，超市要求日常至少保持 2 台收银机开机，销售高峰期间至少保持 4 台收银机开机。明天是星期五（4 月 30 日），三号员工五一结婚，请婚假 7 天（4 月 30 日～5 月 6 日），六号员工将从 5 月 10 日离职，但人事部门告知暂未招聘到新的员工替代。

请根据上述背景资料对员工 5 月份的班次进行合理安排，并提交 Excel 格式的电子表格。

表 1-5 连锁企业的相关数据

企业名称/业态	门店数量及分布区域	经营理念	商品经营特色	服务特色

项目二

门店规划与设计

消费者对商品价格的重视程度占 50%，接下来的是，开放通畅、购物自由（20%），商品丰富、选择方便（15%），明亮清洁、环境优雅（15%）。

—— 日本零售业的调查

学习目标

- 理解门店布局的目的、原则和总体设计
- 掌握磁石点理论
- 了解门店气氛和橱窗设计
- 熟知门店通道设计、顾客流动线路设计和卖场区域划分

关键概念

流动线路　卖场区域　磁石点理论　门店气氛　门店橱窗　商品展示

项目二　门店规划与设计

体系结构

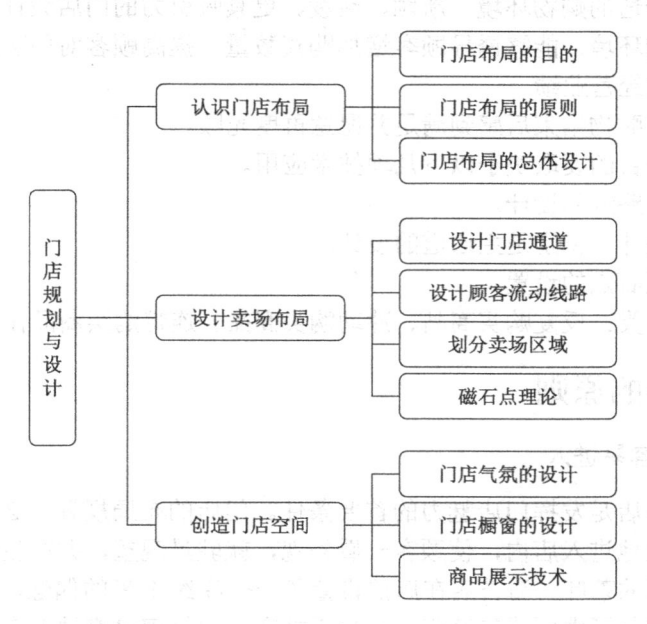

```
门店规划与设计
├── 认识门店布局
│   ├── 门店布局的目的
│   ├── 门店布局的原则
│   └── 门店布局的总体设计
├── 设计卖场布局
│   ├── 设计门店通道
│   ├── 设计顾客流动线路
│   ├── 划分卖场区域
│   └── 磁石点理论
└── 创造门店空间
    ├── 门店气氛的设计
    ├── 门店橱窗的设计
    └── 商品展示技术
```

连锁企业门店是消费者与顾客以货币和商品进行交换的场所，是零售商促成顾客购买的场所，是厂商达成产品销售的终端场所。简言之，也就是交易场所，做生意的地方，是买卖双方沟通的桥梁，是超市的主要组成部分。

任务一　认识门店布局

门店布局是指门店空间的有效分配，即营业区、库存区（仓库）、收货区、作业区和附属空间的分配。门店以建筑物为界，分为内部环境及外部环境。外部环境主要包括门店的外观造型、店面、橱窗、店头广告招牌以及店铺四周的绿化。内部环境指门店内部空间的布局及装饰，主要包括营业区的分割、商品的陈列和展示、货架柜台的组合、店堂广告、服务设施以及店堂的美化装饰。

以消费者为中心，为消费者服务，是连锁经营管理的核心。因此，连锁企业的门店布局设计应研究消费者的行为特点，并与之相适应，为消费者提供最适宜的环境条件和最便利的服务设施，使消费者乐意到门店并能够舒适方便地参观选购产品。

一、门店布局的目的

不同的门店布局状态对来店的顾客心中产生的效果是不相同的，对商品销售的作用也是不同的。尤其是针对连锁企业的经营方针来看，门店的布局技术更是重要的一环，它充分体现了连锁企业采销合一的经营方针。实质上门店布局是一个商品、设施、操作三者如何实现最佳配合的问题，最终达到3个目的。

第一，顾客与店员行动路线的有机结合。对顾客来说，应使其感到商品非常齐全并容易选择。对店员来说，应充分考虑到工作效率的提高。

第二，创造舒适的购物环境。新颖、活泼、更具吸引力的门店设计和合理的布局，可以创造舒适的购物环境，能够诱导顾客增加购买数量，提高顾客对门店的认同感，从而提高连锁企业门店的经营业绩。

第三，让顾客购物结束后感到满足并愿意再度光顾。

实现上述3个目的要取决于以下几项技术应用。

（1）顾客流动路线的设计。

（2）通道的设计、特别是主通道的设计。

（3）卖场内磁石点的设置。

（4）商品的分类：反复购买商品、冲动购买商品、连带购买商品在店内的位置。

二、门店布局的原则

1. 让顾客很容易进入

让顾客进入门店是发挥门店魅力的首要条件。门店的布局规划，必须首先思考如何让顾客很容易、自然地进入店内，使顾客一看外观，就驻足观望，并产生进来购物的愿望。例如，日本品川区的茶叶、海苔店在店前设置了一个高约1米的偶像，其造型与该店老板一模一样，只是进行了漫画式的夸张，它每天站在门口笑容可掬地迎来送往，一时间顾客纷至沓来。反之，一个门店，即使产品丰富、价格便宜、服务好，但如果顾客不愿意进来或不知道怎样进来，一切都等于白费。

2. 让顾客停留得更久

据统计，为买特定的某些商品而到超市去的顾客大约只占所有顾客的30%，在顾客所购买的商品中，有70%属于冲动性购买。顾客在闲逛中受商品的内容和包装、销售人员的推销、卖场的购物氛围的影响等因素而产生冲动购买。

3. 空间的安排最有效

门店空间包含营业区、库存区、收货区、作业区和附属空间。一般将营业区称为"前场"（又称卖场），仓库、作业场和附属空间称为"后场"，前场和后场的面积分配应合理，一般来说，前场占60%~70%，包括商品陈列面积、顾客占有面积；库存区、收货区和作业区占15%~20%，包括门店内仓库、收货区和作业区的占有面积；附属空间占15%~20%，包括办公室、休息室、更衣室、电梯、安全的占有面积。目前的土地使用成本越来越高，门店都最大限度地利用空间来扩大"前场"的占比。

4. 最佳的销售氛围

在消费意识高涨的时代，顾客的认同已从单纯的商品转移到对门店的整体形象的识别。销售氛围的营造，是将超市的陈列、展示、感觉纳入企业的整体形象识别体系内，创造出与众不同的风格，卖场布局的设计必须坚持以顾客为中心的服务宗旨，满足顾客的多方面要求。现在的顾客已不再把"逛商场"看成一种纯粹性的购买活动，而是作为一种融购物、休闲、娱乐及社交为一体的综合性活动。因此，连锁门店的卖场不仅要有充足的商品，还要创造出一种适宜的购物环境，使顾客享受最完美的服务，这也是实体店销售与网店销售的最大区别。

三、门店布局的总体设计

1. 门店前场设计

对于门店来说，前场主要是树立形象、吸引消费者的到来，达到"让消费者进入"的目的。

（1）门面应亲切、得当、顺畅，充分表明店铺的经营业态，让消费者能产生进店来看一看的欲望。

（2）店招形象应美观、健康、醒目、吸引人，包括广告词意境、字体、色彩、照明度，以及店招的体量、位置等，给人以赏心悦目的感觉。

（3）橱窗展示应美观大方、丰富、多层次，达到既宣传了内部商品，又对外展示了形象的效果。

（4）出入口设计。入口设计应考虑门店的规模、客流量大小、经营商品的特点、所处地理位置及安全管理等因素，一般选择行人经过最多、最近的方向与位置作为入口，布局时应以入口为先，贴近行人，便于顾客就势入场。入口应比出口大约宽1/3，有明显的标志。在入口处要为顾客购物配置购物篮和手推车，一般按1辆（个）/10人标准配置。

出口必须与入口分开，宽度应大于1.5米，按每小时通过500～600人为标准配置1台收银台。

卖场出入口设计图如图2-1所示。

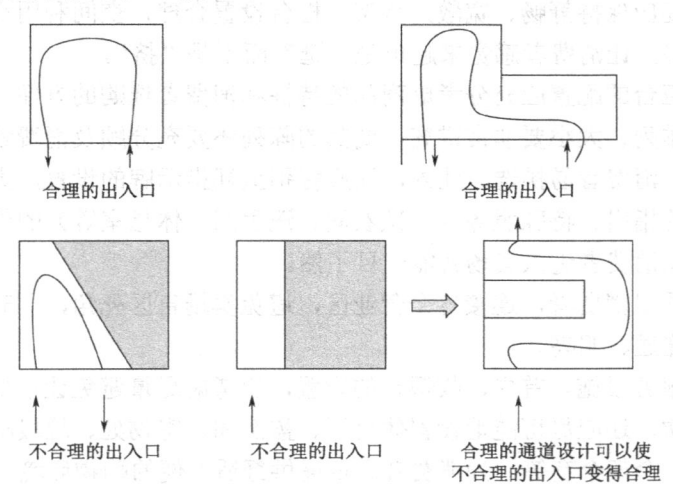

图2-1 卖场出入口设计图

阅读材料

家乐福超市的出入口设计

家乐福超市在设计卖场布局时，分为上下两层，将入口处设计为从二层卖场入口，将一层卖场设计为出口，具体示意图如图2-2所示。

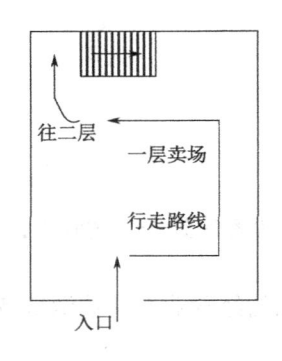

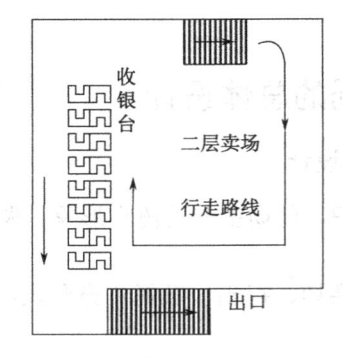

图 2-2　家乐福超市出入口示意图

（5）停车场地应方便、足够。停车难是有车阶层最困扰的问题。"停车方便"已成为门店吸引顾客最重要的因素之一，如果在可能的范围内规划停车场地，不但能为消费者提供方便，也能为自己营造一个规范、整洁、文明的门口形象。特别是大型超市，有没有停车场，会很大程度上影响到有车族的到来。此外，有很多的青少年或家庭主妇是以摩托车或自行车代步的，超市在进行停车场的规划时，也必须考虑进去。

2．门店内境设计

门店内境既是经营者展示、陈列商品，激发消费者购买热情，促成交易完成的场所，也是消费者选择、比较商品，完成购买行为的场所，它设计时应该考虑的要点如下。

（1）整体格局应保持舒畅、宽敞，货架、柜台设置合理，空间利用充分，墙面布置有效，视觉感觉良好，让消费者感觉来超市是"逛"而不是"挤"。

（2）货架和柜台的配置应充分考虑商品的特性和消费者选购的方便，不但对货架柜台的样式、位置、排列、大小要非常讲究，商品的陈列还要充分顾及消费者的视线和视觉，让营业员易整理、消费者易挑选。此外，还应特别重视指示牌的设置，大到各商品区的位置分布、出入口的指引、特殊服务区（试衣间、洗手间、休息室等）的位置，小到商品标签、价码标示，让消费者进入卖场就能一目了然。

（3）通道应导引消费者，连接各个营业区，避免卖场盲区死角，同时充分注意到通道的宽敞、平坦、连通、明亮。

（4）必要的服务设施。首先，收银台的设置，应考虑尽量避免让消费者排队等候结账的时间过长；其次，还应尽可能地设置休息厅、盥洗间、寄物处、垃圾桶、自动提款机，甚至儿童游乐室、伞架伞套等，为消费者尽量提供舒适方便的购物环境。

3．门店后场设计

门店后场是员工和供应商的活动场所，主要承担对前台和卖场的指挥调度、后勤补给以及员工生活的职能，主要有办公区、生活区、收货区、作业区和库存区。

（1）办公区。这是门店的中枢神经系统，包括店长、财务、人力资源等管理人员的办公场所，以及信息处理中心、监视系统等设施设备，实施对全店的管理。

（2）生活区。主要包括食堂、休息室、卫生间、浴室、员工更衣室和更衣柜、员工培训室等，这是超市不可缺少的一块，对提高员工的积极性和工作效率，具有十分重要的意义。

（3）收货区。收取供应商货物的区域，主要是对供应门店之间转运送达的商品进行清点、检查和验收，如质量是否合格，数量是否准确，包装有无破损，日期是否合格等；还有就是门店退换商品的检验登记，避免退换货商品发生多退或规格不符的现象。

（4）作业区。供应商送来的许多商品需要二次加工，包括分级、精加工、包装、核价等。作业区管理的重要环节之一是卫生安全，从湿度调控、污水排放、垃圾处理到生熟隔离，应有严格的制度，并有专人负责，确保工作流程有序。

（5）库存区。仓库的职能一是确保商品不会脱销，各类商品要分类、分日期存放，干货和生鲜食品一定要分开，先来后到要有明确标志，做到先进先出。二是存放各类工具器材，如搬运器具、通信器材、计量用器具等设备，品种繁多，规格不少，这是支援卖场营运不可缺少的。

任务二　设计卖场布局

阅读材料

7-11 的门店布局

门店布局是最直观、最能展现 7-11 形象的一面。到过 7-11 的人都有这样一种体会：店内地方虽小，却不显得拥挤、杂乱，在里面购物感觉非常轻松和舒适。这一切都归功于 7-11 对有限空间的精雕细琢。

7-11 便利店的出入口一般设计在店铺门面的左侧，宽度为 3～6 米，根据行人一般靠右走的潜意识的习惯，入店和出店的人不会在出入口处产生堵塞；7-11 的装潢效果最有效地突出了商店的特色，使用最多的反光性、衬托性强的纯白色，给人感觉店里整洁、干净；7-11 店内的通道直而长，并利用商品陈列，使顾客不易产生疲劳厌烦感，不知不觉地延长在店内的逗留时间；7-11 在商品的陈列上下了很多功夫，使消费者马上就能看清楚商品的外貌，若商品一成不变，对顾客而言就没有新鲜感，如果不能让顾客随时感受到刺激，就不会一再地光顾，因此 7-11 经常变换店内布置，以不断制造视觉上的刺激。

7-11 直观、整洁、宽松、新鲜的店内环境，在不断冲击消费者眼球的同时，也在日积月累中潜入人们的大脑，形成了一种美好的品牌感受。

（资料来源：中国文化报，2008 年 6 月 13 日）

一、设计门店通道

1. 门店通道设计的基本原则

良好的通道设置，就是引导顾客按设计的自然走向，走向卖场的每一个角落，接触所有商品，使门店空间得到最有效的利用。门店的通道划分为主通道与副通道，主通道是诱导顾客行动的主线，而副通道是指顾客在店内移动的支流。门店内主副通道的设置不是根据顾客的随意走动来设计的,而是根据门店内商品的配置位置与陈列来设计的。

门店设计通道应遵循以下原则。

(1)足够宽。

所谓足够宽,即要保证顾客提着购物篮或推着购物车,能与同样的顾客并肩而行或顺利地擦肩而过。一般超级市场的主通道在2米左右,副通道在1.3~1.6米,最小的通道不能小于90厘米,至少要能让两位顾客在该通道内并行或逆向通过(一般一位男性顾客的肩膀宽是45厘米左右,见图2-3)。而收银台前的通道则要适当宽些,一般要在2米以上,因为收银台最容易形成顾客排队的现象,而这时顾客手中又都提着购物篮或推着购物车,所以需要大一点的空间。不同规模超市的通道宽度基本设定值如表2-1所示。

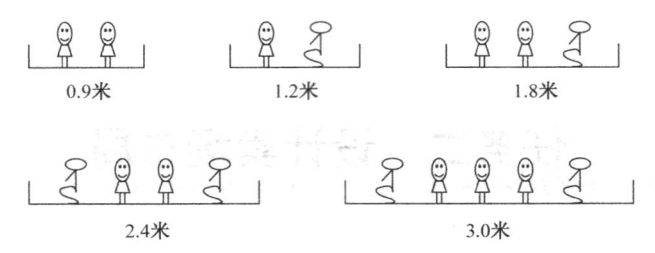

图 2-3　人体区间示意图

表 2-1　超市通道宽度设定值表

单层卖场面积	主通道宽度/米	副通道宽度/米
100 平方米	1.5	1.2
300 平方米	1.8	1.3
1000 平方米	2.1	1.4
1500 平方米	2.7	1.5
2500 平方米	3.0	1.6
6000 平方米以上	4.0	3.0

说明:

1. 卖场面积与通道的幅度基本成正比例关系。对大型综合超市和仓储式商场来说,为了方便更大顾客容量的流动,其主通道和副通道的宽度可以基本保持一致。同时,也应适当放宽收银台周围通道的宽度,以保证最易形成顾客排队的收银处的通畅性。

2. 收银区前通道宽度:3.0~3.70米;中间通道:1.2~1.5米。

(2)笔直。

通道要尽可能避免迷宫式通道,要尽可能地进行笔直的单向通道设计。在顾客购物过程中尽可能依货架排列方式,将商品以不重复、顾客不回头走的设计方式布局。

(3)平坦。

通道地面应保持平坦,处于同一层面上,有些门店由两个建筑物改造连接起来,通道途中要上或下几个楼梯,有"中二层"、"加三层"之类的情况,令顾客眼花缭乱,不知何去何从,显然不利于门店的商品销售。

项目二 门店规划与设计

（4）少拐角。

事实上一侧直线进入，沿同一直线从另一侧出来的店铺并不多见。这里的少拐角是指拐角尽可能少，即通道途中可拐弯的地方和拐的方向要少。有时需要借助于连续展开不间断的商品陈列线来调节。例如，美国连锁超市经营中 20 世纪 80 年代形成了标准长度为 18～24 米的商品陈列线，日本超市的商品陈列线相对较短，一般为 12～13 米。这种陈列线长短的差异，反映了不同规模面积的超市在布局上的要求。

（5）照度大于 1000 勒克司。

通常通道上的照明度起码要达到 500 勒克斯，门店里要比外部照明度增强 5%。尤其是主通道，相对空间比较大，是客流量最大、利用率最高的地方，要充分考虑到顾客走动的舒适性和非拥挤感，因此主通道上的照度要大于 1000 勒克司。

（6）没有障碍物。

通道是用来诱导顾客多走、多看、多买商品的。通道应避免死角。在通道内不能陈设、摆放一些与陈列商品或特别促销无关的器具或设备，以免阻断卖场的通道，损害购物环境的形象，如图 2-4 所示。

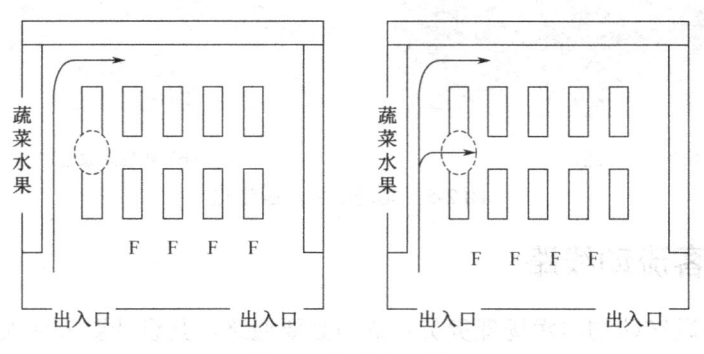

图 2-4 门店的通道

2．主、副通道的设计

主通道的形状最具代表性的是"凹"字形主通道，可以让顾客顺利并明显地看到陈列的各大类商品，并能走过店内主要的商品陈列区，较快找到目标商品。

主副通道要有层次感，要错落有致，把不同商品的陈列在空间感受上加以显著区别（见图 2-5）。

一般商店的主力商品尽量放在主通道，而连带商品和辅助商品安排在副通道，但也要考虑整体商品布局。为了消除卖场死角，一些商场也将特价品或畅销品摆放在最前面或副通道上。主通道要保证通畅，主通道内尽量少排放广告牌、品尝台等设施，应少采用商品突出陈列，更不能陈设与所售商品无关的器具、用品，以免阻碍客流，影响该区域的销售。总之，门店内通道的走向设计和宽度设置是根据卖场规模、预计客流、商品品种、性质等来确定的。既不造成阻塞不畅的感觉，又不造成空间浪费，是通道设计的目标所在。

(a) 卖场主通道　　　　　　　　　　　　(b) 卖场副通道

图 2-5　卖场的主、副通道

二、设计顾客流动线路

卖场动线是顾客购物与卖场理货员补货的必要通路，其设计要方便人们行走和参观浏览。流动线路和通道是超市无形的、无声的导购员。因此流动线路和通道的设计极为讲究。良好的线路和通道设计，不但使卖场布局整齐有序，宽敞便达，使卖场空间得到最大程度的利用，还可以引导顾客走遍卖场的每一个产品陈列区域，看到所有的产品，激发许多计划外购买。卖场通道一般分为主、副通道，主通道是顾客从店门进入店内的通道，副通道是辅助的通道，是顾客进入各个角落的重要通道。卖场流动线布局应充分考虑主、副通道的宽度、商品补给路线选择、非营业场所与营业场所连接等各个方面。

1. 顾客流动线路的概念

顾客流动线路是指顾客进入超市后移动的线路，由于店内顾客的流动方向是被店方有计划地引导的，所以也称"客导线"。

一般来讲，门店经营成果主要由两个因素决定：一是来店的顾客数；二是顾客的平均购买单价。上述两个数字以店内收款机所统计的数字为准。

门店销售额＝客流量×停留率×购买率×购买件数×商品单价

顾客购买单价＝流动线长×停留率×购买率×购买件数×商品单价

从以上公式可以看出，门店的客流量多少对于销售额有很重要的影响作用。所以，卖场布局的核心是顾客流动线的设计。门店在布局时，主要精力要放在主动线上的主力商品的配置和布局上。出入口、通道的设置，商品的配置和磁石点的运用是设计顾客流动线的基本要素。因此在卖场设计上，应根据顾客需求模式的不同，充分利用计划性购买商品对顾客的诱导功效，设计"走遍卖场布局法"，有效延长顾客在卖场的停留时间，促进非计划性购买商品的销售。

2. 顾客动线的设计原则

（1）开放畅通，使顾客轻松出入。如果一家卖场门面局促，入口拥挤，即使店内商品丰富，价格便宜，依旧无法招揽消费者。卖场成功的第一步是让顾客"进门"。商店内顾客流动的主线是主通道，顾客流动的副线是副通道。主、副通道的区分不是依据畅通程度而设定的，也不是顾客实际涉足点的统计结果，而是根据商店营销目标和商品的布局及陈列设计安排的。良好高效的通道设计，要求能引导顾客按设计的自然走向，步入卖场的每一个角落，能接触尽可能多的商品，消灭死角和盲点，使入店时间和卖场空间得到最高效的利用。连锁店通道的设置既要"长"得留住顾客，又要"短"得一目了然，还要考虑到顾客走动的舒适性和非拥挤性。

（2）"曲径通幽"，使顾客停留得更久。如前所述，有明确购买目标的顾客只占总顾客的25%，而75%的消费者属于随机购买和冲动型购买。因此，如何增强商品存在感，使卖场内商品最大程度地变得让顾客目之可及，伸手可得，进而吸引顾客更长时间停留，最终实现冲动购买，便成为一个关键性问题。当然，客观上商品丰富、卖场面积大会扩大消费者的选择余地，加强对消费欲望的刺激，卖出更多的商品，但也会使企业为店面租金、进货成本而背上包袱。所以通过科学地设计主、副通道，合理安排淡旺季商品，"张弛有度"、"曲径通幽"也能起到留住顾客、扩大销售的效果。

（3）明亮清洁，使顾客心旷神怡。明亮清洁的卖场通道、优雅轻松的购物环境，往往使顾客对店内商品产生一种新鲜、优质的感觉。把握住整洁与优质之间的心理连接，合理运用和安排有效空间内的灯光、音响、摆设、色彩，使之相互配合，才能营造出一派令顾客心旷神怡的物质、精神双重消费场所的氛围。

（4）主、副通道的宽度适宜。卖场布局必须解决好客流的合理分配与尽可能保证购物方便愉快二者之间的平衡。通道过宽会使顾客忽略周边的产品展示，但是过度拥挤又会造成销售上的损失，因此，保持适度的拥挤能够吸引价格敏感的顾客。

（5）收银台终点。将收银台设于顾客购物线路的终点，为顾客最后付款提供方便，也迫使顾客沿购物线路走完一整圈才离开。

（6）卖场与后场衔接。要紧密商店的后场，包括仓库、作业场、更衣室、办公区等，这是卖场的补给后方。它的布局设计对卖场商品布局安排有重大影响，因此也属于卖场布局的重要一环。后场设计的重点在于如何最合理、最经济地解决后场与卖场连接的补给线路规划。

3. 设计门店流动路线

根据建筑结构的不同，门店客流"动线"也有许多种形状，一般单层超市"动线"常为U形、L形、F形、O形、一形和曲线形等，常见的适合单层面积1000平方米以上超市的动线是U形、L形、F形、曲线形动线；适合面积1000平方米以下的超市的是O形和一形动线,这两款动线比较直接单一,超市布局设计也较简单。这里主要介绍 U 形、L 形、F 形、曲线形动线。U 形动线如图 2-6 所示。

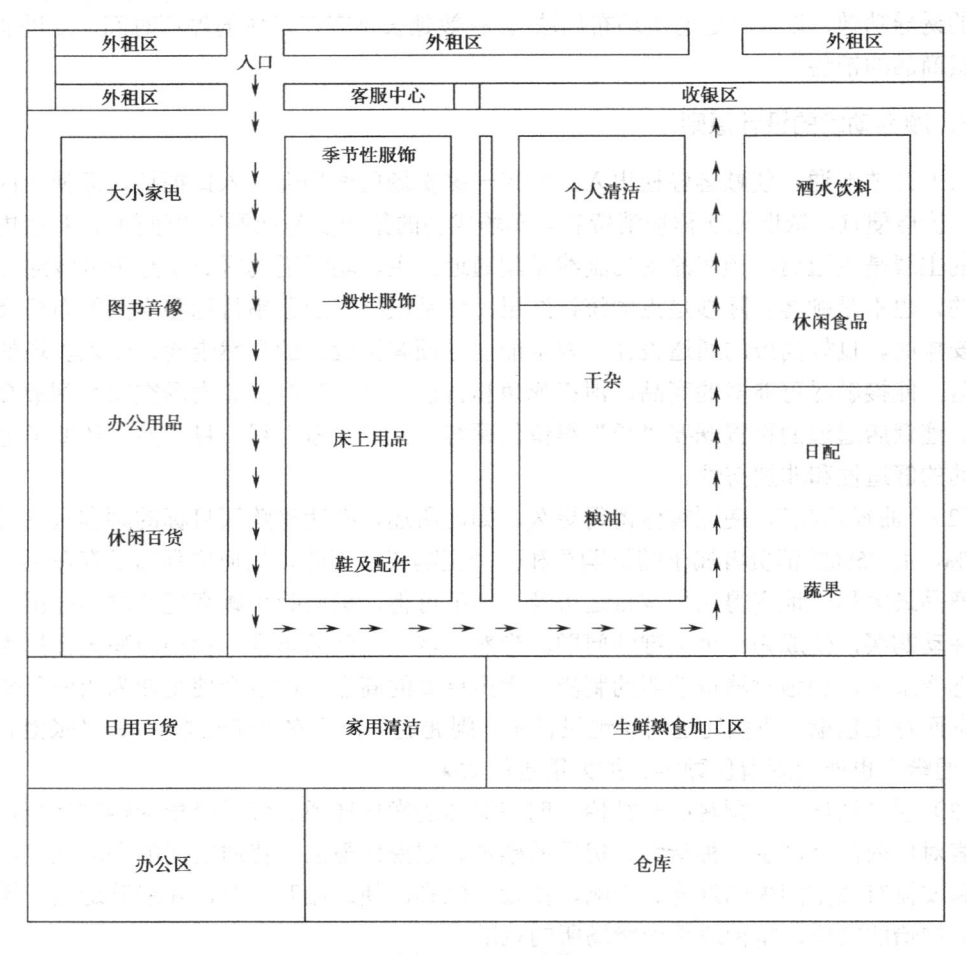

图 2-6 U 形动线

U 形动线适合建筑是方形或接近方形的超市,因超市主通道形状像 U 形故称 U 形动线。顾客从超市入口进入超市,在宽大的主通道指引下,不用刻意商品引导,顾客就能自主按照设计路线到达超市的每个商品区域,方便顾客的购买。

L 形动线如图 2-7 所示。L 形动线适合建筑形状是长方形的超市,主通道像倒放的 L 形。长方形超市横向长,一般很难把顾客引导到超市内部,而使用 L 形动线可以引导顾客到达超市内部,分散到每个商品区域和货架间过道,顾客停滞店中的时间也随之拉长,进而也可借此提高客流量;但是如果长方形建筑的纵深较长,L 形动线的长 L 过道对于部分区域商品就会存在死角,顾客难以到达每一个长的过道,影响商品销售。一般纵深较浅,横向较长的超市使用 L 形动线会非常合适。

针对长方形超市纵深深的问题,综合 U 形动线和 L 形动线的优点,设计出适合这类超市的 F 形动线,如图 2-8 所示。通过功能性商品的引导及增加的一条通道,使顾客可以看到和轻易到达所要商品区域,解决了 L 形动线的弊病。

项目二 门店规划与设计

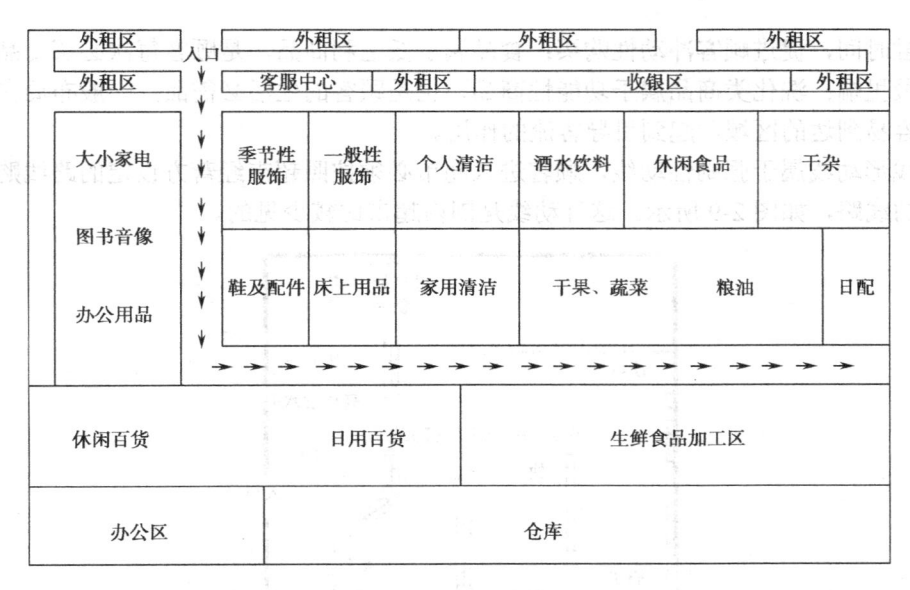

图 2-7　L 形动线

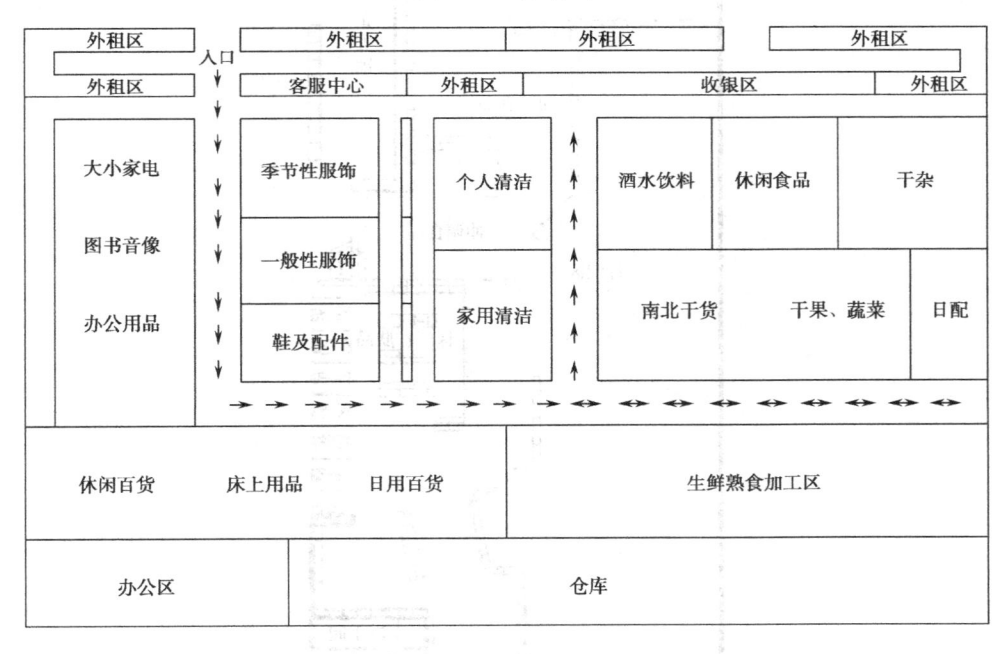

图 2-8　F 形动线

顾客走在 F 形通道里，可以近距离到达任何一个过道和看到过道货架上陈列的商品。F 形动线使超市里的商品更通透，让更多的顾客买到需要的商品。

在超市实际运营的过程中，使用 U 形、L 形、F 形动线时需要按照商品区块的自然衔接或关联商品来设计过渡商品售卖区域，如百货"软品"或"硬品"做关联布局。"软品"包括服装鞋帽、家纺、床上用品、婴儿用品等，可以做关联布局。"硬品"包括文体用品、家电用品、家居用品、DIY 用品等，也可以做关联布局。如图 2-8 中非食品类等高毛利商品在超市入口及顾客必须经过的区域，通过一些装饰和特殊的陈列，吸引顾客，增加顾客眼球接触时间，促进顾客冲动性购买；食品属于低毛利商品，是顾客每次必买商品，就位于超市最里端；洗化类商品属于功能性商品，也是顾客的生活必需品，一般布局在死角或顾客不容易到达的区域，起到引导客流的作用。

曲线形动线属于强制性动线，顾客进入超市必须按照超市经营方设定的路线购物，没有折返的线路，如图2-9所示。这种动线是国内超市比较少见的。

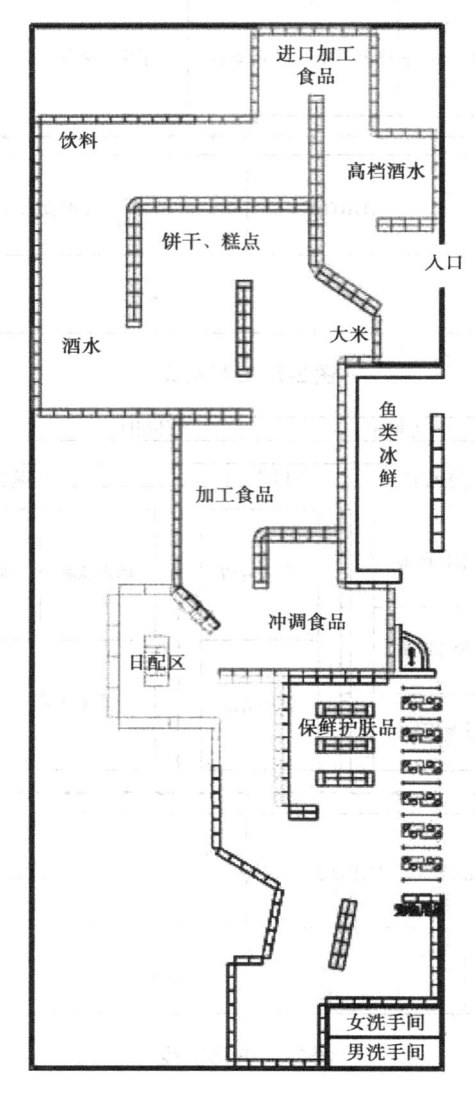

图2-9 曲线形动线

这类曲线动线布局在设计时只要按照商品属性划分来安排区块就可以了，国内使用曲线动线的有宜家和每家玛超市。宜家属于家具装饰行业，不同于超市零售业，这里就不赘述了；每家玛也是根据超市总的布局来使用曲线动线的，生鲜、熟食、蔬果、鲜肉、散货等都在超市外做岛状销售，小型商品不占面积，用货架可以搭建组合成图2-9中的曲线。这样的动线设计比较浪费超市面积，不适合一般超市使用，因此超市卖场布局设计和客流动线与超市经营商品的品种、经营方式以及经营场地都有密切关系，不是简单的套用就可以的。

项目二　门店规划与设计

一个良好的布局设计是超市经营者经营思想的最终体现，简单地把超市布局设计和动线理解成图纸的设计是完全错误的，客流动线的设计也是结合顾客购物习惯、商品属性、超市经营面积形状等多方面因素，通过设计者的合理规划而产生的。每个超市都是唯一的，适合它的最好布局和动线也是唯一的，可以借鉴一些好的动线和设计，来形成适合自己门店的客流动线，从而提高门店的销售额。

三、划分卖场区域

在设计好顾客的流动线路之后，下一步就是划分卖场区域。卖场区域划分是整体布局中最重要的一个环节，包括卖场各商品品类的面积分配和产品的货位确定。

走进一家超市，总会看到不同种类的商品陈列在超市的不同位置，各自占超市营业面积的比例也各不相同。例如，食品类通常在超市的中央部分陈列，货柜多，营业面积大；日化类产品则陈列在超市最靠里的部分，营业面积要比食品类略小。那么如何确定不同种类商品在超市中的位置和营业面积呢？这就涉及卖场的布局面积分配和产品的货位确定。

卖场区域划分是关系到超市经营成败的关键环节，假如划分不当，顾客想要的商品不能方便快捷地找到，就会大大降低顾客的购物意愿，对超市经营业绩产生影响。

1．不同品类商品的营业面积分配

随着商店趋向大型化，有的观点认为卖场空间的分配问题已变得不再重要。事实上，这种想法是不对的，对零售商来说，空间永远是不够的。顾客对商品的需求越来越多样化，满足这些需求的产品开发不断延伸，因而对卖场空间的需求压力也越来越大。此外，零售商所实施的多样化经营战略也需要更多的空间来展示其更大广度和深度的产品组合。

要研究销售量与分配空间的关系需要引入空间弹性这个概念。空间弹性的定义为："货架陈列空间与单品销售相对变化的比率"。研究表明，不同产品的空间弹性差异很大。典型空间弹性为 0.2，意思是，陈列面积增加一倍，销量增加 20%。表 2-2 是一家连锁超市的 17 个产品品类的空间弹性的调查结果。

表 2-2　品类空间弹性

品类	弹性	品类	弹性
化妆品珠宝	0.57	甜食	0.22
水果蔬菜	0.57	书	0.18
鞋子	0.50	冷冻食品	0.17
男性服饰	0.49	家用品	0.11
香水	0.39	厨房用品	0.02
饮料	0.39	女性服饰	0.01
肉类	0.33	童装	−0.10
日配品	0.23	时尚	−0.13
杂货	0.22		

从化妆品、珠宝、水果蔬菜的 0.57 到时装的 −0.13 表明，并不是所有的商品增加陈列面积都会带来销售量的增加。对于后者，增加陈列面积会降低销售，因为这可能弱化了该产品的独特性。

根据空间和销售之间的关系，一般将商品按照购物者的反应分为三类。

（1）没有反应的产品，如食盐，只要不断货，陈列空间的变化对其销量不会有明显的影响。

（2）经常使用的产品，如早餐类食品，增加展示空间会产生显著影响，但很快会恢复正常。

（3）偶尔购买的产品，如花生。大部分顾客不会特意寻找，在展示空间逐渐增加时，销量的增加速度会滞后，一直到陈列面积大到迫使顾客增加对它的注意时，销量会猛增。这意味着，对某些类产品，存在阶段效应和启动门槛。

要较正确地确定不同种类商品的营业面积分配，必须对来超市购物的消费者的购买情况做出正确的判断与分析。超级市场商品面积分配的大致情况是：水果蔬菜面积占10%~15%，肉食品占15%~20%，日配品占15%，一般食品占10%，糖果饼干占10%，调味品南北干货占15%，小百货与洗涤用品占15%，其他用品占10%，如表2-3所示。

表2-3 商品种类及所占的面积比例

商品种类	面积比例/%
水果蔬菜	10~15
肉食品	15~20
日配品	15
一般食品	10
糖果饼干	10
调味品南北货	15
小百货与洗涤用品	15
其他用品	10

这样的商品面积分配比例，是建立在多次调研基础上的，能基本满足消费者的要求。但是，我国幅员辽阔，地区消费水平差异较大，消费习惯也不尽相同，每个经营者必须根据自己所处商圈的特点和超市本身定位及周边竞争者的状况做出商品面积分配的选择。具体可以有以下几种方法。

第一种：参照法。即参照当地同等规模、业绩较好的店铺的商品营业面积分配。例如，A店是竞争店，有80米的冷藏冷冻展示柜，其中蔬果20米，水产15米，畜产20米，日配品25米。接着就要考虑自己的超市状况，如果我们的超市较A店大，我们可以扩充上述面积，陈列更多的商品来吸引顾客。如果我们的面积较小，则应先考虑可否缩小其他干货的比例，以增加生鲜食品的陈列面积。在超市经营里生鲜食品是否经营成功，往往也就决定了超市的成败。如果面积一样，我们可探讨A店这样的配置是否理想。当然，我们也可以增加果菜的配置面积，而对其他产品做适度的缩小或要求得更精致一点。对于其他干货类中的一般食品、糖果饼干、杂货等，也都可用此方法去探讨。

第二种：需求导向法。通过调研店铺所在商圈内消费者的数量、构成、购买力、购买习惯、潜在需求等，来确定自己超市的商品面积分配。根据美国农业部的调查报告，新鲜蔬菜、水果的贩卖地点，如摆在进口处，则其营业额都较高，且新鲜蔬果是消费者每日必购之物，摆在门口，较容易吸引客人，而果菜的颜色鲜艳，可以加深客人的印象，较能表现季节感，而水果的大量陈列，可以给消费者丰富的感觉。所以绝大多数的超级市场都将果菜类摆在入口处。而日配中的牛奶与果汁，由于购买频度高，销售单价又高，且已成为

项目二 门店规划与设计

现代人生活的必需品,故多数的超市逐渐将该商品前移。而在日本,水产品通常在畜产品之前,主要也是消费习惯的不同。根据消费支出比例进行商品面积分配,如表2-4所示。

表2-4 根据消费支出比例进行商品面积分配

部门	居民消费支出结构比/%	面积分配比/%
水果蔬菜	24	12～15
水产品	12	6～9
畜产品	18	12～16
日配品	9	17～22
一般食品	7	15～20
糖果饼干	7	8～12
干货	10	10～15
特许品	6	3～5
其他	7	4～6

第三种:实践法。先开业一段时间,之后再根据实际进行营业面积分配。最简单的方法就是,给销路好的商品分配更多的陈列面积。

第四种:陈列需要法。根据某类产品所必需的面积来进行商品配置,服装部和鞋部采用此法较适宜。

第五种:销售生产率法。

销售生产率法是零售商根据每单位商品的销售额或盈利分配销售空间。高盈利的商品种类获得较大空间,微利商品获得较小空间,大多超市采用这种分配方法,如图2-10所示。其计算公式如下:

$$某商品或商品部的空间规模(平方米) = \frac{某商品或商品部的计划销售额(或盈利)}{每平方米预期的销售额(或盈利)}$$

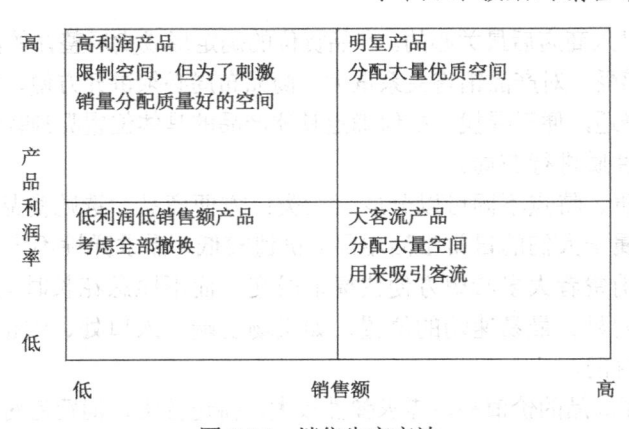

图2-10 销售生产率法

阅读材料

卜蜂莲花商品布局的面积分配

卜蜂莲花超市在进行市场调研后,确定超市的经营方向的基础上进行卖场面积分割的。

卖场面积分割的具体比例，主要依据各类产品预计销售额，然后折算成所占据的空间面积，以保证每平方米的卖场面积都有理想的销售额和利润，还要根据产品的单位体积、货架宽度、产品周转速度等因素加以调整，以充分发挥每一份空间效益。上海卜蜂莲花正大广场商品布局的面积分配如表 2-5 所示。

表 2-5　上海卜蜂莲花正大广场商品布局的面积分配

产品类别	面积比例/%
水果蔬菜	10
畜产	8
水产	7
冷冻食品	12
一般食品	12
烟酒	6
日配品	5
粮油	3
洗涤用品、小百货	5
服装	10
鞋类	5
电器	3
日化	3
文化产品	3
玩具	3
其他	5

2．商品货位布局

产品是消费者进入商店后最关心的。产品货位的确定形成卖场整体的商品布局，将会直接影响消费者的心理感受，对产品销售关系重大。商品布局必须讲究方便、新颖、别致、合理，使消费者感到清新舒适，便于寻找。如何确定具体产品的具体位置呢？通常有如下不同做法。

（1）根据商品性质进行布局。

商品根据其性质、特点不同可以分成三大类：方便商品、选购商品、特殊商品。

方便商品大多属于人们的日常生活用品，价值较低，需求弹性不大，消费者比较熟悉。购买这类商品时，消费者大多希望方便快捷地成交，而不愿意花长时间进行比较挑选，故这类商品宜放在最明显、最易速购的位置，如卖场前端、入口处、收银台旁等，便利顾客购买以及达到促销目的。

选购商品比方便商品的价值高、需求弹性较大、挑选性强，消费者对商品信息了解不够，如时装、家具、自行车等。选购这些商品，大多数消费者希望获得更多的选择机会，以便对其质量、功能、样式、色彩、价格等方面进行详细比较，因而这些商品应相对集中摆放在商店宽敞或走道宽度较大、光线较强的地方，以便消费者在从容的观察中产生购买欲望。

特殊商品通常指有独特功能的商品或名贵商品，如电器、工艺品等，购买这类商品，消费者往往经过了周密考虑甚至确定购买计划才采取购买行为，因而这些商品可以放置在店内最远的、环境比较优雅、客流量较少的地方，设立专门出售点，以显示商品的高雅、

项目二 门店规划与设计

名贵和特殊，满足消费者的心理需要。

（2）根据顾客行为习惯进行布局。

要合理地分布商品，还应该研究分析顾客在卖场内行走的特点。一般来说，顾客进门的走动有以下习惯：不愿走到店内的角落里，喜欢曲折弯路，不愿走回头路，有出口马上要出去，不愿到光线幽暗的地区。因此，超市应该设有多条长长的购物通道，避免设有捷径通往收款处和出口，这样可以吸引更多顾客走完主干道后，能转入各个支道，把店内浏览一遍，产生一些冲动性购买。另外，大多数人习惯用右手，喜欢拿取右边的东西，因此，商店一般都将利润高的商品陈列在右边；消费者也有先向两边走动的习惯，因此两边的商品宜特别讲究。消费者的流动方向多半是逆时针方向，因此，一些购买频率较高的商品可以摆布在逆时针方向的入口处，而一些挑选性强的商品则可以摆放在离此较远处。此外，商店中商品的位置应按消费者购买商品的正常心理趋向做出规划。这样既能方便顾客购买，又可以刺激顾客消费冲动，引导有利于商家的消费心理。例如，超级市场可以按如下顺序进行商品布局：蔬菜水果—畜产水产—冷冻食品—调味品—糖果、饼干—饮料—面包、牛奶、日用杂品。因为通常家家户户消费总是从"食"开始的，因此超级市场倾向于以"菜篮子"为线索来沟通全店的商品位置陈列，如图2-11所示。

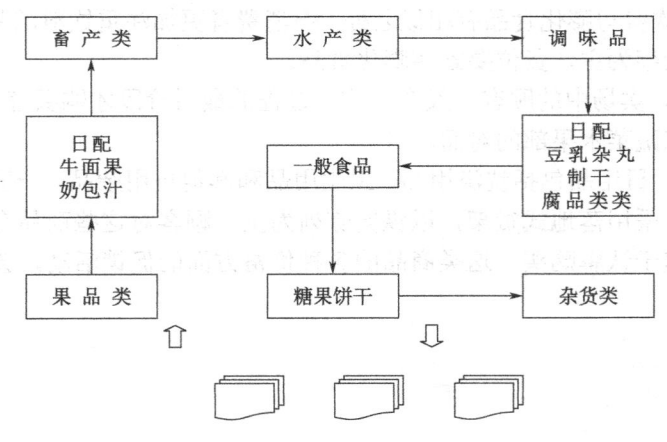

图2-11 超级市场的商品布局

（3）根据商品获利大小进行布局。

一些商店，在进行商品布局时，事先对商品的盈利程度进行分析，然后将获利较高的商品摆放在商店最好的位置上，以促其销售，而将获利较低的商品摆放在较次的位置。不过，有时也有例外。例如，为了扶持或加强不太赚钱的部门商品，门店也会考虑将这些商品放置于最好的地点；还有一些门店将新产品放置在最佳位置，以便引起顾客注意；还有些门店为让顾客形成良好的第一印象而将外表美观的商品放置入口处。

（4）配合其他促销策略进行布局。

卜蜂莲花通常将最吸引人的特价货放置在入口处特设的第一组陈列架上，其余的特价货则分散陈列在店内各处，务求使顾客走完卖场一周，才能全部看到推出的特价商品。同时，卜蜂莲花还注意在入口处陈列各种新鲜、干净、整齐的水果蔬菜，加之购物车，灯火通明，甚至还设烤面包的柜台，通过这些色、香、味的引诱，促使消费者流连忘返、争相购买。超市还根据市场情况和季节变化、经营规模和经营方向的变动等主客观条件，适当加以调整。

为了配置好超级市场的商品，可以将超级市场经营的商品划分为以下 7 个商品部。

① 面包及果菜品部。这一部门常常是超级市场的高利润部门。由于顾客在购买面包时，也会购买部分蔬菜水果，所以，面包和果菜品可以采用岛式陈列，也可以沿着超级市场的内墙设置。在许多超级市场中，设有面包和其他烘烤品的制作间，刚出炉的金黄色的、热气腾腾的面包，常常让顾客爽快地掏腰包。现场制作已成为卖场一种流行的促销方式。

② 肉食品部。肉类产品属于顾客购买目的性非常强的商品类别，购买肉类产品是大多数顾客光顾超级市场的主要目的之一。在生鲜区布局中，肉类产品一般沿着卖场的内墙摆放，方便顾客一边浏览一边选购。

③ 冷冻食品部。冷冻食品主要用冷柜进行陈列，它们的摆放既可以靠近蔬菜，也可以放置在购物通道的最后段，这样冷冻食品解冻的时间就最短，给顾客的携带提供了一定的便利性。

④ 膨化食品部。膨化食品包括各种饼干、方便面等。这类食品存放时间较长，只要在保质期内都可以销售。它们多被摆放在超级市场卖场的中央，用落地式的货架陈列。具体布局以纵向为主，突出不同的品牌，满足顾客求新求异的偏好。

⑤ 饮料部。饮料与膨化食品有相似之处，但消费者更加注重饮料的品牌。饮料的摆放也应该以落地式货架为主，货位要紧靠膨化食品。

⑥ 奶制品部。卖场中的顾客一般在其购买过程的最后阶段才购买容易变质的奶制品，奶制品一般摆放在蔬菜水果部的对面。

⑦ 日用品部。日用品包括洗涤用品、卫生用品和其他日用杂品，一般摆放在超级市场卖场的最后部分，采用落地式货架，以纵向陈列为主。顾客对这些商品有较高的品牌忠诚度，他们往往习惯于认牌购买。这类商品的各种价格方面的促销活动，会使顾客增加购买次数和购买量。

阅读材料

日本一家大型超级市场的商品配置图如图 2-12 所示。

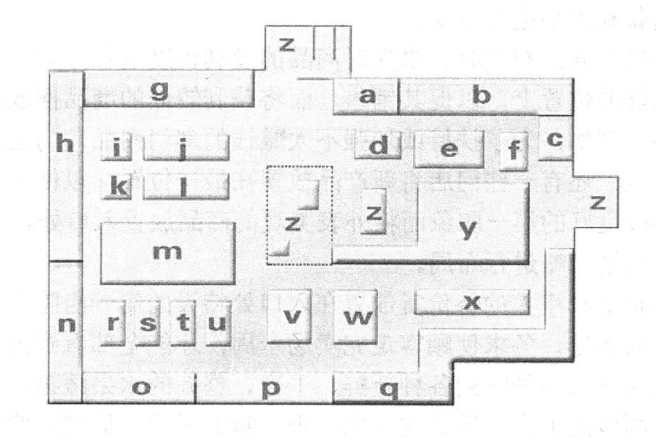

图 2-12　日本一家大型超级市场的商品配置图

项目二 门店规划与设计

从图中我们可以看到，这家卖场的陈列基本遵循了上文提到的主要原则。图上方的 z 是超市的入口，图中央的 z 是卖场内部电梯，y 是超市收银区，也是超市的出口。出口部分也有一部电梯。h、g、i 是现场制作、保质期较短的糕点面包区，在靠近收银台部分的 e 区也有一个面包区，陈列保质期较长的加工糕点。

当然，超市规模有大有小，商品面积的分配自然有所区别，店主要结合实际，在充分调研的基础上，让店内的商品面积分配更加合理。

a：茶叶区；b：药品区；c：快速冲印区；d：鲜花区；e：保质期较长的糕点区；f：烟酒区；g、i：面包区；h：现场制作的糕点区；j：乳制品、水果区；k：饮料区；l：乳制品区；m：饮料、调味品、膨化食品、饼干、日式食品、酒、豆腐、泡菜区；n：鲜肉区；o：蔬菜区；p：鲜鱼区；q：家庭用品区；r：蔬菜区；s：冷冻食品区；t：冰淇淋区；u：鲜鱼冷冻区；v：推荐商品区；w：日用品区；x：厨房用品区；y：超市收银区；z：电梯区。

四、磁石点理论

所谓磁石，是指卖场中最能吸引顾客眼光注意力的地方，磁石点就是顾客的注意点，要创造这种吸引力是依靠商品的配置技巧来完成的。磁石点理论是指在卖场中最能吸引顾客注意力的地方配置合适的商品以促进销售，并能引导顾客逛完整个卖场（死角不应超过1%），以提高顾客冲动性购买的比例（冲动性购买占60%～70%）。

超市卖场磁石点分为5个，应按不同的磁石点来配置相应的商品，如图2-13所示。

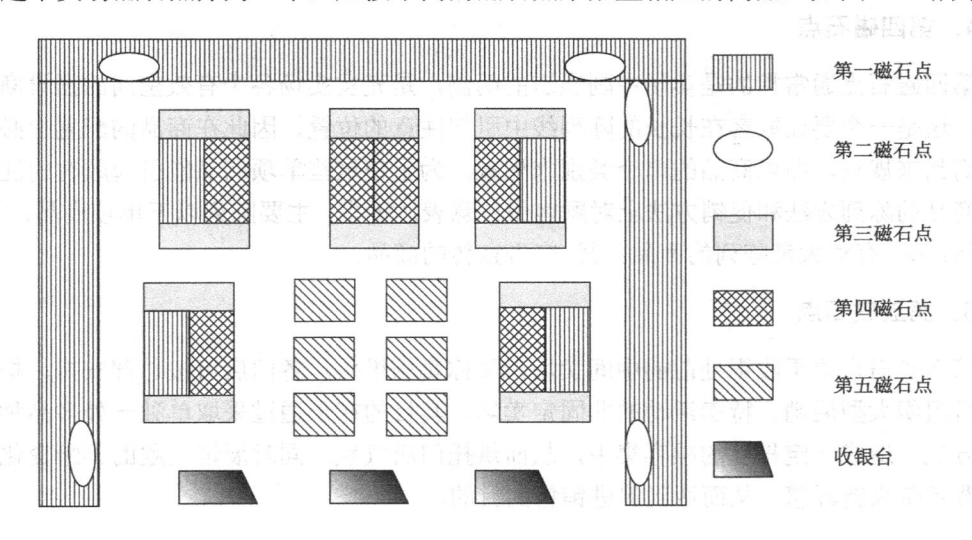

图2-13 磁石点配置图

1. 第一磁石点

第一磁石点位于主通道两侧，靠近入口和出口，是吸引力最大的磁石点，是顾客必经之地，能拉引顾客至内部卖场的商品，也是商品销售最主要的地方。此处配置的商品主要是：① 主力商品；② 消费频率高的商品；③ 消费量多的商品。

这类商品大多是消费者随时需要，又时常要购买的。例如，蔬菜、肉类、日配品（牛奶、面包、豆制品等），应放在第一磁石点内，可以增加销售量。

2．第二磁石点

第二磁石点位于通路的末端，通常在卖场的最里面，它的任务是一段一段地引导顾客向前走直至卖场的最里面，主要配置观感性强的商品：① 最新的商品；② 色泽鲜艳、引人注目的商品；③ 季节性强的商品。

第二磁石点的位置一般都较暗，所以需要配置较华丽的商品来提升亮度，以最显眼的方式突出表现，让顾客一眼就能辨别出其与众不同的特点。同时，第二磁石点上的商品应根据需要隔一定时间便进行调整，保持其基本特征。

3．第三磁石点

第三磁石点指的是主通道内侧、靠近卖场中部、远离出入口的区域和靠近收银台的区域，以及超市中央陈列货架两头的端架位置。端架是卖场中顾客接触频率最高的地方，其中一头的端架又对着入口，因此配置在第三磁石点的商品，就要刺激顾客，留住顾客，所以通常可配置下列商品：① 特价商品；② 高利润商品；③ 季节性商品；④ 购买频率较高的商品；⑤ 厂家促销商品。

值得注意的是，我国目前有一些超级市场根本不重视端架商品的配置，失去了很多盈利机会，一些超级市场选择的货架两头是半圆形的，根本无法进行端架商品的重点配置，应积极地加以改进。

4．第四磁石点

第四磁石点通常指的是卖场中副通道的两侧，是充实卖场各个有效空间的摆设商品的地点。这是一个要让顾客在长长的陈列线中引起注意的位置，因此在商品的配置上必须以单项商品来规划，即以商品的单个类别来配置。为了使这些单项商品能引起顾客的注意，应在商品的陈列方法和促销方法上对顾客做刻意表达诉求，主要陈列以下单项商品：① 热门商品；② 有意大量陈列的商品；③ 广告宣传的商品。

5．第五磁石点

第五磁石点位于收银处前的中间卖场，又称卖场堆头。各门店可按总部安排，根据各种节日组织大型展销、特卖活动的非固定卖场。其目的在于通过采取单独一处多品种大量陈列方式，造成一定程度的顾客集中，从而烘托门店气氛。同时展销主题的不断变化，也给消费者带来新鲜感，从而达到促进销售的目的。

阅读材料

某门店食品磁石点布局简图

某超市食品卖场磁石点布局简图如图2-14所示。

项目二　门店规划与设计

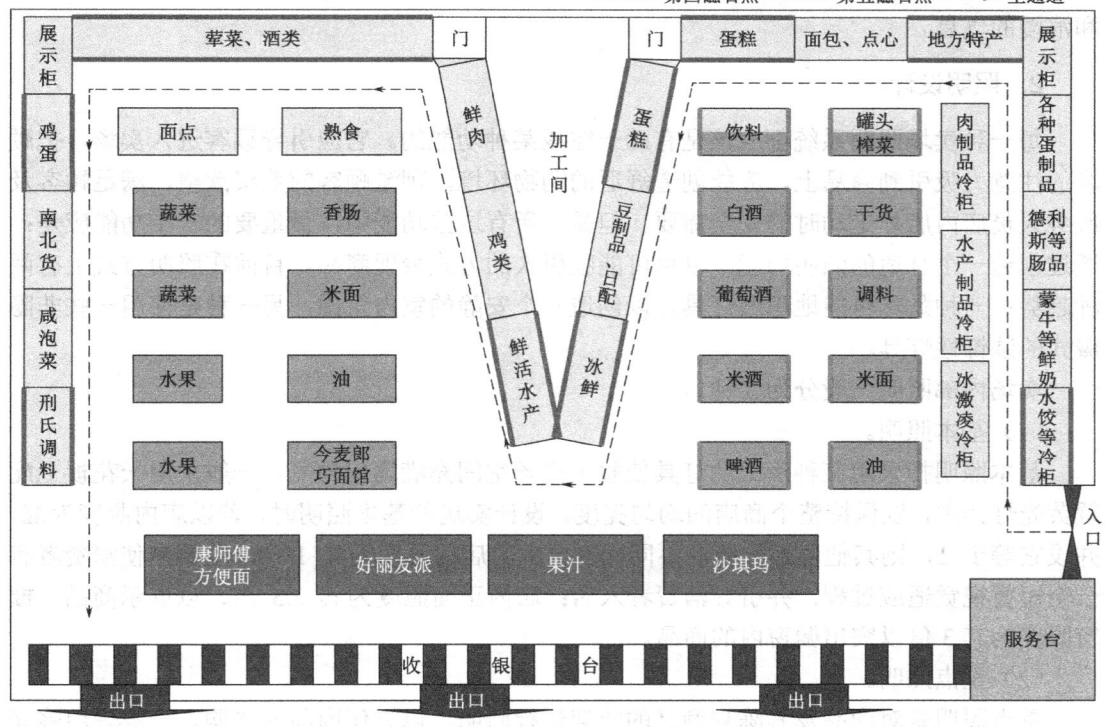

图 2-14　某超市食品卖场磁石点布局简图

技能训练

画出连锁企业门店磁石点的商品配置

要求：4～5人一组，其中1人为组长，对组员进行分工，画出你所在城市某大型超市磁石点的商品配制，并分析原因，由教师点评。

任务三　创造门店空间

一、门店气氛的设计

门店气氛是指通过视觉沟通、照明、颜色和气味设计一种环境刺激顾客的直觉和情感反应，并最终影响他们的购买行为。

1. 视觉沟通

视觉沟通指运用图案、标牌等视觉图像来达到剧院般的效果，它既可以设计在卖场里面，也可以设计在橱窗里。它的作用是通过视觉图案提供商品信息来促进销售。标牌和图案可以帮助顾客找到特别的商品部和具体的商品，图案还可以为门店形象增加个性、美丽和浪漫的气息。

2．照明设计

每一种卖场照明系统都应该是有助于完成某种功能的。它应引导顾客进入卖场，把顾客的注意力吸引到商品上，应能创造舒适的购物环境，刺激顾客的购买欲望，满足顾客及服务人员店内店外走动时的安全需要。但是，所有这些功能中，最重要的一个功能应是：通过创造一个合适的照明环境，以尽可能吸引人的方式表现商品。目前在照明方式上有两种趋势：一种是尽可能地隐藏灯具，以创造一个安静的室内氛围；另一种是使用一些非隐藏式的装饰性灯具。

卖场内部照明一般分为3种。

（1）基本照明。

基本照明指采用某种形式的灯具使整个商场空间充满均匀的光。一般采用天花板上配置荧光灯为主，以保持整个商店的均匀亮度。设计卖场的基本照明时，若以店内照度为准，并设它等于1，则其他各部分应取不同比例，大约店前照度为其1/10，主要是使消费者有一个短暂视觉适应过程，并引导消费者入店；店内正面照度为其2.5倍，以展示商品；橱窗照度为其3倍以突出橱窗内的商品。

（2）重点照明。

重点照明是对商品及其陈列商品的货架进行照明，以方便商品的选购。一般采用聚光灯、探照灯等进行定向照明，亮度为基本照明的4~5倍。应根据商品种类、形状、性能采用不同照射角度。

重点照明一般分为两种：一是陈列照明，包括单个对象的照明；二是商品的照明。

陈列照明，通常用圆形，窄/宽光束的聚光灯。其目的是使被照射的物体与其背景相比显得更为突出。因此陈列照明往往强调物体的形式、结构、质地及颜色。陈列照明被用来强化购物者与商品这两者之间的关系，通过呈现商品的精巧来吸引顾客。现在的趋势是利用照明元素（不同类型的聚光灯）组合使用。

陈列在货架上的商品的照明是通过宽光束的聚光灯或者是可调角度的点光源下射灯来完成的。非对称配光的光带系统也常用来作货架照明。

在光带系统中揉和进聚光灯或点光源下射灯也渐渐成为一种趋势。聚光灯安装得离货架较近，因此可以获得一定程度的均匀的照明。点光源的使用可以在商品上创造阴影以及闪光点。光带产生有效的功能性照明。

（3）装饰照明。

装饰照明是创造特殊的照明效果以吸引顾客，主要采用采灯、壁灯、吊灯、挂灯和霓虹灯等照明设备。例如，有选择地在商品货架上方设置霓虹灯广告牌，能以强烈的光线、绚丽的色彩烘托出购物气氛；营业厅中小格局式的店中店内装饰各种彩灯、壁灯等，也会给消费者以赏心悦目的感受。

3．色彩设计

卖场的内部色调变化主要体现在地面、天花板、墙面、货架柜台等部位（见表2-6）。

项目二　门店规划与设计

色彩可以对消费者的心情产生影响和冲击（见表2-7），采用明快色调、庄重色调、和谐色调会取得不同的艺术效果：暖色系统的货架，放的是食品；冷色系统的货架，放的是清洁剂；色调高雅、肃静的货架上，放的是化妆用品等。因此，在色彩的设计上，注意色调设计的变化与和谐的统一，以及与企业"标准色"的配合。一般有以下几种常用的方式。

表2-6　卖场颜色设计参考

主色	第一副色	第二副色	地板	天花板	墙壁	用具	照明器具	目的
黄色 橘色	红色	白色	灰色 橘色	白色	乳白 淡绿	乳白	橘色	丰富感

表2-7　色彩设计中的色彩感觉与色彩感情

色彩	红色	绿色	青色	紫色	橙色	黄绿	青绿	紫绿	紫红
感觉	热	凉	较冷	中性	暖	中性	冷	较冷	稍暖
情感	刺激	安静	较刺激	少刺激	较安静	较安静	很安静	较刺激	较刺激

（1）对比手法。充分利用标准色，与其他同类商店形成明显区别，并形成自己的风格，便于消费者识别。

（2）与商品本身的特征相结合，利用色调变化，衬托商品。这里需了解不同颜色所产生的视觉刺激和心理效应，如红色、橙色、黄色等暖色比较显眼，容易引起人们的注意，常被用来表现兴奋、快乐的情感；而白色、蓝色、绿色等冷色不太显眼，用以表达宁静、安详的气氛。根据商品的消费特性恰当进行配色将直接影响购买者的购物感受。

（3）根据季节性变化，调节商店环境的色调变化。例如，春季调配嫩绿等冷色，给人以春意盎然、万物更新之感；夏季调配淡蓝色等偏冷色，给人以凉爽宜人之感；冬季则可调配浅橘红色等暖色调，给人以温暖舒适之感。

设计零售店铺的内部环境要考虑的因素如表2-8所示，不同年龄段的人对色彩的不同兴趣偏好如表2-9所示。

表2-8　设计零售店铺的内部环境要考虑的因素

产品命名的方式	商品陈列的习惯色彩
以水果命名的产品	橘子色、柑橘色、李子色、桃红色、苹果绿、葡萄紫、柠檬绿
以植物命名的产品	咖啡色、茶色、豆沙色、柳绿色、嫩草色、玫瑰红、郁金香
以动物命名的产品	鸨色、鹦鹉色、黄鹏色、鼠灰色
以金属矿物命名的产品	铁锈色、银灰色、炭黑色、金刚色、紫铜色、青铜色、铜绿色、宝石色、石绿、石膏、钻蓝

表2-9　不同年龄段的人对色彩的不同兴趣偏好

年龄段	偏爱的色彩
幼儿期	红色、黄色（纯色）
儿童期	红色、蓝色、绿色、黄色（纯色）
青年期	红色、蓝色、绿色
中年期	紫色、茶色、蓝色、绿色
老年期	深灰色、暗紫色、茶色

4．气味与声音的设计

气味和声音同样影响顾客的情绪，并有助于氛围的形成。餐馆利用食品气味增加人们的食欲；化妆品店利用一系列芳香气味吸引购买者；宠物商店利用动物的自然气味和声音讨好顾客；漂亮的沙龙可根据其目标市场播放舒缓的音乐或摇滚乐；超级市场中慢节奏的音乐能使人们走得更慢；家庭用具商店用切剁和嘶嘶声刺激厨房用具的销售。

因此，卖场的气味对营造良好的氛围来说显得至关重要。如果卖场气味异常，商品的销售就不会达到预期的销售目标；气味正常，人们的味蕾就会对这些气味做出反应，吸引顾客购买这些商品，如巧克力、新鲜面包、橘子、玉米花和咖啡等。另外，气味对增进人们的愉快心情也是有帮助的。花店中花卉的气味，化妆品柜台的香味，面包店的饼干、糖果味，蜜饯店的奶糖味，卖场礼品部散发香气的蜡烛，皮革制品部的皮革味，烟草部的烟草味，均是与这些商品协调的，对促进顾客的购买是有帮助的。

声音的存在和密度可对卖场的气氛产生积极的影响，也可以产生消极的影响。音响的响度可以使顾客感到愉快，也可以使顾客感到不愉快。令人不愉快的、难以忍受的音响，会使顾客的神经受到影响，甚至毁坏卖场刻意营造的购物气氛。这一类的噪声，通常来自外部，除非采用消音、隔音设备，否则，卖场是很难控制的。

卖场可以通过音响设备的运用为消费者创造轻松、愉快的购物环境，解除顾客和营业员的疲劳感，使顾客在优美的乐曲中漫步于营业厅内，观赏和挑选商品，可产生强烈的购物欲望。

音响应用中应注意选择恰当的乐曲。在使用的时间和音量上，一般来说间断使用，并且在营业不太紧张的时间内运用，以调节气氛。音量应以顾客和售货员隐约听到为宜。若在营业紧张期，音响音量太大，就会加大噪声，使顾客烦躁，也使店员工作效率低下。

在卖场里播放柔和而节拍慢的音乐，会使销售额增加40%，快节奏的音乐会使顾客在商店里流连的时间缩短而购买的商品减少；所以每天快打烊时，卖场就可以播放快节奏的摇动乐，迫使顾客早点离开，以便员工早点收拾早点下班。

二、门店橱窗的设计

1．橱窗的分类

（1）综合式陈列橱窗。

综合式陈列橱窗是指将许多不相关的商品综合陈列在一个橱窗内，以组成一个完整的橱窗广告。这种橱窗陈列由于商品之间差异较大，设计时一定要谨慎，否则就会给人一种"什锦粥"的感觉。

综合式陈列方法主要有以下几种。

① 横向橱窗陈列。将商品分组横向陈列，引导顾客从左向右或从右向左顺序观赏。

② 纵向橱窗陈列。将商品按照橱窗容量大小，纵向分布几个部分，前后错落有致，便于顾客从上而下依次观赏。

③ 单元橱窗陈列。用分格支架将商品分别集中陈列，便于顾客分类观赏，多用于小商品。

（2）系统式橱窗陈列。

项目二 门店规划与设计

大中型商店橱窗面积较大，可以按照商品的类别、性能、材料、用途等因素分别组合陈列在一个橱窗内。又可具体分为以下几种。

① 同质同类商品橱窗。同一类型同一质料制成的商品组合陈列，如各种品牌的冰箱、自行车橱窗。

② 同质不同类商品橱窗（见图 2-15）。同一质料不同类别的商品组合陈列，如羊皮鞋、羊皮箱包等组合的羊皮制品橱窗。

③ 同类不同质商品橱窗。同一类别不同原料制成的商品组合陈列，如杏仁蜜、珍珠霜、胎盘膏组成的化妆品橱窗。

④ 不同质不同类商品橱窗（见图 2-16）。把不同类别、不同制品却有相同用途的商品组合陈列橱窗，如网球、乒乓球、排球、棒球组成的运动器材橱窗。

图 2-15　同质不同类商品橱窗 　　　　图 2-16　不同质不同类商品橱窗

（3）专题式橱窗陈列。

以一个广告专题为中心，围绕某一特定的事情，组织不同门店或同一门店不同类型的商品进行陈列，向媒体受众传输一个诉求主题。例如，节日陈列、绿色食品陈列、丝绸之路陈列等。这种陈列方式多以一个特定环境或特定事件为中心，把有关商品组合陈列在一个橱窗，又可分为以下几种。

① 节日陈列。以庆祝某一个节日为主题组成节日橱窗专题（见图 2-17、图 2-18）。例如，中秋节以各式月饼、黄酒等组成的橱窗；圣诞节以圣诞礼品、圣诞老人等组合的橱窗，既突出商品，又渲染了节日的气氛。

图 2-17　情人节橱窗设计 　　　　图 2-18　圣诞节的橱窗设计

② 事件陈列。以社会上某项活动为主题，将关联商品组合的橱窗，如大型运动会期间的体育用品橱窗。

③ 场景陈列。根据商品用途，把有关联性的多种商品在橱窗中设置成特定场景，以诱发顾客的购买行为，如将有关旅游用品设置成一处特定的旅游景点，吸引过往观众的注意力。

（4）特写式橱窗陈列。

特写式橱窗陈列是指运用不同的艺术形式和处理方法，在一个橱窗内集中介绍某一门店的产品。例如，单一门店商品特写陈列和商品模型特写陈列等，这类陈列适用于新产品、特色商品的广告宣传。主要有以下几种。

① 单一商品特写陈列。在一个橱窗内只陈列一件商品，以重点推销该商品，如只陈列一台电冰箱或一架钢琴。

② 商品模型特写陈列。即用商品模型代替实物陈列，多适于体积过大或过小的商品，如汽车模型、香烟模型橱窗，某些易腐商品也适用于模型特写陈列，如水果、海鲜等。

（5）季节性橱窗陈列。

根据季节变化把应季商品集中进行陈列，如冬末春初的羊毛、风衣展示，春末夏初的夏装、凉鞋、草帽展示。这种手法满足了顾客应季购买的心理特点，有利于扩大销售。

门店的橱窗多采用封闭式，以便充分利用背景装饰，管理陈列商品，方便顾客观赏。橱窗规格应与商店整体建筑和店面相适应。

可根据门店规模大小、橱窗结构、商品的特点、消费需求等因素，选择具体的橱窗陈列广告形式。

2．橱窗的建立与设计

橱窗应在专人或专门机构的管理下，有计划、有重点地合理装饰布置。

（1）橱窗的建立。

橱窗横面的中心线最好与顾客的视平线处于同一水平面。这样，整个橱窗所陈列的商品都容易进入顾客的视野。

通常橱窗底面可高出人行道面 80~130 厘米，橱窗高 2 米左右，宽度为 150 厘米以上，深度为 60 厘米以上，以成人眼睛能看见的高度为好，所以大部分商品可从离地面 60 厘米的地方进行陈列。小型商品从 100 厘米以上的高度陈列。电冰箱、洗衣机、自行车等大件商品可陈列在离地面 5 厘米高的部位。具体尺寸需依街道宽窄、城市大小及商店自身建筑条件来灵活确定。

橱窗建立应考虑防尘、防晒、防风、防冻、防雨、防盗等方面并采取相应的措施，可在橱窗上设置帆布棚遮风挡雨、遮蔽阳光，有条件的商店最好用自动起落或摇动起落的帆布棚。

（2）选定橱窗的陈列对象。

无论何种类型的橱窗设计，其最终目标只有一个：展示突出商品，扩大销售，提高卖场形象。商品是设计的核心及展现的主体，因此，橱窗设计的第一步和基本功是商品的选择。

一般选择下列商品作为橱窗陈列。

项目二 门店规划与设计

① 能充分代表商家经营特色的主打商品。
② 新性能、新款式、新包装等新产品。
③ 换季之前或节日来临之际，需提醒顾客注意，以便及时购买的商品。
④ 货源充沛，需重点宣传及大力推广的商品。
⑤ 滞销积压品，可根据原因对症下药，重新树立产品形象，使顾客改变认识，建立起对商品的信心。
⑥ 符合消费趋势的流行性时髦商品或名牌商品。

（3）陈列主题的构造。

由选择的陈列对象及其相互之间的联系，展开大胆而丰富的联想，巧妙确立陈列主题。在此基础上，运用对称均衡、不对称均衡、重复均衡、主次对比、大小对比、虚实对比、远近对比等艺术手法，勾勒出均匀和谐、层次分明、疏密有致、排列新奇的具体商品整体陈列蓝图。

（4）陈列前的准备。

首先要准备好陈列用具。陈列用具能使陈列对象更醒目、美观、有序，包括布置商品的支架等附加物和商品本身。其要求是支架的摆放越隐蔽越好，一定要突出广告商品，占用的位置要比商品少许多。常用的有机和无机玻璃材料作道具适应面较广，常有以下几种，如表 2-10 所示。

表 2-10 陈列用具的种类

陈列用具	特点/举例	
背景	固定背幕	原来所设的背板，如木板或玻璃板
	活动背幕	布景、图画、屏风
人体模型、布架、衣架	用以陈列各种纺织品，布架、衣架一般用镀镍金属制成，模特可用硬塑制成，通常向模型制造厂订做、购买	
小型支架	多为镀镍金属制成的，用于陈列领带、毛巾、提包等物件	
托板	用以陈列乐器、五金用品、化妆品、文具、瓷器、食品等用具，可用木板、有机玻璃或玻璃制成	
堆码台	用于陈列小型商品，通常由木料外涂浅色油漆制成	
橱窗铺底	色布、花纸、地毯、油漆木板等	
其他附设用具	花瓶、绸带等	

接下来要准备好商品样本，制备好标签等文字图案说明。

（5）陈列操作布置。

按构想的蓝图布置橱窗，操作时应注意以下方面。

① 突出商品。商品应处在显眼部位，是宣传的重点，切忌其他装饰喧宾夺主，商品陈列位置要适中，使顾客由远到近，由正面到侧面都能看到商品全貌；商品数量适当，系统地分类，依主题陈列，使陈列效果干净利落，一目了然。

② 合理照明。橱窗的灯光应照射在重点商品上，灯色与商品及橱窗的色泽应和谐。灯光的强度依白天或黑夜及所陈列商品、商家的档次灵活确定，通常比卖场高出 2~4 倍，既要有足够的亮度，促进销售气氛和购物意愿，又不能太刺眼。

食品橱窗广告，用橙黄色的暖色光，更能增强人们对所做广告的食品的食欲。而家用电器橱窗陈列，则用蓝、白等色光，能给人一种科学性和贵重的心理感觉。

③ 适当选择动态设计手法。运动的事物易刺激视神经，将顾客的视线迅速引向橱窗。因此，应善于运用物理手段及多种电子设备来增强橱窗的动感，充分利用滚动、旋转、振动等机械和电子的道具，给静止的橱窗布置增加动感，利用大型彩色胶片制成灯箱，制作一种新颖的具有立体感的画面等。

阅读材料

香港迪士尼乐园万圣节的橱窗设计

香港迪士尼乐园淡季不淡，特别是每逢周末的晚上，乐园内更是人头攒动。万圣节卡通人物、神秘的音乐、光怪陆离的灯光以及绚丽的烟花，让纷至沓来的游人陶醉在梦幻世界之中。其橱窗设计如图2-19所示。

图2-19 迪士尼的万圣节橱窗设计

三、商品展示技术

对门店而言，有许多方法都可用来有效地把商品展示给顾客，要决定在特定情况下的最佳方法，门店设计者必须考虑以下4个问题。

首先，也是最重要的，商品展示应在一定程度上与商店的整体形象相一致。例如，一些商店根据尺码展示男士衬衫，这样所有尺码的衬衫都放在了一起。于是，顾客可以很容易地判断什么是适合他自己的尺寸。这与门店追求实际的形象是一致的。其他门店把所有的颜色/款式结合放在一起。这种展示唤起了一种更为超前时尚的观念，并且带来更多的美感和愉悦。但是，它使顾客不得不在一堆存货中寻找自己的号码。

其次，必须考虑商品的特性。牛仔裤可以很容易地放在货堆中展示，而裙子则必须挂起来，这样顾客可以更容易地观察设计和款式。

再次，包装经常会决定商品如何展示。例如，折扣商店出售小包的螺母和螺栓，但是，

项目二　门店规划与设计

五金商店仍然按单位计量销售这些商品。尽管按包出售的商品单位价格明显提高，但自助式销售方式的运作不需要雇用足够多的人员来称量和包装这些小东西。

最后，产品的潜在利润影响着展示决策。例如，低利高周转的商品，如在校学习使用的文具用品就不会像派克水笔一样要求同等精美、昂贵的展示。一般来说，商品展示技术有如下几种。

1．观念导向陈列

观念导向陈列是指根据特别的观念或商店的形象展示商品的方法。例如，女士的时装通常会展示为整体的形象或观念。还有，家具也应与房间的整体布置结合起来，从而给予顾客一种观念，使他们明白这些家具在他们的家里应是怎样布置的。

把拥有巨大消费需求的某个厂家生产的产品布置在一起，放置在小隔间里布局，这是因为由同一厂家制造的商品易于相互协调。一些服装生产商，如 Espdt 和 Jaeger 会协调款式和颜色，影响同一系列的多重购买并且增强整个系列商品的形象。

2．式样/品种组织法

折扣商店、杂货店、五金商店和药店对几乎每一种商品都采用了这一种方法。许多服装零售商也运用了这一技术。当顾客寻找某一特定种类的商品时，如毛线衫，他们希望在同一地方找到所有的品种。

根据号码安排商品是另一种组织多种类型商品的方法，从螺钉、螺母到服装都有应用。因为他们通常知道需要的型号，对顾客而言，按这种方式安排商品是最容易找到的。

3．颜色组合法

颜色组合法是一种大胆的销售规划技术。例如，在冬季里，女士服装商店应将所有白色展示在一起，让顾客知道这家商店是她们购买服装的绝好地方。

4．价格系列导向

价格系列导向是按价目表排列商品。这一策略可以帮助顾客很容易地找到他们希望出价的商品。例如，男士衬衫可能安排成 3 个组，销售价格分别为 30 美元、45 美元和 60 美元。

5．垂直销售规划

这里的商品使用墙面或高的无盖货柜垂直展示。顾客购物就像阅读报纸一样——从左到右，再从上到下查看每个纵向栏目。商店可以根据人的眼睛的自然运动的规律有效地组织商品。零售商可以采取不同的方法来利用这种趋势。许多杂货店把国家标记置于与眼部平齐的位置，而把商店的牌子放在较低的货架上，因为顾客从眼部平齐部位开始向下浏览。零售商还运用商品的粗体垂线来展示商品。例如，你可以在百货商店里看到在同一垂直水平展示的是同一颜色的毛巾，在超级市场里，你可以垂直地放置黄色或橘黄色包装的汰渍牌清洁剂，紧接着放置一排蓝色包装的 Cheer 清洁剂。

6．大宗商品展示

大宗商品是一种将许多数量的商品展示在一起的展示技术。顾客跟随零售商的宣传标

语 "高库存快流转"走进大宗同等的低价商品。所以，大宗商品展示可以用来增强和巩固商店的价格形象。运用这种展示观念，商品本身就是展示。零售商希望顾客注意到商品并被带到这些商品那里。例如，在许多假日之前，杂货商运用末端展示区的整个无盖货柜来展示六包装百事可乐。

7. 前沿展示

通常，同时对商品进行充分的展示和高效地摆放较多的商品是不可能的。但是，尽可能多地展示商品也是很重要的。对于这个难题的一个解决办法就是前沿展示。前沿展示是卖场展示尽可能多的商品来吸引顾客目光的商品展示的一种方法。例如，图书出版商尽最大努力设计具有吸引力的封面，一般情况下，书店在展示书籍时通常只有书脊是露在外面的，为了造成有效的展示并打破这种千篇一律的现象，图书零售商可以让封面像布告牌一样横放在外面，吸引顾客的注意力。一种类似的前沿展示就是走到服装架前简单地转动衣架来展示商品。

课后训练

一、填空题

1. 连锁企业门店是交换_____和_____的场所。
2. 门店的设计，在于营造一种购物的_____。
3. 门店布局是指对商店_____的分配，包括对_____、_____、_____和_____的分配。
4. 连锁企业门店进行布局设计时应研究消费者的_____。
5. 门店空间包含_____、_____和_____。
6. 收银区前通道的宽度为_____。
7. 门店后场的设计要点般包括_____、_____、_____和_____。
8. 陈列面积增加一倍，销售量增加20%，则此类商品的空间弹性为_____。
9. 门店经营成果主要由两个因素决定：一是_____，二是顾客的_____。
10. 单层面积1000平方米以上超市的4个动线是_____、_____、_____、_____。
11. 根据空间和销售之间的关系，一般将商品的按照购物者的反应分为三类：_____、_____、_____。

二、选择题

1. 一个面积为2500平方米的超市，其主通道一般为（　　）。
   A．1.8米　　　　B．2.7米　　　　C．3米　　　　D．3.2米
2. 门店入口一般比出口宽（　　）。
   A．1/2　　　　B．1/3　　　　C．1/4　　　　D．1/5
3. 位于主通道外侧、靠近卖场边缘、远离入口的区域，是（　　）。

项目二 门店规划与设计

　　A．第一磁石点　　B．第二磁石点　　C．第三磁石点　　D．第四磁石点
4．收银台一般按每小时通过（　　）配置一台。
　　A．100～200人　B．200～300人　C．400～500人　D．500～600人
5．卖场面积与通道的幅度基本成（　　）关系。
　　A．正比例相关　　B．负比例相关　　C．线性相关　　　D．非线性相关

三、简答题

1．简述门店内部环境和外部环境的内容。
2．简述门店布局的原则。
3．简述门店布局的目的。
4．简述门店通道设计的原则。
5．根据空间和销售之间的关系，一般将商品分为几类？
6．简述第一磁石点的内容。

四、技能训练

1．背景资料

某卖场的形状及各商品货位编号如图2-20所示（卖场面积约为5000平方米），经营商品区域划分为：奶制品区；速冻食品；肉制品；海鲜类；面包面点区；熟食区；水果区；特价水果；果蔬区；调味品；酱菜区；凉菜区；日用百货区；休闲百货区；饮料区；促销区；烟酒休闲区；清洁用品区；婴幼儿食品区；白酒专区；红酒专区；茶叶区；干货；干果蜜饯；特价食品；家纺区；办公用品区；副食区；音像制品；调味品；粮油区；饰品专区。

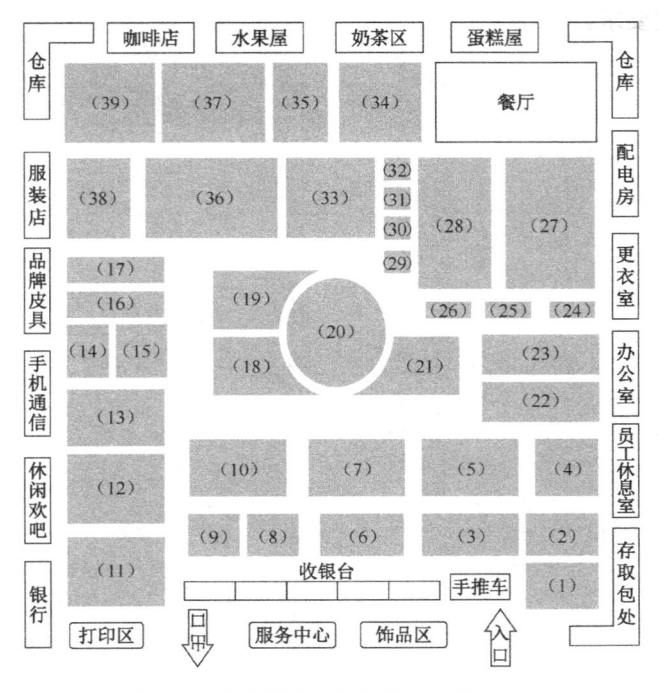

图2-20　某卖场的形状及各商品货位编号

2．测试任务

请在背景资料所给的商品种类中，选择6～8个商品种类填入表2-11，再根据卖场布局与商品配置的相关理论，为你所选择的每个商品种类在背景资料所给的卖场形状图中选择你认为合理的商品陈列货位，并将商品货位编号填入表2-11，同时在表2-11中说明你选择商品陈列货位的理由。

表2-11 商品种类及其陈列货位

序号	商品种类	商品货位编号	陈列理由
1			
2			
3			
4			
5			
6			
7			
8			

3．要求

（1）所选择的商品种类及其合理的商品陈列货位要能充分体现磁石理论（至少体现3个磁石点）、顾客需求原则、分组陈列原则或关联陈列原则等卖场布局与商品配置相关理论对商品配置的要求。

（2）所选择的商品种类及其合理的商品陈列货位要能反映消费者的消费习惯、行走习惯等对商品配置的要求。

项目三

陈列门店商品

即使是水果蔬菜,也要像一幅静物写生画那样艺术地排列,因为商品的美感能撩起顾客的购买欲望。

——法国经商谚语

学习目标

- 理解商品陈列的概念和重要性
- 熟知商品陈列的主要区域和工具
- 掌握门店商品陈列的主要方法
- 掌握门店商品陈列的维护

关键概念

商品陈列　商品组合　陈列方法　陈列工具　陈列设备

体系结构

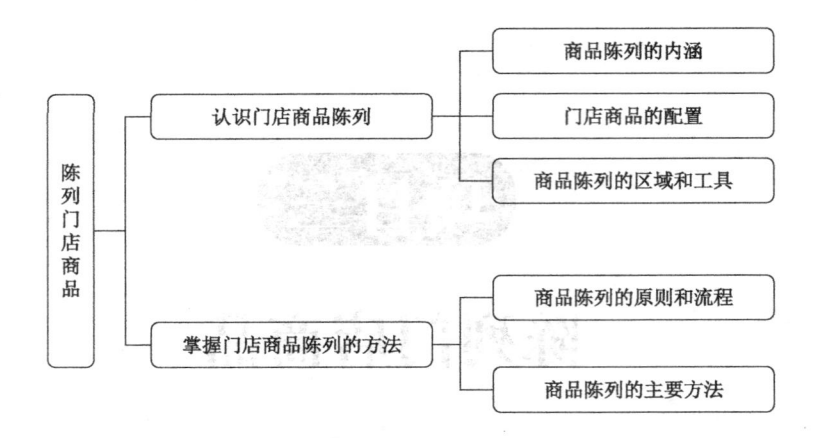

```
                                    ┌── 商品陈列的内涵
                    ┌── 认识门店商品陈列 ──┼── 门店商品的配置
陈列门店商品 ──┤                      └── 商品陈列的区域和工具
                    │
                    └── 掌握门店商品陈列的方法 ──┬── 商品陈列的原则和流程
                                              └── 商品陈列的主要方法
```

陈列是商品销售的起点，没有好的商品陈列，就没有好的商品销售。据调查，70%的顾客是被商品陈列吸引来购物的。因此，商品陈列是门店营运管理中一项重要的内容。

任务一　认知门店商品陈列

一、商品陈列的内涵

（一）商品陈列的概念

商品陈列指以商品为主体，运用一定艺术方法和技巧，借助一定的工具和设备，利用有限的资源，规划和实施店内货架摆放顺序、商品堆码方式，将产品按销售者的经营思想及要求，有规律地摆设、展示，创造理想的购物空间，最大限度地便利顾客购买，是提高销售效率的重要宣传手段，从而创造更多的销售机会，提高销售业绩。

商品陈列是门店运营的重要步骤，也是一项重要的技术，借助多种多样的陈列形式，可以全方位、立体式地展示商品、刺激销售、方便购买、节约空间、美化购物环境。

（二）商品陈列的目的

保持门店商品整齐丰满，标价准确，无过期商品存架，为顾客提供整洁舒适的购物环境和良好的服务，从而吸引顾客的眼光，引起顾客的兴趣和购买的欲望。具体来说目的如下。

（1）充分展示商品，提供商品最新信息，利于商品销售。有经验的经营者都会将最新商品摆在最显眼的位置，目的就是将最新信息告知顾客，以一种无声的方式对顾客进行引导。使顾客一进门就知道店里有哪些商品，有没有自己所需要的商品，并在最短的时间以最直接的方式，找到并方便购买自己所需要的商品，以达到提高销售和毛利的目的。

（2）刺激顾客的购买欲望。将重点商品、新进商品、稀罕商品、流行商品摆在顾客一进门就可以看到的区域内，可以达到良好的刺激购买的作用，刺激消费者"冲动性购买"。

项目三 陈列门店商品

（3）以商品美化卖场，通过商品量感与质感的展示，创造舒适的购物环境。一个良好的、陈列有序的、易于购买的商品环境，使顾客在选择商品时赏心悦目，购买时更方便，容易引起顾客的好感，提升商家和商铺的形象。

（4）容易管理店面商品，方便盘点和订货。

（三）商品陈列的重要性

1. 商品陈列面积大小变化引起销售额的变化

对于相同的商品来说，改变顾客能见到的商品陈列面，会使商品销售额发生变化。陈列的商品越少，顾客见到的可能性越小，购买概率就低，即使见到了，如果没有形成聚焦点，也不会形成购买冲动。

例如，水平陈列面的变化引起销售额的变化，如图 3-1 所示。

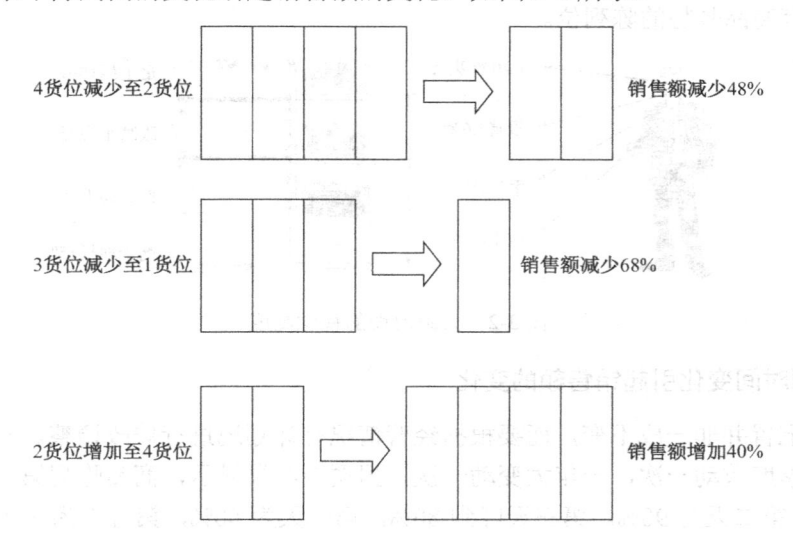

```
4货位减少至2货位  →  销售额减少48%
3货位减少至1货位  →  销售额减少68%
2货位增加至4货位  →  销售额增加40%
```

图 3-1 水平陈列面的变化引起销售额的变化

2. 商品陈列高低变化引起销售额的变化

商品陈列高低的不同，会有不同的销售额。一般来说，货架分成 4 种不同层面。

（1）上段。上段即货架的最高层，高度在 120～165 厘米，该段位通常陈列一些推荐商品，或有意培养的商品，该商品经过一定时间后可移至下一层即黄金陈列线。

（2）黄金陈列线。黄金陈列线的高度一般在 85～120 厘米，它是货架的第二层，是人们眼睛最易看到、手最易拿取商品的陈列位置，因此是最佳陈列位置。此位置一般用来陈列高利润商品、自有品牌商品、独家代理或经销的商品。该位置最忌讳陈列无毛利或低毛利的商品，否则对门店来说是利益上的重大损失。

（3）中段。货架的第三层是中层，其高度为 50～85 厘米，此位置一般用来陈列一些低利润商品，或为了保证商品的齐全性，以及因顾客的需要而不得不卖的商品。也可陈列原来放在上段和黄金线上的已进入商品衰退期的商品。

（4）下段。货架的最下层为下段，高度一般为离地 10～50 厘米。这个位置通常陈列一些体积较大、重量较重、易碎、毛利较低，但周转相对较快的商品，也可陈列一些消费者认定品牌的商品或消费弹性低的商品。

不同层面陈列的商品及销售量如表 3-1 所示。

表 3-1　不同层面陈列的商品及销售量

陈列的层面	陈列的商品	销售量百分比/%
上段	通常陈列一些推荐品或有心培育的商品	10
黄金线	通常陈列高利润的商品；自有品牌、独家进口商品或重点销售商品，但不陈列低毛利商品	45
中段	通常陈列一些低利润但顾客需要的商品	30
下段	通常陈列一些回转率很快、易碎、体积大、分量重或毛利很低的商品	15

由图 3-2 可以看到黄金线的位置是最容易被看到的，也是商品最容易实现销售的地方。当然也是所有商品梦想的陈列位。

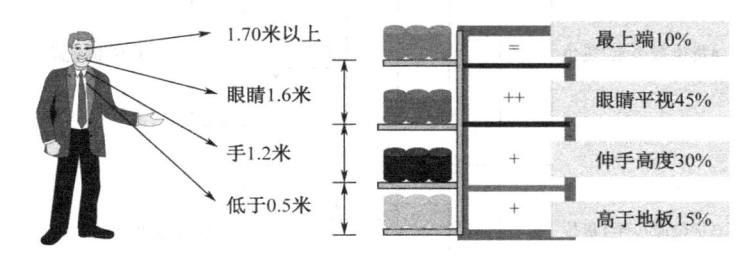

图 3-2　人眼习惯的视觉高度

3. 陈列时间变化引起销售额的变化

商品的配置并非一成不变，而要根据经营情况有计划地进行修改调整。一般一个月调整一次，一季度改动一次，一年大变动一次。据调查结果显示，商品陈列第一天的促销效果是 100%。第二天为 90%。第三天降到 80%，第四天为 60%，第五天为 35%，第六天仅为 30%。由此可见，对商品陈列进行修改调整，保持陈列的新鲜感是很有必要的，具体步骤如下。

（1）对确定滞销的商品进行淘汰。

（2）调整畅销品的陈列面及新品的导入。

（3）实际操作。

商品陈列的变化能引起销售额的变化，因此，为增加销售额，成功的商品陈列要遵循以下 4 条标准。

（1）给顾客齐全丰富的印象。

（2）顾客不用询问就可以找到。

（3）便于进行商品管理。

（4）与商品相关的其他商品可以提示购买。

二、门店商品的配置

合理的商品结构不仅是满足消费者需求、实现经营目标的基础，而且是有效利用经营条件、提高经济效益的关键。

项目三 陈列门店商品

（一）门店商品的结构

1. 商品结构的含义

商品结构是指在一定的经营范围内，按一定的标准将经营的商品分成若干类别和项目，以及各类别和项目的商品在商品总构成中的比例，实际上就是由不同商品种类形成的商品广度和不同花色品种形成的商品深度的综合。所谓商品的广度，是指经营的商品系列的数量，即具有相似的物理性质、相同用途的商品种类的数量，如家电类、服装类、食品类、洗化类等。所谓商品的深度，是指商品品种的数量，即同一类商品中，不同质量、不同尺寸、不同花色品种的商品数量。例如，某门店电视机这一类商品中，其中有8个品牌（长虹、海尔、海信、创维、索尼、TCL、飞利浦、松下），5个档次（纯平、背投、等离子、流媒体、液晶），7个规格（25英寸、29英寸、32英寸、34英寸、43英寸、45英寸、52英寸）。

商品结构决定着在经营范围内，各类商品应当确立什么样的比例关系；主力商品有哪些，辅助商品和一般商品有哪些；它们之间应保持怎样的比例关系。项目组合则要决定在各类商品中，品种的构成又应保持何种比例关系，以及主要经营哪些档次、等级和花色、规格的商品。

2. 商品结构的分类

门店的商品结构，按照不同标准可以分为不同类型。按销售程度划分，可分为畅销商品、平销商品和滞销商品；按商品的构成划分，可分为主力商品、辅助商品和关联商品；按质量、价格划分，可分为高、中、低档商品等。

（1）主力商品。

主力商品是指无论数量还是金额均占主要部分的商品，具体而言，商品的数量和销售额，要占商品总量和全部销售额的70%~80%。一个门店的主力商品体现了它的经营方针、特点和性质。可以说，主力商品经营效果的好坏决定着门店经营的成败。主力商品周转快就可以保证门店取得较好的销售业绩，反之，门店就很难完成销售目标。

门店选作主力商品经营的应该是在市场上具有竞争力的商品或品牌及畅销商品。这就要求店长必须掌握主力商品的发展趋势、增长状况和竞争能力，同时还应注意掌握顾客的需求动向和购买习惯的变化。如果在经营中发现主力商品的某些品种滞销，就必须及时采取措施加以调整。店长掌握了主力商品的变化情况，也就掌握了经营的主动权。

（2）辅助商品。

辅助商品是对主力商品的补充。只有主力商品和辅助商品相互搭配，才不会显得过于单调。只要是门店能够经营，而且又是顾客需要的商品都可以成为辅助商品。辅助商品既可以陪衬出主力商品的优点，又能成为顾客选购商品时的比较对象，不但能够刺激顾客的购买欲望，而且可以使商品更加丰富，增加回头客，最终促进主力商品的销售。

（3）关联商品。

关联商品是指在用途上和主力商品有密切关系的商品，如牙膏和牙刷、西服与领带、洗发水和沐浴露等都是关联商品。配备关联商品是为了增加商品的齐全性和丰满性，方便顾客购买，最终促进主力商品的销量，提高门店的销售业绩。这也是门店经营中的重要原则。

(4) 高、中、低档商品的配备比例。

高、中、低档商品的配备比例是由门店目标顾客层的消费结构决定的。在高收入顾客占多数的地区，高、中档商品应占大部分，其经营比例为：高档商品占50%，中档商品占40%，低档商品占10%。在低收入顾客占多数的地区，门店主要面对大众消费，则应以低、中档商品为主，其经营比例为：高档商品占10%，中档商品占40%，低档商品占50%。这样才更为合理。

此外，由于商品广度和深度的不同组合，形成了目前各类门店商品结构不同的配置策略。

应当指出，门店商品在经营过程中，有相当一部分的商品具有明显的季节性，从而使商品销量发生周期性波动，所以门店要随着季节更替，随时调整商品结构。由于商业的季节性比自然的季节性来得早一些，因此，门店应在季节到来之前调整好商品结构。

虽然主力商品在种类中只占20%，而在总营业额中却占75%，却仍然不能够取消其他两种商品，原因在于：若取消其他两类商品，总销售量就会滑落25%；而取消80%的商品项目，会使卖场看起来很空洞，显得商品十分贫乏，虽然陈列架上以畅销品为中心，但商品吸引人的气势就会全没了。顾客的购买欲低落，业绩的下跌量会大大超过25%。因此，其他两种商品仍然有配置的必要，它们有维持畅销品销售，确保店内整体业绩的功能。

（二）门店商品的组合类型

在商品日益丰富的今天，消费者对商品的选择往往感到无所适从，这就需要门店经营者对消费者予以适当引导，用新概念、新组合来带动商品的销售。一般可采用的商品组合类型有按消费季节组合、按节庆日组合、按消费的便利性组合、按商品的用途组合四类。

1．按消费季节组合

在夏季，门店可推出灭蚊蝇的商品组合，可以开辟出一个区域设立避暑纳凉商品专场、专柜销售；在每年的8月中下旬可设专区组合销售学习用品和学生日常生活用品；在冬季，门店可推出滋补品商品组合、火锅料商品组合；在旅游旺季，可推出旅游食品和日用品的商品组合等。

2．按节庆日组合

在中秋节推出各式月饼系列的商品组合；在春节可推出"年货一条街"的各种商品组合；在妇女节可推出以美容养颜、减肥瘦身等为目的的商品组合；在老年节推出老年人补品、保健品和老年人日用品的商品组合等。另外，还可以根据每个节庆日的特点，组合适用于送礼的礼品商品组合，如"母亲节礼品"、"父亲节礼品"、"太太生日礼品"、"丈夫生日礼品"、"情人节节日礼品"及"儿童节节日礼品"等。

3．按消费的便利性组合

根据城市居民生活节奏加快、追求便利性的特点，可推出微波炉食品系列、组合菜系列、熟肉制品系列等商品组合，并可设立专柜供应。日本有一家超市将水产按烹饪方法分为蒸、烤、煮、生食等类进行销售后，销售业绩有明显提高。

4．按商品的用途组合

在家庭生活中，许多日用品在超市中可能分属于不同的部门和类别，但在使用中往往就没有这种区分，如厨房系列用品、卫生间系列用品等，都可以从新的组合角度推出新的商品组合。

英国伦敦有一家专营纸张、文具、图钉、回形针、尺子等文教用品的杂货店，由于薄利而不多销，生意很清淡，后来店长为改变现状灵机一动，想出一个新颖的"文具组合"。将钢笔、铅笔、橡皮、尺子、小刀、圆规、剪刀、透明胶带、1米长的卷尺、10厘米长的塑料尺、小订书机、合成糨糊等，放进一个设计精巧、轻便易带的盒子里，盒子外表则印上色彩鲜艳和形象生动的图画。这种新奇的组合，不仅迎合了中小学生的需要，也受到了机关及工商企业界职员和工程技术人员的欢迎，所以一上市很快就成为畅销商品。这家杂货店的销售额直线上升，不到一年就赚回了本钱，还收到了意想不到的利润。

随着市场环境和竞争形势的不断变化，商品组合的每一个决定因素也会不断发生变化，商品组合的每一个商品项目也必然发生分化：一部分商品获得较快成长，并持续取得较高的利润；而另一部分商品则可能趋向衰落。因此，每一个门店都应该经常分析自己商品组合的状况和结构，判断各商品项目在市场上的生命力，从发展性、竞争性、盈利性三方面评价其发展潜力和趋势，从而不断地对原有的商品组合进行调整。这些商品组合中必然包括：目前虽不能获利，但有良好发展前景的商品；目前已达到高盈利率、高成长率和高占有率的主要商品；目前虽有较高的利润率而销售增长率已趋于降低的维持性商品；已经决定逐步缩减其投资，做战略转移，最终要退出市场的商品。

（三）商品组合优化的方法

1. 波士顿矩阵分析法（四象限评价法）

波士顿矩阵分析法由波士顿咨询公司首创。它根据门店商品组合中各品种在特定时期的市场占有率和销售增长率的不同，将商品分为四类。以市场占有率为横坐标，以销售增长率为纵坐标，每坐标从低到高分成两部分，形成4个象限，每一象限中可放入不同商品线，然后加以分类评价。

（1）明星类商品。

明星类商品是指市场占有率和销售增长率都高的商品。这类商品很有发展前途，一般处于生命周期的成长期，是门店的名牌商品和主力商品。对这类商品，经营者需要进行大量的投资，以扶植其迅速成长并击败竞争对手。但明星类商品的成长速度最终会逐渐缓慢，变成金牛类商品。

（2）金牛类商品。

金牛类商品是指市场占有率高，销售增长率低的商品。这类商品能带来很多利润，是门店目前的主要收入来源，一般处于生命周期的成熟阶段，是门店的高利润商品。对这类商品，门店应该努力采取改造、维持现状和提高盈利的对策。

（3）问题类商品。

问题类商品是指市场占有率低，销售增长率高的商品。这类商品在市场中处于成长阶段，很有发展前途，但门店经营尚未形成优势，带有一定的经营风险，因此也叫风险商品或疑问商品。对这类商品门店应该集中力量，解决问题，扩大优势，不断提高市场占有率，创立名牌，尽快转变为明星类商品。对于某些命运未卜的商品，门店应该对其精简合并还是断然淘汰，这是经营者应该格外关注的。

（4）瘦狗类商品。

瘦狗类商品是指市场占有率和销售增长率都低的商品。这类商品无利可图或凭微利维持，处于衰退期，不会成为大量利润的源泉，是门店的衰退商品或失败商品。因此，门店应该果断地、有计划地淘汰这类产品，并做战略上的转移。

波士顿矩阵分析法就是通过上述分类评价来确定商品组合是否合理。如果问题类和瘦狗类商品较多，而明星类和金牛类商品较少，则应当对不合理的组合进行调整。那些很有发展前途的问题类商品应予以发展，努力提高其市场占有率，增强其竞争力，使其尽快成为明星类商品；金牛类商品要尽量维持市场份额，以继续提供大量的资金收入；门店经营者应尽量缩减处境不佳、竞争力小的金牛类商品和一些问题类、瘦狗类商品，以减小投资，争取短期较多的收益；为了把资金转移到更有利的商品上，经营者应把没有发展前途又不能盈利的那些瘦狗类和问题类商品放弃，进行淘汰并清理。

经营者的理想措施是保持商品组合的平衡，其中应该包括足够数量的金牛类商品，它们可以产生资金，将这些资金投资于今天的明星类商品和明天的问题类商品。组合中的瘦狗类商品要尽量少。如果门店的瘦狗类商品过多，明星类商品和金牛类商品却少得可怜，那么门店也就无前途可言。店铺应当培养和树立自己的明星类商品，只有这样才能增强市场竞争力。

2．商品销售排行分析法

门店的销售系统一般都与库存系统是连接的，后台计算机系统都能够整理出门店每天、每周、每月的商品销售排行榜，从中就可以看出每一种商品的销售情况，调查其滞销的原因，如果无法改变其滞销情况，就应予以撤柜处理。在处理这种情况时应注意：对于新上柜的商品，往往因其有一定的熟悉期和成长期，不要急于撤柜；对于某些日常生活的必需品，虽然其销售额很低，但是由于此类商品的作用不是盈利，而是通过此类商品的销售来拉动门店的主力商品的销售，以实现整体经营目标，如卫生纸、洗衣粉等日用品；还有的商品是由于陈列不当而导致的滞销，所以在淘汰时要分析其中的具体原因。

3．贡献分析法

门店中每一种商品对总销售额和利润所做的贡献是不同的。例如，某商品组合中有5个商品品种。其中，第一个商品品种的销售额和利润分别占商品组合总销售额和利润的50%和30%，第二个品种的销售额和利润均占总销售额和利润总额的30%，两者共占总销售额的80%和总利润的60%。在这种情况下，一旦这两个品种遇到强有力的竞争商品，整个商品组合的销售和利润额将会受到重大影响。这种销售额和利润来源高度集中于少数品种之上的商品组合，往往具有很大的风险性。因此，门店经营者必须考虑巩固第一、第二个商品品种的市场地位。另外，对于销售额和利润只占商品组合总销售额和利润的5%的末尾商品，由于其发展前途渺茫，经营者应予以清除，以转移资金进行新商品的销售。

4．损耗分析法

商品损耗这一指标是不容忽视的，它将直接影响商品的贡献毛利。例如，日配商品的毛利虽然较高，但是由于其风险大、损耗多，可能会赚得少而赔得多。曾有一家门店的畜产品（半加工品）的销售在某一地区占有很大的比例，但是由于商品的破损特别多，一直

项目三　陈列门店商品

处于亏损状态，最后唯一的办法是，提高商品价格及协商提高供货商的残损率，否则就将一直亏损下去。对于损耗大的商品一般是少订货，同时应由供货商承担一定的合理损耗。另外，有些商品的损耗是因商品的外包装问题，出现这种情况时应当及时让供应商予以调整。

5．商品的更新率分析法

门店周期性地增加商品的品种，补充商场的新鲜血液，以稳定自己的顾客群体。需要导入的新商品应符合门店的商品定位，不应超出其固有的价格带，对于价格高而无销量的商品和价格低而无利润的商品应适当地予以淘汰。

门店所要求的最优商品组合，是指在市场环境和门店资源可以预测到的变化范围内，始终能使门店获得最大利润的商品组合。最优商品组合应包括以下几种情况：目前虽不能获利，但有良好发展前途，预计成为未来主力商品的新商品；目前已达到高利润率、高成长率和高占有率的主要商品；目前虽仍有较高利润率而销售成长率已经降低的维持性商品；目前正逐步收缩其投资以减少门店损失的衰退商品。

三、商品陈列的区域和工具

（一）商品陈列的主要区域

在卖场中，商品陈列的主要区域有端架区、货位区、中性区和通道区。

1．端架区

端架区指整排货架的最前段和最后端，即顾客动线转弯处所设置的货架，是最佳陈列点。端架区所处位置优越，顾客一抬头就能看到，很容易引起顾客的注意。端架区常常陈列一些季节性商品、促销商品、新上市商品或包装精美的商品。

2．货位区

卖场中的大多数商品被陈列在正常的货位区，摆放在整洁、美观的货架上，以供顾客浏览、选购。

3．中性区

中性区指卖场过道与货位的临界区，一般进行突击性商品陈列，如在收款台附近摆放一些小商品或自由品牌商品。

4．通道区

为了吸引顾客的注意力，突出一些商品独特的个性以及售点促销的效果，在卖场大通道中央常摆放一些平台或筐篮，陈列价格优惠的商品。

（二）商品陈列的主要工具

使用不同的陈列工具，能够使人们将各种商品加以区别，对顾客产生强烈的吸引力。商品陈列工具包括陈列货架、端架、堆头、挂钩、斜口笼、收银台端架、变形货柜、展台及阁架等。

1. 陈列货架

陈列货架一般由隔物板、护栏、栈板组成，是门店不可缺少的主要设备。目前国内大多数商店出售的商品有 70%~80%以货架的形式陈列出来。货架的功能大致可分为吸引、展示和诱导三方面。具有吸引力，能激发顾客对货架上的商品产生兴趣，趋之而来；具有丰富感，能使顾客感到丰富多彩，流连忘返；具有诱导性，能诱导顾客光顾下一个货柜，组织合理的消费流，增加卖场的销售额。

陈列用的货架以多组可拆卸组合的钢制货架为主，高度可分为 135 厘米、152 厘米、165 厘米、180 厘米等，长度以 90 厘米、120 厘米等为最常用的规格。零售企业的货架按形状通常有 3 种形式，即 H 形货架、HL 形货架以及 L 形货架。H 形货架通常用来陈列干货食品、日化用品、家电等，适合可以叠放的盒装商品。HL 形货架通常用来陈列百货类商品，如家纺类、五金、文具、玩具、家居等商品。L 形货架通常用来陈列体积小的百货类商品，如精品类、化妆品类等。

卖场使用哪种规格的货架，应根据该企业卖场设计的理念以及卖场的实际情况而定。一般来说，采用较高的货架可以陈列较多品种的商品，但商品的损耗率也较高，此种货架适合超级市场使用；而采用低矮货架则视野良好，无压迫感，可以减少商品的丢失，此种货架适合便利店使用。

在亚洲的日本、中国台湾、中国香港等国家和地区，普遍使用一种高 170 厘米，长 100 厘米的货架，这种货架低于欧美式货架 15~20 厘米，非常适合亚洲人的体型。

货架的制造材料有很多种，如玻璃、金属（见图 3-3）、木制（见图 3-4）、塑料等形式，一般门店使用的是金属货架，坚固耐用，不会变形。货架的构造一般采用通用的长方形，通用货架制作成本低，互换性好，实用方便，但是，在布置商品陈列时，总使人感到单调、呆板、缺少变化。而挂架式金属货架，可以拆卸组装，每层隔板能上下调节，能适应不同形状大小的商品需要。

图 3-3　金属货架 　　　　　　　　　　图 3-4　木制货架

2. 端架、堆头、挂钩和斜口笼

在整排货架的最前端及最后端，也就是动线的转弯处，所设置的货架即为端架。端架是顾客在卖场来回走动经过频率最高的地方，也是最佳的陈列位置。

堆头（见图 3-5）通常用来陈列促销品，以及体积小、耗量大的商品，如袋装食品、袜子、毛巾、洗衣粉等，或体积大重量轻的商品，如棉被等。

挂钩通常用来悬挂袜子、拖鞋、袋装休闲食品等商品。

斜口笼（见图3-6）通常用来陈列方便面、小包装食品等体积小的商品。

图3-5　堆头陈列台　　　　　　　图3-6　斜口笼

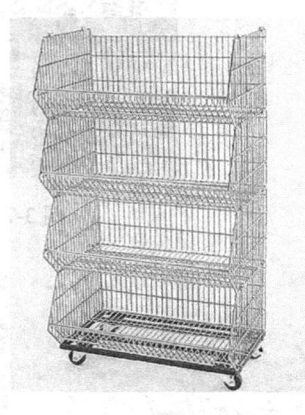

3．收银台端架

收银台端架是收银员前面用来陈列货物的货架，通常用来陈列口香糖、木糖醇、电池、棒棒糖、小包装的零食、饼干，以及盒装牛奶、饮料、面包等。这样既方便找零，也可以降低小件商品的损耗，增加小件商品的销售机会。

4．变形货柜、展台及阁架

变形货柜是根据商品特征和营业场所的环境而设计的异形货架和柜台（见图3-7），包括长方形、三角形、半圆形及多边形柜台。陈列商品利用变型柜台组合，可以改变普通柜台呆板、单调的形象，为展示的商品增添异彩，在销售商品的同时给门店的总体布局带来美感。例如，特别制作的酒柜，为名贵的首饰、钟表、工艺品等而专制的陈列柜，使陈列的商品错落有致，再通过色彩与灯光的渲染，烘托出商品的高雅与名贵，使商品光彩夺目，从而达到展示商品、吸引顾客、方便顾客寻找和拿取的目的。

展台是营业场所内一个面积可大可小，可动可静的平台，一半用于较大商品的展示（见图3-8），如常用来展示时装、家电、纺织品、大型儿童玩具等。例如，时装商场或大型商场出售时装的柜台附近，可以设置时装展台，展台上有一个或多个模特穿上流行的时装，使时装的颜色、款式、做工、线条等显示出来，以便顾客尽情地欣赏选择；又如，大型的音响设备、整套家庭影院置于展台上，可突出商品特色，全方位地展示商品，吸引顾客的注意。所以展台的位置要选择容易看到的地方，要精心选择展品，巧妙布局，以显现商品的特色与风貌，美化商品购物环境。

阁架是一种精巧小型陈列用具（见图3-9），需要与其他用具配合使用，如放置在其他用具的表面或放于货柜里面，用于展示一些体积不大的小商品，如工艺品、文房四宝、钟表、金银首饰等，更好地展现其质地、颜色、款式。因此，阁架要根据商品的特点精心设计，使商品的呈现更具有艺术性，同时，陈列商品时要找出最能体现商品特点的角度摆放在阁架上，便于顾客进行欣赏。

图 3-7 烟酒陈列货柜

图 3-8 展台促销　　　　　图 3-9 化妆品陈列阁架

此外，陈列工具还有仓储笼、挂笼、碗碟架、蔬果架、面包架、促销台、散粮（糖）架等。

（三）商品陈列的主要设备

商品陈列的主要设备包括肉食品陈列设备、果菜陈列设备、奶制品陈列设备以及冷冻食品陈列设备。

1. 肉食品陈列设备

肉食品陈列柜一般都比较低，前高约 37 厘米，后高约 39 厘米，其高低差 2 厘米，不但可用以显示插签槽的价目，还可以避免单调的外形，并可由后面补货（见图 3-10）。同时，货架可以上下调整，无论货多货少，都可由工作人员用悬挂架将冷肉片由后方装入气幕陈列柜。

2. 果菜陈列设备

一般情况下果菜陈列柜都做成三层式，长度为 8 米或 10 米，底层陈列需求量大的或包装好的项目，中层放小件或包装好的项目，上层则放已经包装好的特别项目（见图 3-11）。各层间的颜色适当调度，以增强观赏的情趣。

3. 奶制品陈列设备

3 种最普遍的陈列柜为三层或四层式、启门式和气幕式（见图 3-12）。

三层或四层式柜比较普遍，最底层放牛奶、奶油、蛋糕及其他体积较大的商品，中层

项目三 陈列门店商品

放各种干食品、卷食等，顶层则放非冷藏的奶制品。启门式陈列柜将奶制品冷库作为陈列的一部分，而且置于过道旁的货架上和门边，通常将牛奶、奶油等放在冷库内，并可从后面装入货架。气幕式陈列柜以气幕门代替手开门，而且由前面装货，其中较大的下层陈列牛奶和蛋，上层陈列小食品之类的项目。

4．冷冻食品陈列设备

标准的冷冻食品陈列柜由前面装货，靠内侧有一层或二层的货架，以陈列相关项目或冲动性购买项目，而且可以从柜旁两端拿取食品（见图3-13）。冷冻食品柜从最高装货线到底层深度为12～17公分，大部分的商品都只放置一行，其宽度为25～35厘米。目前使用较多的是多层冷冻食品柜，无论是数量还是型号式样、质量都发展很快，完全能够充分满足需要。

图 3-10　肉食品陈列柜

图 3-11　果菜陈列柜

图 3-12　奶制品陈列柜（气幕式陈列柜）

图 3-13　冷冻食品陈列柜

任务二　掌握门店商品陈列的方法

一、商品陈列的原则和流程

（一）商品陈列的原则

一般来说，商品陈列要求做到整齐、清洁、美观、丰满，应遵循显而易见原则、伸手可取原则、分区定位、满货架陈列原则、整齐清洁原则、货签对位原则、先进先出原则、垂直陈列原则八大原则。

1. 显而易见原则（易看）

显而易见包含两层含义，一是应有鲜明的商品分布示意图和导购标示牌，商品陈列位置符合顾客的购买习惯，对一些季节性的、节日期间、新商品的推销区和特价区的商品陈列要显著、醒目，使顾客明白商品所表达的意思，一进卖场就能快速找到商品；二是商品的陈列分类标示明确，容易选购（见图3-14）。店内商品的大分类、中分类、小分类表示要清楚，不要混乱，让顾客对自己所需要的商品规格、质量等十分清楚，便于顾客选购。

第一，贴有价格标签的商品正面要面向顾客，商品上未直接打贴价格签的，必须做到一物一卡；POP 吊牌制作清楚，摆放准确。

图 3-14　商品陈列显而易见

第二，每一种商品不能被其他商品挡住视线。

第三，货架下面不易看清的陈列商品，可以向后倾斜式陈列，方便顾客观看。

2. 伸手可取原则（易取）

商品陈列时应避免将顾客偏爱的商品置于过高或过低的货架上，要将产品放在让消费者最方便、最容易拿取的地方，根据不同主要消费者的不同的年龄、身高特点，进行有效的陈列。据统计，我国女性平均身高在 1.6 米左右，因此常用商品陈列于 1.2～1.5 米是比较合适的，儿童产品则应放在 1 米以下。另外，对于海鲜、鲜肉一类的商品要配备拿取工具，以方便顾客挑选。商品与上隔板之间、商品之间应留有一定的空隙，一般为两指的间距，每种商品之间的距离为 2～3 厘米，如图 3-15 所示。

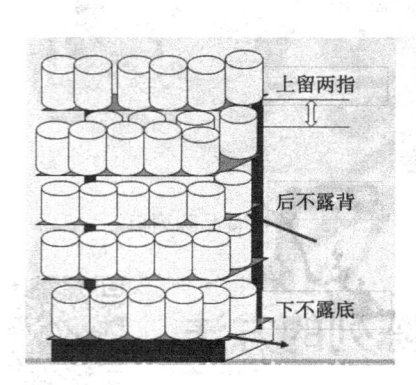

图 3-15　商品之间、商品与上隔板的空隙

3. 分区定位原则（定点）

分区定位，就是要求每一类、每一项商品都必须有一个相对固定的陈列位置（见图3-16）。商品一经配置后，商品陈列的位置和陈列面就很少变动，除非因某种营销目的，而修正配置图表，这既是为了商品陈列标准化，也是为了便于顾客选购商品。

项目三 陈列门店商品

分区定位时要把相互影响大的商品货位适当隔开，如串味食品、熟食制品与生鲜食品，化妆品与烟酒、茶叶、糖果饼干等。

分区定位并不是一成不变的，要根据时间、商品流行期的变化随时调整，但调整幅度不宜过大，除了根据季节以及重大的促销活动而进行整体布局调整外，大多数情况不做大的变动，以便老顾客凭印象找到商品位置。

图 3-16　商品分区陈列

阅读材料

超市商品的分类

根据商品的属性，一般将超市商品分为以下种类：洗发用品、卫生用品、美容护肤、纸制品、塑料制品、不锈钢制品、文体玩具、小针织、玻璃陶瓷、小百货、酒类、饮料、冲调饮品、休闲食品、饼干、面类、调味品、保健品、糖果、面点、蔬菜、干货、杂粮、水果、分割肉、熟食、水产。

4．满货架陈列原则（量感）

超市的商品做到放满陈列，可以给顾客一个商品丰富、品种齐全的直观印象。同时，也可以提高货架的销售能力和储存功能，还相应地减少了超市的库存量，加速商品周转速度。有资料表明，商品满陈列的超市与非满陈列的超市相比较，其销售量按照不同种类的商品，可分别提高 14%～39%，平均可提高 24%。因此，商品放满陈列要做到以下几点。

货架每一格至少陈列 3 个品种（目前，国内货架长度一般是 1.0～1.2 米），畅销商品的陈列可少于 3 个品种，保证其量感；一般商品可多于 3 个品种，保证品种数量。按每平方米计算，平均要达到 11～12 个品种的陈列量。

按照这样的比例，100 平方米的便利店的经营品种至少要达到 1200 种，500 平方米的超市要达到 5000～6000 种，1000 平方米的超市要达到 10000 种以上。

此外，商品陈列的数量还应该和商品销售的数量成正比。例如，一周中 A 商品销售了 50 个，B 商品销售了 30 个，C 商品销售了 10 个，那么适当的商品陈列应该是 5∶3∶1。要适当加大流动较快的商品的陈列，缩小直至删除销量较小的商品陈列。

5. 整齐清洁原则

做好货架的清理、清扫工作，注意去除货架上的锈、污迹，随时保持货架的干净整齐，对通道、地板也要时常进行清扫。

陈列的商品要清洁、干净，没有破损、污物、灰尘。无论什么情况都不可将商品直接放到地板上，尤其对生鲜食品，内在质量及外部包装要求更加严格。不合格的商品要及时从货架上撤下。

6. 货签对位原则

商品与价格标签一一对位，同一种商品须有一个价格标签，标示醒目、填写真实（见图 3-17）。价格标签包括 POP、价格立牌、贴签等标明商品价格或性能的标识。

图 3-17　货签对位

7. 先进先出原则

当商品第一次上架后，随着商品不断地被销售，要对商品进行补充，需按照先进先出原则进行（见图 3-18）。按出厂日期将先出厂的产品摆放在最外一层，最近出厂的产品放在里面，避免产品滞留过期。专架、堆头的货物，至少每两个星期翻动一次，把先出厂的产品放在外面。

具体的方法是把货架上原有的商品取出来，放入补充的新商品，再把原来的商品放在前面。对一些保质期要求很严的食品，用先进先出的方法补充商品，既可保证顾客购买商品的新鲜度，又不会使排在后面的商品超过保质期，给商店造成损失。

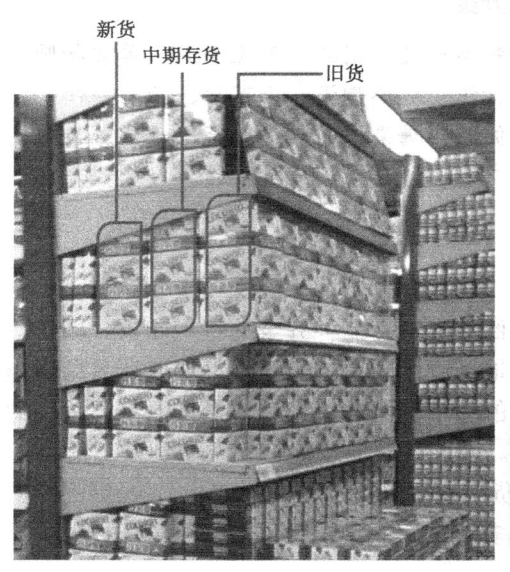

图 3-18　商品先进先出　（高清彩图）

8. 垂直陈列原则

商品按不同小分类价格由低到高从左向右横向陈列，同一小分类价格由低到高从上往下纵向陈列。靠近主通道，由外往里，同类产品按畅销程度从高到低横向陈列。同一侧货架，从端架起，由外

项目三 陈列门店商品

往里，同类产品按畅销程度从高到低横向陈列。有两类以上商品，从货架两端，由外往里，同类产品按畅销程度从高到低横向陈列（见图3-19）。

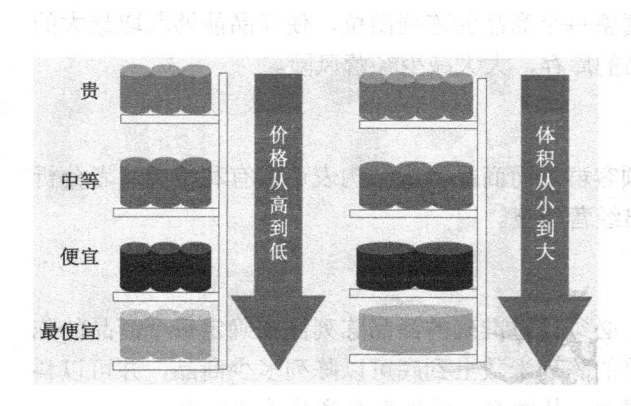

图 3-19 商品垂直陈列

> **阅读材料**

同类商品垂直陈列

同类商品要垂直陈列，避免横向陈列。由于顾客选择商品不同品种时，视线上下垂直移动比横向移动方便，其视线是上下夹角25°。顾客在离货架30～50厘米时挑选商品，就能清楚地看到1～5层货架上陈列的商品。而人的视线横向移动时，就要比前者差得多，因为人的视线左右夹角是50°。在顾客离货架30～50厘米时挑选商品，只能看到横向1米左右距离内陈列的商品。因此，垂直陈列能使系列商品体现出直线式的系列化，使顾客一目了然，使20%～80%的商品销售量提高。

70%左右的顾客到连锁超市购物都是带有目的性的，如横向陈列就会影响其他顾客在通道内行走，或给挑选商品带来不便（目前，大部分连锁超市内的通道都较狭窄），顾客在挑选系列商品某个单品时，就会感到非常不便。

同时，横向陈列使得顾客在挑选商品时要往返好几次，否则，就必然会将某些商品漏看。顾客在纵向陈列商品面前一次性通过时，就可以看清楚整个系列商品，从而会起到很好的销售效果。

所以同类商品采取垂直陈列的方法，使同类商品在货架上的不同段位（上段、黄金段、中段、下段）都能享受到销售的机会。

（二）商品陈列的流程

商品陈列的时候有商品陈列的标准流程，商品陈列的标准流程从确定商品的尺寸、统计商品的销售数据到陈列的确定，整个商品陈列的标准流程都是为了更好地陈列和展示商品。

1. 确定商品的标准尺寸

排面陈列的标准是需要通过精确的计算去获取的，每个商品都有不同的规格和尺寸，必须获取商品的标准尺寸来保证商品陈列图的准确性。

2. 分析商品的销售数据

商品的陈列依据来源于商品的销售占比，销售好的商品自然获取的陈列面位会相对较大，提取准确的商品销售数据能够合理调整每个商品的陈列面位，使商品能够获取最大的销售潜力，同时也可以有效控制滞销商品的库存，大大减少经营风险。

3. 制定商品组织结构表

明确自己的商品定位能够锁定目标顾客群，而商品组织结构表可以有利于经营者分析自己的商品结构与商品定位，并及时做出经营调整。

4. 制定商品配置表

如何确定每个商品在货架上的位置？必须通过准确的商品陈列图来确定每个商品的陈列面位，这样你就可以很清楚地知道你总的陈列米数上到底可以陈列多少商品，并可以科学地给你的经营品类、品牌和品项做个规划，从而充分体现每个商品的销售潜力。

5. 遵循商品陈列原则进行陈列

顾客对每个商品的购物思维顺序都是不同的，如对于品牌敏感性较高的商品品类日化来说，顾客的购买思维顺序一般是先确定自己是要买洗发水还是沐浴露，再确定想要购买的品牌、功能和规格，最后参考价格。因此，在做商品陈列时必须依照顾客的购物思维顺序来设定，这样才能极大地方便顾客购买和充分实现商品的最大销售。

6. 维护商品配置表

商品配置并不是永久不变的，必须根据销售和商品的变化做出调整，这种调整就是对原来的商品配置表进行修正。商品配置表的修正一般是固定在一定的时间来进行，可以是一个月、一个季度修正一次，但不宜随意进行修正，因为随意进行修正会出现商品配置凌乱和不易控制的现象。

7. 系统培训

完善的操作系统可以指导和协助经营者的日常工作，零售业的正常运作需要有强大的系统来支持，商品的陈列管理也是一样，管理者通过系统数据的提取和分析来有效控制和管理自己的商品陈列和库存，所以作为零售企业的各级管理人员必须熟知系统的操作，给自己的日常工作提供帮助。所以系统的培训对于零售企业来讲是重要和必须的，只有通过不断的培训才能让企业的各级管理人员熟练地通过系统操作来完善自己的各项工作，使卖场的陈列布局、商品管理和库存控制更加科学和有效。

阅读材料

根据商品配置表进行商品陈列

商品配置表即把商品陈列的排面在货架上做最有效的分配，以书面表格规划出来，以求达到有效控制商品品项，做好商品定位，适当管理商品排面，防止滞销品驱逐畅销品，使利益维持在一定水准上，使连锁经营标准化等目的，由此可知商品配置表在连锁门店管

项目三 陈列门店商品

理中具有相当的重要性。商品配置表举例如表 3-2 所示,根据商品配置表进行商品陈列如表 3-3 所示。

表 3-2 商品配置表

商品代码	品名	规格/克	售价/元	单位	位置	排面	最小库存	最大库存	供应商
12001	白猫无泡洗衣粉	1000	12.2	桶	E1	4	3	8	上海合成厂
12002	白猫无泡洗衣粉	500	6.5	袋	D4	2	15	30	上海合成厂
12003	白猫洗衣粉	450	2.5	袋	C1	2	20	32	上海合成厂
12004	佳美两用洗衣粉	450	2.5	袋	B1	4	32	50	上海合成厂
12005	奥妙浓缩洗衣粉	750	12.5	盒	E2	4	12	40	上海利化厂
12006	奥妙浓缩洗衣粉	500	8.5	盒	E3	4	8	20	上海利化厂
12007	奥妙超浓缩洗衣粉	500	12.5	袋	D2	3	15	45	上海利化厂
12008	奥妙手洗洗衣粉	180	2.5	袋	C2	3	25	90	上海利化厂
12009	碧浪洗衣粉	200	2.8	袋	B2	6	35	90	广州宝洁厂
12010	汰渍洗衣粉	450	4.9	袋	A2	4	4	40	广州宝洁厂
12011	地毯去污粉	500	12.8	袋	A1	4	12	42	上海华星厂

表 3-3 根据商品配置表进行商品陈列

180 170 160	白猫无泡洗衣粉 1000 克 4F 12001 12.2	奥妙浓缩洗衣粉 750 克 4F 12005 12.5	白猫无泡洗衣粉 500 克 4F 12006 8.5
150 140 130 120	白猫无泡洗衣粉 500 克 4F 12002 6.5	奥妙超浓缩洗衣粉 500 克 3F 12007 12.5	
110 100 90 80	白猫洗衣粉 450 克 4F 12003 2.5	奥妙手洗洗衣粉 180 克 6F 12008 2.5	
70 60 50 40	佳美两用洗衣粉 450 克 4F 12004 2.5	碧浪洗衣粉 200 克 6F 12009 2.8	
30 20 10	地毯去污粉 500 克 4F 12011 12.8	汰渍洗衣粉 450 克 4F 12010 4.9	

商品陈列的规则如下。

(1)位置是最下层为 A,二层为 B,三层为 C,四层为 D,最高层为 E。每一层从左至右,为 A1,A2,A3,……,B1,B2,B3,……,C1,C2,C3,……,D1,D2,D3,……,E1,E2,E3……

(2)排面是每个商品在货架上朝顾客陈列的面,一面为 1F,二面为 2F……

(3) 最小库存以一日的销售量为安全量。

(4) 最大库存为货架放满的陈列量。

二、商品陈列的主要方法

商品陈列方法的分类有很多,在本书中,根据商品陈列的使用工具和摆放方式分成两大类共 12 种方法。

(一) 根据商品陈列的使用工具划分

1. 标准陈列

按货架的尺寸确定商品长、宽、高的排面数,将商品整齐地排在货架上就完成陈列,突出了商品的量感,从而给顾客一种刺激的印象,是最基本的陈列方式,也是卖场陈列的主要方式,如图 3-20 所示。标准陈列有两种方法:一是线状陈列,也就是将商品排列成一条平等线或排成矩形等标准形状的陈列方式,可以将商品垂直、竖立、平卧或倾斜摆放,适合陈列罐装饮料等筒形、长方形商品,小型、中型商品和轻量商品;二是堆叠陈列,就是将商品逐个叠积起来,使其高度增加,体积增大,从而突出商品的形象,如毛巾的陈列。

2. 岛式陈列

岛式陈列又称堆头陈列,是一种落地式陈列,指超市中商品单独陈列所形成的商品陈列,有时是一个品牌产品单独陈列,有时会是几个品牌的组合堆头,在中部或者底部不设置中央陈列架,而配置特殊陈列用的展台,或是放在花车上,或整箱商品直接堆码在地上,顾客可以从 4 个方向观看到这一位置的商品,如图 3-21 所示。

岛式陈列的用具一般有冰柜、平台或大型的货柜和网状货筐。岛式陈列主要是应季畅销品或清仓商品,由于"岛"的位置是在主通道,是最佳陈列位置之一,客流量大,因此,岛式陈列大都创造满意的销售量。

图 3-20 标准陈列　　　　　　　　图 3-21 岛式陈列

3. 端架陈列

端架陈列即在端架上进行的商品陈列,如图 3-22 所示。端架也就是顾客视线的转弯处所设置的货架。端架是顾客在卖场之中经过频率最高的地方,也是最佳的陈列位置之一。适于端架上陈列的商品主要有四类:快销的商品、新商品、利润高回转率高的商品、降价

项目三 陈列门店商品

促销的商品。

每个端架陈列的商品品种最多可以有 5 个,但品种之间一定要有关联性,绝对不可将无关联的商品陈列在同一个端架。此外,端架陈列最好能有一个陈列主题。例如,做一个"烤肉专区",可以把烤肉酱、酱油、烤肉网等在同一个端架陈列。

在端架陈列时,若陈列有 5 个品种,可以在其中选一个品种作为价格诉求的牺牲品,即定出明显高价或相对低价,以促进其他 4 个品种的销售,其他 4 个品种则不必牺牲,否则这种陈列对销售利润就毫无贡献了。

图 3-22 端架陈列

4．柜台陈列

柜台陈列是以货柜为依托,以消费者为对象,展示、介绍销售商品的一种手段和方法,如图 3-23 所示。柜台陈列可起到美化销售环境,向顾客推荐商品、传播信息、诱导消费、促进销售、便利选购、提高工作效率等作用。卖场普遍使用的柜台,高度通常为 90~100 厘米,用玻璃板隔成几段。

5．窄缝陈列

在中央陈列架上撤去几层隔板,只留下底部的隔板形成一个窄长的空间进行特殊陈列,这种陈列就叫窄缝陈列,如图 3-24 所示。窄缝陈列的商品只能是 1~2 个单品,否则会给人一种零乱感。它所要表现的是商品的量感,陈列量是平常的 4~5 倍。窄缝陈列能打破中央陈列架定位陈列的单调感,以吸引顾客的注意力。窄缝陈列的商品最好是要介绍给顾客的新商品或利润高的商品,这样就能起到较好的促销效果。窄缝陈列可使超市卖场的陈列活性化,但不宜在整个卖场出现太多的窄缝陈列,这样的话,推荐给顾客的新商品和高利润商品太多,反而会影响该类商品的销售。

图 3-23 柜台陈列　　　图 3-24 窄缝陈列

6．墙面陈列

墙面陈列是用墙壁或墙壁状陈列台进行陈列的方法,如图 3-25 所示。这种陈列方法可以有效地突出商品,使商品的露出度提高。对于一些高价格,希望突出其高级感的商品,如葡萄酒等瓶装商品、中小型商品,可采用墙面陈列。此外,也可以对一些想突出立体感的商品进行悬挂陈列。

7. 特色陈列

例如,于踏步梯侧面进行陈列、模特展示、特色展台陈列、立柱陈列等形式,如图3-26所示。

图3-25　墙面陈列　　　　　　　　　图3-26　特色陈列

(二)根据商品的摆放方式划分

1. 悬挂式陈列

将无立体感扁平或细长形的商品悬挂在固定或可以转动的装有挂钩的陈列架上称为悬挂式陈列,如图3-27所示。它能使这些本无立体感的商品产生良好的立体感效果,并能增添其他特殊陈列方法所带来的变化,如服装、袜子、袋装食品等。悬挂式陈列的要点如下。

(1)悬挂式陈列是传统货架陈列的有益补充,最大限度地利用卖场空间来展示商品,并增加销售机会。

(2)此种方式的陈列必须集中管理,同时店内的相关设施及产品的包装也必须稍加改变,以便配合。

(3)悬挂式陈列道具须精巧,陈列必须美观,应避免引发顾客走进杂货店的错觉。

(4)采用悬挂式陈列必须能产生实质的经济效益,如增加营业额,加大卖场商品展示量而非增加营运成本。

图3-27　悬挂式陈列

2. 瀑布式陈列

将多个易于组合的小型商品纵向连接陈列,给顾客一种仿佛瀑布飞流直下的感觉,如图3-28所示。例如,将吉祥猴组合悬挂于收银台陈列。

3. 盘式陈列

盘式陈列就是把箱装、罐装和堆积起来不容易变形的商品(如整箱的饮料、啤酒、调味品等)的包装箱的上部切除(可用斜切方式),底部作为商品陈列的托盘,将商品堆积成阶梯状（至少 3 层以上）以体现商品的层次感和量感来显示商品包装的促销效果，如图 3-29 所示。

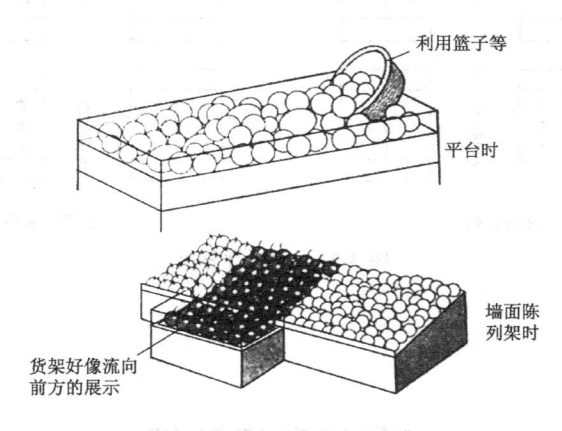

图 3-28　瀑布式陈列

盘式陈列既可以加快商品陈列的速度，易使顾客产生一种既廉价又具有高级感的印象，并在一定程度上提示顾客可以整箱购买。

4．情景陈列

情景陈列是为再现生活中的真实情景而将一些相关的商品组合陈列在一起的陈列方式，如室内装饰品、床上用品、家具布置成一间室内环境的房间，如图 3-30 所示；用厨房用具布置成一个整体厨房等。目前，国外一些超市十分注重这种情景陈列，尤其是家具专卖店，其陈列组合如床头挂有艺术壁挂，床头柜上有雅致的台灯，餐桌上摆着精美的花式，酒柜里陈列着各色名酒等。这种陈列使商品在真实性中显示出生动感，对顾客有很强烈的感染力，是一种很流行的陈列方式。

图 3-29　盘式陈列　　　　　图 3-30　情景陈列

5．关联性陈列

许多商品在使用上具有连带性，如牙膏和牙刷，裤子和皮带等。关联性陈列的目的是当顾客购买 A 商品后，也顺便购买陈列在一起的关联商品 B 和 C，达到促进销售的目的。关联性商品，一般陈列在通道的两侧，或陈列在同一通道、同一方向、同一侧面的不同组别的货架上，而不应陈列在同一组双面货架的两侧，如图 3-31 所示。

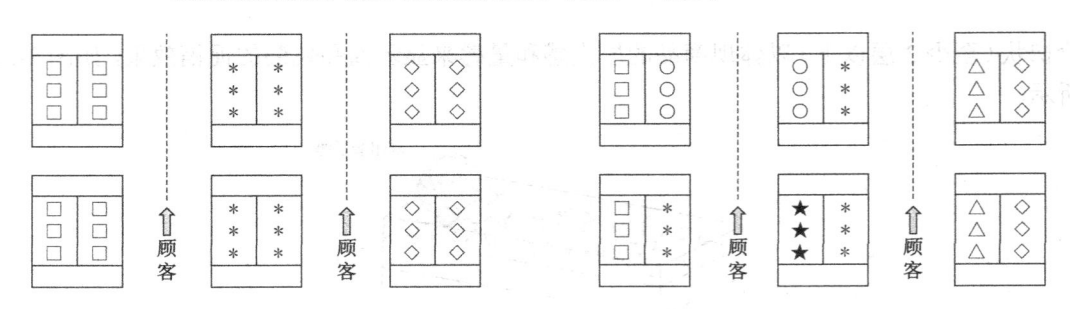

错误的关联性商品陈列　　　　　　　　　　　　正确的关联性商品陈列

图 3-31　关联性陈列

> 阅读材料

沃尔玛的商品陈列标准

1．正常货架陈列标准

（1）陈列丰满。

（2）商品与蓝白标签的左边对齐。

（3）排面整齐且商品前后一致。

（4）商品干净且无破损商品陈列在货架上。

（5）一组 4 英尺 5 张旗标到位。

（注：货架最底层不允许张贴天天平价旗标）

2．加高层陈列标准

（1）加高层的商品要与货架上的商品一致。

（2）加高层端头需整齐，从侧面看要成一条线。

（3）散货集中摆放，统一存放于靠墙的加高层端头处。

（4）加高层不能太高，摆放安全。

（5）加高层的商品距离：喷淋头/烟感器/风口，不得小于 50 厘米。

沃尔玛的商品陈列如图 3-32 所示。

图 3-32　沃尔玛的商品陈列

项目三 陈列门店商品

课后训练

一、填空题

1．在水平陈列面中，4 货位减少到 2 货位，销售额减少_____；2 货位增加到 4 货位，销售额增加_____。

2．黄金陈列线的高度一般在_____厘米，一般用来陈列_____、_____、_____。

3．商品陈列第一天的促销效果是 100%。第二天为_____；第三天降到_____；第四天为_____；第五天为_____；第六天仅为_____。

4．在卖场中，商品陈列的主要区域有_____、_____、_____和_____。

5．按销售程度划分，商品可分为_____、_____和_____。

6．一般可采用的商品组合类型有_____、_____、_____、_____组合四类。

7．商品陈列工具包括_____、_____、_____、_____。

8．商品陈列设备主要包括_____、_____、_____以及_____。

9．要求每一类、每一项商品都必须有一个相对固定的陈列位置，属于_____原则。

10．要做到商品放满陈列，每一格货架至少要陈列_____品种，按这样的比例，1000 平方米的超市要达到_____以上的商品。

11．同一小分类价格由低到高从上往下纵向陈列，属于_____原则。

12．商品陈列流程的第一步是：_____。

二、简答题

1．简述不同层面陈列的商品及销售量。
2．简述陈列遵循的标准。
3．简述商品组合的概念。
4．简述商品组合优化的方法。
5．简述商品构成的内容和比例。
6．简述商品陈列的目的。
7．简述伸手可取原则。

二、技能训练

根据表 3-4 商品配置表进行商品陈列，填入表 3-5 中。

表 3-4 商品配置表

商品代码	品名	规格/毫升	售价/元	单位	位置	排面
42021	青岛啤酒	355	3.70	听	E1	4
42022	喜力啤酒	330	5.38	听	E2	4
42023	嘉士伯啤酒	330	5.49	听	E3	4
42024	雪碧听装	335	2.00	听	D1	4

续表

商品代码	品名	规格/毫升	售价/元	单位	位置	排面
42025	可口可乐听装	335	2.00	听	D2	4
42026	酷儿听装	335	2.00	听	D3	4
42027	蓝莓汁盒装	500	5.00	盒	C1	4
42028	王老吉盒装	250	2.00	盒	C2	4
42029	椰树牌椰汁	245	2.80	盒	C3	4
42030	雀巢原液绿茶	480	3.00	瓶	B1	4
42031	美汁源果粒橙	450	3.50	瓶	B2	4
42032	营养快线	500	4.00	瓶	B3	4
42033	百事可乐	1250	5.50	瓶	A1	3
42034	雪碧	2500	6.90	瓶	A2	3
42035	美年达	2000	7.50	瓶	A3	3

表 3-5 根据商品配置表进行商品陈列

	商品名称	规格价格	排面宽度	商品名称	规格价格	排面宽度	商品名称	规格价格	排面宽度
180									
170									
160									
150									
140									
130									
120									
110									
100									
90									
80									
70									
60									
50									
40									
30									
20									
10									

第二篇 营运篇

项目四

认知消费者的购买行为

真正的名牌不在资产排行榜上,而在消费者的心目中。

——超市经营格言

学习目标

- 了解认知人口变化的影响
- 熟知消费价值取向
- 熟知影响消费决策的因素
- 能够准确认知消费者的购买行为

关键概念

人口变化 价值取向 购买行为 消费决策

体系结构

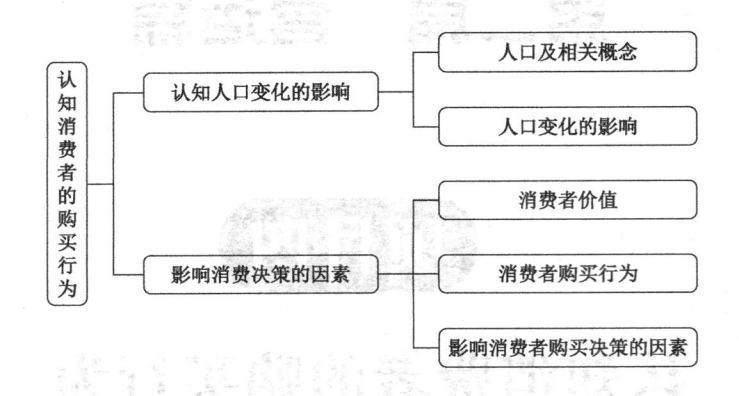

```
认知消费者的购买行为
├── 认知人口变化的影响
│   ├── 人口及相关概念
│   └── 人口变化的影响
└── 影响消费决策的因素
    ├── 消费者价值
    ├── 消费者购买行为
    └── 影响消费者购买决策的因素
```

案例引入

新产品投资机会

日本地震，中国人抢购食盐，立刻成了热点新闻。相类似，前些年出现了"糖高宗"、"蒜你狠"、"豆你玩"，今后这种类型的商品涨价小高潮将是常态。因为以中国人的基数，一旦有钱买某件商品时，其市场空间真是难以预测的。例如，中国人的平均寿命是80岁，平均每人植两颗牙，植一颗牙的费用是1万元，那么一年中国人植牙的市场空间是3000亿元人民币。实际上这可能还低估了，据说美国牙医一年的销售额是3000亿美元，而美国人口只有中国的1/4。所以，如果投资能够找到一个这样的产品，可能就是找到了一个获得巨大收益的领域，由于中国人均收入只有美国的1/10，所以，现在的投资机会，可能只是将来新行业投资机会的一个零头。

任务一　认知人口变化的影响

一、人口及相关概念

（一）人口的含义

人口是一个内容复杂、综合多种社会关系的社会实体，具有性别和年龄及自然构成、多种社会构成和社会关系、经济构成和经济关系。人口的出生、死亡、婚配，处于家庭关系、民族关系、经济关系、政治关系及社会关系之中。一切社会活动、社会关系、社会现象和社会问题都同人口发展过程相关。

（二）人口总量

1. 世界人口

世界人口是指世界（地球）上在某一时刻的人口总和。根据美国人口调查局的估计，截至2013年1月4日，全世界有70.57亿人。美国人口调查局的数据显示全球人口在2012年3月12日突破70亿；而联合国人口基金会则显示全球人口在2011年10月31日达到

项目四 认知消费者的购买行为

70 亿，2014 年达到 77 亿，如图 4-1 所示。

2．中国人口

2015 年年末，中国大陆总人口（包括 31 个省、自治区、直辖市和中国人民解放军现役军人，不包括香港、澳门特别行政区和台湾省以及海外华侨人数）为 137462 万人，其中，男性人口为 70414 万人，女性人口为 67048 万人，男性人口比女性人口多 3366 万人。城镇常住人口为 77116 万人，乡村常住人口为 60346 万人，城镇人口占总人口的比例为 56.1%。

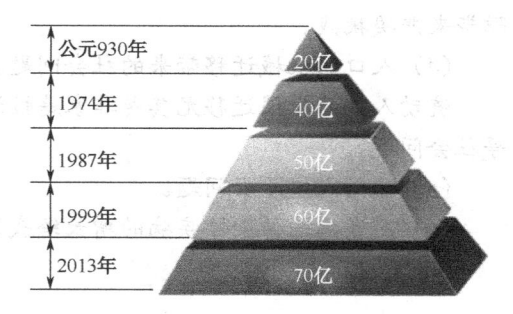

图 4-1　世界人口变化

3．中国人口老龄化问题

全国人口中，0～14 岁人口为 222459737 人，占 16.60%；15～59 岁人口为 939616410 人，占 70.14%；60 岁及以上人口为 177648705 人，占 13.26%，其中 65 岁及以上人口为 118831709 人，占 8.87%。同 2000 年第五次全国人口普查相比，0～14 岁人口的比例下降了 6.29 个百分点，15～59 岁人口的比例上升了 3.36 个百分点，如图 4-2 所示。

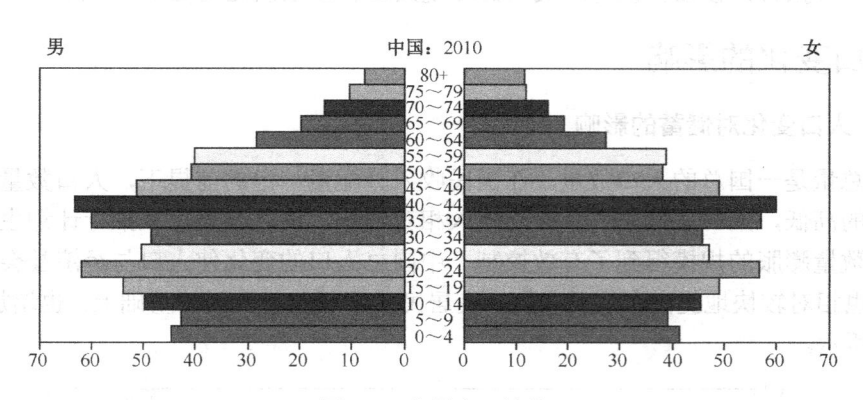

图 4-2　中国人口结构

阅读材料

我国人口发展面临的六大问题

（1）出生人口性别比严重失衡。

《2005 年全国 1%人口抽样调查主要数据公报》显示，男女性别比达 106.30∶100，出生人口性别比失衡，不仅不利于形成小孩成长的良好性别、生态环境，还会带来结婚年龄段婚配难等一系列社会问题。

（2）出生缺陷人口居高不下。

（3）人口老龄化。

英国等发达国家从成年型社会向老年型社会转变用了 80 年，而我国完成这种转变只用了 20 年左右，"未富先老"现象在上海、大连等大都市表现突出，将给经济发展和社会保障带来严峻挑战。

（4）人口的机械迁移带来的社会问题。

流动人口的机械迁移尤其是非家庭性迁移造成"留守小孩"、"留守妇女"、"留守老人"等社会问题。

（5）流动人口子女问题。

（6）艾滋病等传染性疾病的增长给我国人口安全带来严重影响。

4．人口合理容量

人口合理容量是指在按照合理的生活方式，保障健康的生活水平，同时又不妨碍未来人口生活质量的前提下，一个国家或地区最适宜的人口数量。一个国家或地区的环境人口容量是在可预见的时期内，利用本地资源及其他资源和智力、技术等条件，保证符合社会文化准则的物质条件下，该国家或地区所能持续供养的人口数量，简单地说就是环境所能容纳的最大人口数。

人口容量的大小受到许多因素的制约，其中资源、科技发展水平以及人口生活、地区开放程度和文化消费水平，对环境人口容量的影响最大。资源是制约人口容量的主要因素。

1991年，中国科学院自然资源综合考察委员会发表了《中国土地资源生产能力及人口承载力研究》报告，该报告认为，我国的环境人口容量应该控制在16亿左右。

二、人口变化的影响

（一）人口变化对储蓄的影响

人口总量是一国总的人口数量。在国民收入分配量一定的前提下，人口数量决定人均收入水平的高低，人口总量越大，人均收入相对较低，反之亦然。从推行计划生育以来，我国人口数量膨胀的规模得到了有效控制，中国总人口的变化使人口与经济社会发展相适应，同时也相对较快地提高了居民收入，使居民在不断改善生活的基础上，也增加了储蓄，如图4-3所示。

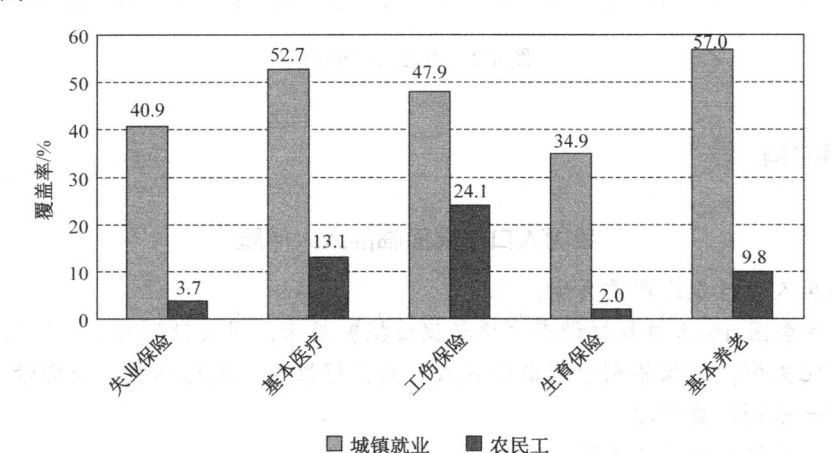

图4-3 人口增长对储蓄、投资的影响

储蓄和投资的增加，促进经济发展，使国民收入得到增长，从而解决就业问题。增加

项目四　认知消费者的购买行为

的投资和储蓄，使工业部门劳动力的吸收率超过人口增长率，这是过剩人口条件下经济建设成功的标准之一。人口增长将阻碍储蓄和投资，给劳动生产率乃至经济增长带来负效应，特别是在发展中国家，这种情况尤为明显。

（二）人口变化对消费的影响

（1）社会总人口的消费需求同人口的数量成正比。

在消费品总量一定的条件下，人口数量的多少决定着消费水平的高低，若人口数量和消费资料数量按照同一方向、同一比例变化，则消费水平不变。在就业机会一定的条件下，人口增长速度快于消费资料增长速度，则消费水平呈下降趋势。人均技术装备水平一定的条件下，人口增长速度慢于消费资料增长速度，则消费水平具有上升趋势，如图4-4所示。

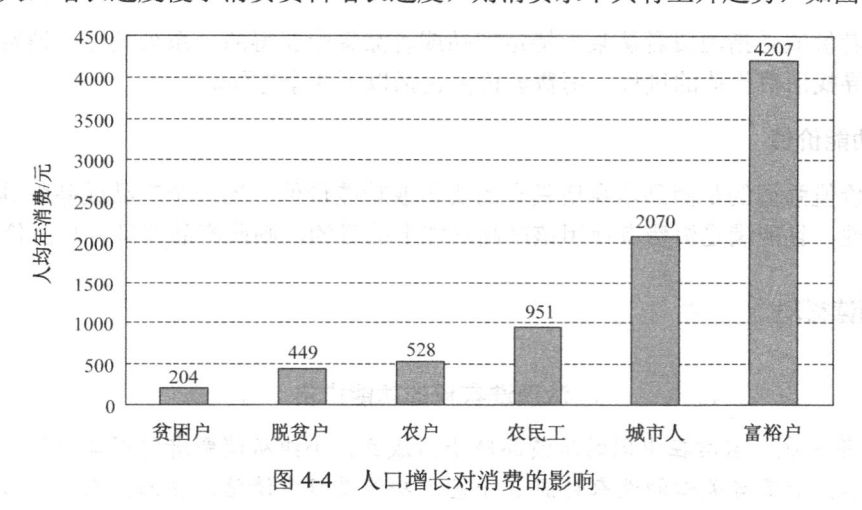

图4-4　人口增长对消费的影响

（2）人口增长对消费的影响还反映在人均消费品零售额上，人均消费品零售额与社会消费品零售额成正比，与人口数量成反比。

当社会消费品零售总额的增长速度超过人口增长速度，而人口增长相对于一定生产条件及其扩展能力来说已经过快时，人均消费品零售额的增长速度也将落后于社会消费品零售总额的增长速度。此外，随着人口增长，交换规模必然相应扩大。

（三）人口变化对投资的影响

现在中国每年新生人口约1600万，20年前每年新生人口是2500万，20世纪60年代上半期正好又是个人口高峰，因执行了计划生育，每个家庭只有一个孩子。所以，再过20年当1960年左右出生的人到了70岁需要护理时，两个家庭下面只有一对子女承担，那个时候年轻人非常紧缺。

（1）从投资的角度看，养老和护理行业在20年后会有个爆发式的增长。

从国家战略的角度考虑，中国计划生育很可能在未来的10年发生重大改变，这样30年后，当1970年出生的人老了的时候，才有可能得到缓和。

（2）出口和基础建设方面，中国积累两万多亿美元的外汇，出口是一个选择，大规模基础建设及房地产是最好的选择。

（3）劳动力的短缺会带来两个方面的投资机会。

① 提高劳动生产率：设备投资会是未来5年的持续热点，无论是家电还是工程机械的超预期，都很有可能与替代人工或提高人工待遇相关。

② 新增就业机会：许多耗费人工的产品或生产流程会发生改变，如因为节约人工将来建筑业必然会走向模块式生产，整个产业链的改变，会带来新的投资机会。

任务二　影响消费决策的因素

一、消费者价值

消费者价值是指消费者从某一特定产品或者品牌中获得的一系列利益，消费者消费的过程就是寻找消费价值的过程，消费者价值包括以下3个方面。

1. 功能价值

功能价值强调的是商品本身所具有的实体或功能价值。当一个产品或品牌具有某些功能上的属性，且能满足消费者使用该产品功能上的目的，则此产品即具有功能价值。

阅读材料

汰渍洗衣粉的功能广告

1993年年底，宝洁在中国的汰渍品牌小组成立，小组从消费者需求与习惯研究中得到的数据显示，消费者关心的洗衣粉前3个基本功能是日常清洁，去油，衣领、袖口清洁，再通过概念开发座谈会和消费者深度访问后，宝洁确定了两个待选概念：一个是油迹去无痕；另一个是领干净，袖无渍。把功能价值作为汰渍的一贯宣传核心，而不多在价值层面上做文章。然而，就在很多曾经辉煌的洗衣粉品牌如活力28、白猫被汰渍击垮之后，汰渍却被雕牌打了个措手不及。雕牌"只买对的，不买贵的"这一口号，以及下岗女工的故事，从精神层面打动了消费者。

2. 情感价值

情感价值是指消费者的选择源于消费者的情感，消费者所获得的价值来自于所选择的产品引起的感觉或喜爱感受。但是消费者的喜好是随时代的发展而改变的，不同时代消费者关注的重点不同：工业经济时代消费者关注产品好不好，信息时代消费者关注的是产品喜不喜欢。

3. 认知价值

认知价值是指消费者选择产品是否能满足好奇心、追求新知和具有新鲜感。消费者认知商品的认知情境包括包装、广告、产品造型、店面卖场环境、企业形象等。例如，喜之郎品牌要实现市场的突破，首先要扩大果冻的消费层次及范围，这是产品促销的重要途径。据此，喜之郎的品牌解决之道是：立足"亲情"这一中国人的普遍性的认知元素，充分运用传播手段调动消费者的认知，如图4-5所示。

项目四　认知消费者的购买行为

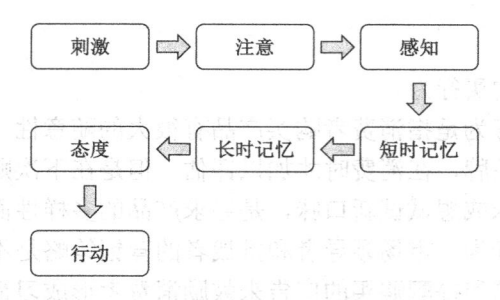

```
刺激 → 注意 → 感知
                ↓
态度 ← 长时记忆 ← 短时记忆
 ↓
行动
```

图 4-5　消费者认知商品的情境

二、消费者购买行为

消费者购买行为由一系列环节组成，即顾客购买行为来源于系统的购买决策过程，并受到内外多种因素的影响。顾客购买行为的复杂多变，对销售人员提出了更多、更高的挑战。对于优秀的销售人员来说，掌握顾客购买决策过程、了解影响顾客做出购买决策等方方面面的因素至关重要。消费者购买行为按不同划分标准可分为不同的类型。

1. 根据消费者购买行为的复杂程度和所购产品的差异程度划分

根据消费者购买行为的复杂程度和所购产品的差异程度划分的消费者购买行为类型如图 4-6 所示。

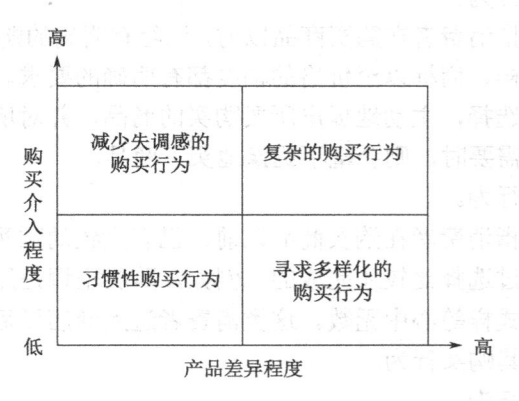

	产品差异程度低	产品差异程度高
购买介入程度高	减少失调感的购买行为	复杂的购买行为
购买介入程度低	习惯性购买行为	寻求多样化的购买行为

图 4-6　消费者购买行为的类型

（1）复杂的购买行为。

如果消费者属于高度参与，并且了解现有各品牌、品种和规格之间具有的显著差异，则会产生复杂的购买行为。复杂的购买行为指消费者购买决策过程完整，要经历大量的信息收集、全面的产品评估、慎重的购买决策和认真的购后评价等各个阶段。对于复杂的购买行为，营销者应制定策略帮助购买者掌握产品知识，运用各种途径宣传品牌的优点，影响最终购买决定，简化购买决策过程。

（2）减少失调感的购买行为。

减少失调感的购买行为是指消费者并不广泛收集产品信息，并不精心挑选品牌，购买决策过程迅速而简单，但是在购买以后会认为自己所买产品具有某些缺陷或其他同类产品有更多的优点，进而产生失调感，怀疑原先的购买决策不正确。对于这类购买行为，营销者要提供完善的售后服务，通过各种途径提供有利于本企业产品的信息，使顾客相信自己的购买决定是正确的。

（3）寻求多样化的购买行为。

寻求多样化的购买行为是指消费者购买产品有很大的随意性，并不深入收集信息和评估比较就决定购买某一品牌，在消费时才加以评估，但是在下次购买时又转换其他品牌。转换的原因是厌倦原口味或想试试新口味，是寻求产品的多样性而不一定有不满意之处。对于寻求多样性的购买行为，市场领导者和挑战者的营销策略是不同的。市场领导者力图通过占有货架、避免脱销和提醒购买的广告来鼓励消费者形成习惯性购买行为。而挑战者则以较低的价格、折扣、赠券、免费赠送样品和强调试用新品牌的广告来鼓励消费者改变原习惯性购买行为。

（4）习惯性购买行为。

习惯性购买行为指消费者并未深入收集信息和评估品牌，只是习惯于购买自己熟悉的品牌，在购买后可能评价也可能不评价产品。对于习惯性购买行为的主要营销策略如下。

① 利用价格与销售促进、吸引消费者试用。

② 开展大量重复性广告，加深消费者的印象。

③ 增加购买参与程度和品牌差异。

2. 根据消费者的购买目标选定程度区分划分

（1）全确定型购买行为。

全确定型购买行为指消费者在购买商品以前，已经有明确的购买目标，对商品的名称、型号、规格、颜色、式样、商标以至价格的幅度都有明确的要求。这类消费者进入商店以后，一般都是有目的地选择，主动地提出所要购买的商品，并对所要购买的商品提出具体要求，当商品能满足其需要时，则会毫不犹豫地买下商品。

（2）半确定型购买行为。

半确定型购买行为指消费者在购买商品以前，已有大致的购买目标，但具体要求还不够明确，最后购买需经过选择比较才完成的。例如，购买空调是原先计划好的，但购买什么牌子、规格、型号、式样等心中无数。这类消费者进入商店以后，一般要经过较长时间的分析、比较才能完成其购买行为。

（3）不确定型购买行为。

不确定型购买行为指消费者在购买商品以前，没有明确的或既定的购买目标。这类消费者进入商店主要是参观游览、休闲，漫无目标地观看商品或随便了解一些商品的销售情况，有时感到有兴趣或合适的商品偶尔购买，有时则观后离开。

3. 根据消费者的购买态度与要求划分

（1）习惯型购买行为。

习惯型购买行为指消费者由于对某种商品或某家商店的信赖、偏爱而产生的经常、反复的购买。由于经常购买和使用，他们对这些商品十分熟悉，体验较深，再次购买时往往不再花费时间进行比较选择，注意力稳定、集中。

（2）理智型购买行为。

理智型购买行为指消费者在每次购买前对所购的商品，要进行较为仔细的研究比较。购买时感情色彩较少，头脑冷静，行为慎重，主观性较强，不轻易相信广告、宣传、承诺、

项目四 认知消费者的购买行为

促销方式及售货员的介绍，主要靠商品质量、款式。

（3）经济型购买行为。

经济型购买行为指消费者购买时特别重视价格，对于价格的反应特别灵敏。购买无论是选择高档商品，还是中低档商品，首选的是价格，他们对"大甩卖"、"清仓"、"血本销售"等低价促销最感兴趣。一般来说，这类消费者与自身的经济状况有关。

（4）冲动型购买行为。

冲动型购买行为指消费者容易受商品的外观、包装、商标或其他促销努力的刺激而产生的购买行为。购买一般都是以直观感觉为主，从个人的兴趣或情绪出发，喜欢新奇、新颖、时尚的产品，购买时不愿做反复的选择比较。

（5）疑虑型购买行为。

疑虑型购买行为指消费者具有内倾性的心理特征，购买时小心谨慎、疑虑重重。购买一般缓慢、费时多。常常是"三思而后行"，常常会犹豫不决而中断购买，购买后还会疑心是否上当受骗。

（6）情感型购买行为。

这类消费者的购买多属情感反应，往往以丰富的联想力衡量商品的意义，购买时注意力容易转移，兴趣容易变换，对商品的外表、造型、颜色和命名都较重视，以是否符合自己的想象作为购买的主要依据。

（7）不定型购买行为。

这类消费者的购买多属尝试性，其心理尺度尚未稳定，购买时没有固定的偏爱，在上述 6 种类型之间游移，这种类型的购买者多数是独立生活不久的青年人。

4．根据消费者的购买频率划分

（1）经常性购买行为。

经常性购买行为是购买行为中最为简单的一类，指购买人们日常生活所需、消耗快、购买频繁、价格低廉的商品，如油盐酱醋茶、洗衣粉、味精、牙膏、肥皂等。购买者一般对商品比较熟悉，加上价格低廉，人们往往不必花很多时间和精力去收集资料和进行商品的选择。

（2）选择性购买行为。

这一类消费品单价比日用消费品高，多在几十元至几百元之间；购买后使用时间较长，消费者的购买频率不高，不同的品种、规格、款式、品牌之间差异较大，消费者购买时往往愿意花较多的时间进行比较选择，如服装、鞋帽、小家电产品、手表、自行车等。

（3）考察性购买行为。

消费者购买价格昂贵、使用期长的高档商品多属于这种类型，如购买轿车、商品房、成套高档家具、钢琴、计算机、高档家用电器等。消费者购买该类商品时十分慎重，会花很多时间去调查、比较、选择。消费者往往很看重商品的商标品牌，大多是认牌购买；已购消费者对商品的评价对未购消费者的购买决策影响较大；消费者一般在大商场或专卖店购买这类商品。

三、影响消费者购买决策的因素

(一) 消费决策的参与者

1. 使用者

使用者是指具体使用某种产品的人员,如实验室用的计算机,其使用者是实验室的技术人员,打字机的使用者是办公室的秘书。

使用者往往是最初提出购买某种用品的人,他们在计划购买产品的品种、规格中起着重要作用。

2. 影响者

影响者是指从企业的内部和外部直接或间接影响购买决策的人。他们常协助企业确定产品规格。在众多的影响者中,企业外部的咨询机构和企业内部的技术人员影响最大。

3. 采购者

采购者是指企业中具体执行采购决定的人,他们是企业里有组织采购工作正式职权的人员,其主要任务是交易谈判和选择供应者。在较复杂的采购工作中,采购者还包括企业的高层管理人员。

4. 决定者

决定者是指有权决定购买产品和供应者的人,在通常的采购中,采购者就是决定者。而在复杂的采购中,决定者通常是公司的主管。

5. 控制者

控制者是指控制企业外界信息流向的人,如采购代理商、技术人员、秘书等,他们可以阻止供应者的推销人员与使用者和决定者见面。应该指出的是,并不是所有的企业采购任何产品都必须由上述 5 种人员参加决策。购买技术性强、价格较高的产品,参与决策的人较多。

(二) 消费者购买决策的一般过程

西方营销学者对消费者购买决策的一般过程做了深入研究,提出若干模式,较多的是五阶段模式,即:引起需要—信息收集—方案评价—购买决策—购后行为,如图 4-7 所示。

1 引起需要	2 信息收集	3 方案评价	4 购买决策	5 购后行为
动机产生	信息来源	分析属性 确定信念 形成期望 做出评价	他人态度 意外情况	满意 惊喜 忠诚 漠然 抱怨

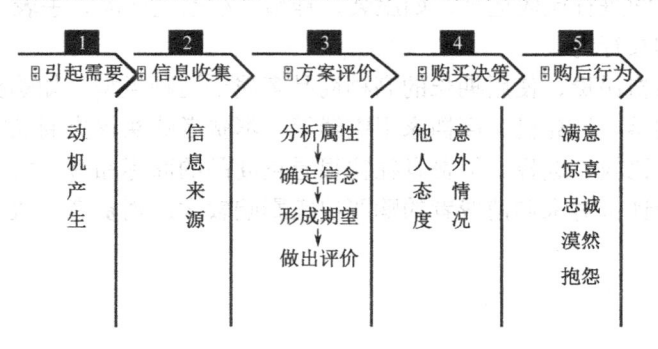

图 4-7 消费者购买决策的一般过程

项目四 认知消费者的购买行为

1. 引起需要

购买者的需要往往由两种刺激引起,即内部刺激和外部刺激。市场营销人员,应注意识别引起消费者某种需要和兴趣的环境,并充分注意到两个方面的问题:一是注意了解那些与本企业的产品实际上或潜在的有关联的驱使力;二是消费者对某种产品的需求强度,会随着时间购买者的需要往往由两种刺激引起,即内部刺激和外部刺激。市场营销人员,应注意识别引起消费者某种需要和兴趣的环境,并充分注意到两个方面的问题:一是注意了解那些与本企业的产品实际上或潜在的有关联的驱使力;二是消费者对某种产品的需求强度,会随着时间的推移而变动,并且被一些诱因所触发。在此基础上,企业还要善于安排诱因,促使消费者对企业产品产生强烈的需求,并立即采取购买行动。

2. 信息收集

一般来讲,引起的需要不是马上就能满足的,消费者需要寻找某些信息。消费者信息来源主要有个人来源(家庭、朋友、邻居、熟人等),商业来源(广告、推销员、经销商、包装、展览等)、公共来源(大众传播媒体、消费者评审组织等),经验来源(处理、检查和使用产品等)等。市场营销人员应对消费者使用的信息来源认真加以识别,并评价其各自的重要程度,以及询问消费者最初接触到品牌信息时有何感觉等。

3. 方案评价

消费者的评价行为一般要涉及产品属性(产品能够满足消费者需要的特性)、属性权重(消费者对产品有关属性所赋予的不同的重要性权数)、品牌信念(消费者对某品牌优劣程度的总的看法)、效用函数(描述消费者所期望的产品满足感随产品属性的不同而有所变化的函数关系)和评价模型(消费者对不同品牌进行评价和选择的程序和方法)等问题。

4. 购买决策

评价行为会使消费者对可供选择的品牌形成某种偏好,从而形成购买意图,进而购买所偏好的品牌。但是,在购买意图和决定购买之间,有两种因素会起作用:一是别人的态度;二是意外情况。也就是说,偏好和购买意图并不总是导致实际购买,尽管二者对购买行为有直接影响。消费者修正、推迟或者回避做出某一购买决定,往往是受到了可觉察风险的影响。可觉察风险的大小随着冒该风险所支付的货币数量、不确定属性的比例以及消费者的自信程度而变化。市场营销人员必须了解引起消费者有风险感的那些因素,进而采取措施来减少消费者的可觉察风险。

5. 购后行为

消费者在购买产品后会产生某种程度的满意感和不满意感,进而采取一些使市场营销人员感兴趣的买后行为。所以,产品在被购买之后,就进入了买后阶段,此时,市场营销人员的工作并没有结束,购买者对其购买活动的满意感(S)是其产品期望(E)和该产品可觉察性能(P)的函数,即$S=f(E,P)$。若$E=P$,则消费者会满意;若$E>P$,则消费者不满意;若$E<P$则消费者会非常满意。消费者根据自己从卖主、朋友以及其他来源所获得的信息来形成产品期望。如果卖主夸大其产品的优点,消费者将会感受到不能证实的期望。这种不能证实的期望会导致消费者的不满意感。正与负之间的差距越大,消费者的

不满意感也就越强烈。所以，卖主应使其产品真正体现出其可觉察性能，以便使购买者感到满意。事实上，那些有保留地宣传其产品优点的企业，反倒使消费者产生了高于期望的满意感，并树立起良好的产品形象和企业形象。

消费者对其购买的产品是否满意，将影响到以后的购买行为。如果对产品满意，则在下一次购买中可能继续采购该产品，并向其他人宣传该产品的优点。如果对产品不满意，则会尽量减少不和谐感，因为人的机制存在着一种在自己的意见、知识和价值观之间建立协调性、一致性或和谐性的驱使力。具有不和谐感的消费者可以通过放弃或退货来减少不和谐，也可以通过寻求证实产品价值比其价格高的有关信息来减少不和谐感。市场营销人员应采取有效措施尽量减少购买者买后不满意的程度。

阅读材料

不同气质类型的消费行为特点

1．多血质的人的消费行为特点

多血质的人善于交际，有较强的灵活性，能以较多的渠道获得商品的信息。对购物环境有较强的适应能力，并且在购物时视野开阔，反应敏捷，易于与营销员进行沟通。但是往往因为可选择的商品过多，而容易转移或一时不能取舍，因而我们要抓住他的情感，不让他转移兴奋点。

2．胆汁质的人的消费行为特点

胆汁质的人在购物时喜欢标新立异，追求新潮、具有刺激性的流行的商品。他们一旦感到需要，就迅速产生购买动机并很快完成购买行为。但是，如果购物环境不如意或受到营业员的怠慢，会激起他们烦躁的情绪和强烈的反感，有时出现不理智的行为。

3．黏液质的人的消费行为特点

黏液质的人在购物时比较冷静、细致，不易受广告宣传、商标或营业员劝说的干扰。喜欢通过自己的观察和比较来做出购买决策。对自己熟悉的商品会积极购买，并持续一段时间，而对新产品往往持审慎态度。

4．抑郁质的人的消费行为特点

抑郁质的人在购物时往往考虑比较周到，对周围的事物很敏感，能够观察到别人不易察觉的细枝末节。其购物行为比较拘谨，优柔寡断。他们一方面表现出缺乏对商品应有的知识和对购物的主动性，另一方面又对别人的宣传或介绍不感兴趣或不信任。

上述是几种典型气质的消费者的心理与行为特点。当然，在现实生活中属于典型类型的人很少，多数属于混合型。一般是以某种气质为主，同时兼有其他气质类型的特点。

（三）决策树原理与现代营销

1．决策树的含义

决策树（Decision Tree）是在已知各种情况发生概率的基础上，通过构成决策树来求取净现值的期望值大于等于零的概率，评价项目风险判断其可行性的决策分析方法，是直观运用概率分析的一种图解法。由于这种决策分支画成图形很像一棵树的枝干故称决策树。决策树通常包括三类节点：决策节点，通常用矩形框来表示；机会节点，通常用圆圈来表

项目四　认知消费者的购买行为

示；终结点，通常用三角形来表示。

2．决策树分析法

决策树的结构如图 4-8 所示。图中的方块代表决策节点，从它引出的分枝叫方案分枝。每条分枝代表一个方案，分枝数就是可能的方案数。圆圈代表方案的节点，从它引出的概率分枝，每条概率分枝上标明了自然状态及其发生的概率。概率分枝数反映了该方案面对的可能的状态数。末端的三角形叫结果节点，注有各方案在相应状态下的结果值。

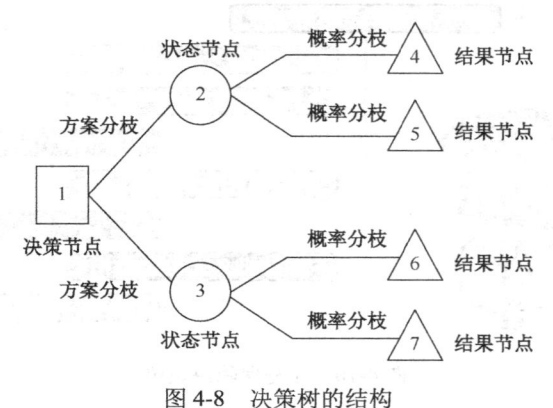

图 4-8　决策树的结构

3．决策树与现代营销案例

案例一：家庭保障中的需求与解决方案

（1）需求选择：首先做一个二选一，你关注的是支出保障或者收入保障？再做三选一，收入保障的 3 个境界：身故、重疾、年金（见图 4-9）。

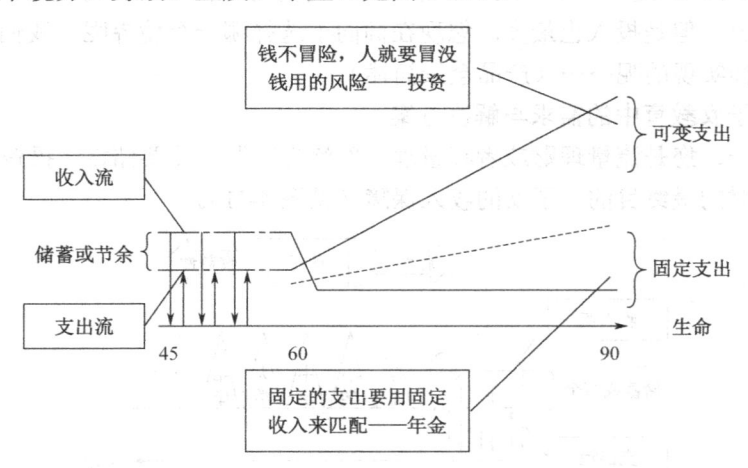

图 4-9　家庭保障中的需求

（2）家庭保障决策树，如图 4-10 所示。

（3）家庭保障选择。

从理财的角度看，在您家庭保障的需求里，一个是关于防范支出突然增加的"支出保障"，这需要匹配报销型保险；另一个是防范收入的突然减少甚至中断，需要匹配给付型保险。像您这种正在供楼、供车、供子女教育等有着大量刚性开支的人士,尤其需要收入保障。收入保障有 3 个境界如下。

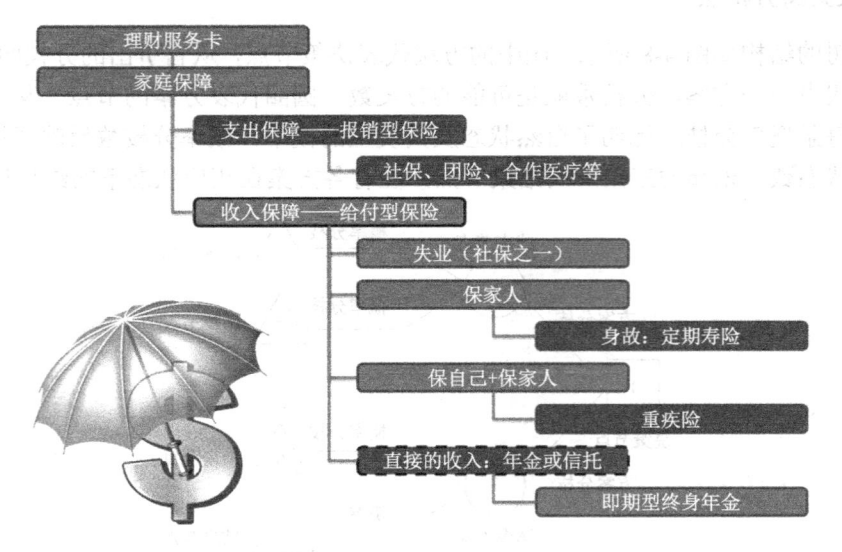

图 4-10　家庭保障决策树

① 身故保障：保额等于家庭债务总额和你要对家人承担的责任。这种是投入最少的方式。但是对您本人没有保障。

② 重疾保障：这种境界向下兼容、涵盖了身故保障；在准备了家庭应急备用金的同时给您本人一份收入补偿。

③ 年金保障：这是一种对"生"的保障,任何情况下都可以获得确定的收入,是收入保障的最高境界,但是投入也最多。您现在倾向于选择哪一个境界呢？我们可以满足您的要求,它是怎样实现的呢……（产品全景简述）

案例二：子女教育中的需求与解决方案

（1）二选一：您是流量理财或者存量理财？流量理财：需要储蓄、投资、（家长收入）保障。存量理财的最终目的：子女的收入保障（见图 4-11）。

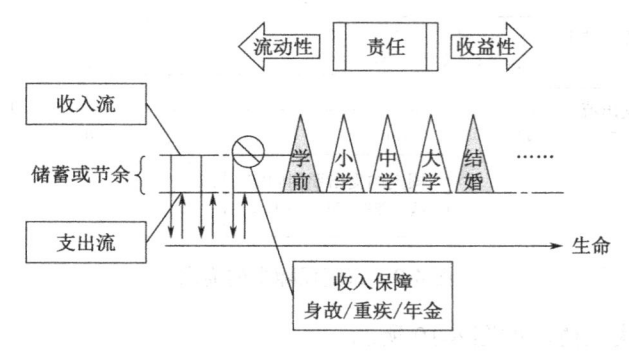

图 4-11　子女教育中的需求

（2）子女教育决策树,如图 4-12 所示。

项目四　认知消费者的购买行为

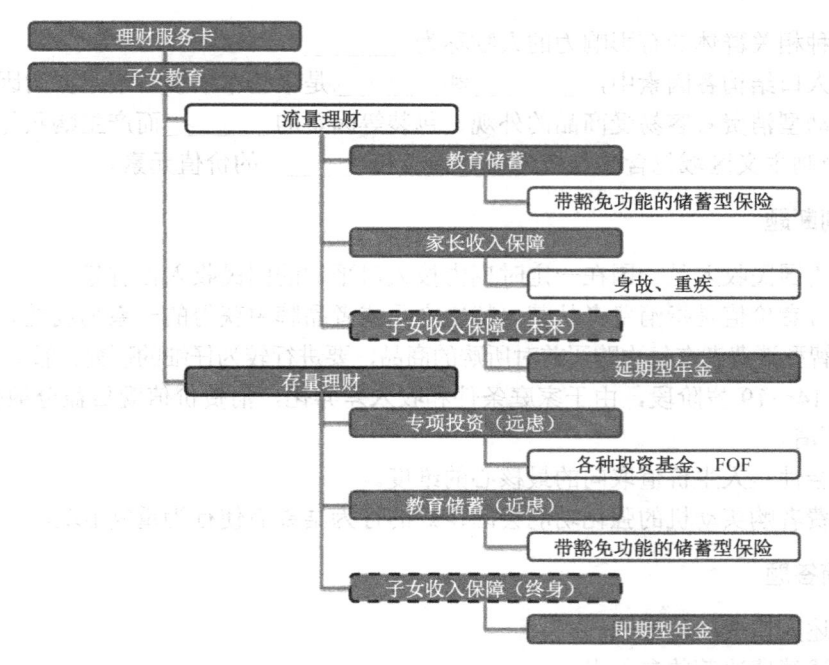

```
理财服务卡
 └─ 子女教育
     ├─ 流量理财
     │   ├─ 教育储蓄
     │   │   └─ 带豁免功能的储蓄型保险
     │   ├─ 家长收入保障
     │   │   └─ 身故、重疾
     │   └─ 子女收入保障（未来）
     │       └─ 延期型年金
     └─ 存量理财
         ├─ 专项投资（远虑）
         │   └─ 各种投资基金、FOF
         ├─ 教育储蓄（近虑）
         │   └─ 带豁免功能的储蓄型保险
         └─ 子女收入保障（终身）
             └─ 即期型年金
```

图 4-12　子女教育决策树

（3）子女教育选择逻辑——流量。

从理财的角度看，关于"子女教育"有两种类型：一是用过去的储蓄解决未来的开支，这叫"存量理财"；另一种是用未来的收入结余解决未来的教育投入问题，这叫"流量理财"。您现在是什么情况呢？如果是流量理财，考虑到教育金是刚性开支，为此您需要做到三点：

① 在使用教育金之前，要求一个强制储蓄账户，因为教育金的本金不能承受太大风险；

② 在为孩子准备资金阶段，要为家长的收入做一个收入保障；

③ 在储蓄能够基本满足教育需求的前提下，如果家长还有能力，可以适当投资，为孩子的兴趣教育留下足够资金。

课后训练

一、填空题

1．人口合理容量是一个国家或地区_____的人口数量。

2．人口结构，又称_____，是指将人口以不同的标准划分而得到的一种结果。

3．价值取向是指主体基于自己的_____在面对或处理各种矛盾、冲突、关系时所持的基本价值立场、价值态度以及所表现出来的基本价值取向。

4．消费者情感价值来自于所选择的产品引起的_____或_____感受。

5．消费者购买动机是指直接驱使消费者实行某种购买活动的一种_____。

6．决策树是在已知各种情况发生_____的基础上，通过构成决策树来求取净现值的期望值大于等于零的概率。

7．某种相关群体的有影响力的人物称为_____。
8．在人口结构各因素中，_____和_____是最基本最核心最重要的因素。
9．冲动型消费者容易受商品的外观、包装等因素的_____而产生购买行为。
10．节制主义区域包含的是较为_____和_____的价值元素。

二、判断题

1．人均国民收入是一国在一定时期内按人口平均的国民收入占有量。（   ）
2．消费者价值是指消费者从某一特定产品或者品牌中获得的一系列利益。（   ）
3．理智型消费者在每次购买前对所购的商品，要进行较为仔细的研究比较。（   ）
4．在14～19岁阶段，由于家庭条件和收入差异化，消费价值观日益分散化，总体上变得模糊不清。（   ）
5．社会性是人生价值取向的最核心的维度。（   ）
6．消费者购买动机的强化功能会因良好的行为结果而使行为重复出现。（   ）

三、简答题

1．简述人口变动的形式。
2．简述消费决策的参与者。
3．简述价值取向的主要特点。
4．简述决策树的3个节点。
5．简述消费者购买行为的功能。

四、技能训练

在校大学生饮食消费影响因素分析

实训目的
1．认识消费者消费的影响因素。
2．掌握特定人群某类消费特征的分析方法。

实训要求
1．分组对当前在校大学生饮食消费的特点进行讨论。
2．每组对在校大学生饮食消费的影响因素进行分析。
3．注重突出消费因素分析方法的技巧。
4．写出具有一定质量的分析报告。

工作检查与评价
1．每组一名学生对分析报告进行陈述。
2．教师对学生的陈述和PPT予以评价。
3．同学互评、教师点评并做出实训总结。
4．教师对每个项目小组及小组成员进行综合成绩评定。

项目五

商品定价管理

在大多数情况下，就商品型产品而言，价格一直是购买者选择的主要决定因素。定价是否得当，将直接关系到产品的销售量和公司的利润额。

——超市管理格言

学习目标

- 了解商品的价值理论
- 理解影响门店商品定价的因素
- 熟知门店商品的定价方法
- 能够用合适的方法为门店商品制定合理的价格

关键概念

价格　价值　利润　成本导向　需求导向　竞争导向

体系结构

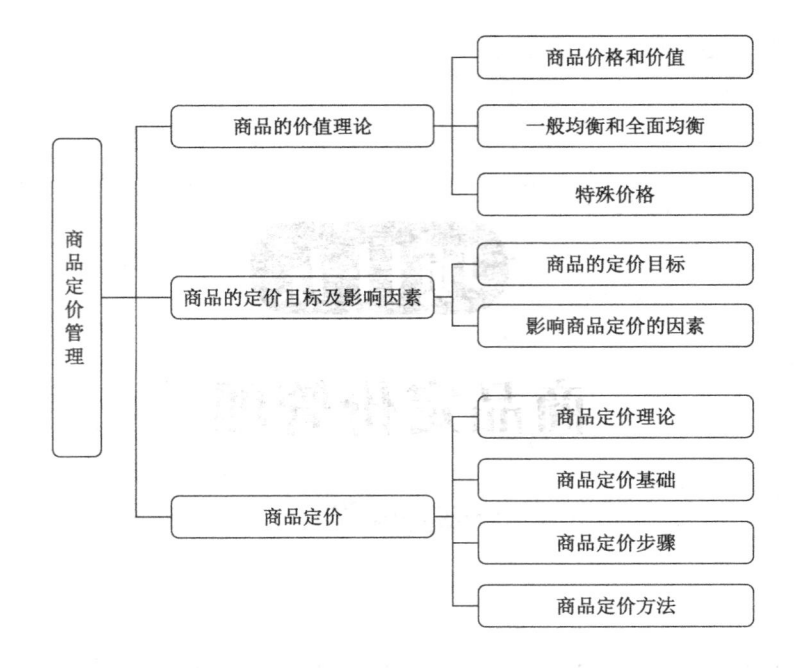

```
商品定价管理
├── 商品的价值理论
│   ├── 商品价格和价值
│   ├── 一般均衡和全面均衡
│   └── 特殊价格
├── 商品的定价目标及影响因素
│   ├── 商品的定价目标
│   └── 影响商品定价的因素
└── 商品定价
    ├── 商品定价理论
    ├── 商品定价基础
    ├── 商品定价步骤
    └── 商品定价方法
```

任务一　商品的价值理论

案例引入

春节前期某门店，当时冻红虾进价为 10.8 元/500 克，原售价为 15.8 元/500 克，每天销售 5 件（4 千克/每件）；后来部门经理选这个单品做促销，在进价不变的情况下，促销定价为 13.8 元/500 克，当天销售量达到 20 件。销售额比促销前增加 3 倍，毛利润比促销前增加 1.6 倍，如表 5-1 所示。

表 5-1　冻红虾价格改变前后的销售对比

品名	项目	进价（元/500 克）	进货量（件）	售价（元/500 克）	销售成本（元）	销售量（件）	预估损耗率（%）	实际销售额（元）	实际销售毛利润（元）	实际销售毛利率（%）
冻红虾	原来	10.8	20	15.8	216	20	10.00	284.4	68.4	24.05
	现在	10.8	80	13.8	864	80	5.60	1042.17	178.17	17.10
	对比性	0	60	-2	648	60	-4.40	757.77	109.77	-6.95
	增长%					30%		266	160%	

从表 5-1 中可以看出，虽然冻红虾降价促销后毛利率有所下降，但毛利额、利润额增长，同时由于周转速度加快，商品损耗也降低了。所以说合理的商品定价对于提升门店经营绩效来说是一项非常重要的内容。

项目五 商品定价管理

所谓商品的价值理论，就是指与商品相关的价值、价格、均衡等概念。

一、商品价格和价值

（一）商品价格

商品价格是商品的主要属性之一，是商品价值的有效体现，是商品交换的主要度量。

1．价格的定义

从狭义的角度来说，价格是对一种产品或服务的标价；从广义的角度来说，价格是消费者在交换中所获得的产品或服务的价值。历史上，价格是通过买卖双方的协商来确定的。价格并非是一个数字或一种术语，它可以以许多名目出现。大致可以分为商品的价格和服务的价格两大类。商品价格是各类有形产品和无形产品的价格，货物贸易中的商品价格称为价格；服务价格是各类有偿服务的收费，服务贸易中的商品价格称为费，如运输费或交通费、保险费、利息、学费、服务费、租金、特殊收费、薪金、佣金、工资等。

2．商品价格的主要表现形式

商品价格的表现形式就是货币。例如，某加油站便利店出售的 5100 西藏冰川矿泉水 500 毫升/瓶的价格是 10 元，用人民币 10 元来表示这瓶水的价格；而 97#汽油 8.60 元/升，则相当于 4.3 元/毫升，水比油贵了一倍多。

3．商品价格的经济学分析

从经济学的角度来讲，商品价格包含 4 层含义：一是比值，比值越高则表明商品的价格越高，5100 西藏冰川矿泉水与油的比值为 2∶3；二是稀缺程度，商品越稀缺则其价格往往会越高；三是商品的供需状况，商品供不应求则价格越高，供过于求则价格越低；四是政府补贴，补贴越多，价格就越低。

4．价格与价值的区别

价格与价值有关，但价格与价值又不等同。前面分析了价格的 4 层含义，同样的，商品价值也有两层经济学的含义：一是商品的比值；二是商品的稀缺程度。可见，通常情况下，如果存在政府补贴的行政干预，以及供应和需求尚未达到平衡，就会造成价格背离价值的状态，这种状态称为非一般均衡状态，此时商品价格不等于商品价值。例如，北京地铁的票价，曾经长期以来实行 2 元一票制，也就是说不管你是乘坐一站，或是从起点坐到终点，统统都只要购买 2 元的车票，全国最便宜，这是受政府补贴影响的典型例子。而自由市场上各种菜的价格时高时低，变化呈周期性，则是受市场供需影响的典型例子。一般情况下，价格围绕价值上下波动。

（二）商品价值

1．商品价值的表现形式

商品价值是凝结在商品中的无差别的人类劳动力或抽象的劳动力。商品价值体现的是商品本身固有的属性，商品的价值形式不能自我表现，必须在两种商品的交换中通过另一种商品表现出来。

商品是使用价值和价值的统一。商品的使用价值是实实在在的，是看得见、摸得着的。各种商品体的自然形态，体现着各种不同的使用价值，这是一目了然的。商品的价值实体是物化在商品中的一般人类劳动，与使用价值不同，商品的这种价值实体是看不见、摸不着的，这是因为价值纯粹是商品的社会属性，不能自我表现，一个商品的价值必须由另一个商品来表现，并且只能在同另外一个商品相交换时才能实现。商品的价值关系表明，价值是交换价值的内容，交换价值是商品价值的形式。价格是商品价值的货币表现形式，也是一种交换价值。

2. 商品价值的影响因素

商品价值的影响因素主要是商品的比值和商品的稀缺程度，商品价值表现为商品本身固有的属性。

3. 商品价格体现商品价值的条件

商品价格体现商品价值要符合两个条件：一是不存在政府补贴；二是供应和需求达到平衡，这种状态称为符合一般均衡条件，在这种状态下价格才能体现价值，即价格等于价值。在一般均衡条件下具备两大特点：第一是市场充分调节，即供需平衡；第二是没有行政干预，即没有政府补贴。

二、一般均衡和全面均衡

（一）一般均衡

在市场经济环境中，价格的作用是最重要的。市场这只无形的手就是通过价格来体现的，价格的微观杠杆作用主要体现在以下4点。

1. 调节生产

当产品供过于求时，价格下降，毛利空间缩小，资源有限，迫使没有竞争优势（包括成本优势和功能优势）的企业退出市场，产量降低；反之，产量增加。这样，价格的波动就起到了调节生产的作用。

2. 寻求替代

以前布料的生产加工主要依赖种植棉花，资源有限，布料供不应求，价格高，这就驱使人们不断地寻求替代品，最终利用化学纤维来替代棉花，纺织出来的布料具有更优质的性能，而棉布的价格也便宜了很多。

3. 资源配置

资源是有限的，价格是资源配置的调度员。以有机蔬菜为例，人们对健康的追求，使得有机蔬菜可以卖到更高的价格，市场将会在有机蔬菜种植、认证和销售上投入更多的资源。

4. 促进交换

地区之间的差价可以推动商品的交换，如北煤南运、西气东输、海南岛的蔬菜北运、东北的大米上海销售，这些都是因为地区间价格存在差异，使贸易有利可图，从而有力地促进商品的流通和推动商品的交换。

（二）全面均衡

全面均衡的实质是通过价值宏观调控作用，达成宏观理想状态的价值理论。一般地，价格的宏观调控作用包括以下 4 个方面。

1．产业政策

产业政策是政府为了实现一定的经济和社会目标而对产业的形成和发展进行干预的各种政策的总和。干预包括规划、引导、促进、调整、保护、扶持、限制等方面的含义，如对高耗能产业的限制，对现代服务业的鼓励等，是有效调整和优化产业结构，提升产业素质，保持国民经济持续、快速、健康发展的重要手段。

2．时空调配

时空调配包括时间上的调配和空间上的调配两种。例如，国家粮库对粮食的储备，是时间上的调配；而国家对我国香港地区畜禽肉类的供应保障，则属于空间上的调配。

3．宏观调控

宏观调控（简称宏调）是政府运用政策、法规、计划等手段对经济运行状态进行调节和干预以保证国民经济的持续、快速、协调、健康发展，如政府对房地产市场的调控：限贷、限购、征税等措施。

4．可持续性

可持续性是指一种可以长久维持的过程或状态。例如，大型水利设施建设，就是提高防洪抗旱的能力，保障农业生产的顺利进行；城市建设中投入光纤建设，就是提高上网速度和降低流量成本，有利于城市的可持续发展。

三、特殊价格

1．石油价格

石油是一种特殊商品，世界石油主要产自中东一些国家，石油输出是这些国家国民经济主要的收入来源。世界石油价格下降的时候，石油输出国的收入减少，于是就通过增加产量来增加收入，石油价格就会越来越低；当石油价格上涨的时候，他们的收入增加，于是就通过减少产量维持石油的高价格，结果导致石油价格越来越高。石油与其他商品不同，价格的杠杆作用刚好与正常商品相反，所以出现了欧佩克（OPEC）石油输出国组织专门来协调石油的价格问题。

2．政府补贴

政府补贴是指一成员方政府或任何公共机构向某些企业提供的财政捐助以及对价格或收入的支持，以直接或间接增加从其领土输出某种产品或减少向其领土内输入某种产品，或者对其他成员方利益形成损害的政府性措施。

政府补贴的结果就是使价格偏离价值。例如，我国在一定时期为鼓励产品出口创汇而采取的退税政策，实际上就是对出口商品的一种补贴。日本对农民耕种土地的补贴，实际上也是对粮食生产的补贴。受补贴的产品就成为特殊商品，如北京地铁曾经的 2 元票价，每年政府补贴超百亿元。

3．文物古董

文物古董具有稀缺性和不可再生性的特点，由于有极高的研究和收藏价值，一些文物古董可以说是无价之宝，很难用价格准确衡量，所以文物古董是一种特殊商品。

4．房价

房价居高不下，因为房子是特殊的商品。房价高不一定是其价值高。由于通货膨胀比较严重，有钱的消费者担心钱越来越不值钱，办企业难，做生意难，存银行不划算（银行利息抵不上通货膨胀），炒股风险大，买黄金也不一定保值、增值，只有买房相对比较有保障，因此全民买房，推动了房价的上涨，所以说房子是最特殊的商品。

任务二　商品的定价目标及影响因素

一、商品的定价目标

门店通过对商品价格的制定来实现连锁企业的总体目标，门店的定价目标则由门店的市场定位来决定。

1．以利润为定价目标

利润目标是门店定价目标的重要组成部分，获取利润是门店生存和发展的必要条件，是门店经营的直接动力和最终目的。门店以追求利润的最大化为目标，无论提价还是降价均以最大利润为准则。但追求最大利润并非就是简单实行高价格的定价策略，也并不等于追求眼前利益的最大值，而是长期利益的最大化。

2．以市场占有率为定价的目标

以市场占有率为定价的目标是指在保证一定利润水平的前提下，谋求某种水平的销售量或市场占有率而确定的目标。以销售额为定价目标具有获取长期较好利润的可能性。采用销售额目标时，确保门店的利润水平尤为重要，销售额和利润必须同时考虑。因为某种产品在一定时期、一定市场状况下的销售额由该产品的销售量和价格共同决定，销售额的增加，并不必然带来利润的增加。有些门店的销售额上升到一定程度，利润就很难上升，甚至销售额越大，亏损越多。因此，对于需求的价格弹性较大的商品，降低价格而导致的损失可以由销量的增加而得到补偿，因此门店宜采用薄利多销策略，保证在总利润不低于门店最低利润的条件下，尽量降低价格，促进销售，扩大盈利；反之，若商品的需求的价格弹性较小时，降价会导致收入减少，而提价则使销售额增加，门店应该采用高价、厚利、限销的策略。

3．以维持门店的生存为目标

当门店经营不善，或由于市场竞争激烈、顾客需求偏好突然变化时，会造成产品销路

项目五　商品定价管理

不畅，大量积压，资金周转不灵，甚至面临破产危险时，"维持生存"就可能成为企业的短期目标，以度过困境。在这样的背景下，门店对经营商品定位的原则是只要能弥补可变成本，如进货成本、营业成本、流通成本等非固定成本，以使门店能生存下来。当然，门店经营的长期目标还是要获得发展。

二、影响商品定价的因素

在实际的门店经营过程中，商品定价要考虑的因素有很多，但大致可分为主体因素、成本因素、环境因素。

1．主体因素

主体因素是指影响定价的门店自身因素，包括两个方面。

（1）门店管理层制定的销售目标。门店引进某一商品后，首先要决定它销售的目标，是谋求最大的市场占有率，还是利润的最大化。如果是追求市场占有率，则定价宜偏低；若追求利润最大化，则定价相对要高些。

（2）门店的经营策略，即该商品在当前门店的销售策略中是属于诱导性商品、观赏性商品还是销售性产品，然后决定价格。如果属于前二者，定价则偏低；属于后者则定价偏高，并考虑门店的毛利率目标。

2．成本因素

成本指的是反映商品在生产和流通过程中物质耗费的补偿，以及新创造价值的分配，一般包括生产成本、流通费用、管理成本、税金和利润5个部分，用公式可以表示为：

$$价格＝生产成本＋流通费用＋管理成本＋税金＋利润$$

（1）生产成本。在商品价格构成诸要素中，它是最基本、最主要的因素。它的大小，在很大程度上反映商品价值量的大小，并同商品价格水平的高低成正比。

（2）流通费用。同一商品，进货渠道不同，成本也不同，进货渠道越长，商品的流通费用就越高。另外，不同的生产厂家其供货价格也是不一样的，所以进货时最好向产地和生产商直接采购，同时开发总经销商总代理，缩短产品进货渠道。

（3）管理成本。门店实行的是薄利多销的经营理念，表面上依靠价格进行竞争，实质上是各个企业管理水平的竞争。谁的管理做得好，谁的营业成本就低，谁的利润空间就大，价格就越有弹性。

（4）税金和利润。税金和利润是构成商品价格中盈利的两个部分。税金是国家通过税法，按照一定标准，强制地向商品的生产经营者征收的预算缴款。按照税金是否计入商品价格，可以分为价内税和价外税。利润是商品价格减去生产成本、流通费用和税金后的余额。按照商品生产经营的流通环节，可以分为生产利润和商业利润。

不同类型的价格，其构成的要素及其组合状态也不完全相同。例如，工业品出厂价格是由产品的生产成本加利润、税金构成；工业品的零售价格由工业品批发价格加零售企业的流通费用、利润、销售税金构成。这两种价格的各个要素所占的比例也略有不同，如工业品出厂价格中利润所占的比例一般要高于工业品零售价格中的利润比例。

商品的零售价格可以用公式表示为：

零售价格＝商品进货成本＋运输成本＋包装成本＋营业费用＋损耗＋税金＋利润

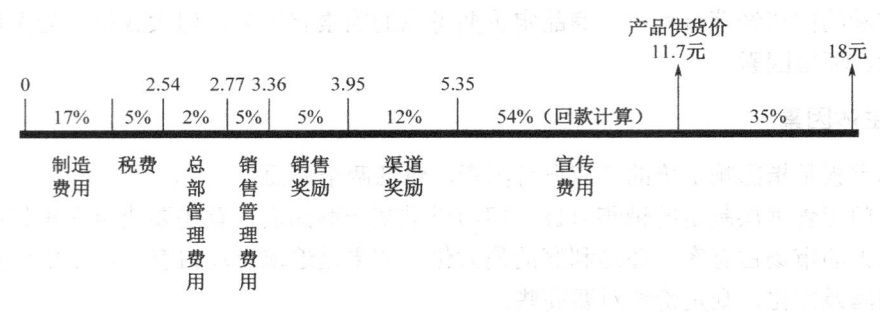

阅读材料

某商品的零售价格组成

某商品的零售价格组成如图 5-1 所示。

图 5-1 某商品的零售价格组成

3. 环境因素

（1）市场供求状况。商品的价格是由市场的供求状况决定的。如图 5-2 所示，假设市场均衡价格（整个市场供给等于需求时的价格）为 P_1，当市场需求减少，即需求曲线从 D_1 移至 D_2，市场价格为 $P_2 < P_1$；反之，$P_2 > P_1$，供需平衡如图 5-2 所示。

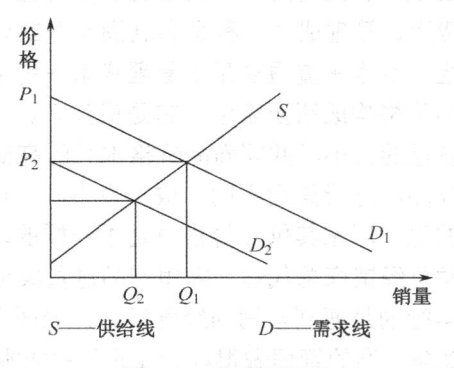

图 5-2 供需平衡图

（2）消费者因素。消费者对不同商品的感受是不同的，即消费效用是不同的，若消费者的期望价值大于门店的定价，则该商品畅销，还有提价的空间；反之，则该产品滞销。商品定价的幅度，上限是消费者的期望价值，下限是商品的成本。

（3）竞争者的价格动向。价格是竞争对手相互关注的焦点和竞争的主要手段，竞争对手的任何一次价格制定和调整都应该被看成挑战，必须引起关注并采取相应的策略，适度跟进，才能使自己更具竞争力。

（4）季节变化的因素。在季节更替时，商品也随着改变。例如，夏季来临，冷饮上场；冬季来时，火锅因应。商品计划人员应了解季节的变化，并借此掌握消费者的需求。要注意的是，季节性商品的推出应把握最好时机，如秋冬变化之际，第一波寒流来临时，适时推出火锅商品，必定会有不错的销售业绩，因为此时消费者的需求较高，如推出太晚，当消费者已被喂饱了，需求的频度已降低才来推出，销售的契机就已丧失。

此外，在季节更替时初推出的商品，其售价应酌予降低，借以吸引消费者的注意。

（5）气候变化的因素。我国幅员辽阔，气候的变化非常大。尤其在夏季时，应特别注意季风动向的变化。

（6）经济和法律因素。主要指企业所处的社会和经济环境，如银行利率、通货膨胀、国民经济运行状况等，都会影响供应商成本和消费者的需求，经济状况好的情况下，消费者收入增多，需求也就旺盛。另外，政府的有关法律，如对商品价格的限制等，都会影响企业的价格制定。

任务三　商品定价

一、商品定价理论

1. 利润产生原理

通过前面的学习可以得知，商品利润的产生源于价格与成本之差，作为整体经营而言，利润应该是收入减去支出，具体可以分解为 3 个层次。第一层次可以分解为利润等于销售收入与成本之差；第二层次可以分解为销售收入等于销量与价格之积，而成本等于变动成本与固定成本之和；第三层次可以分解为变动成本等于单位变动成本与销量之积。利润产生原理如图 5-3 所示。

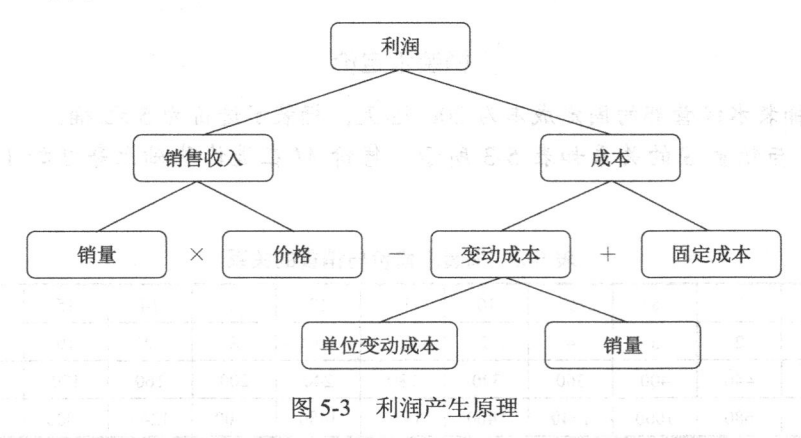

图 5-3　利润产生原理

2. 影响利润的因素

根据利润产生原理可知：

$$利润 = 销售收入 - 销售成本$$
$$= 售价 \times 销量 - (进价 \times 销量 - 固定成本)$$
$$= (售价 - 进价) \times 销量 - 固定成本$$

所以影响利润的因素有 4 种：售价、进价、销量、固定成本。

在固定成本与进价相对不变时，变量只有售价和销量，利润受价差和销量的双重影响，有时受价差的影响较大,有时受销量的影响较大,而销量也受售价的影响,即销量与售价是函数关系,用公式可表示为:销量=f(售价)。

3. 利润与价格的关系

一般而言,销量是售价的减函数,即售价增加销量减少,受传统薄利多销观念的影响,往往会认为降低价格、提高销量、增加利润是顺理成章的事,但有时提高价格反而会增加利润,降低价格却会降低利润,因为有时差价对利润贡献起主导作用。

例如,某商品的进价 $N=100$ 元/个,每天场地租金为 200 元,人工费为 150 元,水电费等为 50 元,则固定成本 $C=400$ 元。售价 M,销量 S,销售收入 $A=MS$,变动成本 $W=N\times S$,成本 $B=W+C$,则利润 $P=A-B=N\times S+C=(M-N)\times S-C$。当售价为 120 元/个时,销量为 20 个,利润为 0 元,每天盈亏平衡;当售价为 110 元/个时,销量为 25 个,每天亏损 150 元;当售价为 140 元时,销量 15 个,每天盈利 200 元。

利润与售价的关系如表 5-2 所示。

表 5-2 利润与售价的关系

售价 M(元/个)	销量 S(个)	销售收入 A(元)	固定成本 C(元)	单位变动成本 N(元)	变动成本 W(元)	成本 B(元)	利润 P(元)
120	20	2400	400	100	2000	2400	0
140	15	2100	400	100	1500	1900	200
110	25	2750	400	100	2500	2000	150

阅读材料

桶装水定价

假设某桶装水经营部的固定成本为 200 元/天,桶装水进价为 5 元/桶。

售价 M 与销量 S 的关系如表 5-3 所示,售价 M 在进价基础上每增加 1 元,销量 S 减少 40 桶。

表 5-3 桶装水售价与销量的关系

M/元	6	7	8	9	10	11	12	13	14	15	16	17
X/元	1	2	3	4	5	6	7	8	9	10	11	12
S/桶	480	440	400	360	320	280	240	200	160	120	80	40
Y/元	280	680	1000	1240	1400	1480	1480	1400	1240	1000	680	280

求利润最大定价。

解:

设进价基础上增加 X 元,则 $X=M-N$,则日均销量 $S=480-40(X-1)=520-40X$
由于 $X>0$,且 $520-40X>0$,即 $0<X<13$,于是得:
利润 $Y=(M-N)\times S-C$
$\quad\quad =X\times(520-40X)-200$
$\quad\quad =-40X^2+520X-200$ ($0<X<13$)(一元二次方程)

项目五 商品定价管理

求此方程的最大值，即一阶导数等于 0 时的 X 值。解得，在 $0<X<13$ 的情况下，当 $X=6.5$ 时，Y 有最大值，此时单价 $M=11.5$ 元，也就是说当桶装水定价为 11.5 元/桶、销量为 260 桶时，每天利润 1490 元为最大值。

桶装水定价曲线如图 5-4 所示。横坐标为销量 S，纵坐标为利润 Y，曲线代表利润 $Y=-40X^2+520X-200$ 函数。当 $X=6.5$ 时，Y 值最大。

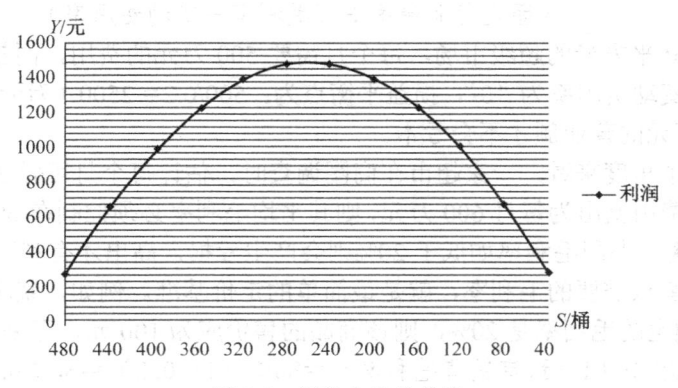

图 5-4 桶装水定价曲线

由此可见，利润是售价的一元二次方程，而且开口朝下，利润存在最大值。

（资料来源：黄权藩. 品类管理：教你如何有效定价. 北京：机械工业出版社，2013）

二、商品定价基础

1. 价格带

价格带是指超级市场中某一类商品的销售价格由低到高形成的一条价格幅度，即小类商品价格下限到上限的价格区域，其中销售量或陈列量最多的某一价位，称为中心价。价格带主要是根据市场需求情况来决定的，它的确定是为了使顾客对商品群的选择有一个明确的目标。例如，各种牌子的牙膏，其中最高价格为 18 元，最低价格为 3.5 元，那么就称这是一价格带为 3.5～18 元的商品群。

2. 价格线

商品的价格线是由商品价格带中的商品高、中、低价格集合而成的，一般由企业所确定的目标顾客收入来决定，反映了价格带上各价格的分布。在上例中把牙膏这一商品群价格细分为：高价 12～18 元；中价 7～11 元；低价 3.5～6 元。那么这 3 个价格层次的商品比例就构成了价格线，表示为：高价占 30%；中间价占 40%，低价占 30%。

商品价格带与价格线的合理确定，一方面可以使超市商品的立场清晰，目标明确；另一方面可以使顾客对超市商品的选择立场分明。这也是现代连锁企业在商品管理、分类陈列经营模式下定价的基础。

三、商品定价步骤

1. 确认定价目标

前面介绍了门店商品定价的 3 个目标，即以利润为目标、以市场占有率为目标和以维持门店生存为目标。例如，以利润为目标，那么定价的目的是要赚取利益，故其价格拟定必然要考虑到利益的回收，亦即应先找出利润目标。但要如何来找出这个目标呢？可从"损益平衡点"的观念来着手，其公式为：

损益平衡点＝固定营业费用÷（1—变动成本÷销货净额）
　　　　　＝固定营业费用÷（1—成本率）
　　　　　＝固定营业费用÷（毛利率—变动费用率）

假设一家 400 平方米的超级市场，每个月需要 500 万元的费用，而超级市场平均的毛利率有 20%，且变动费用率为"0"，损益平衡点为：500/0.2＝2500（万元），亦即该超市每个月要做 2500 万元的营业额才不会亏本。

如果从另一个角度来看，一家超市在商圈调查时，估计每个月可做 3000 万元的生意，而该超市估计的费用支出为每月 600 万元，则其平均毛利率必须控制在 600 万元/3000 万元＝20%，才算平衡，亦即毛利率如低于 20%则会产生亏损，高出才有利润。

而此损益平衡点需要的毛利率，就是最简单的定价基准。例如，某项商品的进货成本是 80 元，我们预定的毛利率是 20%，则该商品的售价应为 100 元，可采用以下公式：

售价＝购入成本÷（1—预定销售毛利率）＝80÷（1—0.2）＝80÷0.8＝100（元）

若改用传统的成本加成的算法，则可能得出来的毛利率会降至 16.67%，其算法如下：80＋（80×20%）＝80＋16＝96（元）；其毛利率变成（96—80）÷96＝16.67%而非 20%。

商品计划人员在为商品定价时，一直要在脑海里存有这个定价目标，碰到竞争或消费者无法认同这个加价率而必须削价时，一定要想办法提高其他敏感度较低的商品的售价或降低进价，以弥补亏损。总之，整体的定价目标要高于损益平衡所需的毛利率目标，才能获取利润。

2. 确认真正的成本

要找出商品真正的原价，首先必须对"步留率"有所了解。步留率源自日本，由于中国尚未找到较合适且足以诠释其意义的用语，在此只有先予延用。步留率大多用于生鲜食品，意指生鲜食品经处理后，可贩卖的部分与原有全部的比率。例如，100 千克的高丽菜，经去外叶后，所留下来可以贩卖的只有 80 千克，则 80÷100%＝80%，其步留率就是 80%。

超市各部门的经营者，都必须对蔬菜、水果、鲜鱼、肉类的步留率有深入的了解，如此，在定价时才不会出错。步留率虽然亦可参考相关单位或同业，但在经营的过程中，仍要不断地印证。例如，门店每天销售的吴郭鱼，进货重量为 80 千克，在经过去鱼鳞、鱼肚等工序处理后剩 65 千克，则步留率＝65/80×100%＝81.25%。

经过一段时间的总计后，就可以算出其平均值，这个平均值就是计算原价的依据。如上述的吴郭鱼例子，80 千克的进价花了 2000 元，进价每千克为 2000÷80＝25（元），但实际上可以卖给消费者的只有 65 千克，所以真正的原价是 2000÷65＝30.77（元）。

如用步留率求出原价，则其公式为原价＝进价÷步留率＝25÷0.8125＝30.77（元），通常在每日进货后，都一定要先将进价换算成原价，这样才不会在设定卖价时亏本。

至于干货，很多厂商为促销其商品，也有很多折让办法。例如，某碳酸饮料每箱（24 瓶）的牌价是 300 元，在促销期间的优惠如下：① 10 箱以上，每 10 箱送 1 箱；② 30 箱以上，每箱折让 5 元；③ 50 箱以上，每箱折让 10 元；④ 100 箱以上，每箱折让 20 元。

某超市大量采购，进货 100 箱，则其原价应是（100×300—100×20）÷100＋10（搭赠）＝（30000—2000）÷110＝254.5（元/箱）。

项目五 商品定价管理

该碳酸饮料小量进货的成本每罐是 300÷24＝12.5（元），大量进货后，每罐的成本为 254.5÷24＝10.6（元）。

这个价格就是前面所说的成本容许值。在没有竞争的情况下，依正常的加价率，如仍以前述的二成来计算，则 12.5÷0.8＝15.6（元），可设定在 16 元，在碰到竞争时，最低的价格不应再低于 10.6 元，如果该项商品定价仍无法与同业竞争只有另觅他途。

3．分析环境的因素

价格制定时，除了要了解自己本身的状况外，对自己的定价目标、产品的原价及随时在变化的四周环境，也要有很高的敏感性。影响商品价格的因素如前所述，其中最主要的是要分析竞争者的价格。

4．找出消费者心目中的价格带

消费者在购买东西时，对各种商品都有其认知的价格，也就是消费者所能接受的价格范围，此即价格带。例如，消费者认知的柳丁价格每千克不应超过 20 元，柑橘应在 20～30 元，芒果应在 80 元以下，若在这些价格带以上，这些产品可能就很难被接受。

例如，因泰国榴莲盛产，价格降低，以往一个榴莲 2～3 千克，每个在超级市场卖到 80～100 元。今年某家超市把握了契机，乘机办了榴莲的促销活动，以每个 30～50 元的价格出售，结果平常平均每天只能卖出 1～2 个的榴莲，促销期间，每天可卖出 20～30 个。之所以有这种业绩，主要是因为消费者已认知榴莲的价格带在每个 80 元左右，现在价格带降低，使消费层面扩大。

商品计划人员在规划商品时必须要根据消费者来规划价格带，让消费者有物超所值的感觉，这样销售的速度才会加快。

5．选择定价方法

定价方法将在下一部分内容中介绍。

阅读材料

访查竞争者的价格

对竞争对手的价格进行调查称为"访价"，这是设定价格最好的依据。在步入竞争导向的时代里，几乎已没有什么才是"合理的价格"，有的只是"竞争的价格"。

在做访价活动时，不仅要了解同业的售价，有时甚至要了解相近业态的售价；如超市必须了解量贩店、零售店等的卖价。通常超市都有固定的人员在做这项工作，但从事商品计划的人员，亦须时常到其他超市或零售店去比较，一方面了解价格，一方面也可发现一些自己尚未引进的商品，并观察出业态或商品的走势。

访价不仅要对末端的零售价格进行了解，在生鲜食品方面，对于果菜、鱼肉等市场的进货状况、拍卖行情，毛猪的牌价等都要设法去取得，以作为定价的依据。

有了同业的价格后，如果不想引起削价竞争，则应参考多数同业的价格来定价，如果在品质或鲜度上较别家超市特殊，则因价值较高，售价也可稍为拉高。

如果从访价或竞争的角度来看，就没有什么价格政策可言了，但商品计划人员仍要以同业的售价与自己的进价做比较，如低于我们的定价目标，则显示可能是我们的进货价格太高或我们的费用率太高，这些都值得检讨。

四、商品定价方法

（一）成本导向定价法

1．售价加成定价法

售价加成定价法是以商品的最后销售价为基数，再按销售价的一定百分率来计算加成率，最后得出商品的售价。计算公式为：

$$单位产品价格＝单位产品成本/（1－加成率）$$

例如，某种产品的单位产品成本为100元，加成率为20%，则单位产品成本价格为：

$$单位产品价格＝100/（1－20\%）＝125（元）$$

对门店来说，此种方法更容易计算商品销售的毛利率（毛利率即为加成率）；而对于消费者来说，在售价相同的情况下，用这种方法计算出来的加成率较低，更容易接受。

2．目标收益定价法

目标收益定价法又称投资收益率定价法，是指先按企业的投资总额确定一个目标收益率，然后按目标收益率计算目标利润额，再根据总成本计划销售量和目标利润额算出商品价格。其计算公式为：

$$商品定价＝商品成本×（1＋目标收益比率）$$

例如，一个成本为50元的儿童玩具，设定的利润率为20%，则按目标收益定价法：

$$单价＝50×（1＋20\%）＝60（元/只）$$

优点：可以保证实现既定的目标利润，从而实现既定的目标收益率。

缺点：只考虑生产者的利益，没有考虑竞争情况和需求的实际情况。

（二）需求导向定价法

需求导向定价法是以需求为中心的定价方法，即定价时不是简单地只考虑商品的成本，以成本为依据，而是以消费者对商品价值的理解和认识程度为依据。

1．理解价值定价法

理解价值也称感受价值和认知价值，是指消费者对某种商品价值的主观评判。理解价值定价法是指企业以消费者对商品价值的理解度为定价依据，运用各种营销策略手段，影响消费者对商品价值的认知，形成对企业有利的价值观念，再根据消费者心目中的价值来制定价格的方法。

运用理解价值定价法的关键和难点是获得消费者对有关商品价值的准确资料。企业如果过高地估计消费者的理解价值，其价格就可能过高，难以达到应有的销量；反之，若企业低估了消费者的理解价值，其定价就可能低于应有水平，使企业收入减少。因此，企业首先必须通过广泛的市场调研，了解消费者的需求偏好，根据产品的性能、用途、质量、品牌、服务等要素，判定消费者对商品的理解价值，制定商品的初始价格。然后，在初始价格条件下，预测可能的销量，分析目标成本和销售收入，在比较成本与收入、销量与价格的基础上，确定该定价方案的可行性，并制定最终价格。

例如，某地有一商店购进了少量中高档女外套，进价为580元一件。该商店的经营者见这种外套用料、做工都很好，色彩、款式也很新颖，在本地市场上还没有出现过，于是定出1280元一件的高价，居然很快就销完了。

2．需求差异定价法

需求差异定价法是指同一产品的价格差异并不是因为产品成本的不同而引起的，而主要是由消费者需求的差异所决定的，对于具有不同购买力、不同需求强度、不同购买时间或不同购买地点的顾客，可根据他们的需求强度和消费感觉的不同，采取不同的定价。这种定价方法，对同一商品在同一市场上制定两个或两个以上的价格，或使不同商品价格之间的差额大于其成本之间的差额。其好处是可以使企业定价最大限度地符合市场需求，促进商品销售，有利于企业获取最佳的经济效益。

（1）以顾客为基础的差别定价，如会员和非会员、零星购买和集体购买。

（2）以商品的外观、式样、花色等为基础的差别定价，如某商品的新款式和旧款式的价格差异。

（3）以地区为基础的差别定价，如本地水果和非本地水果的价格差异。

（4）以时间为基础的差别定价，如季节蔬菜和非季节蔬菜的价格差异。

（三）竞争导向定价法

连锁门店最主要的特点是薄利多销，因此，同样两个超市，谁的价位偏低，顾客就选择谁。在商品定价之前，对于销售量大、周转速度快的一些日常用品，经营者会在进行市场调查的基础上，参照竞争对手的定价，而不考虑商品成本或需求的变化，制定尽量等于或小于该种商品的平均市场价格，在消费者心目中树立物美价廉的形象。

（1）跟随市场（随行就市）定价法。根据同类超市的价格水平定价。

（2）追随领导者企业定价法。以同行业中实力最雄厚或影响最大的企业的价格为基础定价。

（3）收支平衡与变动成本定价法。每增加一个单位的商品销售，就能多做出一份用来补偿固定成本的贡献的定价方法则是变动成本定价法。

（四）商品成本、需求、竞争相结合的定价方法

商品成本、需求、竞争相结合的定价方法是对于超市商品的定价，从实际操作来说，将成本定价、需求定价、竞争定价3种方法结合起来运用的方法。

以上介绍的连锁超市的定价方法都是商家经常采用的，随着连锁超市的不断普及，新的定价方法也会层出不穷。经营者一定要不断总结经验，充分发挥价格这把金钥匙的作用，使门店经营业绩更上一层楼。

阅读材料

门店商品的毛利率

"毛利率"的概念是建立在"毛利"概念的基础之上的。毛利是"净利"的对称，又称

"商品进销差价",是商品销售收入减去商品进价后的余额。

某特定时期内的净利/纯利＝该时期内的毛利－该时期内发生的相关支出（包括折旧）

毛利率＝（销售收入－销售成本）/销售收入×100%

毛利是商品实现的不含税收入剔除其不含税成本的差额。因为增值税是与价税分开的，所以特别强调的是不含税。

（1）毛利率计算的基本公式是：毛利率＝（不含税售价－不含税进价）÷不含税售价×100%。

（2）不含税售价＝含税售价÷（1+税率）。

（3）不含税进价＝含税进价÷（1+税率）。

（4）从一般纳税人处购入非农产品，收购时取得增值税专用发票，取得17%的进项税税额，销售按17%交纳销项税税额。

（5）从小规模纳税人处购进非农产品，其从税务局开出增值税专用发票，取得4%的进项税税额，销售按17%交纳销项税税额。

（6）从小规模纳税人处购进非农产品，没有取得增值税专用发票，销售时按17%交纳销项税税额。

（7）总的来说，增值税是一种价外税，它本身并不影响毛利率，影响毛利率的是不含税的进价和售价。要正确计算毛利率，只要根据其商品的属性，按公式换算成不含税进价和售价就可以了。

例如，已知某商品不含税进价为13.5元，不含税售价为15元，毛利率＝（15－13.5）/15×100%＝10%。

传统的杂货店或市场，其定价的方法为"买打卖罐"。例如，A酱油一打的进价是200元，则每罐卖20元，我们可以算出其总售价为20×12＝240（元），毛利率为（240－200）÷240＝16.6%。这种定价起因于当时市场的价格全由厂商主导，而零售店与消费者只能被动地接受。

渐渐地步入消费导向的时代后，市场上渐渐有了比较，结果有些零售店为了增加竞争力，就把大品牌或畅销的商品稍微降价，而将消费者较不敏感的商品酌予调升。如上述A酱油为大品牌则可能以19元一瓶销售，而小品牌的B酱油也许一打的进价只要170元，每瓶原以17元销售卖出，而此时可能调整为18元，此时A品牌的一打总价为19×12＝228（元），而毛利率为（228－200）÷228＝12.3%，至于B品牌其一打的售价为18×12＝216（元），毛利率为（216－170）÷216＝21.3%。

至于生鲜食品，其传统的定价方法为"公斤买市斤卖"，如1公斤用50元买的水果，则一市斤卖50元，此时其每市斤的进货成本为50×0.5＝25（元）（1市斤等于0.5公斤），其毛利率为（50－25）÷50＝50%。

乍看之下，似乎毛利率很高，但由于果菜具有分级包装不易、不易保存、容易腐败的特性，在设定价格时，如果没有设定这么高的毛利，可能会亏本。

一般而言，果菜因需处理，去外叶、去头、去皮或买进时斤两不足，其可用部分大约只有原先的八成，故其进货成本应先加上二成，即我们用一公斤的价格，实际上只买进了0.8公斤的货，如一公斤用100元买入，则其实际成本应是100÷0.8＝125（元）。如果用传统方法去卖，每市斤卖100元，而一市斤的实际成本为125×0.5＝62.5（元），即其毛利率实际仅有（100－62.5）÷100＝37.5%。由于以此价格出售，仍可能会有卖不出去的损失，

项目五 商品定价管理

故定这样的毛利率还算是合理。

连锁超市的经营理念一般是薄利多销，为了吸引顾客，门店可以控制一个较低的毛利率，但并非各种商品均按相同的低毛利率加成出售。可以对所经营的商品划分类别，不同类别的商品按不同的毛利率加成，最终其综合毛利率较低。例如，30%的商品品种按进价出售，20%的品种在进价上加成5%出售，30%左右在进价上加成15%出售，20%的品种在进价上加成20%出售，其综合毛利率为 $30\% \times 0 + 20\% \times 5\% + 30\% \times 15\% + 20\% \times 20\% = 9.5\%$。这种定价策略的优点在于前两类适用于消费者使用量大、购买频率高、受欢迎的商品，按进价或低于进价出售，用于吸引顾客，树立企业形象，而后两类则为企业带来利润。

课后训练

一、填空题

1．商品价格的表现形式是_____。
2．从经济学的角度来讲，商品价格包含4层含义，一是_____；二是_____；三是_____；四是_____。
3．商品是_____和_____的统一。
4．商品价值的影响因素主要是商品的_____和商品的_____。
5．商品价格体现商品价值要符合两个条件，一是_____；二是_____。
6．商品利润的产生源于_____与_____之差。
7．影响利润的因素有4种：_____、_____、_____、_____。
8．某超市的熟食在晚上8:30以后以半价销售，属于_____。
9．理解价值是指消费者对某种商品价值的_____。
10．商品定价的基础是_____和_____。

二、判断题

1．在门店商品定价中，提价会导致销量下降，进而减少利润。　　　　　　　　（　　）
2．一件成本为120元的衣服，设定的利润率为20%，按目标收益定价法，其定价应为144元。　　　　　　　　　　　　　　　　　　　　　　　　　　　　　　　（　　）
3．以商品的最后销售价为基数，再按销售价的一定百分率来计算加成率，最后得出商品的售价，称为目标收益定价法。　　　　　　　　　　　　　　　　　　　　（　　）
4．北京地铁实行2元票价是因为其运营成本低。　　　　　　　　　　　　　（　　）
5．一般情况下，价格围绕价值上下波动。　　　　　　　　　　　　　　　　（　　）
6．已知某商品不含税进价为800元，含税售价为990元，增值税税率为10%，其毛利率为11.1%。　　　　　　　　　　　　　　　　　　　　　　　　　　　　　（　　）

三、简答题

1．简述价格的微观杠杆作用。
2．简述价格的宏观杠杆作用。
3．简述商品定价的目标。
4．简述商品定价的成本因素。

5．简述商品定价的方法。

四、技能训练

分析连锁超市某商品的价格带。

要求：（1）分析门店的目标顾客、经营定位。

（2）选取相应的商品进行价格分析，如牙膏、奶粉、饮料等，并画出分析图。

（3）总结此类商品价格带的特点，对商品采购提出建议。

举例：湖南长沙麦德龙超市白酒的价格带分析。

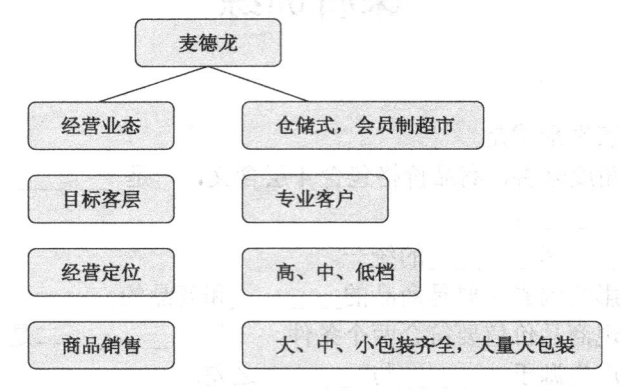

1．麦德龙超市的目标客户

麦德龙超市的目标客户如图 5-5 所示。

图 5-5　麦德龙超市的目标客户

2．麦德龙超市白酒的价格带分布

麦德龙超市白酒的价格带分布如图 5-6 所示。

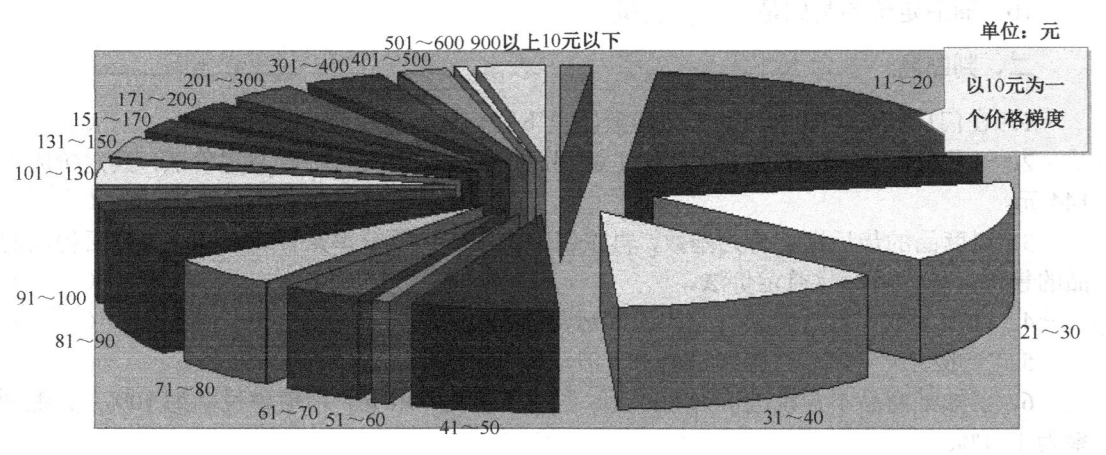

图 5-6　麦德龙超市白酒的价格带分布

3．麦德龙超市白酒的价格带分析

麦德龙超市白酒的价格带分析如图 5-7 所示。

项目五　商品定价管理

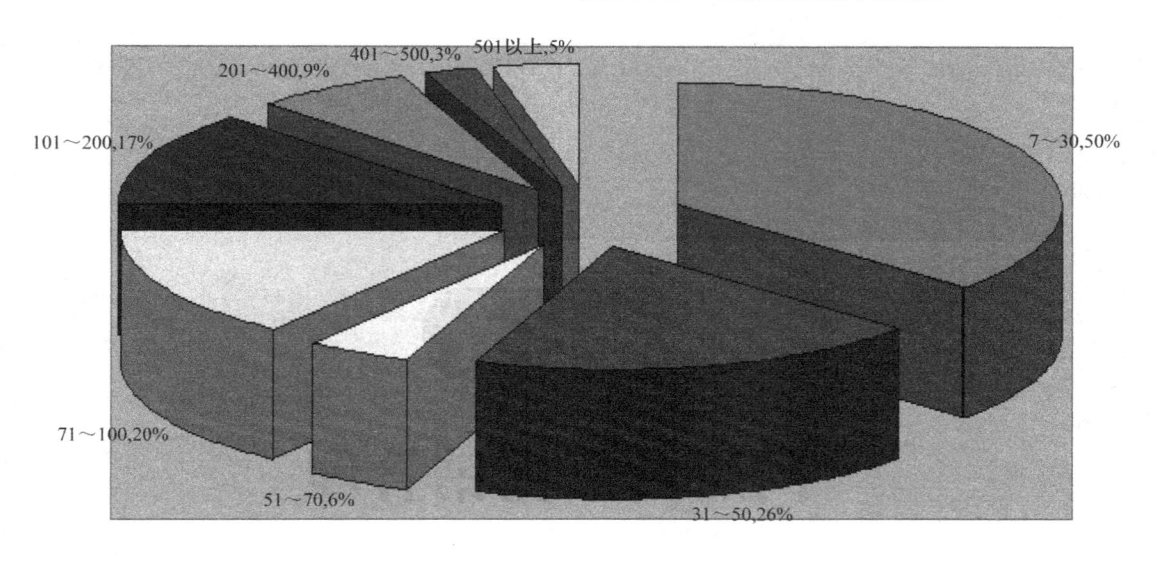

图 5-7　麦德龙超市白酒的价格带分析

根据以上数据，我们得知：
（1）商品价格线（省略）共 136 条。
（2）最低价格：7 元；最高价格：919.9 元。
（3）商品相对集中的价格区间（从图 5-7 中可看出）分为 8 个区间：7～30 元，50 个；31～50 元，26 个；51～70 元，6 个；71～100 元，20 个；101～200 元，17 个；201～400 元，9 个；401～500 元，3 个；501 元以上，5 个。

对各个价格区间的商品进行分析得出：麦德龙超市白酒的价格主要集中在 7～30 元、31～50 元及 71～100 元、101～200 元 4 个价格段。

4．麦德龙超市的目标客户对商品包装的要求

麦德龙超市的目标客户对商品包装的要求如图 5-8 所示。

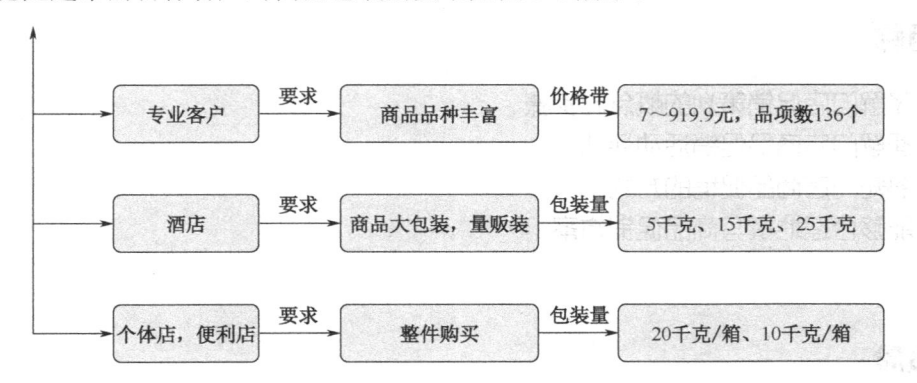

图 5-8　麦德龙超市的目标客户对商品包装的要求

5．根据以上分析结果提出白酒的采购建议。白酒的采购量集中在 7～30 元、31～50 元及 71～100 元、101～200 元这 4 个价格段；结合卖德龙超市的目标客户主要是酒店、便利店等批发企业，因此包装规格以 5 千克、10 千克、15 千克、20 千克、25 千克为主。

项目六

门店商品促销管理

> 科技为企业提供动力,促销为企业安上了翅膀。
>
> ——美国 IBM 公司创始人沃森

学习目标

- 了解门店促销策划的概念和步骤
- 理解门店商品促销活动评估
- 熟知门店商品促销的方式
- 能够合理地撰写商品促销方案

关键概念

营业推广　人员促销　广告促销　公共关系促销　促销评估

项目六　门店商品促销管理

体系结构

门店商品促销管理
- 门店商品促销活动策划
  - 认识门店促销
  - 门店促销策划的步骤
- 门店商品促销活动方式
  - 营业推广
  - 人员促销
  - 广告促销
  - 公共关系促销
- 门店商品促销活动实施
  - 人员方面
  - 促销商品方面
  - 广告宣传方面
  - 卖场氛围布置
- 门店商品促销活动评估
  - 促销评估的目的
  - 促销评估的内容

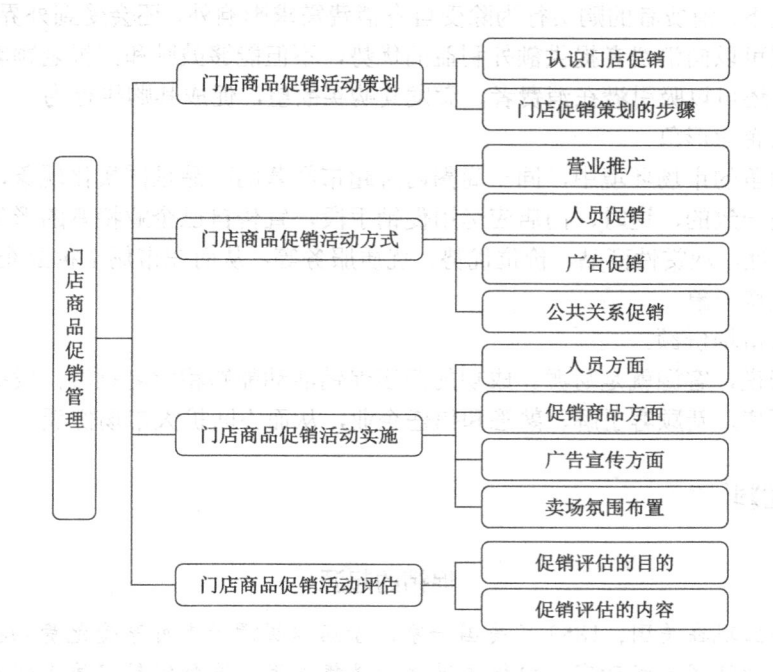

任务一　门店商品促销活动策划

门店促销，在一定时期内可扩大企业的营业额，稳定既有顾客，并吸引新老顾客，对提升企业形象、提高连锁业知名度有重要意义。据统计，上海连锁企业中，有50%～70%的销售额是由促销活动产生的。因此，促销一方面将企业的商品性能、特点与作用传递给消费者，引起其注意，激发其购买欲望；另一方面及时了解消费者对商品的看法和意见，迅速解决经营中的问题，从而密切连锁经营各分店和消费者的关系。

一、认识门店促销

1．促销的概念

促销，也称销售促进，是指企业运用各种短期诱因，鼓励消费者购买的一种销售活动。根据连锁超市的经营特点，可以将门店促销定义为：在特定时间内，门店以某种实惠、某种利益或某种机会作为短期诱因，诱导和鼓励消费者购买的销售促进活动。就促销的实质而言，它不仅仅是一种单纯的促进商品所有权转移的商业行为，也是企业与消费者的沟通行为。

2．促销的作用

（1）传递商品信息。

在商品花色品种繁多、规格形式多样、消费者选择余地增大的买方市场条件下，门店通过促销把商品信息传递给消费者，实现消费者与企业的沟通。

（2）激发消费者的购买欲望。

一般情况下，消费者的购买行为除受自身消费需求影响外，还会受到外界因素的诱导。促销正是利用可以向消费者提供额外利益的优势，不但能够鼓励和回报老顾客的重复购买和大量购买，还可以吸引潜在消费者，激发其购买欲望，促成其购买行为。

（3）树立企业形象。

在激烈竞争的市场环境中，同一商圈内各超市经营的商品呈同质化现象，消费者的选择也基本上是一致的，这时，门店应运用促销手段，宣传自己企业特有的形象，包括商品的特点、诱导性、观赏性商品，价位优势，优质服务等，从而在市场上树立企业以诚待客、优惠让利的独特形象。

（4）扩大市场份额。

对门店来说，客源就是财源。成功的门店促销活动能够稳定老顾客，发掘新顾客，使老顾客乐此不疲，新顾客了解、熟悉和信任企业，从而不断扩大市场份额。

阅读材料

促销的起源

促销最早出现在美国，1853年美国一家帽子店以买帽子者可享受免费拍摄一张戴帽子照片的优惠，招徕了大批顾客，取得了满意的销售效果。这种促销实质上就是以附带赠送的优惠，激发起消费者的兴趣，并促其产生购买行为，从而达到扩大销售的目的。如今的促销已衍生出范围广泛、形式多样、富有技巧、颇具成效的促销方式，如特价优惠、赠送优惠券、折扣优待、赠送礼品、有奖销售、售点陈列、现场演示等，包含了能在短时期内刺激需求和鼓励购买的各种手段。

（资料来源：www.5ixue.com/Article/200603/20060308000000_8625.html）

二、门店促销策划的步骤

门店商品促销是指门店通过大众媒体或在门店卖场中运用各种广告媒体，向消费者传递有关商品服务信息，促进消费者对商品和服务产生兴趣和信任，进而引起消费购买行动的促进销售活动。通俗地讲，就是在特定期间内以商品或商品以外的东西"刺激"目标群改变其购买活动的一种活动。

门店的促销活动以连锁企业总部的战略促销计划展开，促销活动是否能实现预期目标，达到促销活动的效果，关键在于是否有创意、是否周密详细。促销策划大致分为确定促销目的、选择促销时机、确定促销主题、选定促销商品、选择促销方式、确定促销预算及拟定促销方案等步骤（见图6-1）。

确定促销目标 → 选择促销时机 → 确定促销主题 → 选定促销商品 → 选择促销方式 → 确定促销预算 → 拟定促销方案

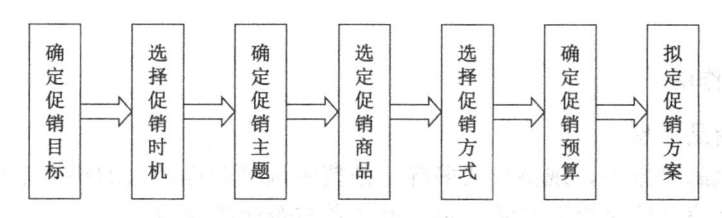

图6-1　门店促销策划的步骤

项目六　门店商品促销管理

1. 确定促销目标

在进行促销策划时，要明确具体目标，才能收到事半功倍的效果。门店进行商品促销的目的主要是提高营业额和促进商品周转。

（1）提高营业额。

营业额来自来客数与客单价，而影响来客数与客单价的因素相当多，基本上，消费者在决定是否进入门店或是否购买商品时，决策的模式相当复杂，有单纯理性型、单纯感性型、理性感性混合型，因此提高营业额应包括以下几项内容。

① 增加来客数。

消费者不上门，生意就没得做，所以来客成为门店影响业绩最重要的主因，而促销可以造成人潮，吸引入店，增加购买的客数。

② 提高客单价。

如果来客数短期间无法增加，或者顾客群过于集中，则促销的诱因可以促使消费者多购买一些商品或单价较高的商品，以提高客单价。

③ 刺激游离顾客的购买。

游离顾客进入门店，并未预设是否购物的计划，因此经由促销可以刺激游离顾客，形成购买行为。

（2）促进商品周转。

商品是连锁店的命脉，良好的商品回转，会带来良性循环，因为商品的新鲜，往往使顾客对单店留下好印象，也会对连锁店企业总部带来口碑相传的免费广告。一般而言，促进商品的周转可从三方面着手。

① 新商品上市的试用。

所谓"不怕货比货，就怕不识货"，新商品的推出，必须有消费者试用，才能找出商品在消费者心目中的地位，快速地进入市场。所以除了以广告告知外，还可以利用促销活动来鼓励消费者试用。

② 加速滞销品的销售。

滞销品会造成消费者对于商品本身产生疑虑，长期之下也可能对于连锁店产生不良的影响，因此对于滞销品以促销来加速周转。

③ 库存的清除。

对于有时效性的商品，如换季品、将逾期品、节庆商品或旧型商品，促销可助其清除库存，以免造成资金积压或损失。

2. 选择促销时机

促销时机选择是否得当，会直接影响促销的效果。促销时机选择得当，不仅会促成销售目标的实现，还可以使促销活动有机地与连锁企业的整体战略相融合。促销时机包括两个方面。

（1）促销活动的延续时间。

① 长期性促销。

时间一般为一个月以上，目的是希望塑造门店的差异优势，增强消费者对门店的向心力，以确保他们长期来店购物，不至于流失到其他门店。

② 短期性促销。

通常是3~7天，目的是希望在有限的时间内通过特定的主题活动来提高客流量及客单价，以达成预期的营业目标。短期促销活动不宜将时间拉得太长，否则会使消费者缺乏新鲜感，影响促销效果。

（2）促销活动所处的时机。

由于季节、气候、节假日不同，顾客的消费习惯和消费需求也会有很大的差异，把握好了这些时机就等于在很大程度上把握了消费需求，因此，在不同的时机采用适当的促销方式会取得非常好的效果。门店通常在以下时机进行促销活动。

① 季节。

门店以经营日常生活用品为主，季节不同会有不同的市场需求。春、夏、秋、冬四季都可以成为门店促销的好时机。通常情况下选择当季最需要的商品品类进行促销。例如，夏季以清凉性商品为重点，冬季则以保暖性商品为重点，同时考虑色调配合，其促销效果会非常显著。

② 月份。

门店销售有淡季、旺季之分，一般而言，3月、4月、7月、8月和11月是淡季。在淡季做促销工作，使淡季不淡是非常重要的，如表6-1所示。

表6-1 一年的促销活动及主题

月份	1月	2月	3月	4月
促销活动	1. 元旦迎新活动	1. 年货展销	1. 春季服装展	1. 清明节学生郊游食品节
	2. 新春大优惠	2. 情人节活动	2. 春游烧烤商品展	2. 化妆品展销会
	3. 春节礼品展	3. 元宵节活动	3. 春游用品展	
	4. 除旧迎新活动	4. 欢乐寒假	4. 换季商品清仓特价周	
	5. 结婚用品、礼品展	5. 寒假计算机产品展销	5. "三八妇女节"妇女商品展销	
	6. 年终奖金优惠购物计划	6. 开学用品展销		
	7. 旅游商品展销	7. 玩具商品展销		
		8. 家电产品展销		

月份	5月	6月	7月	8月
促销活动	1. 劳动节活动	1. 儿童节服装、玩具、食品展销及活动	1. 欢乐暑假趣味竞赛，商品展销	1. 夏末服饰清仓降价
	2. 夏装上市	2. 考前补品展销	2. 暑假自助旅游用品展	2. 升学用品展销
	3. 清凉夏季家电产品节	3. 考前用品展销	3. 父亲节礼品展	
	4. 母亲节商品展销及活动	4. 饮料类商品展销	4. CooL在7月冰激凌联合促销	
	5. 端午节商品展销及活动	5. 夏季服装节	5. 暑假计算机促销活动	
		6. 护肤防晒用品联展		

项目六　门店商品促销管理

续表

月份	9月	10月	11月	12月
促销活动	1. 中秋节礼品展销 2. 敬老礼品展销 3. 秋装上市 4. 夏装清仓	1. 运动服装、用品联合热卖 2. 秋季美食街 3. 大闸蟹促销活动 4. 金秋水果礼品展 5. 国庆节旅游产品展 6. 重阳节登山商品展 7. 入冬家庭用品展 8. 羊绒制品展	1. 冬季服装展 2. 火锅节 3. 护肤品促销活动 4. 烤肉节	1. 保暖御寒用品展销 2. 冬令进补火锅节 3. 圣诞节礼品饰品展销 4. 岁末迎春商品展

③ 日期。

一般而言，由于发薪、购买习惯等因素，消费者在一个月或一个星期中的购买力是不平衡的，月初的购买力比月底强，周末（或节日）的购买力比平日强。因此，促销活动应与日期相配合，有针对性地进行促销活动，以提升营业额。

④ 天气。

天气变化会影响客流量，而对门店来说，客流量就意味着营业额，一旦天气变差，门店的客流量就会比平日少，营业额往往会减少5%～10%。因此，在天气不好的时候，在门店促销活动中除了为消费者提供价格合理、鲜度良好的商品以外，还应该营造一个舒适的购物环境，如提供伞套、伞架、外送、防滑垫等。

⑤ 温度。

需求会随温度的变化而变化，气温升高，空调、饮料、冰品等商品的销售量就会显著上升；气温降低，火锅、冷冻食品类商品的销售量就会显著提高。门店应掌握气温的高低变化趋势，适时推出促销商品，提升销售业绩。

⑥ 重大事件。

重大事件是指各种社会性的活动或事件，如重要的政策法令出台、学校旅行、放假等，若掌握得当，常会提高超市的知名度及业绩，这些活动或事件最好能事前掌握，以利于安排促销活动，因此门店应该做到以下两点。

➢ 经常关注并及时掌握社会及商圈内的有关事件及新闻，并研究其对门店经营及消费者购物心理的影响。

➢ 若发现良好的促销事件，则立即确定促销的商品及营运部门，在最短的期限内推出促销活动以抢夺先机，塑造门店的经营特色和差异化服务。

阅读材料

杭州好又多母亲节促销活动方案

时间：5月11—12日。

一重奏：妈妈，您辛苦了！

活动内容：

当日单张购物小票满88元，即赠康乃馨一朵。（限送1000元，送完即止）

当日单张小票满188元，即赠蛋糕五折券一份。（限当日前100名顾客）

当日单张购物小票满288元，即赠8寸鲜奶蛋糕一个。（限当日前100名顾客）

当日单张购物小票满388元，即赠8寸鲜奶蛋糕一个加康乃馨一朵。（限当日前100名顾客）

备注：只限单张购物小票，不得累计，大宗团购及支票结账除外。

二重奏：妈妈生日快乐！

凡5月12日生日的妈妈们，只要您购物满30元，即可赠8寸鲜奶生日蛋糕一个。（每人限一个，领赠品时请出示身份证）

三重奏：明星脸大比拼

在活动期间，只要把你和妈妈的合影照片寄往好又多超市，就可参加"明星脸大比拼"活动，由好又多评选出最相像母女（母子）前5名，送自行车一辆。（邮寄地址：杭州好又多百货有限公司　企划部收　邮编：310007）截止日期：5月23日。

四重奏：大声公擂台赛

5月12日当天好又多举行"大声公擂台赛"，比谁喊"妈妈我爱你"的声音响，奖品多多，欢迎现场报名参加。

（资料来源：http://www.795.com.cn/wz/44894.html）

3．确定促销主题

促销主题的选择应把握两个字：一是"新"，即促销内容、促销方式、促销口号富有新意，这样才能吸引人；二是"实"，即简单明确，顾客能实实在在地得到更多的利益。按促销主题来划分，促销活动可以分为以下4种。

（1）开业促销活动。开业促销活动是促销活动中最重要的一种，因为门店开业只有一次，而且是与消费者第一次接触，他们对门店的商品、价格、服务、气氛等印象，将会影响其日后是否再度光临门店的意愿，因此，门店应对开业促销活动精心布置、充分准备。通常开业当日的业绩可达平日业绩的5倍左右。

（2）年庆促销活动。年庆促销活动的重要性仅次于开业促销，因为每年只有一次。对此商品供应商一般都会给予较优惠的条件，以配合门店促销活动，从而达到共赢的目的。因此，周年店庆促销活动如果策划得细致周密，实施良好，其促销业绩可达平日业绩的1.5～2倍。

（3）例行性促销活动。例行性促销活动通常是为了配合法定节日、民俗节日及地方习俗而举办的促销活动。一般而言，门店一般每月均会举办2～3次例行性活动，以吸引新顾客光临，提高客流量；同时激发老顾客的购买欲望，增加营业额。例行性促销期间的业绩通常比非促销期提高20%～30%。

（4）竞争性促销活动。竞争性促销活动往往发生在竞争店数量密集的地区。由于各种零售业态的兴起，加上同行业各门店距离很近，彼此之间争夺顾客的现象时有发生，因此，当竞争店采取特价促销活动或年庆促销活动时通常会推出竞争性促销活动，如特价销售、试吃、附赠品等以保持营业额的稳定。

阅读材料

7-11的主题性促销

我国台湾地区的7-11除了以社区为邻居商圈之外，还举办过多次极具创意的主题性促

项目六 门店商品促销管理

销活动,其中非常成功的一次活动,是针对台湾地区多起儿童案而及时赞助举办的"把爱找回来"活动——呼吁父母们别让孩子走得太远,以免误入歧途。并且每个7-11设立信箱,希望通过信箱的协助,让想回家的孩子和想念孩子的父母,一起把爱找回来。这一活动充满温馨、令人感动,成为连锁企业关心社会的一次成功典范。其结果不仅凝聚了顾客对7-11的好感与向心力,而且也使它的服务层次提高,让社区居民视它为日常生活中不可缺少的便利店。

4. 选定促销商品

消费者的基本需求是希望买到价格合适的商品。因此,促销商品的品种、价格是否具有吸引力将直接影响到促销活动的成败。一般来说,门店会选择以下四类商品开展促销。

(1)季节性商品。季节性商品主要是指季节性很强的蔬菜、水果等,或者在夏季推出的清凉性商品,在冬季推出的保暖性商品。门店促销的目的并不在于追求所有消费者都来购买促销商品,而是力求吸引更多的消费者来超市购物。因此,促销商品的品种一般要选择消费者需求最旺的一些商品,而季节性商品往往都是消费者喜欢购买的商品。

(2)敏感性商品。敏感性商品一般属于生活必需品,市场价格变化较大,而消费者极易感受到价格的变化,如鸡蛋、大米、食用油等,选择这类商品作为促销商品时,在定价上只要稍微低于市场价格,就能有效地吸引更多的顾客。

(3)大众性商品。大众性商品一般是指品牌知名度高、市场上随处可见、替代品较多的商品,如化妆品、保健品、饮料、啤酒、儿童食品等,选择此类商品作为促销商品往往可以获得供应商的大力支持,但同时应注意将超市的促销活动与大众传播媒介的广泛宣传相结合。

(4)特殊性商品。特殊性商品主要是指连锁企业自行开发、使用自有品牌、市面上无可比性的商品。这类商品的促销活动主要应体现商品的特殊性,价格不宜定得太低,但同时应注意价格与品质的一致性。

无论选择哪种商品作为促销品种,都应坚持两个基本要点:一是要选择顾客真正需要的商品;二是要选择能给消费者带来实际利益的商品。

5. 选择促销方式

促销方式是促销活动的一个重要内容。促销方式应该以促销目标、促销主题及促销商品的特点为依据,再根据促销效果和门店在不同时期的需要来选择合适的促销方式。

促销方式从市场营销学的角度来划分,大体有营业推广(特种促销)、人员促销、广告促销、公共关系促销4种。举办促销活动时,往往通过营业推广的方式以提高门店对顾客的吸引力,同时结合公共关系活动来建立良好的企业形象,提高企业的知名度和信誉度,稳定市场。因此,门店促销方式可以从以上4个方面进行选择。详细内容见任务二。

6. 确定促销预算

通过促销预算来合理确定各项促销费用,保证促销活动的顺利进行。确定促销预算的原则是:促销收入应当大于促销费用的支出。促销费用一般包括八类:①礼(赠)品费用;②广告宣传费;③产品促销费;④商品降价折扣费;⑤运输及劳务费;⑥公关费及促销中介费;⑦管理及监控费;⑧地区布置及新闻发布等事项费。门店促销预算包括两项内容:

一是所需资金量；二是资金的来源。

（1）促销预算常用的方法。

① 销售（营业额）比例法。以目前或预估的销售额（营业额）为基准乘以一定的比例作为促销预算，再根据每月的营业目标分摊，这个比例系数，因企业状况不同，市场需求不同而有所差异，一般为 0.5%~1%。这种方法方便、快捷、便于控制，但缺乏弹性，未能考虑促销活动的实际需求，会影响促销成效。

② 量入而出法。以门店的财力来确定促销预算。即将促销预算设定在门店所能负担的水平上。这种方法能确保门店的最低利润水平，不至于因促销费用开支过大而影响最低限度的利润，但忽视了促销活动对销售量的影响，与最优预算支出水平有一定出入，而且每年的促销预算多寡不定，难以做出长期的促销规划。

③ 竞争对等法。以主要竞争对手的促销费用作为促销预算。门店通过竞争者的广告，或从刊物和商业协会获得竞争者促销费用的相关信息，然后依行业平均水平来制定预算。这种方法的优点是能借助他人的预算经验，为自己做预算提供借鉴，有助于保持门店的市场份额。缺点在于信息未必真实可靠，而且每家企业的具体情况不同，不便于操作。

④ 目标任务法。根据促销的目的和任务确定促销预算。这种方法明确费用多少和促销结果之间的关系，注重促销效果，使促销预算能够满足实际需求，是最合逻辑的预算编列法，然而它却是最难实施的方法，因为通常很难算出哪一个任务会完成特定目标。

目标任务法的步骤如下。

第一步：明确地确定促销目标。

第二步：决定为达到这种目标而必须执行的工作任务。

第三步：估算执行这种工作任务所需的各种费用，这些费用的总和就是计划广告预算。

任务目标法的运用举例如下。

如果门店计划实现销售额 1.4 亿元时的销售费为 500 万元。其中，销售水平对总任务的贡献水平若为 64%，那么，用于销售人员努力获得的销售收入为 1.4×64%＝8.96（千万元），那么，费用/销售额＝5.6%。

假设广告费用为 200 万元，广告对总任务的贡献水平为 25.6%，由于广告实现销售收入：1.4×25.6%＝3.584（千万元）广告的费用/销售额＝5.6%。

这种情况下，两种活动对任务的贡献是一致的。

如果广告的贡献水平低，门店可以考虑减少广告费，增加人员销售费用。

目标任务法直观易懂，注重促销效果，使预算较能满足实际需求；但要求数据充分，因而管理工作量较大，促销费用的确定仍具有主观性，且预算费用不易控制，会给门店造成一定的经费负担。

应注意的是，许多促销效果是累积性的，必须到一定的程度才能发挥应有的效果。如果促销费用忽上忽下，或发生中断都会使促销效果无法延续，还可能会打击内部士气，对门店的经营管理造成负面影响。

（2）促销费用来源。

由于生活用品、食品等的销售比例日益上升，而提供这些商品的厂商主要依靠门店售卖，因此，厂商（经销商）与门店共同负担促销经费已是大势所趋，主要做法如下。

① 将厂商的促销活动融入门店的促销计划。例如，由厂商提供产品的样品及附加的赠

项目六 门店商品促销管理

品；举办推广特定厂商商品的促销活动，其促销费用由该厂商负担；配合厂商在大众媒体所做的促销活动，以及在店内开展优惠促销活动等由厂商分担相关促销费用。

② 厂商向门店租用特定位置及相关设备，以推广其产品。例如，租用端架或大量陈列区；促销活动所用的样品、赠品、购物袋和手推车上附加广告的费用；利用店内灯箱、货架槽沟做广告的权利，以及店内各项 POP 广告等由厂商承担相关费用。

7. 拟定促销方案

促销方案是描述门店每次促销活动的各个环节"是什么"、"怎么做"的说明性、操作性文本，其主要项目如下。

（1）企业销售状况分析。包括销售环境分析、销售动态分析、销售相关因素分析等方面。

（2）促销的产品范围及时间范围。包括促销产品的具体品种、规模、力度及促销时间等内容。

（3）促销目标。包括促销的市场目标、财务目标两方面及说明。

（4）促销策略、工具与促销活动方式。包括促销媒介的选择、促销活动的方式、促销刺激力度的确定及有关说明。

（5）促销行动方案。主要从指挥者、分工负责、管理协调、机动事物处理等方面详细说明促销活动的具体执行方案。

（6）促销活动与其他营销活动的配合。如果需要，必须说明促销活动与广告、人员推销、公共关系活动的统一配合的方案。

（7）促销预算与促销效益分析。确定促销活动的总预算，列出促销活动的各项分类预算、机动预算，说明促销预算使用的原则、要求、预算管理方法等。按照适宜的方法，对促销活动方案能否达到预期的目的，进行投入预算与可能获得的效益分析。

促销活动计划表如表 6-2 所示。

表 6-2　促销活动计划表

＿＿＿年＿＿月

促销编号	促销商品	促销方式	促销时间		负责人	配合事项	促销费用预算	期望销售增额	备注
			起	止					
合　计									

制定人：　　　　　　　　审核人：　　　　　　　　审核日期：

任务二　门店商品促销活动方式

门店的各类促销活动，其实大部分大同小异，如果从促销形式来划分类别，可以分为营业推广、人员促销、广告促销和公共关系促销四类。

一、营业推广

1. 店头促销

店头是卖场形象的指示器,主要指卖场中的堆头和端头。堆头是指在展示区、过道和其他区域做落地陈列的商品。堆头多做比萨斜体式落地陈列,即随地陈列(见图6-2),不受体积大小限制,可以扩大品牌陈列面与消费者接触面,但是需要认真规划,否则有碍观瞻。端头是指卖场中央陈列货架的两端,端头与消费者的接触率高,容易促使其产生购买行动(见图6-3)。

店头促销是门店的一种形象促销活动,主要有3种形式:特别展示区、端头陈列和堆头陈列。这三者都是消费者反复通过的、视觉最直接接触的地方,而且陈列在这里的商品通常属于促销商品、特别推荐产品、特价商品和陈列品。

店头促销的关键是特别展示区、堆头和端头的商品陈列。消费者的购物习惯,有一种长期积累的、恒定的习惯,因此,店头的布置就必须要迎合消费者的购物习惯,在商品的层次、视觉和听觉等方面,都要给消费者提供足够的信息。

图6-2 堆头陈列   图6-3 端头陈列

消费者购物,会受到认识、记忆、使用经验、试用效果等多种因素的影响。所以,店头信息,对非计划型购物的消费者,将起到很大的作用。另外,从店头促销活动中收集到的信息、资料可以帮助连锁企业总部制订采购计划,选择供应商,确保企业的竞争优势。在卖场的入口处设置特别展示区,加强端头和堆头商品的组织,充分发挥这三者的促销作用,改变商品的陈列方式、增加销售势头好的商品数量,都可以强化、提高顾客的满意度。店头促销的要点如表6-3所示。

项目六 门店商品促销管理

表6-3 店头促销的要点

项目 / 路线	要点	
	非计划购买	计划购买
入店	视野良好，通道顺畅，陈列清晰	预定计划购买的商品要好找
经过通路	自然诱导，长距离行走	能尽快达到预定场所
浏览卖场	回想，联想，	视野良好，看商品标示牌
立于店头前	冲动，关联，	立于店头前
看商品	使其想到陈列	找相关的商品（看替代品）
取商品	欲销售商品的位置	容易拿到，相关商品陈列
放入篮内		重物后取
在收银机付款	浏览收银机周边陈设	浏览收银机周边陈设

2. 现场促销

现场促销活动是指门店在一定期间内，针对多数预期顾客，以扩大销售为目的所进行的促销活动。

（1）现场促销的优势。

① 能够直接扩大销售额。

② 大力推动促销商品的销售以及商品品牌的潜意识渗透。

③ 有利于门店与消费者之间的情感沟通。

④ 造成"一点带动一线，一线带动一面"的联动局面。

（2）现场促销的特点。

① 以连锁企业门店为主体。现场促销的商品多数是供应商的产品，在这种情况下，可以由供应商提出建议，并参与现场促销企划，协助促销活动的进行，但是现场促销活动的主体仍是门店。

② 以实际销售为目的。在某种程度上，现场促销活动亦是一种"即卖会"，其目的在于促使消费者购买。现场促销并非像表演那样讲究"秀"的效果，而是以促成销售额的多寡显示其效果。

③ 以多数预期顾客为主要对象。现场促销活动的对象，虽因商品不同而异，但必须以多数顾客为对象。所谓预期顾客，是指有购买愿望或购买可能性较强的消费者，至于对促销商品持否定、厌烦态度的顾客，不是现场促销的主要对象。

（3）现场促销的方式。

① 限时折扣。门店在特定营业时段内，提供优惠商品，刺激消费者购买的促销活动。它以价格为着眼点，利用消费者求实惠的心理，刺激其在特定时段内采购优惠商品。

在进行限时折扣时，要注意：以宣传单预告，或在门店销售高峰时段以广播方式，告知、刺激消费者购买限时特定优惠的商品；通常选定的优惠商品，在价格上必须与原定价格有三成以上的价格差，才会对消费者产生足够的吸引力，达到使顾客踊跃购买的效果。

限时折扣一方面可增强人气，活跃气氛，调动顾客的购买欲望，同时可促使一些临近保质期的商品在到期前全部销售完，当然，必须要留给顾客一段使用的期限。

限时折扣，可分定时和非定时两种。

➢ 定时限时折扣是指门店在固定时间实行限时折扣价，如有些门店在每晚关门前的一小时内，将当天未售完的面包、蔬菜等商品按原价打折销售。例如，限定下午4~6时，某生鲜食品5折优惠。

➢ 非定时限时折扣则是随机抽取一个时段，对个别或部分商品进行折扣销售。例如，限定上午8~10时，某些日用品7折优惠等。

② 面对面销售。门店店员直接与顾客面对面进行促销和销售的活动。例如，鲜鱼、肉制熟食、散装水果、蔬菜等都可以采用此方式进行销售，目的是满足顾客对某些特定商品适量购买的需求，同时，也可以适时地为消费者提供使用说明，促进商品的销售。

具体做法如下：规划适当位置作为面对面销售区，通常均规划于生鲜部门区或在其附近，以强调其关联性；选择具有专业知识及销售经验的人员来担任面对面销售的工作，以此来提升营业额；强调商品鲜度及人员亲切的服务，并让顾客自由选择商品品种及数量，以便产生更好的功效。

③ 赠品促销。消费者免费或付出较少代价即可获得特定物品的促销活动。例如，只要顾客在门店实施购买，就可以免费获得气球、面巾纸等。此类活动的做法如下。

通常配合大型促销活动，如门店开业或周年庆，或特定节庆，如儿童节、妇女节、情人节、中秋节、重阳节等，有特殊意义的日子，或在供应商推广新产品时，实施赠品促销。

赠品的选择关系到促销活动的成败，虽然其金额不高，但是必须具备实用性、适量性和吸引性，才能吸引顾客来店。一般常用的赠品有：免费赠品，如气球、面巾纸、盘子、开罐器、玻璃杯、儿童食品等；购买才送的赠品，如洗发香波、沙拉酱、玩具、高级瓷盘等。

④ 免费试用。现场提供免费样品供消费者使用的促销活动，如免费试吃水饺、香肠、薯条、方便面、饼干、饮料等。对于以供应食品为主、以家庭主妇为主要客流的超级市场，此类促销活动是提高特定商品销售量的好方法。因为通过实际试用和专业人员的介绍，会增加消费者购买的信心和日后持续购买的意愿。具体做法如下：安排适合商品试用的地点，要做到既可提高适用效果，又可避免影响顾客对卖场内其他商品的购买；选择试用的商品品种及其供应商，通常供应商均有意配合推广产品，故应事先安排各供应商确定免费试用促销的时间、做法及商品品种；举行试用活动的供应商必须配合超级市场规定的营业时间，进行免费试用活动，并安排适当的人员和相应的器具，或委托超市公司来服务顾客。

3. 展示促销

展示促销一般是门店在新品上市、店庆、节假日期间，在户外（门店外）利用产品展示、道具、有奖问答、游戏、演出等手段向目标受众传达产品利益点或促销信息的促销行为（见图6-4）。我们平时节假日在商场门口见到的户外演示活动即属于此类。

展示促销的突出优点是能快速、高效地传达信息并产生销售，促使消费者更好地接受新产品，节省促销的费用开支，因此，此种手段越来越被普遍运用。

但是，展示促销由于在户外或者人流量较大的地方，因此，策划一般的展示促销，应设计周详的计划，充分考虑当时的天气、政府干预、突发事件、场地布置、物料设计及人员分工等因素，强调高效率，精心选择展示商品，设置合适的区域并且认真地选择

项目六 门店商品促销管理

展示人员。

图 6-4 显示器展示促销活动

4．有奖销售

有奖销售指门店根据自身的现状、经营商品的种类、商品的特征及消费者的需求，通过给予一定比例的奖励，刺激和诱导消费者参与购买商品的活动，是一种非常灵活的促销方式。有奖销售在生活中是无处不在的，不仅激发了消费者的购买欲望，给门店增加了销量，也给消费者的生活增加了不少乐趣，其形式大致可以分为以下四类。

（1）附送赠品。将其他商品以赠品的形式送给购买某产品达到一定数量或金额的消费者，如购买 1.5 升饮料赠送 600 毫升饮料等；购买大件家电赠送小家电等。

（2）加价获赠。在支付了购买产品的费用之外，消费者还需要支付一定的费用才能获得赠品，这种方法不仅可以帮助企业解决赠品成本过高的问题，还能够增加消费者选择赠品的余地，使促销活动对消费者更具吸引力。

（3）集点换物。消费者可以依据产品的购买凭证换取相应的奖励，作为积分的凭证通常是企业产品的外包装或者是包装上的某一特殊标志，如瓶盖、商标贴、包装内的小卡片等，也可以是厂商发放的积分卡或者积分记录。厂商以实物作为奖励，让消费者很难清楚计算出奖品的实际价值，对消费者而言更是一种额外奖励，很好地满足了他们的心理需要。

（4）抽奖。消费者在购买某种产品或者累计购买产品达到一定数额时，可以参与门店事先安排的抽奖活动，最后从参与者中抽出幸运者并赠送奖品。抽奖不仅为消费者提供了获得意外收获的机会，还迎合了他们以小博大的心理。

5．以旧换新促销

门店与厂家联合，对本店出售的某种商品以旧换新（见图 6-5），新旧差价较大的，可由顾客补交一定数量的价款。

这种方式不仅刺激了消费，加速了商品的更新换代，而且提高了连锁企业和品牌的市场占有率，是促销的一种良策。但这种方法的运用有一定的局限性，只有那些与厂家关系密切的连锁企业方能使用。

143

图 6-5　以旧换新广告

6．会员制促销

连锁企业在实际的经营过程中，为了能够争取长期稳定的顾客群，获得长期效益，多采用会员制促销。具体做法是：由到某一超市门店购物或享受特定服务的人们组成一个俱乐部，其成员向俱乐部交纳一定数额的会费，以后可以在该门店享受折扣购买一定数量的商品或享受一定级别的服务。

连锁企业会员制一般有公司会员制、终身会员制、普通会员制和内部信用卡会员制 4 种类型。

① 公司会员制。

消费者不以个人名义而以公司名义入会，会员制组织向入会公司收取一定数额的年费。这种会员卡适合入会公司内部雇员使用。在美国，日常支付普遍采用支票，很少用现金支付，故时常出现透支现象，所以实际上，公司会员制是入会公司对持卡购买人的一种信用担保。

公司会员制在购物时一般可享受 10%～20%的购物价格优惠和一些免费服务项目，而非会员消费者购物时不能以个人支票支付，只能用现金结算。

② 终身会员制。

消费者一次性向会员制组织交纳一定数额的会费，便成为终身会员，永远不需要再续费，可长期享受一定的购物价格优惠和一些特殊的服务项目。

③ 普通会员制。

消费者无须交纳会费或年费，只需在门店一次性购买足额商品便可申请到会员卡，此后便享受该店 5%～10%的价格优惠和一些免费服务项目。

④ 内部信用卡会员制。

适用于大型连锁超市或高档商店。消费者申请会员制组织的信用卡成为会员后，购物时只需出示信用卡，便可享受分期支付货款或购物后 15～30 天内现金免息付款的优惠，还可以进一步享受店方一定的价款折扣。

二、人员促销

所谓人员促销，是指为达成销售用谈话方式与一位或多位预期客户进行口头沟通，以

项目六　门店商品促销管理

达到推销商品、促进和扩大销售的目的，是销售人员帮助和说服购买者购买某种商品或劳务的过程，是实现门店促销目标的一种直接的销售方式。这种促销方式的最大特点是具有直接性，销售员与顾客能进行双向沟通，很容易满足消费者的欲望，其促销效果与促销人员的推销技巧密切相关。

门店一般采取两种形式的人员促销。第一，理货员工及厂商促销员作为推销一线，以商品推介、演示、试吃、试用等生动、亲切的沟通形式成为顾客的购物参谋，并以亲情营销替代广告，获取口碑相传。第二，团购业务代表，承担对各大型企事业单位、政府职能部门的团购业务。

三、广告促销

广告促销是指门店运用卖场广告的强烈视觉效果来直接刺激消费者的购买欲望，从而达到增长销售量的目的。由于连锁超级市场已经成为我国零售业的主流，因此，卖场的广告促销已经成为各连锁企业门店开展竞争的一个重要手段。

1. POP 广告促销

（1）POP 广告的概念和起源。

POP（Point of Purchase）广告又称卖场店面广告、售点广告等，意思是"在购买场地能促进贩卖的所有广告"，或是"顾客购买时点的广告"，属于店面张贴类广告，其主要目的是将商家的销售意图准确地传递给顾客，在销售现场直接促使顾客产生即时购买的冲动。POP 广告的概念有广义的和狭义的两种：广义的 POP 广告指凡是在商业空间、购买场所、零售商店的周围、内部以及在商品陈设的地方所设置的广告物，都属于 POP 广告，如商店的牌匾、橱窗，店外悬挂的充气广告、条幅，商店内部的装饰、柜台、货架、陈设、招贴广告、服务指示，店内发放的广告刊物，进行的广告表演，以及广播、录像、电子广告牌等。狭义的 POP 广告概念，仅指在购买场所和零售店内部设置的展销专柜，以及在商品周围悬挂、摆放与陈设的可以促进商品销售的广告媒体。

POP 广告起源于美国超级市场和自助商店的店头广告。20 世纪 30 年代后期，POP 广告在超级市场、连锁店等自助式商店频繁出现，并逐渐为商界所重视，并在 20 世纪 60 年代以后，随着美国超级市场这种自助式销售方式的扩展，逐渐传播到世界各地。POP 广告在我国古代也能寻到踪影：酒店外面挂的酒葫芦、酒字旗，饭店外面挂的幌子，客栈外面悬挂的幡帜，或者药店门口挂的膏药、画的仁丹等，以及商家逢年过节和遇有喜庆之事的张灯结彩等，从一定意义上来说，可以称为 POP 广告的鼻祖。

（2）POP 广告的类型。

① 根据 POP 广告的体现形式分：店头 POP、店内 POP 和陈列场地 POP，如表 6-4 所示。

表 6-4　门店 POP 广告的类型及作用

类　　型	体 现 形 式	作　　　用
店头 POP	店头看板（招牌）商品名称	告诉顾客这里有家商店，以及它的经营特色
	橱窗展示、旗子、布帘	通知顾客在进行特价大拍卖或造成选购气氛。另外，给整个店带来季节感，制造气氛

续表

类 型	体 现 形 式	作 用
店内POP	表示专柜的POP、售物场地的引导POP	告诉走进店里的顾客，商品在什么地方
	拍卖POP、廉价POP	告诉走进店里的顾客，正在进行拍卖或大减价，并将拍卖内容或减价幅度告诉他们
	告知POP、优待POP、气氛POP	告诉顾客商店的性质及商品的内容，也可以制造店内气氛
店内POP	橱窗（陈列箱）、灯箱等	方便顾客选择商品。另外也可以保护商品，提高商品的价值和功用
	厂商海报、广告看板、实际售物的场所	有传达商品情报及厂商情报的功用
陈列场地POP	展示卡	告诉顾客商品的品质、使用方法及厂商名称等，帮助顾客选择商品
	牌架、分类广告	告诉顾客广告品或推荐品的位置、尺寸以及价格
	价格卡	告诉顾客商品的名称、数量等。另外，和购买的关系最直接的，就是价格的标示

② 根据POP广告所起的作用分：销售POP和装饰POP，如表6-5所示。

表6-5 销售POP和装饰POP的作用

名 称	作 用	使 用 期 限
销售POP	代替店员介绍商品；帮助顾客选购商品；促进顾客的购买欲望	拍卖期间或特价日，多为短期用
装饰POP	制造店内气氛；展示企业形象	多为长期性，而且有季节性

（3）POP广告的作用。

总的来说，POP广告的作用是简洁地介绍商品，如商品的特色、价格、用途与价值等，从而刺激顾客的购买欲望。POP广告执行的是一种商品与顾客之间的对话，没有营业员中介的超级市场自助式销售方式的重要载体是POP广告，卖场需要POP广告来沟通门店与消费者的关系，同时，POP还可以活跃全店的销售气氛。

① 传达门店商品信息。门店的POP广告通常以各种形式张贴或悬挂，来传达要宣传的商品信息。一般而言，POP所传达的信息包括以下几项。

➢ 传达门店商品的价格信息，让顾客知道商品很便宜，如鲜香菇每袋10元等。

➢ 传达门店商品的价值信息，告知商品的特色、用途等价值信息，包括产地、甜度、制造方法、吃法、烹调方法或处理方法等。

➢ 各种菜色的建议，如香鱼（盛产期的香鱼）当天可做成烤香鱼，次日可蒸可煮等。

② 吸引顾客注意，引发兴趣，诱使顾客产生冲动购买。当消费者走过店铺时，看见一个吸引他的速食面POP广告时，也许他会想，"是啊！在晚上工作后，我需要泡速食面作为点心"，因而引起他的冲动购买。或是在POP上说明现在购买听装奶粉一罐，赠送两只玻璃杯，主妇们贪图小便宜，或许因此产生冲动购买。

③ 创造门店的购物气氛。突出门店的形象，提升企业印象，保持与顾客的良好关系，吸引更多的消费者来店购买。

④ 决定消费者的购买意志，使消费者将购买付诸实际行动。商店是消费者下决心，掏出腰包，购买商品的场所。当顾客面对着五光十色、各种各样的同类产品时，往往为之迷惑，不知选择何种品牌为佳，这时，若能有一杰出的POP广告提示他，恰似船只航行于茫

茫大海中，依靠指南针来决定其航行方向。

(4) POP 广告制作的要点。

① 明显的视觉诱导性。POP 广告的首要任务是引起消费者的注意，并激发起他们的兴趣，诱导他们去接近商品，这是 POP 广告制作的根本。

② 服从于企业整体形象。POP 广告策划必须与连锁企业的整体形象相吻合，依据企业或品牌的整体性来制作，考虑连锁企业广告表现的统一性。

③ 个性鲜明。POP 广告的制作在形式上要新颖独特，别具一格，不同的 POP 广告应用不同的形式风格，具有很强的视觉表现力，引人入胜，强化企业的鲜明个性，使消费者易于识别。

④ 突出商品特性。POP 广告作为"商品交易场所的最终广告"，具有直接的促销作用。不同的 POP 广告设计，无论在造型上或视觉处理上均有明确诉求的对象，突出商品的内在性格，促使消费者都能很快识别商品的特点与性能，刺激消费者的购买欲望。

(5) POP 广告对门店营业额的影响。

根据对大荣超市所进行的调查，POP 广告对营业额的影响有以下几个方面。

① 端架的陈列、定位的陈列（如特价品、新产品、推荐品）等有 POP 广告时，可增加 5%的营业额。

② 具体的商品促销（如打 7 折或 8 折）有 POP 广告可增加 23%的营业额。

③ 如果有 POP 标示，大量陈列的商品可增加 42%的营业额。但是大量陈列的商品如果每两个星期都没有更换时，会减少 47%的营业额；如果 3 个星期没有更换时，营业额至少会减少 74%。也就是说，展示大量陈列商品的期限为 1 星期，超过 1 星期必须更换 POP 广告标示。

日本某卖场 POP 广告短语促销效果调查如表 6-6 所示。POP 广告举例如图 6-6 所示。

表 6-6　日本某卖场 POP 广告短语促销效果调查

商品	没有用 POP 的销售量	使用 POP 的销售量	增长率/%	POP 广告短语
洗衣粉（500 克）	22	40	82	清爽一片，浓情无限
醋汁（3000 毫升）	51	60	18	调出生活美味
洗发水（750 毫升）	30	42	40	想拥有更自然的头发吗
牛奶（250 毫升）	221	412	86	健康你的生活
浓缩果汁（500 毫升）	12	23	92	营养丰富的果汁送你美丽生活
炒锅	8	13	63	盛满全家人的幸福享受
麦芽啤酒（250 毫升）	89	125	40	让你的餐桌更营养丰富

2．DM 广告促销

DM 来源于英文 Direct Mail Advertising，可译为"直接邮件"、"广告信函"、"直接邮寄函件"等，意思是快讯商品广告，通过邮寄、赠送等形式，将宣传品送到消费者手中、家里或公司所在地，通常由八开或十六开广告纸正反面彩色印刷而成，是直投性广告（见图 6-7）。DM 形式有广义和狭义之分，广义上包括广告单页，如大家熟悉的街头巷尾、商场超市散布的传单，肯德基、麦当劳的优惠券亦包括其中；狭义的仅指装订成册的集纳型广告宣传画册，页数在 20~200 多页不等，如金华的《映-时尚生活志》页数仅为 28 页，而济南的《精品广告》则有 100 多页。DM 上所列的商品是以主题、节庆、季节、温度、流行度、重大活动等因素所设定的。

图 6-6　一组 POP 广告

图 6-7　DM 广告

（1）DM 广告对门店促销的作用。
① 提升门店形象，扩大知名度。

项目六 门店商品促销管理

② 在一定时期内刺激消费者的计划性购买和冲动性购买，增加营业额。

③ 介绍新产品、时令商品或门店重点推广的商品，以稳定消费群并吸引增加新消费，提高客流量。

（2）DM 广告促销的主题。

① 新产品的介绍。

② 门店所推销商品的介绍。

③ 折价收购旧商品；开业或新装修后的纪念性销售。

④ 庆祝入学、毕业、就职的销售。

⑤ 利用每个月的特色进行宣传。

⑥ 廉价大拍卖，以及中秋、新年、圣诞及其他节庆大拍卖。

（3）DM 广告促销的特点。

① 有针对性地选择目标对象，有的放矢，减少浪费。

② 一对一地直接发送，减少传递过程中的信息失真，使广告效果达到最大化。

③ 不会引起同类产品的直接竞争，有利于中小型企业避开与大企业的正面交锋。

④ 可以自主选择广告时间、区域，灵活性大，更加适应善变的市场。

⑤ 不为篇幅所累，广告主可以尽情赞誉商品，让消费者全方位了解产品。

⑥ 内容自由，形式不拘，有利于第一时间抓住消费者的眼球。

⑦ 信息反馈及时、直接，有利于买卖双方双向沟通。

⑧ 广告效果客观可测，广告主可根据效果重新调配广告费和调整广告计划。

（4）DM 广告的形式。

① 单张海报。一般经过精心设计和印刷，用来宣传企业的形象商品。

② 样品目录。在样品目录上，门店可将所经营的各类商品的样品、照片、商标、内容详尽进行介绍。

③ 优惠赠券。优惠赠券是门店在开展便利促销活动时，为吸引消费者参加而向他们赠送的享受优惠条件和便利措施的凭证。

（5）DM 广告的递送方式。

① 邮寄：按会员地址邮寄在一段时间内有消费记录的会员。

② 报刊夹页：与报社、杂志社或当地邮局合作，将企业广告作为报刊的夹页随报刊投递到读者手中。

③ 上门投递：组织专门员工将 DM 投送至目标消费者家中。

④ 街头派发：组织人员在车站、十字路口、农贸市场等人员聚集地进行散发。

⑤ 店内派发：在活动现场，由客服部组织员工在门店内派发。

阅读材料

江苏好买得超市的 DM 价格促销

江苏好买得超市以会员为对象、以月为单位展开 DM 商品宣传，并把每一期的 DM 商品录入计算机，在每次活动结束后，从计算机中跟踪分析 DM 商品的销售、毛利同比，销售、毛利份额比，会员购买比例、折让比例与销售上升的比例等指标，以此来分析顾客的潜在需求，顾客对价格的敏感度，检查 DM 商品的组合策略、定价策略，进而为调整 DM

商品组合、促销价格的制定提供决策数据。超市对DM商品的制定、调整与销售，已带来了回报：公司会员消费比例由原来的15%上升至50%，DM商品的销售占总销售的份额由原来的4%上升至现在的9%左右，会员价商品的比例由原来的12%增加到72%，总销售额也日攀新高。

四、公共关系促销

1. 公共关系促销的概念

公共关系促销是指利用公共关系，把企业的经营目标、经营理念、政策措施等传递给社会公众，使公众对企业有充分了解；对内协调各部门的关系，对外密切企业与公众的关系，扩大企业的知名度、信誉度、美誉度。为企业营造一个和谐、亲善、友好的营销环境，从而间接地促进产品销售。

对连锁企业门店来说，通过有创意的公关促销活动，或以情感和理念元素向消费受众传达促销信息，在促进销售的同时，门店形象获得良好、恰当的诠释，从而摆脱单纯的价格竞争，弱化商业功利的角色，使门店成为大众关心的角色，吸引媒体的报道和消费者的参与，进而达到提升企业形象、促进销售的目的。

2. 公共关系促销的方式

常用的公共关系促销方式有：内部刊物宣传活动、发布新闻、举办记者招待会、设计公众活动、门店庆典活动、制造新闻事件、服务活动、散发宣传材料等。

（1）内部刊物宣传活动。这是企业内部公关的主要内容。企业各种信息载体，是管理者和员工的舆论阵地，是沟通信息、凝聚人心的重要工具，如沃尔玛的《我们》就起到了这样的作用。

（2）发布新闻。由公关人员将门店的重大活动、重要的政策，以及各种新奇、创新的思路编写成新闻稿，借助媒体或其他宣传手段传播出去，帮助门店树立形象。

（3）举办记者招待会。邀请新闻记者，发布门店信息。通过记者的笔传播门店重要的政策和产品信息，传播广，信誉好，可引起公众的注意。

（4）设计公众活动。通过各类捐助、赞助活动，努力展示门店关爱社会的责任感，树立门店美好的形象。

（5）门店庆典活动。营造热烈、祥和的气氛，显现门店蒸蒸日上的风貌，以树立公众对门店的信心和偏爱。

（6）制造新闻事件。制造新闻事件能起到轰动的效应，常常引起社会公众的强烈反响。

（7）散发宣传材料。公关部门要为门店设计精美的宣传册或画片、资料等，这些资料在适当的时机，向相关公众发放，可以增进公众对门店的认知和了解，从而扩大门店的影响。

3. 公共关系促销的设计

（1）公关促销活动目标。制定公关促销方案，首先要明确公共关系活动的目标。公关活动的目标应与企业的整体目标相一致，并尽可能具体，同时要分清主次轻重。

（2）公关促销活动对象。在本次促销活动中，确定公共关系的对象，即本次公关活动中所针对的目标公众。

（3）公关促销活动项目。采用声明方式来进行公关活动，如举行记者招待会，组织企业纪念活动和庆祝活动，参加社会公益活动等。

（4）公关促销活动预算。在制定活动方案时，还要考虑公共关系活动的费用预算，使其活动效果取得最大化。

任务三 门店商品促销活动实施

一、人员方面

制定有效的措施和程序，加强对促销人员的培训，是连锁门店促销实施的首要问题。对于门店来说，要合理地进行人员安排：一是安排不同人员在规定的时间内完成广告内容的撰写、广告媒体的联系、卖场气氛的布置、商品价格的调整、供应商的联络、促销商品的陈列等；二是安排专人负责对门店营业人员的促销培训，确保卖场所有人员了解促销活动的起止时间、促销商品及其他活动内容，以备顾客询问；三是各部门主管必须配合促销活动，安排适当的出勤人数、班次、休假及用餐时间，以免影响销售高峰时间内对顾客的服务。

如果促销人员的业务素质不高，将给企业的促销带来不必要的浪费，而且普通促销人员和高效率促销人员在业务水平上也有很大差异，这将极大地影响促销活动的效果。一个成功的促销人员能顺利地实现自身与消费者间的沟通，这需要自身具有多方面的素质，其中包括以下几项。

1．服务意识

消费者是促销人员最应重视的对象，因为消费者是产品和服务的最终接受者，促销人员作为沟通生产者与消费者的中间环节，必然要以满足消费者的需要作为自身工作的宗旨，时时为消费者的利益着想，努力满足消费者提出的各种要求，创造各种条件来为消费者服务。

2．运筹能力

促销人员应具备将事先制订的周密计划与工作步骤认真执行下去的能力和善于协调各方面往来关系的能力，把握好消费者不同心态的能力，并能准备好应急方案与应变措施。

3．应对能力

促销活动在实施过程中并非都是一帆风顺的，有顺利发展的时候，也有遇到困难的时候。因此促销人员在促销时还要机智灵敏，能够及时处理突发事件。

4．熟练的业务能力

促销人员应该对促销商品的性能、规格、价格、售后等信息非常熟悉，这样才能将商品的优点和品质展现在消费者面前，促使他们购买。

二、促销商品方面

1. 促销商品的特点

促销商品的选择是门店促销活动的关键。商品是否对顾客有吸引力、价格是否有震撼力，都直接关系到促销活动的成败。一般地，主要的促销商品必须具备以下特征。

（1）知名制造企业的著名品牌或国际品牌。

（2）与知名品牌具有相同功效，但价格更低的商品。

（3）其他商场非常畅销、消费者熟悉价格的商品。

2. 促销商品的管理

（1）要准确预测促销商品的销售量并提前进货，促销商品必须充足，以免缺货造成顾客抱怨及丧失促销机会。

（2）促销商品价格必须及时调整，以免使顾客产生被欺骗的感觉以及影响收银工作的正常进行。

（3）新产品促销应配合试吃、示范等方式，以吸引顾客消费，以免顾客缺乏信心不敢购买。

（4）商品陈列必须正确且能吸引人，除了应该在促销活动中必须做的各种端架陈列和堆头陈列外，还要对陈列做一些调整，以配合促销达到最佳效果。可以将促销商品和高毛利非促销商品有效组合、关联陈列，以提高对非促销商品的关注。例如，水饺（特价）＋饺子醋（高毛利）＋油辣椒（高毛利），洗发水（低毛利）＋护发素（高毛利）＋护发摩丝（高毛利）。

3. 赠品、试用品的管理

赠品、试用品是厂商或公司为门店商品促销而给予消费者的实际利益。为维护消费者和公司权益，门店应保证赠品、试用品的合理正确运用。

凡进入公司（配送中心、门店、柜组）的赠品、试用品均属公司财产，任何人不得擅自挪用、占为己有。

（1）赠品、试用品同其他商品一样，均须由配送中心履行进货、验收、储存、配送等程序到达各门店、柜组。赠品和试用品的数量及配送时间按照厂商或公司规定的促销方案及商品搭配原则进行调配。

（2）赠品、试用品发到门店（柜组）后，由店经理（当班责任人）验收并负责管理。设立专册登记，每班发放，纳入交接班内容。

（3）赠品、试用品的发放对象只能且必须是促销方案的特定顾客，应及时给予，不得擅自截留，并请顾客在交易小票（POS机故障时在手工单）上签名。

（4）赠品、试用品由收银员负责给予顾客，收银员负责将顾客签名的计算机小票交店面负责人保存。如实物与票据不符，由当班收银员负责赔偿。

（5）促销活动结束后，店经理在一周内将整理好的票据和未赠送完的用品返还给配送中心，并当面核实。

（6）如发现员工将赠品、试用品擅自挪用或有虚假行为，将视为偷窃行为，公司予以严肃处理，初犯者将处以原品零售价5～10倍的罚款，再犯者以辞退处理直至诉诸法律。

三、广告宣传方面

在宣传方面必须注意以下几项。

（1）确认广告宣传单均已发放完毕，以免留置卖场逾期作废。

（2）广告海报、宣传布条等应张贴于最佳位置，如入口处或布告栏上，以吸引顾客入内采购。

（3）特卖品的 POP 广告应放置在正确位置，价格标识应醒目，以吸引顾客购买。

四、卖场氛围布置

卖场氛围可以根据促销活动进行针对性的布置，应张贴各种季节性、商品说明性、气氛性的海报、旗帜、气球等物品，以增加促销气氛，同时应辅之以各类商品的灯具、垫子、隔物板、模型等用品以更好地衬托商品，刺激顾客的购物兴趣，适当时可以播放轻松愉快的背景音乐，使顾客感觉更舒适（见图 6-8）。必要时也可以适当安排专人在卖场直接促销商品。

图 6-8　卖场气氛布置

任务四　门店商品促销活动评估

促销活动的效果评估是连锁企业一项非常重要的工作内容，是为了保证促销活动按计划、高效率地进行，保证促销工作长期地开展下去。每一次促销活动结束后，对促销活动的效果进行评估与回顾，总结好的创意与不足之处，为门店改进促销工作提供依据，也为今后的促销工作提供宝贵的经验。

一、促销评估的目的

促销评估的目的是检验促销活动是否达到预期目标以及促销花费是否合算，同时也是在为下一次的促销决策提供参考和衡量标准，从而避免盲目行动的风险。

二、促销评估的内容

1. 促销评估方法

（1）前后比较法。

选取开展促销活动不同时段（之前、中间、之后）的销售量或市场占有量来进行比较分析，从而得出促销结果，一般会出现良性促销、无效促销和不良促销3种情况。

良性促销是指采取促销活动后，促销量明显增长，取得了预期的效果；无效促销刚好相反，是指促销活动的开展，对门店的经营、营业额的提升没有任何帮助，还浪费了促销费用；不良促销是指由于促销活动中管理混乱、设计安排不当、关键事项处理不妥，或是出现了一些意外情况等原因，损伤了门店自身的美誉度，结果导致促销活动结束后，门店的销售额不升反降。通过前后比较法，能直接看出促销所产生的效果，这是判断促销成功与否的最直接的方法。例如，A产品××时段促销分析如图6-9所示。

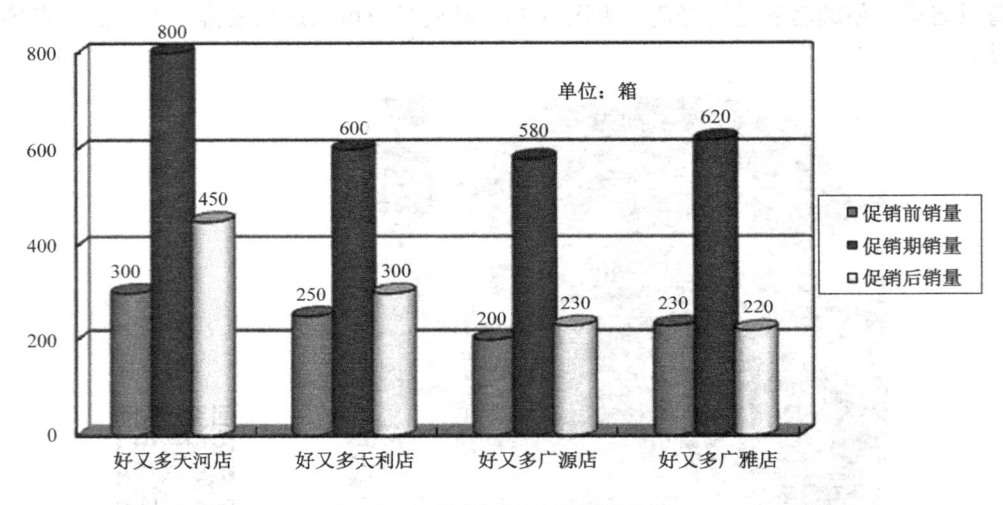

图6-9 A产品××时段促销分析

（2）观察法。

观察法简便易行，而且十分直观。主要是通过观察消费者对门店促销活动的反应，如消费者在限时折价活动中的踊跃程度、优惠券的回报度、参加抽奖竞赛的人数以及赠品的偿付等情况加以观察，从中得出结论。这种方法相对而言较为简单，而且费用较低，但结论易受主观影响，不很精确。

（3）调查法。

调查法是一种企业组织有关人员进行市场调查分析确定促销效果的方法。门店可以组织有关人员抽取合适的消费者样本进行调查，向其了解促销活动的效果。例如，有多少消费者记得门店的促销活动，他们对该活动有何评价，是否从中得到了利益，对他们今后的购物场所选择是否会有影响等，从而评估促销活动的效果。一般来说，效果好的促销活动消费者的参与度与满意度都较高。这种方法比较适合评估促销活动的长期效果，包括确定调查项目和市场调查法的实施方式两方面内容。

① 确定调查项目。调查的项目包括促销活动的知名度、消费者对促销活动的认同度、销势增长（变化）情况、企业的形象在促销前后的变化情况等。

项目六 门店商品促销管理

② 市场调查法的实施方式。一般来说，采用的方法是寻找一组消费者样本进行面谈，了解有多少消费者还记得促销活动，他们对促销的印象如何，有多少人从中获得利益，对他们今后的品牌选择有何影响等。通过分析这些问题的答案，就可以了解到促销活动的效果。

总之，促销活动的总结与评估，有助于提高门店的绩效。通常来说，如果促销活动的实施绩效在预期的 95%～100%，则是正常情况；如果在预期的 105%以上，则是高标准表现；如果在预期的 95%以下，则有待在今后的促销活动中加以改进和提高。

2．促销效果评估

促销效果评估主要包括 4 个方面：促销主题与促销创意分析、促销商品的管理、促销活动的损益分析以及消费者反馈分析。

（1）促销主题与促销创意分析。

促销主题是否合理、促销商品选择是否恰当。具体内容包括：促销商品是否有门店销售特色，是否符合消费者特征，促销商品的销售额是否与预期相一致；促销时机选择是否恰当；促销主题是否符合顾客需求和市场卖点，是否得到了完整的贯彻；针对整个促销活动的内容，促销创意是否偏离预期目标的经营特色，是否过于沉闷、正统、陈旧，缺乏创造力、想象力和吸引力，促销方式、口号是否富有新意和吸引人；促销媒介选择是否恰当，是否促进了销售活动。

（2）促销商品的管理。

促销商品能否反映门店的经营特色，是否选择了消费者真正需要的商品，能否给消费者增添实际利益，能否帮助超市或供应商处理积压商品。具体内容包括：促销商品是否齐全、变价，数量是否足够，品质是否良好；促销商品陈列表现是否吸引人，是否张贴 POP。

（3）促销活动的损益分析。

依据促销工具的成本，促销活动接触目标消费者的数目，促销活动接触一个目标消费者所需的单位成本这几个方面的数据，来与过去做过的一个类似且比较成功的案例的同一组数据进行比较，即当期活动利润与活动前利润进行比较（见表6-7），从而做出促销活动损益的结论。

表 6-7 促销活动损益分析

科目\客户	XX 客户		XX 客户		合 计
	%	金额	%	金额	
预估销售量					
销售额（含税）					
销售额（未税）					
成本					
毛利					
运输费					
A—广告费					
TP—返利（合约）					
CP					
营业部门费用					
企划部门费用					

续表

客户 科目	XX 客户		XX 客户		合 计
	%	金额	%	金额	
公司管理部门费用					
营业利润					
营业利润率					

（4）消费者反馈分析。

了解促销活动给目标消费者所产生的影响，如对促销活动的评价、对促销产品的印象、对促销所需传达目的的了解。消费者调查如表 6-8 所示，问题反馈如表 6-9 所示。

表 6-8 消费者调查

目标消费者资料		促销活动的感受	是否知晓活动的目的	是否了解活动的产品	是否近期购买这次活动的产品
姓名	电话				

表 6-9 问题反馈

门店问题点	待改进事项	客户问题点	待改进事项

3．供应商状况评估

除对促销效果进行评估外，还应该对供应商的配合状况进行评估。

（1）供应商对门店促销活动的配合是否恰当及时。

（2）能否主动参与、积极支持，并为门店分担部分促销费用和降价损失。

（3）在商品采购合同中，供应商尤其是大供应商、大品牌商、主力商品供应商，是否做出促销承诺，而且落实促销期间供应商的义务及配合等相关事宜。

4．自身运行状况评估

（1）总部运行状况评估。

项目六 门店商品促销管理

促销活动进行期间，总部对各分店促销活动的协调、控制及配合程度，是否正确确定促销活动的次数，安排促销时间，选择促销活动的主题内容，选定、维护与落实促销活动的供应商和商品，组织与落实促销活动的进场时间。

（2）配送中心运行状况评估。

配送中心是否有问题，送货是否及时；在由配送中心实行配送的过程中，是否注意预留库位，合理组织运输、分配各分店促销商品的数量等几项工作的正确实施情况如何。

（3）分店运行状况评估。

分店对总部促销计划的执行程度，是否按照总部促销计划操作，促销商品在各分店中的陈列方式及数量是否符合各分店的实际情况。

（4）促销人员评估。

可以帮助促销员全面并迅速提高自己的促销水平，督促其在日常工作流程中严格遵守规范，保持工作的高度热情，并在促销员之间起到相互带动的作用。具体的评估项目有：促销活动是否连续，是否达到公司目标，是否有销售的闯劲，是否在时间上具有弹性，能否与其他人一起良好地工作，是否愿意接受被安排的工作，文书工作是否干净、整齐，准备和结束的时间是否符合规定、促销桌面是否整齐和干净、是否与顾客保持密切关系、是否让顾客感到受欢迎。

（微课视频：提升客单价）

课后训练

一、填空题

1．就促销的实质而言，它不仅仅是一种单纯的促进商品所有权转移的_____，也是企业与消费者的_____。

2．促销最早出现在美国，时间是_____年。

3．促销的目标，一是_____，二是_____。

4．长期促销，时间一般在_____以上，短期促销，通常是_____天。

5．如果准备充分，开业当日的业绩可达平日业绩的_____左右。

6．通常，如果促销活动的实施绩效在预期的_____以下，则要改进和提高。

7．店头主要指卖场中的_____和_____。

8．_____广告，又称卖场店面广告、售点广告。

9．_____广告，又称直邮广告、广告信函等。

10．_____一般属于生活必需品，市场价格变化较大，消费者极易感受到价格的变化。

二、判断题

1．市场上随处可见，替代品较多的商品，称为季节性商品。（　　）

2．例行性促销期间的业绩通常会比非促销期间提高 1.5～2 倍。（　　）

3．通常，如果促销活动的实施绩效在预期的 95%～100%，则属于正常情况。
（　　）

4. 制定有效的措施和程序，加强对促销人员的培训，是连锁门店促销实施的首要问题。
（   ）
5. 促销人员可以将没用完的赠品、试用品据为己有。（   ）

三、简答题

1. 简述门店促销的作用。
2. 简述促销活动的类型。
3. 简述促销商品的类型。
4. 简述门店促销策划的步骤。
5. 简述促销评估的方法。

四、技能训练

撰写某节假日的商品促销策划方案

背景资料：在2016年五一假期某省会城市的大型超市，准备对顶呱呱牌休闲食品进行大规模促销活动，以提高产品销量，消化库存和换季产品，刺激渠道的活跃性，并有效掌握消费者的资料。

请根据以上背景资料撰写促销策划方案，方案中须包含表6-10中的要素。

表6-10 促销策划方案应包含的要素

促销目标	
促销时机	
促销主题	
促销商品	
促销方式	
促销媒介选择	
促销预算	
促销实施方案	

项目七

门店客户服务管理

服务的水平是衡量任何一家商店、任何一家零售企业营运水准的重要标志之一，它是每一家商店的总经理应极力推动的工作之一，而不是软指标，可有可无。

——超市顾客服务格言

学习目标

- 理解客户服务的性质和员工基本素质要求
- 了解顾客抱怨的类型和处理步骤
- 掌握门店理货作业和收银作业的内容

关键概念

顾客服务　理货作业　收银作业　顾客投诉

体系结构

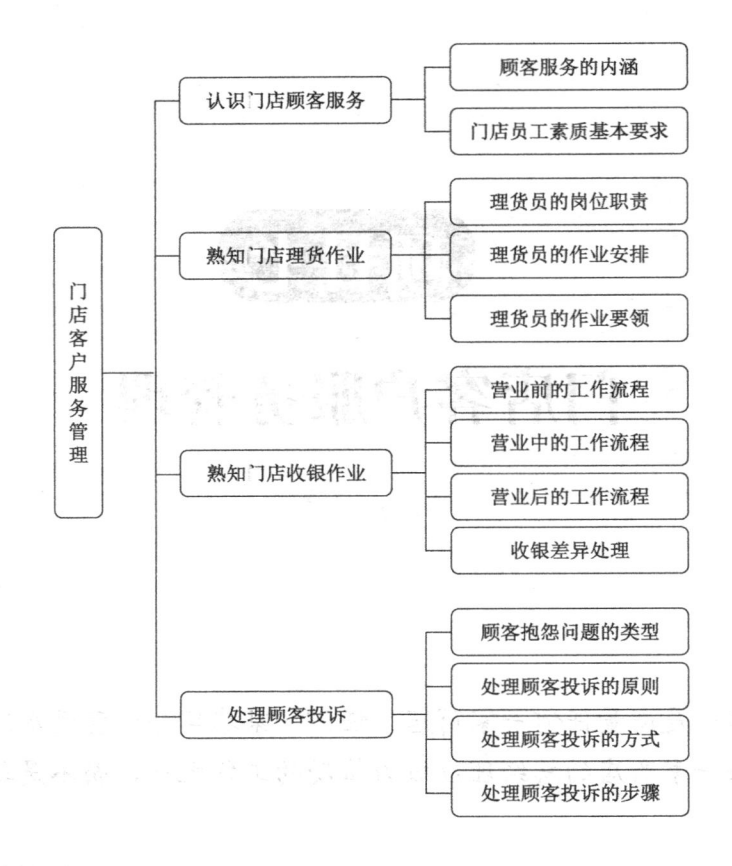

```
门店客户服务管理
├── 认识门店顾客服务
│   ├── 顾客服务的内涵
│   └── 门店员工素质基本要求
├── 熟知门店理货作业
│   ├── 理货员的岗位职责
│   ├── 理货员的作业安排
│   └── 理货员的作业要领
├── 熟知门店收银作业
│   ├── 营业前的工作流程
│   ├── 营业中的工作流程
│   ├── 营业后的工作流程
│   └── 收银差异处理
└── 处理顾客投诉
    ├── 顾客抱怨问题的类型
    ├── 处理顾客投诉的原则
    ├── 处理顾客投诉的方式
    └── 处理顾客投诉的步骤
```

任务一　认识门店顾客服务

一、顾客服务的内涵

顾客服务是指门店服务人员通过设施、设备、方法、手段等途径来满足顾客（消费者）在购物过程中的一系列需求，让顾客产生惬意和满足感，促使其消费。

顾客服务的目的是通过出色的顾客服务来培养顾客的忠诚度，形成持续的竞争优势，留住顾客，在他们中间产生良好的口碑，积极传播门店的声誉，从而吸引更多的新顾客。

一般来说，顾客服务具备以下性质。

1．服务的标准性

所有顾客服务环节、流程的处理程序、服务规范均符合门店标准，体现专业的服务水平和服务素质。例如，在全球的麦当劳餐厅里，顾客都可以享受到同样的食品和服务。

2．服务的无形性

与有形的商品不同的是，员工提供的服务是无形的，顾客既不能看见也不能触摸，但能感受得到。

3. 服务的满意性

研究顾客的期望和要求，对顾客不满意的方面进行改进和提高，缩短与顾客期望之间的差距，以最终达到顾客满意、超出顾客期望的顾客服务目的和结果。

二、门店员工基本素质要求

优质的顾客服务是促使顾客购买的重要手段，因此，门店员工应具备以下几方面的基本素质。

1. 职业道德素质

（1）品行端正、诚实、正直。

卖场是赢得顾客好感的重要之地，它的运转和管理水平，直接影响着整个卖场的经营效益和形象。除规章制度的监督制约外，还必须加强门店员工的品行修养，目的在于自觉按照社会公共准则和职业道德要求不断完善自我，廉洁自律、奉公守法，抵制各种诱惑。

（2）良好的服务意识。

卖场是商品和顾客之间的桥梁，这就要求员工通过自己的悉心观察，以不懈的努力，在第一线为顾客提供优质的服务，树立"一切以顾客为中心"的服务意识，能设身处地站在顾客的立场为顾客着想，热情适度，耐心周到，真诚服务，对待顾客一视同仁。

（3）勤业精业的精神。

勤业精业是职业道德的关键环节，也是敬业乐业的落实，忠于职守、认真负责、精益求精，是勤业精业的具体要求。

2. 业务素质

（1）基本的门店业务知识。

员工须从实际出发，熟练掌握包括商品的验收、销售、保管、盘点和损益处理及价格管理等相关环节的知识，同时，对企业经营策略、市场预测、决策等知识也应熟知。

（2）丰富的商品知识。

熟练掌握门店主力商品、重点商品、畅销商品、贵重商品的规格、成分、产地、使用、保养等各方面的知识，以及一些基本维修和商品展示技巧。

3. 能力素质

（1）"征服"顾客的能力。

顾客在选购商品的过程中，既有对商品的需求，又有对服务的需求。顾客进店是为了购买商品，但是，高明的营业员以其优美的姿态、甜美的微笑、文雅的举止、礼貌的用语、热情的招呼、熟练的服务技巧，能够使顾客感到好像买的不是商品，而是享受，顾客购买一次商品，就被营业员的优质服务所"征服"。

（2）观察能力。

具有敏锐而深刻的观察能力，对做好营业工作具有重要意义。有良好观察力的员工，不仅能从消费者的言行举止、面部表情和视线上准确地判断消费者的意图与需求，还能由此了解到消费者的兴趣指向和气质特点，从而采取相应的接待方法，同时也能迅速地掌握消费者的心理变化，灵活运用各种心理策略诱导购买行为或满足消费者的心理需求。

（3）表达能力。

表达能力主要表现在介绍商品和答复顾客问题时语言表达的表现力、吸引力、感染力和说服力。要发挥这种表达能力的影响能力，要求营业员不仅要掌握丰富的词汇，还要善于运用合乎逻辑、流利通畅的讲述和易于理解的寓意，针对不同接待对象的心理特点变换表现方式和情感成分。可以说，员工的表达能力，综合反映出他们的知识技能、思维能力、记忆能力、想象能力、鉴别能力等，在很大程度上决定营业员的服务质量和经营效果。

任务二　熟知门店理货作业

一、理货员的岗位职责

1. 一般理货员的工作职责

（1）及时提出订货建议，保证商品种类、数量齐全，避免商品脱节、滞销积压。下列商品一定要保证供给：20商品、公司总经销商品、公司定牌商品、日配送商品、必备小商品。理货员对责任区的商品品种天天对照80/20簿、必需商品目录、小商品目录进行检查，做到勤翻仓、勤补货，对断档或将断档品种勤汇报。

（2）认真执行商品配制表定位陈列规范，做好商品的货架陈列、落地陈列及冷藏冷风柜的陈列。

（3）正确掌握商品的标价知识，正确标好价格（商品标签和统一的价目牌）。

（4）收货时应该认真清点防止短缺、遗漏，查看商品的有效期，防止过期商品上架销售，并及时对收货商品进行标价。

（5）搞好货架与通道责任区的卫生以保证清洁。

（6）服从门店管理人员关于轮班、工作调动及其他工作的安排。

（7）协助做好商场安全保卫工作，随时注意设备运行状态，若有异常，立即通知当班经理。

2. 生鲜食品岗位理货员的工作职责

（1）员工工作时必须正确穿着工作服，并保持干净、整洁、无污染。

（2）及时提出订货建议，保证生鲜食品的种类和数量。

（3）负责台面的陈列、标价、包装，监督生鲜食品的品质、卫生和鲜度。

（4）做好生鲜食品的货架、水池和周围责任区的卫生清洁工作。

（5）以专业知识热忱回答顾客提问并提供最好的建议。

（6）服从门店管理关于上班时间和其他工作的安排。

3. 日常工作的要点

（1）熟练掌握本岗位所经营商品的性能、用途、使用方法。

（2）经常性记录所经营商品的缺货情况，制订补货计划。

（3）对商品和货架每间隔 5～7 天必须进行一次清洁，地面用具必须实行每天清洁一次。

（4）搞好市场调查，掌握消费者需求，及时上报主管，制订新产品购销计划。

（5）商品陈列必须根据季节性商品、促销商品、畅销商品、毛利率高低特性，采用有效合理的陈列方法和根据多种商品陈列的原则进行陈列。

4．理货员与相关部门的关系

（1）理货员与部门主管的关系。

下级服从上级，全面完成上级主管交给的各项工作任务指标，上级主管发出的指令如果有损公司的利益、形象或有违反法律法规的，在服从命令的同时，有权越级向上汇报。

（2）理货员与卖场各部门的关系。

① 理货员与总台的关系：顾客所购商品发生退换情况，理货员应主动积极配合，并办理好退货或换货有效手续，总台发放赠品或促销商品发现短缺或其他问题时，理货员应积极配合。

② 理货员与收银员关系：当收银员在给顾客结算时发现商品标价错误，理货员应积极协助查找原因，在每天下班时，应到收银处收起当天顾客未结算的商品并办好有效手续。

③ 理货员与防损员的关系：应主动积极配合保安和防损员做好本部门商品的防损工作，发现偷窃人员应交保安处理，和保安搞好销售以外的商品出入手续。

（3）理货员在工作中应主动发现并上报问题。

① 商品质量方面的问题。

② 商品标价方面的问题。

③ 新商品的扩销问题。

④ 安全防损和秩序卫生问题。

⑤ 超市设备、用具、货架等可能临时发生的问题。

⑥ 发生以下情况应上报主管：折扣折让销售量大的商品、团购量大的商品、需采购大批量的商品。

⑦ 商品陈列需大面积调整变动，指促销、换季、改变磁石点。

二、理货员的作业安排

1．理货员的每日作业安排

（1）营业前。

① 参加晨会，宣读誓言；按公司的管理要求、经营方针，正确、及时地安排当日工作。

② 补充商品，核对价目；补充商品，使量感丰满，补充必需物品，核对调价商品。

③ 做好卫生管理，搞好清洁工作；员工衣着整洁，精神饱满，做到货架洁、商品洁、环境洁（橱窗、天花板、墙壁、地面、柱子、拐角）。

（2）营业中。

① 站立服务，礼貌待客，热情和蔼地回答顾客的询问。

② 巡视门店，手拿干净抹布，清洁货架、通道，整理货架和商品、落地陈列商品。

③ 注意商品的销售情况。

④ 来货搬运要做到轻拿轻放，做好商品的防护工作。

⑤ 检查 POP 广告的书写、张贴是否符合 POP 书写张贴操作规范的规定，注意商品质量与标识，核对价目牌，做到一货一卡，货卡对位。

⑥ 商品补货应遵照《商品管理陈列规范》执行，对于暂时不能上货架的商品应堆放至临时堆放点。

⑦ 做好商品的防护工作，协助保卫人员做好安全保卫工作。

⑧ 检查是否有不能上架销售的 11 种商品，发现有不合格商品应立即纠正，并报告当班人员；不合格商品应在指定位置存放，并放有"不合格"标牌。

11 种不能上架销售的商品如下。

- ➢ 过期商品或已经到撤架期限的商品。
- ➢ 有霉变、异味、变色、变质的商品。
- ➢ 严重瘪罐、变形的商品。
- ➢ 真空包装遭到破坏的商品。
- ➢ 商标脱落、包装破坏的三无商品。
- ➢ 产生严重锈蚀现象的商品。
- ➢ 遭灰尘严重沾污的商品。
- ➢ 各种标识不清的商品。
- ➢ 厂商已更改包装的旧包装商品。
- ➢ 有破损、缺件现象的商品。
- ➢ 已被虫鼠咬过的商品。

进口预包装食品必须标明原产地、国内总经销商的名称地址及其他必须标注内容（产品标准号可免标）。

六大类（饮料类、乳制品类、糖果巧克力类、罐头类、坚果炒货蜜饯类及定型包装的食用品类）须粘贴防伪标志。

（3）营业后。

① 定时补充商品，使量感足、排面齐。

② 做好商品变价工作，及时更换价目牌和商品价格标签。

③ 整理购物篮、车和工具，打扫责任区域内的卫生。

2．每周及每月工作安排

（1）将要退货的商品集中，并于库存卡上用红笔登记退货数量。

（2）将退货单品编号、品名、数量、进价填在退库单上。

（3）在组长确认后，将商品及退货单放置于"已退货"的格位中。

（4）如果需要做市场调查，由组长和主管决定。

（5）于月底计算总销售量（每月应用于 25 日后做最后一次盘存）。

三、理货员的作业要领

理货作业中常规的作业包括领货作业、标价作业、变价作业、商品补货作业等。

项目七 门店客户服务管理

1. 领货作业要领

领货是指根据卖场内的商品销售情况，由理货员去内库领货以补充货架，其工作要领有：领货员领货必须凭领货单；领货单上理货员要写明商品的大类、品种、货名、数量及单价；理货员对仓库管理员所发的商品，必须按领货单上的事项逐一核对验收，以防止商品串号和提错货物。

在营业过程中，陈列于货架上的商品在不断减少，理货员的主要职责就是去内库领货以补充货架，也有些连锁企业的门店（如连锁便利店）中，除了饮料之外，是不允许有商品库存的，因而只要商品验收完毕，理货员即可进行标价，补货上架陈列，或暂时放于内仓，待营业时及时补货。

对于连锁大型综合超市、仓储式商场和便利店来说，其领货作业的程序可能不反映在内仓方面，而是直接反映在收货部门和配送中心的送货人员方面。一旦完成交接程序，责任就完全转移到商品部门的负责人和理货员的身上。

2. 标价作业要领

标价要一致，让顾客容易看到，且不可压住商品说明文字；打标价时要核对进货传标及陈列处的价格卡，且不可同样商品有两种价格。

标价作业最好不要在卖场内进行，以免影响顾客的行动路线；打标价前要核对商品的代号和售价，核对进货单和陈列架上的价格卡；价格标签纸要妥善保管，为防止不良顾客偷换标签；商品价格调整时，如价格调高，则要将原价格标签纸去掉，重新打价，以免顾客产生欺骗心理。

标价是指商品代码（部门别和单品别）和价格以标签方式粘贴于商品包装上的工作。每一个上架陈列的商品都要标上价格标签，有利于顾客识别商品售价；也有利于门店进行商品分类、收银、盘点及订货作业。这项作业动作很简单，几分钟内就可学会，一天内就能熟练操作，但标价的具体作业管理的要求很多，十分复杂。

（1）标签的类型。

目前我国连锁企业门店的价格标签有4种类型。

① 商品部门别标签，表示商品部门的代号及价格，通常适用于日用杂品及规格化的日配品。

② 单品别标签，表示单一商品的货号及价格，这种标签尤其适用于连锁超市内的生鲜食品，可分为称重标签和定额标签。

③ 店内码标签，表示每单品的店内码和价格，也可分为称重标签和定额标签。

④ 纯单品价格标签，只表示每一个商品的单价，无其他号码。

商品价格标签对连锁企业搞好门店商品管理有很大的作用。其作用主要有：识别商品的部门分类和单品代号，以及商品销售、盘点和订货作业；识别商品售价，有利于商品周转速度的管理等。商品部门别标签、单品别标签和店内码标签一般都可以用条码的形式很快地通过计算机来设计和制作。此时标价作业的重点则是"对号入座"，而对那些仍需用价码机来标价的门店就必须强调手工作业的管理与控制。

（2）贴标签的位置。

① 一般商品的标签位置最好贴在商品正面的右上角（因为一般商品包装其右上角无文

字信息），如右上角有商品说明文字，则可列贴在右下角。

② 罐装商品，标签打贴在罐盖上方。

③ 瓶装商品标签订贴在瓶肚与瓶颈的连接方。

④ 礼品则尽量使用特殊标价卡，最好不要直接订贴在包装盒上，可以考虑使用特殊展示卡。因为送礼人往往不喜欢受礼人知道礼品的价格，购买礼品后他们往往会撕掉其包装上的价格标签，由此可能会损坏外包装，破坏商品的包装美观，从而导致顾客的不快。这是理货员要特别注意的，应从细微之处为顾客着想。

（3）标价作业应注意的事项。

① 一般来说，门店内所有商品的价格标签位置应是一致的，这是为了方便顾客在选购时对售价进行定向扫描，也是为了方便收银员核价。

② 标价前要核对商品的代号和售价，校对领货单据和已陈列在货架上商品的价格，调整好订价机上的数码，先打贴一件商品，再次核对如无误可打贴其余商品。同样的商品上不可有两种价格。

③ 标价作业最好不要在卖场上进行，以免影响顾客的购物。

④ 价格标签纸要妥善保管。为防止不良顾客偷换标签，即以低价格标签贴在高价格商品上，通常可选用仅能一次使用的、有折线的标签纸。

商品的标价作业随着POP系统的运用，其工作性质和强度会逐渐改变和降低。标价作业的重点会向正确摆放标价牌的方向发展。频繁的打价码作业会不复存在，至多只有少量称重商品的店内码粘贴。

3．变价作业要领

变价作业是指商品在销售过程中，由于某些内部或外部环境因素的原因，发生原销售价格变动的作业。

（1）变价的原因。

变价的原因可分为以下两种。

① 内部原因，如促销活动的特价、连锁企业总部价格政策的调整、商品质量有问题或快到期商品的折价销售等。

② 外部原因，如总部进货成本的调整、同类商品的供应商之间的竞争的价格调整、受竞争店价格的影响以及门店消费者的反应等。

（2）变价作业应注意的事项。

变价作业不论由何种原因引起，一般都由连锁企业总部采购部门负责，采购部门会将变价的通知及时传达到各个门店，而门店理货员在整个变价过程中应注意以下几个方面。

① 在未接到正式变价通知之前，理货员不得擅自变价。

② 正确预计商品的销量，协助店长做好变价商品的准备。

③ 做好变价商品标价的更换，在变价开始和结束时都要及时更换商品的物价标牌以及贴在商品上的价格标签。

④ 做好商品陈列位置的调整工作。

⑤ 要随时检查商品在变价后的销售情况，注意了解消费者和竞争店的反应，协助店长做好畅销变价商品的订货工作，或者是由于商品销售低于预期而造成商品过剩的具体处理工作。

(3) 变价时的标价作业。

商品价格调整时，如价格调高，则要将原价格标签纸去掉，重新打贴，以免顾客产生抗衡心理；如价格调低，可将新的标价打在原标价之上。每一个商品上不可有不同的两个价格标签，这样会招来不必要的麻烦和争议，也往往会导致收银作业的错误。

4．商品补货的作业要领

补货作业是指理货员将标好价格的商品，依照商品各自既定的陈列位置，定时或不定时地将商品补充到货架上去的作业。所谓定时补货，是指在理货员每班次上岗前或非营业高峰时的补货。所谓不定时补货，是指只要货架上的商品即将售完，就立即补货，以免造成由于缺货影响销售。事先要根据商品陈列图表，做好商品陈列定位工作；补货时先将原有商品取下，清洁货架及原有商品，接着将准备补充的新货放到货架的后段，再将原货放在前段；整理商品的排面，以呈现商品的丰富感；对冷冻食品和生鲜食品的补充要注意时段投放量的控制等。

(1) 商品补货的原则。

① 要根据商品陈列配置表，做好商品陈列的定位工作。

② 严格按照连锁企业总部所规定的补货步骤进行商品补货。

③ 注意整理商品排面，以呈现商品的丰富感。

④ 对冷冻食品和生鲜食品的补货要注意时段投放量的控制，应采取三段式补货陈列。一般补充的时段控制量是，在早晨营业的将所有品种全部补充到位，但数量保持在当日预定销售量的40%，中午再补充30%的陈列量，下午营业高峰前再补充30%的陈列量。

(2) 卖场巡视和商品的整理作业。

① 清洁商品。要维持卖场气氛，对商品进行清洁非常重要，这是商品能卖得出去的前提条件。尤其是在营业低峰时段，要做好整个货架的清洁工作。所以在连锁超级市场、便利店中，理货员在巡视卖场时手中的抹布是不离手的，它就像士兵手中的枪一样重要。

② 做好商品的前进陈列。即当前面一排的商品出现空缺时，要将后面的商品移到空缺处去、商品朝前陈列，这样既能体现商品陈列的丰富感，又符合了商品陈列先进先出的原则。

③ 检查商品的质量。一旦发现商品损坏（如服装等）、商品变质、破包或超过保质期（如各类食品），应立即从货架上撤下。

通常在连锁超级市场、便利店中规定，有以下几种商品必须从货架上撤下。

➢ 过期商品、有变质迹象的商品。

➢ 接近失效期限的商品（以保质期×3/4为期限）。

➢ 各种严重瘪罐或锈蚀现象的商品。

➢ 真空包装遭破坏的商品。

➢ 商标脱落、包装破旧的商品。

➢ 遭灰尘严重沾污的商品。

➢ 各种标志不清的商品（包括生产日期、保质期、计量、厂名、厂址等）。

➢ 商品更改包装的旧包装商品。

➢ 有破损、缺件现象的商品。

(3) 补货上架时的作业流程管理。

为了符合商品陈列的先进先出原则，通常补货上架要按照以下6个步骤进行。

① 先检查核对需补货陈列架的价格卡是否和要补充的商品售价一致。
② 将货架上原有的商品取下。
③ 清洁货架（这是彻底清洁货架里面的最好时机）。
④ 将准备补充的新货放至货架的后端。
⑤ 清洁原有商品。
⑥ 将原商品放于货架的前端。

任务三　熟知门店收银作业

收银作业不只是单纯地为顾客提供结账的服务而已；收银员收取了顾客的货款之后，也并不代表这个超市的销售行为就此结束，因为在整个收银作业的流程中，还包括了对顾客的礼仪态度和资讯的提供、现金作业和管理、促销活动的推广、损耗的预防、业务侵占的防范，以及卖场安全管理的配合等各项前置和后续的管理作业。收银员的一举一动，都代表了这个超市的经营形象，虽然一次完善的服务是顾客再次光临的保证，但是一个小小的错误，也可能为超市带来负面评价和影响。

具体收银作业可以针对每日来安排作业流程，每日作业流程可以分为营业前、营业中、营业结束后 3 个阶段。通常收银员在营业前与营业后要填写作业检核表，该表由收银员每次当班时实事求是地填写后，在当班结束后交于店长。而该表将纳入门店对收银员每月的工作考核中。

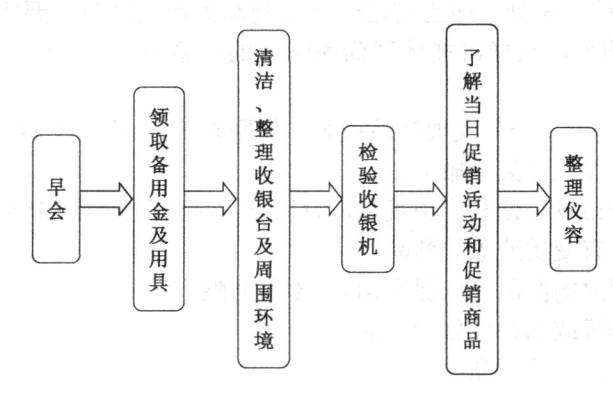

一、营业前的工作流程

营业前的工作流程如图 7-1 所示。

早会 → 领取备用金及用具 → 清洁、整理收银台及周围环境 → 检验收银机 → 了解当日促销活动和促销商品 → 整理仪容

图 7-1　营业前的工作流程

（1）早会。
① 总结前一天的工作事项及安排今日的工作要求。
② 传达公司相关工作规定及变革。
③ 宣读今日相关促销活动的信息及注意事项。
（2）领取备用金及用具。

项目七　门店客户服务管理

①　到现金室的个人保险柜里拿取 500 元备用金,并由领班当场兑换 10 元以下的零钞。备用金分配法则:1 角—20 元;5 角—50 元;1 元—100 元;2 元—100 元;5 元—100 元;10 元—130 元。

②　把现金、支票、购物优惠券、职工福利券、内部调拨单、某些特殊单据一起放在蓝色钱袋里(钱袋上标名自己的名字),把袋口锁紧,交给金库的出纳人员。把银行卡计算机单、银行卡手工单、VIP 卡、团购礼券分别用回形针区别开,交给信用卡台人员(一般为收银主管)。因早上时间紧张,收银员无须在金库和信用卡台等候缴款单回单,统一由领班收取。

③　前一天的休息人员,必须到办公室的黑板上查看前一天的早班记录。

(3) 清洁、整理收银台及周围环境。

①　用较干的抹布擦拭收银机。

②　整理、补充收银台前货架上的商品,核对价目牌。

③　准备所需物资:购物袋、打印纸、暂停结算牌、笔、干净的抹布、装钱的布袋、剪刀、胶带纸、绳子等,并摆放在规定位置。

(4) 检验收银机。

开机,检查收银机和打印装置是否正常,工号与日期是否正确,机内的程序设置是否正确以及各项统计数据值是否归零,后台服务器与前台收银机连接是否正常,POS 系统信息传输是否正确等。

(5) 了解当日的促销商品和特价商品。

(6) 整理仪容。

此外,作为领班,在营业前还有如下工作。

(1) 营业前半小时清理收银区及附近的货物,并把食品和非食品分开。

(2) 检查机台卫生、检查收银机的正常使用、检查需用工具是否备足。

(3) 分散安排收银员的机台。

(4) 估算当天的销量,领取包装袋。

(5) 开门前将收银台所有零散的包装袋进行清理,分发给收银员,使其养成先用零散包装袋的好习惯。

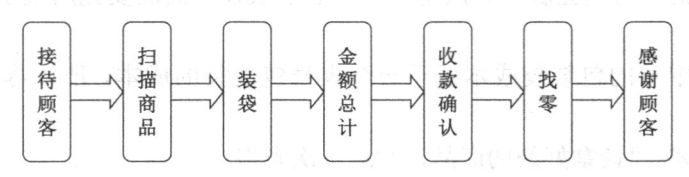

二、营业中的工作流程

营业中的工作流程如图 7-2 所示。

接待顾客 → 扫描商品 → 装袋 → 金额总计 → 收款确认 → 找零 → 感谢顾客

图 7-2　营业中的工作流程

1. 接待顾客

(1) 顾客在临柜的 3 米内,微笑地说:"欢迎光临!"

(2) 若顾客是用的手推车,则礼貌地说:"请您把商品放上机台,谢谢。"

(3)询问顾客:"请问有会员卡吗?"若顾客有会员卡则按"授权"键,用扫描枪扫描会员卡背面的条形码。扫描后,如果在屏幕的最右边显示"会员优惠",则证明已经扫入会员卡信息;如果没有显示,则再按一次"授权"键进行扫描,直至显示"会员优惠"4个字。

2. 扫描商品

左手拿商品,右手拿扫描枪,扫描枪和商品条码成45°角进行扫描。
(1)若条码扫不进计算机,则手工输入。
(2)生鲜冷冻食品要把条码处的水分抹干。
(3)过称商品条码若有折皱的,必须把条码拉平。
(4)每扫完一件商品,就用左手把商品小心地顺着台面的斜坡推至收银机台面的最当头。同时,查看屏幕,核对商品的价格、品名、型号、重量等是否正确,并给顾客清楚地报出每件商品的单价。
(5)有硬扣的商品必须解硬扣,硬扣解下后必须重新合上,放至硬扣盆内。
(6)盒装商品要打开检查,查看是否有夹带、调包等。
(7)扫描完所有的商品后,询问顾客:"请问您是否还有其他商品?"
(8)眼睛小心地环视一下顾客衣服内、小孩的手中、推车里、购物篮里是否还夹带有其他商品。
(9)若顾客表明某些商品已在专柜付款,则礼貌地说:"对不起,请您出示计算机小票。"并仔细查看小票上的时间是否对应,品名、条码等是否和商品一致。

3. 装袋

帮顾客把商品打包。原则如下。
(1)食品与非食品分开。
(2)生鲜、串味食品应与其他食品分开。
(3)宠物食品与人的食品分开。
(4)生食和熟食分开。
(5)较重的商品用双层包装袋。
(6)瓷器等易碎商品必须先用纸包扎,再用相应大小的包装袋捆紧,以免晃动,放到最上层。
(7)杯式豆奶、盒装豆腐、冰淇淋等外包装易破损的商品要先用最小号袋捆紧,放到最上面。
(8)因两个中号的包装袋成本低于一个大号包装袋的成本,所以尽可能地用中号包装袋。
(9)提示顾客:"请拿好您的商品,欢迎下次光临。"
(10)随时清理机台的污水和垃圾,保持机台的整洁和光亮。

4. 金额总计

商品扫描结束后确认金额总计,第一次按"付款"键,屏幕显示应付总金额,并告知顾客。

项目七　门店客户服务管理

5．收款确认

唱收顾客的钱款，如付现金应双手接过顾客的现金，同时询问顾客是否有零钱，并辨别钱币真伪；如顾客使用银行卡或其他结算卡，则执行卡类结算程序。

6．找零

（1）将实际收取的现金金额输入收银机，第二次按"付款"键，屏幕显示应找金额。

（2）第三次按"付款"键，自动打开钱箱，并打印计算机小票。

（3）唱付顾客找零款项，或刷卡结算成功后将卡或零钱和收款小票双手递给顾客，提醒顾客拿好商品，保管好计算机小票。

找零技巧：多要进、少找出，找出的零钱以凑五凑十为原则。

例如，顾客购买了 16.60 元的商品，给了一张 50 元的大钞，收银员可以问顾客：要 6.60 元零钱，56.60－16.60＝找 40 元；要 1.60 元零钱，51.60－16.60＝找 35 元；要 2.10 元零钱，52.10－16.60＝找 35.50 元。

7．感谢顾客

对顾客予以感谢。

在收银过程中，如果发生顾客抱怨或由于收银结算有误给顾客造成困扰时，应立即与当班组长联系，由组长将顾客带至其他区域，不允许私自离机，以免影响正常的收银工作。在非营业高峰期间，等待顾客时可进行收银区域的清扫、整理工作或店内安排的其他工作。

交接班时，下班人员应晚 5 分钟关机台，以便上班人员有足够的时间做准备。

（1）下班人员必须把机台遗留的孤儿送回孤儿篮，清理机台的垃圾。

（2）下班人员要把余下的散乱包装袋移交给接班人员，或者整理好堆放到统一的地方。

（3）业务繁忙时，下班人员应先退出自己的工号，让接班人员先进入系统接待当前顾客。然后把营业款拿到金库进行清点，清点后把应输缴款单的金额写下来，再到本机台直接输入数字打出缴款单。

（4）若有人接本机台，收银员只需退到登录状态。

（5）若无人接本机台，收银员必须安全退出关机，关闭电源，罩好机罩。

（6）将营业款按规定分别交至金库和信用卡台，必须等收到缴款单的回单才能离开。

作为领班，在营业中有如下工作。

（1）兑零。

① 早上开门时，要给 25～40 位收银员准备 5000～10000 元的 10 元和 50 元的零钞，站在前台随时兑换。

② 10 元以下的零钞，分别在收银员上机台前和 13:00～14:00、19:00～20:00 分 3 次统一兑换。

（2）"收孤儿"。

① 分别在 10:30、13:30、16:30、18:00 这 4 个时段清理收银区的"孤儿"。

② 生鲜冷冻商品，必须及时送到各区的冷冻柜。

③ 发现大件或易碎商品"孤儿"必须及时送到"孤儿篮"。

（3）包装袋的发放和管理。

把当天所需发放的包装袋按型号整齐地堆放在手推车里，推至退换货中心，以便收银员在上机台前可以方便、迅速地拿走所需包装袋。

（4）因每天有 6 批人员分别进班，领班必须在每一批上班前 10 分钟替他们开好收银机，进入登录状态，以便加快交班速度。

（5）领班必须分区固定站在收银前台的显眼位置。

① 随时准备处理一些商品问题、收银机故障问题、刷卡问题和顾客投诉等状况。

② 随时为收银员的需要服务，如帮忙打包、送水、送饭、兑零、提供打印纸、胶带纸等。

（6）每个领班在自己的区域必须密切关注收银员的服务态度、劳动纪律及防损意识。

（7）到就餐时间，由领班分批安排就餐。

① 根据业务量的大小对就餐时间做调整。可能是正常时间吃饭，每批 30 分钟；也可能将吃饭时间推迟，每批 20 分钟。领班必须做好来去时间的登记，控管收银员的就餐时间。

② 安排人员就餐时，必须是隔开机台安排，以保证顾客的分散。

（8）随时清理收银通道的推车、购物篮，以保持收银通道的畅通。

（9）若排长队的机台比较集中，则引导顾客到人较少的机台，也可随时把收银员调整到人比较集中的收银台。

（10）业务特别繁忙时，领班可灵活地把专柜人员调到前台收银，必要时自己也要上机台帮忙。

【课堂讨论】

冷冰冰的收银员

1. 在某超市，一位顾客买了一件商品，交完钱后，想把一张 20 元的纸币换成 4 张 5 元的。当这位顾客向收银员小王提出自己的这一要求时，小王板着脸，生硬地回答："不行，超市有规定不能换。"无论这位顾客怎样解释，收银员还是那句硬邦邦的话"不行"。顾客对这种回答非常不满。

2. 一顾客对某超市情有独钟，经常来购物。一天，在二层买鞋交钱时，问收银员能不能使用信用卡。收银员只顾接待别的顾客，没有回答。顾客又问收银员，收银员答复："有告示你自己看。"失望之余，顾客放下鞋子走了。

讨论：收银员有哪些地方做得不对，应该怎样改正？

评析：超市收银员要树立顾客至上的观念，始终热情服务，礼貌待客，应使用正确服务用语，杜绝使用服务忌语的现象。

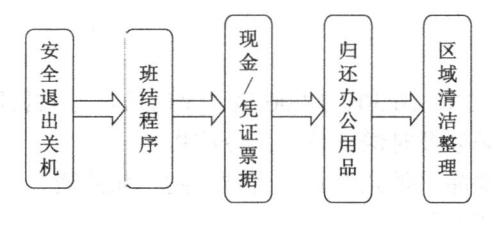

三、营业后的工作流程

营业后的工作流程如图 7-3 所示。

安全退出关机 → 班结程序 → 现金/凭证票据 → 归还办公用品 → 区域清洁整理

图 7-3　营业后的工作流程

项目七　门店客户服务管理

1．安全退出关机

关电源、罩好机罩，在收银台展示"暂停收银"的作业指示牌。

2．班结程序

请收银管理人员执行班结程序，打印班结清单。

3．现金/凭证票据

（1）准确地清点出500元备用金放入红色钱袋。尽可能地留小面额的零钞，若零钞较多，则兑换给其他收银员。

（2）清点营业款，同面额满100张的要捆扎，同面额每满20张一夹。

（3）按付款方式的不同，准确无误地打出一式三联缴款单。

（4）在每张缴款单上签名，将营业款和缴款单一起放入钱袋里，收银员不得在过程中点计营业款数，收银员锁上钱箱保留锁匙，钱箱由监察员送往现场财务核款。

（5）收银员与现场财务人员当场清点当班营业款项，如有款项长短等问题，按公司财务规范中的长短款作业处理，所有款项（包括备用找零款均需交回现场财务）。

（6）同时有关公司所有促销、优惠或会员兑换等的"礼券"、"兑换券"、"优惠券"等必须按相关规定装订完整，交现场财务审核（有需要的作登记处理，同时要有当班负责人签字确认）。

（7）将备用金和营业款一起放至金库的个人保险柜里。

4．归还办公用品

将借出的设备、用具归还现金室。

5．区域清洁整理

清洁收银机、收银台、收银柜及周围区域，将"孤儿"商品送至"孤儿篮"。将未用完的包装袋按大小型号整理好，送至堆放包装袋的地方。

营业后，领班有如下工作。

（1）收取第二天休息人员的营业款，并在专用本上进行登记，双方签字。

（2）将休息人员的所有营业款锁在专用钱箱里，在防损的监督下放至金现金室。

（3）清理收银区及附近的"孤儿"商品。

（4）检查所有收银台的电源是否关闭。

阅读材料

超市收银八步曲

您好，欢迎光临！

您有会员卡吗？（如顾客没有会员卡，则提示顾客到会员中心办理）

逐件扫描商品，并报价。

您还有其他商品吗？

您需要购物袋吗？

应收您多少元，找您多少元。

请收好您的小票用于售后服务。

欢迎下次光临！

四、收银差异处理

1. 收银注意事项

（1）收银员在每次交易前应认真核对每项物品的品名、规格、产地、价格等是否与计算机显示的一致，如有不同，应先核对是否出现商品信息上的错误，如发现错误立即通知当班人员更改，并知会其他收银员防止错误再次出现。

（2）每笔交易必须唱报、唱收、唱付，清楚报出顾客应付金额及实收金额、应找金额，并将打印的计算机小票和找零连同商品一起交给顾客，根据所购商品的具体情况将易碎、易渗漏、易串味的品种分别装入商品购物袋，并微笑致谢。

（3）掌握必要的商品知识，保持亲切友善的笑容，耐心地回答顾客的提问。

（4）商品的折让、退货、换货、赠品等参照相应的作业规范进行。

（5）遇有疑问的钞票，应借助验钞机进行检验，如遇验钞机不能解决或破残不能使用的钞票，应礼貌向顾客提出更换，如收到伪、残钞，由收银员承担赔偿责任。

（6）保持收银区整洁，整理好收款小票。

（7）不可随意离开收银区域，特殊情况离开收银作业区需通知管理人员离开的原因及回来的时间，退出收银界面（锁定收银机），出示"暂停收银"的作业指示牌方可离开岗位。

（8）营业期间不得清点收银机中的钱款，收银钱箱除收款或找零外不得开启，钱箱钥匙由监察人员保管，特殊情况通知监察人员处理。

2. 收银差异产生的原因

（1）收银员收款错误和找零错误。

（2）收银员没有零钱找给顾客或顾客不要小面额零钞。

（3）收银员误收假钞。

（4）收银员不诚实，盗窃卖场的收银款。

（5）收银员将收银机的输入键按错，如将"现金"键按成"卡"键。

（6）收银员在兑零过程中出现错误。

3. 处理原则及方法

（1）收银差异必须在 24 小时内进行处理，由现金室发现收银差异。

（2）超出一定金额的收银差异，必须在发现的第一时间报告安全部和收银主管。

（3）收银差异的原因由现金室进行查找，没有合理解释的，收银员本人必须有书面的解释。

（4）所有收银员的收银差异必须进行登记。

（5）对于有超出规定的收银差异的收银员必须做警告处理。

4．减少差异的措施

（1）加强收银员的培训，减少假钞带来的损失。

（2）加强收银员的道德品质培养，杜绝因不诚实而引起的现金盗窃。

（3）加强收银过程的标准化服务，包括唱收唱付。减少因收款、找零错误而带来的损失。

（4）加强收银区域的安全防范管理，对收银员的工作进行有效的监督。

（5）加强营业高峰和节假日的大钞预提工作，减少收银机的现金积累，减少现金被盗的机会。

任务四　处理顾客投诉

当顾客在连锁门店的购物行为无法得到满足时，很自然地就会产生抱怨，甚至前来投诉。抱怨的原因可能是来自商品，也可能是来自服务。抱怨一旦产生，不论是对顾客还是对连锁门店而言，都是一个不愉快的经验。

以顾客来说，买到不佳的商品，或是对于连锁门店提供的服务品质和项目不满意时，对顾客的心理、生理都可能造成伤害，甚至因为投诉所造成时间上的浪费，更是无法衡量的。至于连锁门店本身，则可能因为顾客抱怨的产生，而降低顾客对商店的信心，情况严重者，还可能影响到商店的信誉及营业收入。

事实上，并非所有的顾客有了抱怨都会前往商店投诉，而是以"拒绝再度光临"的方式来表达其不满的情绪，甚至会影响所有的亲朋好友来采取一致的对抗行动。反过来说，如果顾客是以投诉来表达其不满，至少可以让连锁门店有说明或改进的机会。因此，顾客抱怨看似连锁门店经营上的危机，但若能将其处理得当，使这些投诉转化为顾客对连锁门店忠诚度与关系的建立，将赢得顾客的再度光临，同时也促使连锁门店因顾客的抱怨而改善服务，将危机化为转机，带来更多有形及无形上的利益。

所以说，顾客宛如连锁门店的免费广告，当顾客有好的经验时，会告诉 5 个其他的顾客，而一个不好的经验，却可能会告诉 20 个人。因此，如何让顾客成为连锁门店的免费宣传员，使企业可以达到永续经营的目标，关键在于连锁门店的工作人员能否审慎处理顾客的每一个抱怨。

一、顾客抱怨问题的类型

门店如果遇到顾客的投诉，必须马上处理，否则就可能会失去顾客对整个连锁企业所有门店的信任。在日本，其超市采用意见卡制度，连锁企业总部营运部总经理每天直接查阅来自各个门店 300 张以上的意见卡，他的做法是：如果意见卡中有特别好的就公布在连锁企业内部的刊物上，有助于提升全体员工士气。若有诉怨的，就将之影印拿给相关单位人员，并在朝会上隐瞒名字公布此事，以此促使全体员工反省。这种方法值得我们借鉴。以连锁门店而言，顾客之所以会产生抱怨，其原因大致可分为下列三大类型。

1. 对商品的抱怨

连锁门店的主要功能就是贩卖各式各样的日常用品，因此消费者对所购买的商品发生不满意的情况最为常见。其抱怨的原因有下列几种情形。

（1）价格。

连锁门店贩卖的商品大部分为非独家销售的民生消费品，顾客对这些商品价格的敏感性都相当高。因此，在价格方面，绝大部分是顾客抱怨某项商品的定价，较商圈内其他竞争店的定价为高，而要求改善。

（2）品质。

连锁超级市场、便利店里出售的商品大都是包装商品，商品品质如何往往要打开包装使用时才能判别或做出鉴定。例如，包装生鲜品不打开外包装纸很难察觉其味道、颜色及质感的不新鲜；或者干货类的商品打开包装袋才能发现内部发生变质、出现异物、长虫，甚至有些在使用后才发生腹泻及食物中毒的现象。因此，打开包装或使用时发现商品品质不好，是顾客意见较集中的方面。

（3）坏品。

例如，商品买回去之后，发现零组件不齐全，或是商品有瑕疵等。

（4）过期。

顾客发现所购买的或是放在货架上的待售商品，有超过有效日期的情形。

（5）商品重（数）量不足、包装破损等。

（6）标示不符。

顾客对标示不符的抱怨有下列情形。

① 进口商品未附有中文标示。

② 中文标示上的制造日期与商品上打印的制造日期不符。

③ 商品上的价格标签模糊不清楚。

④ 商品上有数个价格标签。

⑤ 商品价格标签上的标示与宣传单所列示的价格不符。

⑥ 商品本身外包装上的说明不清楚，如没有制造日期。

⑦ 其他违反商标法的情形。

（7）商品缺货。

顾客对连锁企业门店商品缺货的投诉，一般集中在热销商品和特价商品，或是门店内没有销售而顾客想要购买的商品，这往往导致顾客空手而归。更有甚者有些门店时常因为热销商品和特价商品卖完而来不及补货，从而造成经常性的商品缺货，致使顾客心怀疑惑，产生被欺骗感，造成顾客对该连锁企业失去信心。这样不仅流失了老顾客，而且损害了整个连锁企业的形象。

2. 对服务的抱怨

虽然连锁门店属于自助性服务，但顾客还是会有需要服务人员提供服务或协助的时候，一般会导致顾客抱怨的情况有下列几种。

（1）工作人员态度不佳。

例如，不理会顾客的询问要求，回答顾客的语气有不耐烦、敷衍，或是出言不逊的

项目七 门店客户服务管理

现象。

（2）收银作业不当。

收银人员货款登录错误造成多收货款、少找钱给顾客；包装作业失当，致使商品损坏；入袋不完全，遗漏顾客的商品；或是等候结账的时间过久等。

（3）服务项目不足。

连锁门店不能满足顾客提出的送货服务、提货服务、换钱服务、洗手间外借或其他各种额外服务。例如，门店不提供送货、提货、换零钱的服务；营业时间短；缺少某些便民的免费服务，如没有洗手间或洗手间条件太差。

（4）现有服务作业不当。

例如，连锁门店提供寄物服务，却让顾客寄放的物品有遗失及调换等情形发生，抽奖及赠品等促销作业不公平，填写门店提供的顾客意见表却未得到任何回应，或者顾客的抱怨未能得到妥善的处理等。

（5）取消原本提供的服务项目。

例如，百货商店取消儿童托管站；取消超级市场 DM 广告中特价商品的销售，取消特价宣传单的寄发、礼券的发售，或是中奖发票购物办法等。

3．对安全和环境的投诉

（1）意外事件的发生。

顾客在卖场购物时，往往因为连锁门店在安全管理上的不当，造成顾客的意外伤害而引起顾客的抱怨。

（2）环境的影响。

例如，门店对废弃物及垃圾物的处理不当，造成公共卫生的品质降低；商品卸货时影响行人的交通或附近车辆的出入；违反建筑物使用办法；或是扩音器太大声，影响住户安宁等情况，都会造成周围住户的抱怨。

阅读材料

顾客抱怨带来的损失

假如因为员工服务或未能处理好顾客服务而失去一位顾客，则：

此顾客平均在每周在本超市购物次数	2 次
全年平均周数	52 周
平均购物金额	100 元
顾客与超市的购物关系	20 年
损失总金额	2×52×100×20＝208000 元
假设顾客影响其朋友人数	10 人
总的损失金额	208000×10＝2080000 元（约 210 万元）

如果能将投诉化为顾客对门店忠诚关系的建立，使顾客满意而再度光临，同时也用好的口碑影响他的朋友前来购物。据统计，当顾客有好的经历时，会告诉其他 5 个顾客，但有一个不好的经历时，却可能会告诉其他 10 个顾客，因此，提供高水平的顾客服务，慎重

处理好每一个顾客的抱怨，使顾客满意而归，应成为顾客服务工作不懈追求的目标。

（资料来源：戴春华．超市标准化营运管理——前台与收货管理．广州：南方日报出版社，2003）

二、处理顾客投诉的原则

有关的研究资料指出，顾客就好比免费的广告，关键是所带来的是正面效应还是负面效应。当顾客有好的体验时会告诉 5 个其他的顾客，但是一个不好的体验可能会告诉 10 个其他的顾客。因此，如何让顾客成为连锁企业门店有利的免费宣传媒介，使连锁企业可以达到永续经营的目标，有赖于门店的营业人员能否谨慎处理顾客的每一个投诉意见。连锁企业门店中的任何人员，不论是基层服务人员、管理人员，或者是总部负责顾客服务的专职人员，不管他在门店中有无处理顾客投诉的权力，在接受顾客投诉意见时，其处理原则都是一致的，都应认真对待顾客的投诉意见。顾客投诉意见处理的基本原则是：妥善处理每一位顾客的不满与投诉，并且在情绪上使之觉得受到尊重。

受理及处理顾客投诉，并非愉快之事，但对待投诉，应持重视的态度，并将其看成改进企业对顾客服务的有利机会。为此，处理顾客投诉时，应遵循下列原则。

1．有章可循

要有专门的制度和人员来管理客户投诉问题。另外要做好各种预防工作，使客户投诉防患于未然。为此需要经常不断地提高全体员工的素质和业务能力，树立全心全意为客户服务的思想，加强企业内外部的信息交流。

2．及时处理

对于客户投诉，各部门应通力合作，迅速做出反应，力争在最短的时间内全面解决问题，给客户一个圆满的结果。否则，拖延或推卸责任，会进一步激怒投诉者，使事情进一步复杂化。

3．分清责任

不仅要分清造成客户投诉的责任部门和责任人，而且需要明确处理投诉的各部门、各类人员的具体责任与权限，以及客户投诉得不到及时圆满解决的责任。

4．留档分析

对每一起客户投诉及其处理要做出详细的记录，包括投诉内容、处理过程、处理结果、客户满意程度等。通过记录，吸取教训，总结经验，为以后更好地处理好客户投诉提供参考。

5．真心实意帮助顾客

应设法理解投诉顾客当时的心情，同情其所面临的困境，并给予应有的帮助，接待好顾客。首先应表明自己的身份，让顾客产生一种信赖感，愿意并相信能帮助他解决问题。

6．绝不与顾客争辩

无论前来投诉的顾客情绪如何激动，态度如何不恭，言语如何粗鲁，举止如何无礼，接待人员都应冷静、耐心，都绝对不可急于辩解或反驳，与顾客逞强好胜。即使是不合理的投诉，也应做到有礼、有理、有节。既要尊重他们，不失顾客面子，又应做出恰如其分的处理。

7. 维护企业应有的利益

处理投诉亦不可损害商场的利益。尤其是对于一些复杂问题，切忌在真相不明之前，急于表态或当面贬低企业及其部门、员工。除非顾客物品、财产因企业原因导致遗失或损失外，退款或减少收费等方法，绝不是处理投诉、解决问题的最佳方法，而应弄清事实，通过相关渠道了解其来龙去脉，在真相清楚后，再诚恳道歉并给予恰当处理。

三、处理顾客投诉的方式

通常顾客投诉的方式不外乎电话投诉、书信投诉，或者是直接到门店内或连锁企业总部进行当面投诉这3种方式。根据顾客投诉方式的不同，可以分别采取相应的行动。

1. 电话投诉的处理方式

（1）有效倾听。

仔细倾听顾客的抱怨，应站在顾客的立场分析问题的所在并以耐心的话语来表示对顾客不满情绪的支持。

（2）掌握情况。

使用温柔的声音尽量从电话中了解顾客所投诉事件的基本信息。其内容应主要包括4W1H原则——Who、When、Where、What、How，即什么人来电投诉、该投诉事件发生在什么时候、在什么地方、投诉的主要内容是什么、其结果如何。

（3）存档。

如有可能，可把顾客投诉电话的内容予以录音存档，尤其是顾客投诉情况较特殊或涉及纠纷的投诉事件。存档的录音带一方面可以作为日后有必要确认时的证明，另一方面可成为日后连锁企业门店教育训练的生动教材。

2. 书信投诉的处理方式

（1）转送店长。

门店收到顾客的投诉时，应立即转送店长，并由店长决定该投诉今后的处理事宜。

（2）告知顾客。

门店应立即联络顾客，通知其已经收到信函，以表示出门店对于该投诉意见极其诚恳的态度和认真解决该问题的意愿，同时与顾客保持日后的沟通和联系。

3. 当面投诉的处理方式

对于顾客当面投诉的处理，应注意以下几个方面。

（1）将投诉的顾客请至会客室或门店卖场的办公室，以免影响其他顾客的购物。

（2）千万不可在处理投诉过程中中途离席，让顾客在会客室等候。

（3）严格按总部规定的"投诉意见处理步骤"妥善处理顾客的各项投诉。

（4）各种投诉都需填写"顾客抱怨记录表"。对于表内的各项记载，尤其是顾客的姓名、住址、联系电话以及投诉的主要内容必须复述一次，并请对方确认。

（5）如有必要，应亲自去顾客住处访问道歉解决问题，体现出门店解决问题的诚意。

（6）所有的抱怨处理都要制定结束的期限。

（7）与顾客面对面处理投诉时，必须掌握机会适时结束，以免因拖延过长，既无法得到解决的方案，也浪费了双方的时间。

（8）顾客投诉意见一旦处理完毕，必须立即以书面的方式及时通知投诉人，并确定每一个投诉内容均得到解决及答复。

（9）由消费者协会移转的投诉事件，在处理结束之后必须与该协会联系，以便让对方知晓整个事件的处理过程。

（10）对于有违法行为的投诉事件，如寄放柜台的物品遗失等，应与当地的派出所联系。

（11）谨慎使用各项应对措词，避免导致顾客的再次不满。

（12）注意记住每一位提出投诉意见的顾客，当该顾客再次来店时，应以热诚的态度主动向对方打招呼。

【课堂讨论】

5 斤红提引发的投诉

一位顾客来到某商场生鲜水果区购物时，看到红提柜前的人特别多，走过去一看才知道原来这里的红提比别的商场一斤便宜好几元钱，当时便想买一箱回去。顾客拿取红提的时候，营业员小姐告诉他商场规定该商品每位顾客只能限购 5 斤，由于随行的朋友还有几个，顾客便说："我们一起来的有好几个人，如果每人可以买 5 斤，那我就帮他们多买一些。"营业员听后二话不说就给他提了一箱，让顾客去计量处称重。顾客到收银台处结账时，商场的负责人看到此顾客一个人提了一箱红提，便和收银员说："如果一人买一箱，就不卖，否则就拿回去散称。"顾客当时听后便打电话叫同行的朋友一起到收银台来，当朋友来后，负责人又口气非常生硬地说："你们不能这样买！"，顾客当时便问："为什么？既然不行，为什么在计量时不提醒我？"负责人又大声说："我说不行就不行！"说完便让防损员将红提搬走，当时这几位顾客非常气愤，丢下已选购好的其他几百元的商品走到服务台进行投诉，并说："你们服务态度这么差，今后我们发誓绝不到你们商场购物！"

讨论：如果你是客户服务主管，面对此种情景，应该如何处理？

四、处理顾客投诉的步骤

为了让连锁企业的工作人员能以公正且一致性的态度对待所有顾客的投诉，也为了提高顾客投诉意见的处理效率，连锁企业经营者必须根据本身的企业规模、营业性质、顾客投诉的方式与类型，归纳出处理投诉时的基本原则与基本方式，并据以编制成手册，还可以作为日后连锁企业教育训练的教材。

不论是连锁门店的第一线工作人员、管理人员，或者是总公司负责顾客服务的专责人员，在接获顾客投诉或抱怨时的处理，其原则皆是一致的，其主要的目的，都在使顾客的不满与抱怨，能够得到妥善的处理，并且在情绪上觉得受到尊重。因此，在处理顾客抱怨时应遵循下列步骤。

项目七　门店客户服务管理

1．保持冷静

（1）就事论事，对事不对人。

当顾客对连锁门店的工作人员表达不满和抱怨时，在言语和态度上往往带有一定的情绪，甚至有非理性的行为。这很容易使接待或处理顾客抱怨的工作人员觉得顾客是在指责他个人。在情绪的感染下，工作人员也很容易被激怒，从而采取防卫性的行为和态度，甚至不愿面对和处理顾客的抱怨。

事实上，这是一种最不好的处理方式，因为这样做只会导致彼此更多的情绪反应和紧张气氛。其实，顾客的抱怨并非针对个别的服务人员，工作人员采取正面的应对态度往往可以让对方产生正面的反应，很多事情并不需要用冲突的方式来解决。因此，为了降低顾客的激动情绪，让彼此可以客观地面对问题，工作人员一开始最好是平心静气地保持沉默，用友善的态度请顾客说明事情的原委。

（2）充满自信，充分认识自己的角色。

每一位处理顾客抱怨的工作人员都身兼连锁门店及顾客代表的双重身份，不仅门店要通过工作人员处理各种抱怨以满足顾客的需要、为企业带来营业上的利润，同时顾客也必须通过工作人员来表达自己的意见和维护自己的消费权益。因此，门店的从业人员除了要自觉认识自己的角色外，还必须以自信的态度面对顾客的抱怨，让企业和顾客双方都得到最大的利益，而不是以回避的方式来忽略自己的重要性。

2．有效倾听

有效的倾听技巧和恰当的肢体语言可以表示出工作人员对问题的了解程度。为了让顾客心平气和，连锁企业门店工作人员在有效倾听方面应注意下列事项。

（1）让顾客先发泄情绪。

当顾客还没有将事情全部述说完就中途打断、进行一些言辞上的辩解，只会刺激对方的情绪。如果能让顾客把要说的话讲完、将要表达的情绪充分发泄出来，往往可以让对方有一种放松的感觉，心情也会平静下来。

（2）善用自己的肢体语言，转化顾客目前的情绪。

在倾听时，工作人员应用专注的眼神及间歇的点头表示自己正在仔细倾听，让顾客觉得自己的意见受到了重视。同时，工作人员也可借机观察对方在述说事情时的各种情绪和态度，以决定后续的应对方式。

（3）倾听事情发生的细节，确认问题所在。

倾听不仅仅是一种动作，工作人员还必须通过倾听准确了解事情的每一个细节，然后确认问题的关键所在，并将问题的重点书面记录下来。如果对于抱怨的内容还不是十分了解时，可以在顾客将事情说完之后，再询问对方。但是千万不能让顾客有被质问的感觉，应该用委婉的语气请对方提供信息。例如："很抱歉，有一个地方我还不是很了解，是不是可以再向您请问有关……的问题？"在对方重新进行说明时，工作人员应随时用"我懂了"来表示对问题的了解情况。

3．运用同情心

在顾客将事情原委全部述说清楚之后，应用同情心来回应对方。也就是站在顾客的立场，为顾客着想，扮演顾客的支持者，并且让顾客知道工作人员了解整个事情对其产生的

181

影响。例如，当顾客抱怨做菜时才发现肉不新鲜的时候，可以回答对方"我知道那种感觉一定很不舒服"。

4．表示道歉

不论引起顾客抱怨的责任是否在于连锁企业门店，如果能够诚心地向顾客道歉，并感谢顾客提出问题，都会让顾客觉得自己受到了尊重。事实上，从连锁门店的立场来说，如果没有顾客提出抱怨，企业的从业人员就不知道在营业上还有哪些地方有待改进。一般来说，顾客愿意向企业提出抱怨，说明他们愿意继续光临，并且希望这些问题能够得到解决。因此，任何一个向连锁门店提出抱怨的顾客都值得向其表示道歉和感谢。

5．提供解决方案

连锁门店应向所有提出抱怨的顾客提供一个解决问题的方案。在提供解决方案时，必须考虑下列几点。

（1）掌握问题的重点，分析投诉事件的严重性。

在倾听的过程中，工作人员已经将问题的关键进行了确认，接下来必须判断问题的严重性以及顾客对于企业有何期望，这些都是处理人员在提出解决方案前必须评估的内容。例如，顾客抱怨买到腐坏的食品时，工作人员必须先确认此食品是已经对顾客造成了身体上的伤害还是仅仅刚刚发现而已，如果顾客希望连锁企业门店赔偿，工作人员就必须确认其所希望的方式是什么、底限又是多少。有时候，顾客的要求往往会低于超市的预期。

（2）责任归属。

有时候，造成顾客抱怨的责任并不在连锁企业门店，可能是由厂商或是顾客本人所造成的。随着责任归属的不同，解决问题的方式也就不同。

例如，如果顾客购买的是过期商品，则责任就在连锁企业门店本身，连锁企业门店必须承担所有责任；如果顾客在奶粉里面发现异物，则责任在于厂商，此时应会同厂商一同处理，并随时为顾客提供协助并保持联络，以表示关心；如果顾客未注意到宣传单上说明"售完为止"而抱怨商品缺货，就应采取另一种处理方式，以委婉的态度向顾客说明企业的政策，并尽可能为顾客提供其他建议，以示补救。

（3）连锁门店既定的抱怨处理政策。

一般的连锁企业门店对于顾客服务或是投诉都有一定的处理政策，工作人员在提出解决顾客抱怨的办法时，不能不考虑到门店的既定方针。有些案例可能只要援引既有的政策即可马上处理，如退货、换货的处理等；如果无法照章处理，就必须在既定政策的基础上进行变通，以提出双方均满意的解决办法。

（4）处理者的权限。

有些顾客抱怨可以由服务人员立即处理，有些则必须请管理人员协助，连锁门店应对各级人员处理抱怨的权限进行规定。如果接获抱怨的服务人员无法为顾客解决问题时，就必须尽快找到具有决定权的人员协助，或将问题移交给他人。否则，顾客会因久等之后还是得不到回应而又产生不满，使前面为平息顾客情绪所做的各种努力前功尽弃。

（5）让顾客同意提出的解决方案。

抱怨处理人员提出任何解决办法时，都必须亲切诚恳地与顾客沟通，并获得对方的同意，否则顾客的情绪还是无法平静。若是顾客对解决办法还是不满意，就必须确认对方的需求，以便做进一步的修正。有一点相当重要：向顾客提出解决办法的同时，必须让顾客也了解到抱怨处理人员解决问题的诚意和所付出的努力。

6．执行解决方案

当双方都同意解决方案之后，就必须立刻执行。如果在自己的权限之内，则应迅速利落，务必圆满解决；如果不能当场解决，或是自己无权单独决定时，则应明确告诉顾客事情的原因、处理的过程和手续，并告诉顾客处理时间的长短、经办人员的姓名，同时请顾客留下联络方式，以便事后追踪。

在顾客等候处理结果的期间，处理人员应随时跟踪抱怨处理的过程，遇到变动必须立即通知顾客，直至事情全部处理完毕为止。对移交给其他部门处理的顾客抱怨，工作人员必须了解事情的进展情况，定时追踪，以便顾客询问时能迅速准确地回答。

7．分析结果

（1）分析处理得失。

对于每一次顾客抱怨的处理，都必须做好完整的书面记录并存档，以便日后查询和定期分析抱怨处理的得失。一旦发现某些抱怨经常发生，就必须追查问题的根源，以改进现有作业或是明确规定处理办法。

对于偶发性抱怨或对特殊情况的抱怨，连锁企业门店也应明确制定处理政策，以作为工作人员遇到类似事件时的处理依据。

（2）对店内人员进行宣传、督导，防止日后再发生。

所有的顾客抱怨或投诉事件都应通过固定的渠道（如公布栏、例行早会、动员月会或内部刊物等）在店内或总公司所属的各分店内进行宣传、督导，让工作人员能够迅速消除造成顾客抱怨的各种因素，并了解处理抱怨事件时应避免的不良影响，以防止类似事件再次发生。

阅读材料

商品缺货，致使顾客抱怨买不到商品

一位顾客到超市购买某特价品，结果发现货架上空无一物，于是前往服务台抱怨。其处理程序如下。

顾客："小姐，你们这是什么超市嘛？"

服务人员："有什么问题，我可以为您服务吗？"（保持冷静，同时将顾客引至一旁）

顾客："为什么我每次到你们店里面来买特价品总是买不到，像这次3千克装的××沙拉油，宣传单上清清楚楚地写着特价时间是一个星期，结果我第三天来买就没有。把我们当傻瓜啊，简直是欺骗顾客嘛。"

服务人员（仔细倾听，并且随时点头，眼神与顾客保持接触，同时面露关心之色）："我可以了解当您大老远跑一趟却买不到自己要的东西时，心里一定很不舒服，实在很抱歉让您白跑一趟。我们已经跟厂商联络了，但货还没有送到。是不是可以先帮您填一张递延取货单，留下您的电话和大名，等货送到后立刻通知您？"（考虑公司的现有政策，表示道歉并提供解决办法）

服务人员（顾客同意之后）：拿出递延取货单，让对方填写，同时填写抱怨记录表，货品送到之后，立即通知顾客前来取货。

服务人员在以上处理后通知店长及采购人员立刻跟催厂商，并重新估计正确的订货量，避免因店内订货不足导致顾客抱怨、影响超市形象的事情再度发生。

（资料来源：http://www.doc88.com/p-90481130328.html）

课后训练

一、填空题

1. 一般来说，顾客服务具有_____、_____和_____的性质。
2. 商品变价的原因，一般分为_____和_____。
3. 理货作业中常规的作业包括_____、_____、_____。
4. 收银差异必须在_____内进行处理，由现金室发现收银差异。
5. 顾客对安全和环境的抱怨，主要包括_____和_____。

二、判断题

1. 一般标签最好贴在商品正面的右上角。（   ）
2. 没有到失效期限的商品可以不撤架。（   ）
3. 对冷冻和生鲜食品的补货一般采取三段式补货陈列。（   ）
4. 前一天休息的收银员，必须到办公室的黑板上查看前一天的早班记录。（   ）
5. 收银员在每笔交易时必须唱报、唱收、唱付。（   ）

三、简答题

1. 简述门店员工应具备的基本素质。
2. 简述门店价格标签的类型。
3. 简述收银员在营业前的工作流程。

四、技能训练

1. 为何不给我赠品？

某日，一位顾客买了一包价值32.80元的袋装富贵香菇，按照促销海报到前台领取赠品，但被告知赠品已领完。这位顾客非常生气，大声说道："明明柜台的营业员说在一楼前台有赠品送，现在却说没有，这不是欺骗吗？"顾客开始大吵大闹。见此情形，前台部主管立即与该商品部主管取得联系，诚恳地向顾客赔礼道歉，并告知顾客，由于我们工作失误，虽然赠品已送完，但导购牌没有撤下，因此才发生了这样不愉快的事情，请顾客原谅。

请对以上案例进行分析。

2. 办理积分卡。

为庆祝节假日，我商场推出一系列活动，其中一项是：凡在我商场一次性购买70元以上商品的顾客，均可免费办理积分卡，限时一天，因此办理积分卡的人特别多。时近中午，

项目七　门店客户服务管理

前台接待处来了一位女士，将手中两大包商品扔到前台柜面上，非常生气地要求退货。"请问您对我们的商品有什么不满吗？"接待人员耐心询问道。"没有！不过这些东西我不想要，只是听你们广播说今天可以办理积分卡，所以才买了这么多凑数，可你们的办理人员又说必须要身份证，我出来买东西还带身份证啊？退！退！退！我不要了！"顾客不耐烦地说道。

遇到这种情况，如果你是前台接待员，该怎么处理呢？

第三篇　信息篇

项目八

门店商品盘点管理

面对琳琅满目的商品，摩肩接踵的顾客，员工忙里忙外，无非是想令顾客满意、企业兴旺。然而，门店的经营到底盈还是亏，光靠每天的报表是无法准确掌握的，目前唯一的办法就是盘点。

——超市管理格言

学习目标

- 理解商品盘点的概念、目的、原理和原则
- 了解商品盘点的基础工作和盘点前的准备工作
- 掌握商品盘点的流程
- 熟知商品盘点的结果分析和处理

关键概念

盘点配置图　盘点表　初盘　复盘　抽盘

项目八　门店商品盘点管理

体系结构

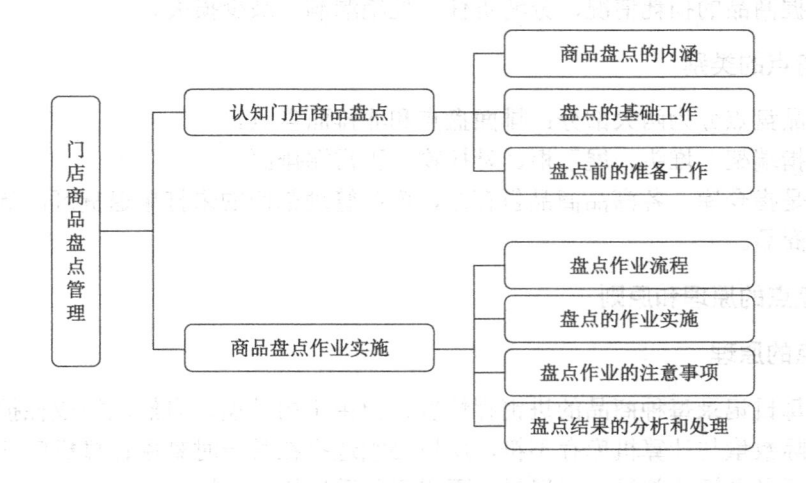

```
                                    ┌── 商品盘点的内涵
                    ┌── 认知门店商品盘点 ──┼── 盘点的基础工作
                    │                   └── 盘点前的准备工作
门店商品盘点管理 ──┤
                    │                   ┌── 盘点作业流程
                    └── 商品盘点作业实施 ──┼── 盘点的作业实施
                                        ├── 盘点作业的注意事项
                                        └── 盘点结果的分析和处理
```

任务一　认知门店商品盘点

商品盘点是衡量门店营运业绩的重要指标，也是对盘点周期内营运管理业绩的综合考核和回顾。因为盘点的数据直接反映的是损耗，所以门店的盈利只有在盘点结束后才能确定。同样的，盘点的损耗也反映了门店在营运上的失误和管理上的漏洞，所以，发现问题，改善管理，降低损耗是盘点的工作目标。

一、商品盘点的内涵

（一）盘点的定义

盘点就是定期或不定期地对门店内商品的实际数量进行全部或部分的清点，以掌握盘点周期内的真实经营业绩，以利于及时采取措施改善和加强管理，减少和降低损耗，是加强经营管理的必要手段和措施，也是衡量门店经营管理水平的标准之一。

对部分商品进行盘点，称为周期盘点，每年一次对整个门店的商品进行盘点（生鲜除外），称为年度盘点。

（二）盘点的目的

门店在营运过程中存在各种损耗，有的损耗是可以看见和控制的，但有的损耗是难以统计和计算的，如偷盗、账面错误等，因此需要通过盘点来得知门店的盈亏状况，以便真实地把握经营绩效，发现经营管理差距，并尽早采取相应的解决措施。

具体来说，盘点的目的有以下几点。

（1）掌握门店在盘点周期内的损耗状况和盈亏状况。

（2）掌握门店商品的存放位置及缺货状况。

（3）掌握商品进、销、存情况，有利于控制商品库存。

（4）发掘并消除滞销商品、临近过期商品，整理环境、清理死角。
（5）掌握商品的损耗情况，分清责任，杜绝漏洞，减少损失。

（三）盘点的类别

门店商品盘点分为两大部分：排面盘点和非排面盘点。

排面是指端架、堆头、展示柜、悬挂物、正常端排面。

非排面是指仓库、各商品商品暂存区，商品管理部门的未打单退货区，货架最上层所堆放的整件商品。

（四）盘点的原理和原则

1. 盘点的原理

计算机每日记录每种商品的进销存情况，但由于内外盗、自然破损或耗损等因素，导致商品的实际数量与计算机库存不符，所以必须选择在某一时刻用计算机库存与实际数量比较，找出两者之间的差异，即损耗（不明原因丢失的钱和物）。

盘点有以下 3 种结果。

（1）计算机库存与实际库存相吻合，盘点无差异。

（2）计算机库存大于实际库存，盘亏，则需有相应的损溢报告，经核实，做相应的报损，调整准确库存数。

（3）计算机库存小于实际库存，盘盈，则需查明原因：上次盘点不准确、收货未录入数据，或录入错误，然后调准库存数。

实际盘点库存与计算机理论库存的差异称为盘损率。

2. 盘点的原则

（1）真实。要求盘点所有的点数、资料必须是真实的，不允许作弊或弄虚作假，人为修改数据，掩盖漏洞和失误。

（2）准确。盘点的过程要求是准确无误，杜绝多盘、漏盘等错盘现象，无论是资料的输入、陈列的核查、盘点的点数，都必须准确。

（3）完整。所有盘点过程的流程，包括区域的规划、盘点的原始资料、盘点点数等，都必须完整，不要遗漏区域、遗漏商品，不得"预先数量标注"。

（4）清楚。盘点过程属于流水作业，不同的人员负责不同的工作，所以所有资料必须清楚，人员的书写必须清楚，货物的整理必须清楚，才能使盘点顺利进行。

（5）团队合作。盘点是全店人员都参加的营运过程。为减少停业的损失，加快盘点的时间，超市各个部门必须有良好的配合协调意识，以大局为重，使整个盘点按计划进行。

二、盘点的基础工作

盘点的基础工作包括盘点方法选择、盘点组织确立、盘点配置图及其表格准备等内容。

（一）盘点方法选择

盘点的方法一般分为实物和账面盘点、区域盘点和周期盘点 3 种，门店可根据实际情况进行选择。

项目八 门店商品盘点管理

（1）实物和账面盘点，可分为账面存货盘点和实际存货盘点。账面存货盘点是指根据数据资料，计算出商品存货的方法；实际存货盘点是针对未销售的库存商品，进行实地的清点统计，清点时只记录零售价即可。

（2）区域盘点，可分为全面盘点和分区盘点。全面盘点是指在规定的时间内，对店内所有存货进行盘点；分区盘点是指将店内商品以类别区分，每次依顺序盘点一定区域。

（3）周期盘点，可分为定期和不定期盘点。定期盘点是指每次盘点间隔时间相同，包括年、季、月度盘点，每日盘点，交接班盘点。不定期盘点是指每次盘点间隔时间不一致，是在调整价格、改变销售方式、人员调动、意外事故、清理仓库等情况下临时进行的盘点。

一般来说，对于价值比较高，容易丢失、损耗的商品可进行高频率盘点，甚至日盘；生鲜、香烟必须于每月月末进行盘点，而且生鲜部门每月进行二次盘点；家电精品部门进行特别商品的台账盘点；食品干货、百货部门为维护计算机库存准确而每季度进行盘点；整个门店年年末进行全面盘点（大盘点）；新店开张 3 个月内进行一次新开张盘点。

需要注意以下事项。

（1）由于零售行业自身的特点，一般采用相应交叉的盘点方法进行盘点。

（2）全面盘点由总部统一制定，区域盘点由店内列出半年盘点计划表，自行组织实施，并报总部营运总监及财务部存查。

（3）如遇特殊情况，如门店的人事变动、意外事件发生（如水灾、火灾）经营异常等，必须另行组织盘点，至于全盘或区域盘点，则视情况而定。

（二）盘点组织确立

盘点作业的组织和人员，一般由门店自己负责落实，如果是全面盘点，则由总部营运部、计算机部、财务部、采购部在各门店进行盘点时分头指导和监督盘点，并由营运部总监统筹安排，由各店长负责并具体落实到各部门和人。盘点作业是门店人员投入最多的作业，所以要求全员参与盘点，一般是每个部门为一个盘点小组。门店盘点小组组织结构如图 8-1 所示。

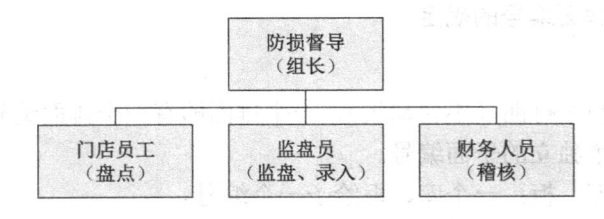

图 8-1 门店盘点小组组织结构

各岗位的工作职责如下。

1. 防损督导

制订门店盘点计划，统筹门店盘点工作，稽核盘点数据，监督盘点流程。

2. 监盘员

（1）负责门店日常数据维护（各种单据是否及时录入、不能录入原因追踪、有否错漏等）。

(2) 对门店盘点过程实时监督。
(3) 对各种进销存单据录入情况进行跟踪，盘点前所有应录入的单据必须录入完毕。
(4) 盘点数据录入。
(5) 分析盘点差异，指导门店对差异商品的查找、更正。
(6) 对贵重、易盗、差异大的商品进行抽盘。
(7) 审核门店盘点分析表。

3．财务人员

(1) 审核门店盘点分析表。
(2) 出具盘点分析报告。
(3) 抽盘、重核疑问数据。

4．门店员工

(1) 与盘点小组确定盘点时间。
(2) 进行盘点前准备工作。
(3) 盘点实施。
(4) 盘点差异查找。
(5) 提交盘点差异分析表。

（三）盘点配置图及其表格准备

一般而言，盘点时应制作一张配置图，包括卖场的设施（冷冻冷藏柜、货架、大陈列区等）、后场的仓库区、冷冻冷藏库等，凡商品储存或陈列之处均要标明位置，以便分区负责实施盘点作业。盘点区域的负责人负责对初盘、复盘、抽盘人员组织协调，以便使盘点人员确实了解工作范围，并控制盘点进度。

1．盘点配置图牌面编号的确定

(1) 编号原则。
① 一个货架有两个排面（不含端头），一个排面即有一个排面编号。
② 促销区编一个独立的平面编号。
③ 冷冻（藏）库、柜：一个库、柜给予一个编号。
④ 一个散货柜一个排面号。
⑤ 一组端架作为一个排面，给一个编号。
⑥ 收银台前端小端架、斜口笼统一编一个排面号。

(2) 字母说明。

按照字母代表商品大类别，数字代表货架位置的方法来制作盘点区域卡片。例如，食品区用 A 表示：A_1……A_{121}；百货区用 B 表示：B_1……B_{89}；生鲜区用 C 表示：C_1……C_{50}；蔬菜冷冻仓库用 I 表示：I_1……I_{33}；冷藏仓库用 K 表示：K_1……Y_{20} 等，盘点区域卡片须安放在每个区域位置的左上角。

(3) 对于有的商品无法标示排面号，要指定专人负责盘点。

某门店的盘点配置图如图 8-2 所示。

项目八 门店商品盘点管理

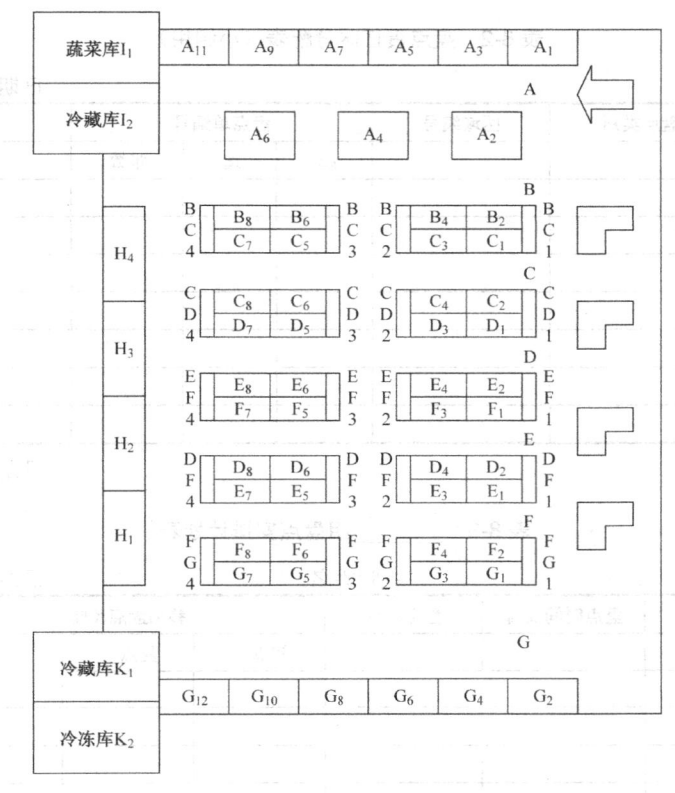

图 8-2 某门店的盘点配置图

2. 盘点用表格

盘点用的表格一般包括盘点表（见表 8-1）；盘点责任区分配表（盘点小组用，见表 8-2）；小组盘点安排计划表（见表 8-3）；支援组盘点人员安排计划表（见表 8-4）；盘点培训计划表（见表 8-5）5 种。

表 8-1 商品盘点表

盘点日期：　　　　　部门：　　　　　货架编号：

货位号	商品编码或条码	商品名称及规格	盘点数	包装系数	备注

初盘：　　　　　复盘：　　　　　稽核：　　　　　负责人：

表 8-2　盘点责任区分配表（小组用）

部门：　　　　　　　　　　　　　　　　　　　　　　　　　　　　　日期：

姓名	盘点类别	区域编号	盘点单编号			备注
			起	迄	张数	

部门：　　　　　　　　　　　　　　　　　　　　　　　　　　　　　日期：

表 8-3　_____组盘点安排计划表

所属部门：　　　　　　　　　主管姓名：　　　　　　　　　　日期：

员工姓名	职位	盘点时间安排	盘点内容	参加盘点步骤			加班时数
				初点	复点	抽点	

部门经理：　　　　　　　　　　　　　　　　　　　　　　　　　店长：

表 8-4　支援组盘点人员安排计划表

门店：　　　　　　　　　　　　　　　　　　　　　　　　　　　时间：

姓名	所属部门	职位	盘点时间安排	盘点内容	参加盘点步骤			加班时数
					初点	复点	抽点	

制表：　　　　　　　　　　　　　　　　　　　　　　　　　　　店长批准：

项目八 门店商品盘点管理

表 8-5 盘点培训计划表

门店：   日期：

部门	组别	本部门参加培训人员	其他部门培训人员	培训时间	指导人员
生鲜	肉类 水产 蔬果				
	熟食 日配组				
干货食品	粮油 罐头 干货				
	烟酒 饮料				
	冲调 饮品				
	糖果 饼干				
百货	电器				
	日化				
	家纺				
	文化				
	家居				
	精品				
合计					

制表：   批准：   店长：

阅读材料

百姓家园超市盘点表如表 8-6 所示。

表 8-6 百姓家园超市盘点表

洗发区 （ 第一 ）组   年   月   日   第（   ）页

条码	品名	规格	单位	售价/元	实盘数		有效期	备注
					数量	金额/元		
6903148002517	海飞丝洗发水	200毫升	瓶	18.5				

复核人：   制单人：

三、盘点前的准备工作

俗话说"不打无准备之仗",事前准备愈周密愈详细,盘点工作进展就能愈顺利,盘点结果就会愈准确。因此,在盘点前,门店要做好充分的准备工作,包括盘点人员的安排、盘点前各部门的工作准备、盘点前商品的整理准备以及资料单据的整理。

(一)盘点人员的安排

1. 盘点人员的确定

(1)门店各部门除特殊原因外,所有人员均应参加年度盘点,包括行政部门等,必须进行支援门店进行盘点。

(2)盘点前1个月,各个部门将参加盘点的人员进行排班,盘点前1周安排好出勤计划,告知各岗位人员盘点日期及盘点准备事项,盘点当日应停止任何休假,由各部门写出"××组盘点安排计划表"(见表8-3),并呈报店长批准。

(3)各个部门将参加盘点的人员报盘点小组,必须注明哪些是点数人员,哪些是录入人员。

(4)盘点小组统一对全店的盘点人员进行安排,分库存区盘点人员、陈列区盘点人员,责任区落实到人,明确范围,采用"互换法",即商品部A的作业人员盘点商品部B的作业区,防止"自盘自"造成不实情况发生。

(5)盘点小组安排盘点当日陈列区的人员时,各个分区小组中必须包括本区营运部门的经理、主管、熟练员工,其中经理任本分区内设置的分控制台台长。

(6)盘点小组在每一个分区小组的人员安排中,必须明确初盘录入人员、点数人员、复盘录入人员、点数人员等,一般初盘工作由指定员工实施,抽盘、复盘工作由部门主管或后勤人员来执行。

(7)支援各部门盘点的员工,由ALC(行政、后勤及控制)合理调配,同时填写"支援组盘点人员安排计划表"(见表8-4),并呈报店长批准。

2. 盘点人员的培训

盘点小组在成立后,必须制订详细的盘点计划,包括对盘点小组人员的培训、盘点管理层的培训、点数员工的培训、输入员工的培训等。建立培训档案,进行盘点培训的考核,要求所有参加的盘点人员均须通过考核。具体培训内容如下。

(1)盘点前两个星期(一般是前3天)内进行盘点培训,讲解注意事项,使失误降至最低。

(2)讲解盘点内容、步骤及方法,各部门主管进行标准操作示范,并由ALC填写"盘点培训计划表"(见表8-5),呈店长批准。

(3)盘点人员根据讲解内容进行操作演习。

(4)盘点工具准备:主要包括盘点表(一式三联,黑、蓝、红)、小张自粘贴纸、红蓝圆珠笔等。

(二)盘点前各部门的工作准备

(1)收货部提前7天通告供应商,盘点当日,除生鲜、日配组外,收货部停止收退货作业，并且生鲜、日配组产生的所有票据必须在盘点当日 15:00 以前全部按照流程处理完毕。

（2）IT 部提前 5 天制作负库存列表，交由卖场查找核实问题后，第二天交由 IT 部监督进行处理。

（3）盘点前 3 天各部门人员清理手中的各种单据，将手中的内调、外退、借据、报销单、换货、报损单、携入携出单等按照制度处理完毕，以免影响月结数量数据。

（4）盘点前盘点表由卖场各部门主管、经理检查确认盘点表的规范后签字，然后交由收银部进行盘点表商品核对，收银经理检查无误后签字确认，完成盘点表的准备工作。

（5）各部门抄写完盘点表后，不允许再调整排面。

（6）盘点前商品认损制作退货单，不允许提前放置退换货库区，必须单货同行，在盘点前进行处理。如果盘点开始后商品认损，在未登账前不允许进行空退处理。

（7）退货商品要分区存放，不参加盘点。

（8）告知顾客。如果营业中盘点而影响顾客购物则通过广播形式告知顾客，以取得谅解："尊敬的顾客朋友，您好，我们的盘点给您购物造成了不便，请您谅解，顺祝您购物愉快！"

若停业盘点则应提前 3 天，以广播方式及公告方式通知顾客，避免顾客徒劳往返，公告形式如图 8-3 所示。

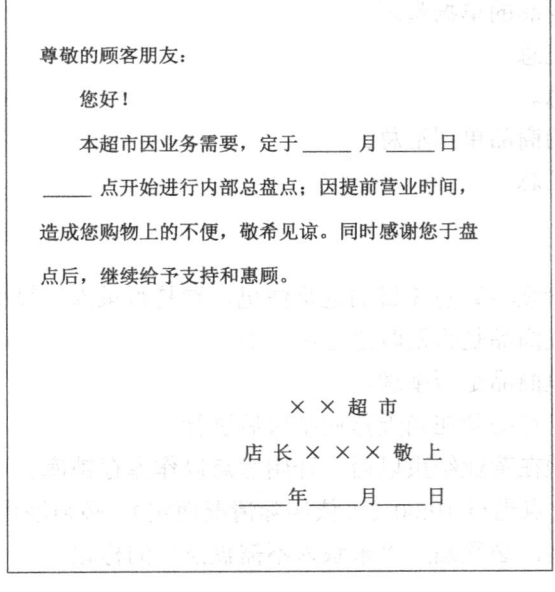

```
尊敬的顾客朋友：
    您好！
    本超市因业务需要，定于 ____ 月 ____ 日
____ 点开始进行内部总盘点；因提前营业时间，
造成您购物上的不便，敬希见谅。同时感谢您于盘
点后，继续给予支持和惠顾。



                            ××超市
                        店长×××敬上
                        ____年____月____日
```

图 8-3　盘点通知

（三）盘点前商品的整理准备

实际盘点前两天在不影响销售的前提下应对商品进行整理，使盘点工作更有序、有效，及早清除不良商品，其整理的重点如下。

（1）检查货架或冷冻、冷藏价格卡是否与商品陈列位置一致，不一致时，要将其调整一致或更换新卡。

（2）销售区商品集中码放，将商品陈列整齐，以利于清点数量，端头、陈列架、堆头等，将标签朝外，便于点数及盘点表的抄写，且同一种商品在同一张盘点表上只允许出现一次。

（3）及时回收孤儿商品，清除坏品、退货商品，该报废的报废，该退货的退到收货区，包装破损商品要及时处理。

（4）清除卖场及作业场死角，检查维修检测区、收货区、结账区等是否有滞留商品。

（5）将各项设备、备用品、工具存放整齐。

（6）库存商品按照同一货号、同类商品集中使用栈板码放，按照与销售区商品对应的原则码放。

在整理库存商品时要注意三点：一是把小箱子放在大箱前；二是避免商品数量不足整箱的当成整箱计算；三是小件商品在整理过程中可将它们按照一定组合进行包装捆扎装箱便于当天清点。

（7）盘点前最后整理。一般在盘点前两小时，对商品进行最后整理，主要是陈列架上的商品。顺序绝对不能改变，否则盘点时会对不上号。

（四）资料单据的整理

为避免出现虚假现象，下列有关盘点的资料要整理。

（1）联营式自营商品的单据整理。

（2）报废品单据汇总。

（3）赠品单据汇总。

（4）改包装单位的商品单据汇总。

（5）收货资料的汇总。

（五）注意事项

（1）盘点前各主管须核查前 3 日的退货情况，看是否录入计算机。

（2）主管核对报废商品是否及时进行库存更正。

（3）主管检查破包商品是否整理。

（4）销售区域的盘点必须在当天营业结束后进行。

（5）计算机部必须在营业结束以后，开始盘点以作库存锁库。

（6）收货部门在盘点当日 19:00（可依实际情况而定），必须停止所有数据资料的录入。

（7）未录入的商品，必须贴上"未录入不需盘点"的标记。

任务二　商品盘点作业实施

一、盘点作业流程

盘点作业流程如图 8-4 所示。

项目八 门店商品盘点管理

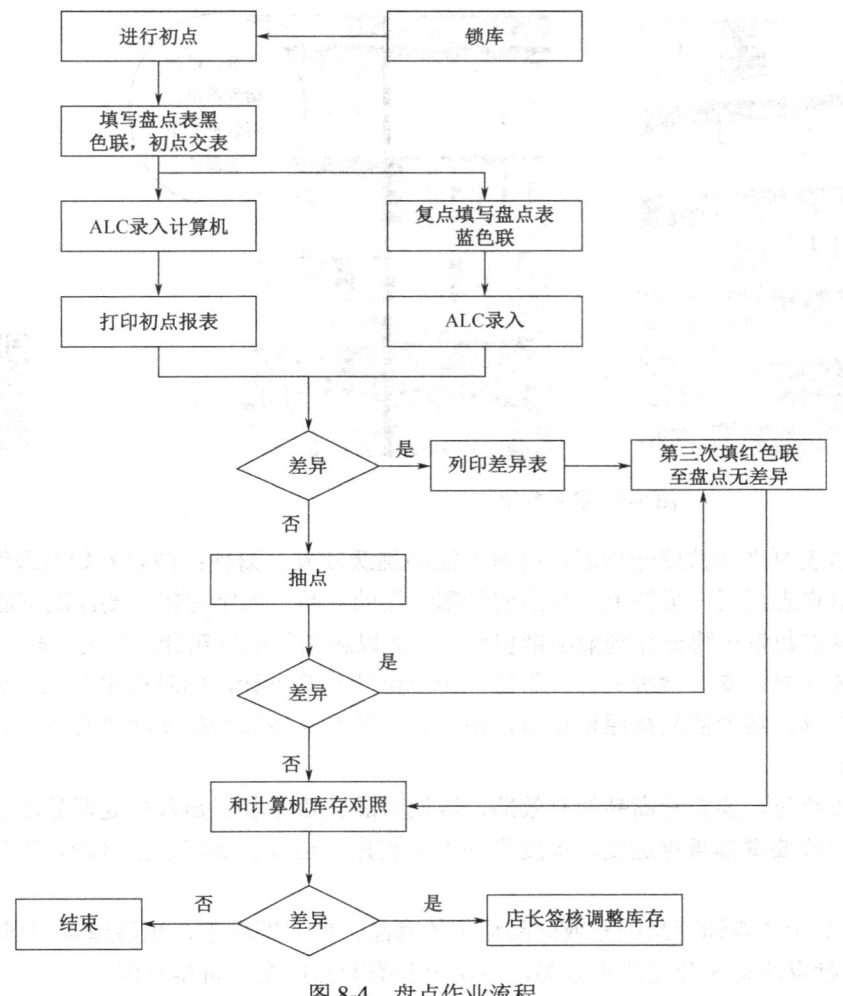

```
锁库 → 进行初点
         ↓
      填写盘点表黑
      色联，初点交表
       ↓              ↓
   ALC录入计算机    复点填写盘点表
       ↓             蓝色联
   打印初点报表        ↓
       ↓           ALC录入
       ↓              
       ↓
     差异 —是→ 列印差异表 → 第三次填红色联
       ↓                    至盘点无差异
      否
       ↓
      抽点
       ↓
     差异 —是→ ────────────┘
       ↓
      否
       ↓
   和计算机库存对照
       ↓
     差异 —是→ 店长签核调整库存
       ↓否
      结束
```

图 8-4　盘点作业流程

二、盘点的作业实施

盘点作业一般分为初盘作业、复盘作业、抽盘作业、差异处理、整理盘点表、录入数据、打印报表等内容。

1．初盘作业

（1）先盘仓库（库存区）、冷冻库、冷藏库，再点卖场。

（2）盘点货架或冷冻柜、冷藏柜时，盘点人员应面对货架依序由左而右，从上到下的顺序开始盘点，见货盘货，同一商品，同一层多个陈列面时，只抄一次，填表时累加数量。同一商品不同层陈列时，分层抄表，每次都要抄，按层累加填写，如图 8-5 所示。

（3）每一货架或冷冻柜、冷藏柜均视为独立单位，使用单独的盘点表。若盘点表不足，则继续使用下一张。初盘的盘点表为黑色。

（4）两人一组，一人点，一人写；将数量写在自粘贴纸上，放置在商品的前方。

（5）盘点单上的数字填写要清楚，不可潦草让人混淆。

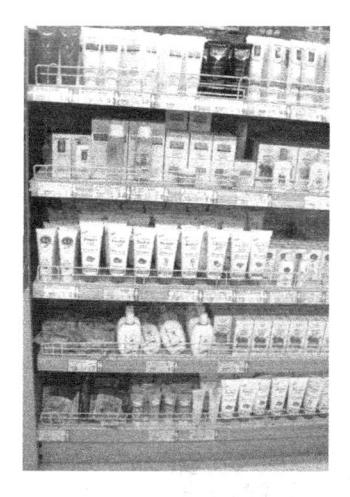

图 8-5　盘点货架

（6）抄表时必须按序号抄表，绝对不能够跳跃抄表、漏抄；抄表人如发现漏抄，则在本组货架盘点表最后一页补上，并注明是哪一层的商品，如字写错，要涂改彻底。

（7）盘点数量一律计算到最小销售单位，如以箱销售则按箱计，以袋（瓶、支、盒等）销售则按袋（瓶、支、盒等）计，不够一个单位的忽略不计，同时取出归入待处理品堆放处。赠品不盘，特价商品按原价盘点，破损、失窃商品按原来的实物进行盘点，并单独列在盘底表上。

（8）盘点时，要查看商品的有效期，过期商品应随即取下归入待处理品堆放处。

（9）店长要掌握盘点进度，调度机动人员支援，巡视各部门盘点区域，发掘死角及易漏盘区域。

（10）对无法查知商品编号或商品售价的商品，就立即取下，稍后追查归属。

（11）盘点注意大分类和小分类，注明该分类商品所在的货架号码。

2. 复盘作业

（1）初盘结束后，进行交叉复盘，复盘时要先检查盘点配置图与实际现场是否一致，有否遗漏区域。

（2）巡视有无遗漏标示小粘纸的商品。

（3）复盘在初盘进行一段时间后进行，用蓝色一联。

（4）复盘无误后将小粘纸拿下。

3. 抽盘作业

（1）对整个区域的抽盘视同复盘。

（2）抽盘商品要选择卖场内的死角，或体积小、单价高、量多的商品。

（3）抽盘一般用红色盘点表，注明为抽盘。

（4）抽盘是对初盘和复盘无差异商品的抽验。

4. 差异处理

盘点差异包括初盘和复盘不一样，以及抽点与初盘、复盘的结果不一样。

（1）初盘和复盘不一样，应由主管或其指定的不同员工去第三次点，直至正确。
（2）抽盘若发生与前述盘点有差异，按上述动作进行，直至正确。
（3）对于共同盘点的正确结果，在错误的表上修改。

5. 整理盘点表

各商品部主管确认盘点完成后，应该收集整理盘点表。
（1）盘点表以各商品部为单位，统计后交于门店经营部。
（2）盘点表一式二份，第一联交门店经营部，第二联录入电脑后由各商品部门保存。
（3）盘点表是记录实际数量之正式文件，不得缺失。
（4）任何人员不得修改盘点表，若有问题需再次盘点，由部门提出申请、报店长审批。

6. 录入数据

由监盘员和财务人员将经过审核的盘点数据录入电子表格中。录入过程应仔细、认真。因操作失误造成数据录入错误填写更正单，由信息部经理、防提督导签字确认。信息部信息员进行数据更正。需要注意的是，盘点小组成员不得参与本部门商品盘点数据的录入。

三、盘点作业的注意事项

1. 容易漏盘的区域

（1）货架内的壁柜（见图8-6）。
（2）货架之间的仓库笼（见图8-7）。
（3）货架间的挂条（见图8-8）。
（4）货架间的包柱（见图8-9）。

图 8-6　货架内的壁柜　　　　　图 8-7　货架之间的仓库笼

图 8-8 货架间的挂条　　　　　　　　图 8-9 货架间的包柱

（5）花车内部（见图 8-10）。
（6）场景陈列区（见图 8-11）。

图 8-10 花车内部　　　　　　　　图 8-11 场景陈列区

在对以上区域进行盘点时，要特别仔细，如盘点货架时，注意货架商品中是否混有其它商品，特别是包装一样但规格不一样；盘点堆头、花车时，应注意把堆垛及花车的东西拿出来看是否有空箱及混有其它商品，花车底部是否有商品（原则见物盘物），盘好后须用小纸写已盘字样。

2. 主管的工作重点

（1）每份盘点报表必须由部门经理以上人员签名。
（2）主管在签核报表时，对其数量的总和应再核对一次，以确保无误。
（3）主管必须检视每位员工负责的盘点区域是否确实完整地盘点。
（4）在盘点前该盘点品项的销售区域应维持适当的安全库存量。
（5）主管须负责对盘点过程中汇集的待处理品如破损、变质商品、过保质期商品、无商标商品等做出相应处理（如报损、重新包装等）。

项目八　门店商品盘点管理

四、盘点结果的分析和处理

盘点作业结束后，实际结果和计算机记录相核对，若有差异要追查原因，堵疏防漏。

（一）盘点差异产生的原因及处理

商品盘点的结果一般都是盘损，即实际值小于账面值，但只要盘损在合理范围内应视为正常。商品盘损的多少，可表现出门店从业人员的管理水平及责任感。一般的做法是事先确定一个盘损率，当实际盘损率超过标准盘损率时，门店相关部门或者相关各类人员都要负责赔偿；当实际盘损率不超过标准盘损率时，本部门人员不用赔偿。

盘点可能出现重大差异，即盘损率大幅超过同行业标准或连锁企业标准，以及毛利率远低于同行业标准或连锁企业标准。

1. 盘点差异产生的原因

盘点差异产生的原因包括：①错盘、漏盘、串盘；②计算错误；③录入错误；④偷窃；⑤收货错误，或空收货，结果账多物少；⑥报废商品未进行库存更正；⑦对一些清货商品，未计算降价损失；⑧生鲜商品失重等处理不当；⑨商品变价未登记或任意变价。

2. 盘点差异的处理

盘点差异的处理措施主要包括：①重新确认盘点区域，检查是否漏盘；②检查有无大量异常进货、退货且未录入计算；③检查库存更正及清货变价表；④检查是否有新来的员工（特别是生鲜部门），技术不熟练；⑤重新计算盘点数据，同时按规定程序进行库存调整。盘点差错调整表如表 8-7 所示。

表 8-7　盘点差错调整表

部门：　　　　　　　　　　　填表人：　　　　　日期：　　年　　月　　日

序号	商品编码	商品名称	修正数量	责任人	相关责任人	差错原因	部门意见	稽核意见

部门：　　　　　　　　　　　监盘员：　　　　　　　　　　　财务：

3. 盘点结果的处理

门店商品盘点的结果，代表了管理人员的责任感和管理水平，只要盘点结果在合理的范围内，均视为正常，同时有必要奖优惩差，降低损耗。

（1）门店的盘损率应控制在销售总额的 4‰～6‰，低于 4‰ 则应予以奖励。

（2）如果盘损率在 6‰～8‰，应视为低于标准水平，必须由店长负责寻找原因，提出整改措施。

（3）如果盘损率在 8‰以上则视为不正常，须追查有关管理人员及员工的责任，并给予处罚。

（4）在开业初期3个月的第一次盘点允许有较高的损耗率。

要注意的是，由于经营状况差别很大，因此各门店的盘损率也不尽相同。

阅读材料

某门店盘点的奖励及赔偿规定

为了降低商品损耗，提高员工对损耗的重视，现公司决定每3个月月终组织一次盘点，公司允许的货损货差率为 3‰，并且货损货差与营运部、防损部、收银组挂钩，具体操作如下。

（1）如损耗率控制在3‰以下，则给予3‰的奖励，奖励比例如下：

经理：　　　　　　4%
营运部主管、领班：8%
防损部主管、领班：8%
收银组：　　　　　10%（其中组长、领班30%，收银员70%）
营运部：　　　　　40%
防损部：　　　　　30%

（2）如损耗率超过3‰，则给予3‰的处罚，处罚比例如下：

经理：　　　　　　4%
营运部主管、领班：8%
防损部主管、领班：8%
收银组：　　　　　10%（其中组长、领班30%，收银员70%）
营运部：　　　　　40%
防损部：　　　　　30%

（3）关于重点商品赔偿的规定。为了控制商品损耗，公司决定每天营业结束以后，由防损部安排防损员对重点商品进行抽盘，抽盘时发现实际库存与计算机库存不符时，要及时查明原因，如属被盗，则要求相关责任部门给予买单，具体买单比例如下：

经理：　　　　　　4%
营运部主管、领班：8%
防损部队长、领班：8%
收银组：　　　　　10%（其中组长、领班30%，收银员70%）
营运部：　　　　　40%
防损部：　　　　　30%

（二）库存调整

1. 库存更正作业

若盘点结果，根据盘点差异表核实后，的确有差异，则由监盘员填写库存更正表或库存更正申请，经主管副主任（副店长）签名，交主任（店长）批准后，由IT部或相关人员

项目八　门店商品盘点管理

进行计算机库存调整。

（1）此时产生的差异，经部门经理签核后，以盘点实际库存量作为正确数据。

（2）店长签字后，ALC 方可做"确认"工作。

（3）报表保存至该品项下次盘点后，方可销毁。

（4）账务调整，由财务部完成。

（5）盘点计算机系统流程，参照计算机部相关程序。

库存更正作业流程如图 8-12 所示。

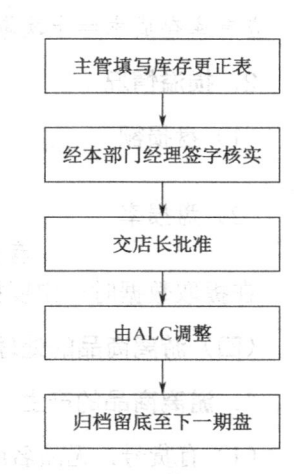

图 8-12　库存更正作业流程

2．资料整理

（1）店长要确认盘点单是否全部收回，同时要有签名。

（2）复印留底，原件送财务部核算。

（3）财务部在收到盘点资料后，2 日内提出盘点结果报告（见表 8-8）。

（4）各部门做盘点实施情况报告，作为以后改善、参考的依据。

表 8-8　盘点报告

部门：　　　　　　　　　　　　　　　　　　　　　　　日期：

	执行情况	问题	改善对策
初盘			
复盘			
抽盘			

主管：

（三）盘点结果分析

盘点结束后，门店需要分析以下几种结果。

1．库存情况

（1）库存金额。

（2）库存天数：

$$库存天数 = 实际库存 \div 当月日平均销量$$

（3）应有库存成本：

应有库存成本＝上次期末库存成本＋期间入库成本－期间销售成本－期间退货金额

2．损溢情况

（1）盘损额

$$盘损额＝本次期末库存－应有库存$$

（2）盘损率

$$盘损率＝盘损售价金额÷盘点周期的销售额$$

在提取数据时一定要提取汇总数据，从同一报表提取，注意时间段。

（四）游离商品的处理

1．游离商品的产生

（1）有货号，无品名或错品名。原因包括：货号错误；货号已淘汰，但商品仍在销售；套号（厂商滥用已有货号，套用新产品）。

（2）有品名，无货号。原因包括：条码脱落，又无据可查；店内自购，还没有编号。

2．处理程序

（1）进行清查：在可能的情况下须确认货号（条码），同时输入库存记录。

（2）清查后仍无法找出原籍的商品一方面要列清单送采购部确认，一方面将其集中以便处理。

（3）采购部门仍无法确认的商品，可以用下列方式处理：退回厂商；如果无条码有商标的商品，在品质仍完好的情况下由店长决定酌情做清仓处理；报损。

（4）属未经许可引进的商品，则追究责任。

（5）若发现不合格产品，过期或变质商品立即报告，及时处理，切不可销售给顾客。

（五）破损商品的处理

破损商品分为可退换的情况或不允许退换的情况。

允许退换货的商品必须在盘点前处理完毕，特殊情况则盘点认损，供应商将货送到，则按照补损流程执行；不允许退换的商品，必须填写相关损溢单据，统一由部组保存，作为商品损溢原因的依据，但不能作为正常商品进行盘点，否则一经发现按照规定进行处理。

盘点不仅是门店在一段经营期内经营业绩的反映，同时也是对门店工作人员自身"管理品质"与"品德操守"的考验。

有人把商店开门营业视为"攻城略地"，盘点视为"清查战果"，由此可以看出"攻守"的重要。

盘点是展示员工平时努力工作的绩效的重要方法，是对门店经营管理"战果"的清点。借此不仅可以看出员工的工作成绩，同时也会发现不足之处，不断完善，提升业绩。

课后训练

一、填空题

1．盘点就是_____或_____地对门店内商品的实际数量进行全部或部分的清点。

2．门店商品盘点分为两大部分：_____和_____。

项目八　门店商品盘点管理

3．门店盘点小组一般由_____、_____、_____和_____组成。

4．实际盘点库存与计算机理论库存的差异称为_____。

5．盘点的方法一般分为_____、_____和_____3种。

6．盘点前的准备工作包括盘点人员的安排、盘点前各部门的工作准备、盘点前商品的整理准备以及资料单据的整理。

7．盘点工具准备主要包括_____、_____、_____等。

8．盘点前_____，收货部通告供应商。

9．盘点货架或冷冻柜、冷藏柜时，盘点人员应面对货架依_____，_____的顺序开始盘点。

10．门店的盘损率应控制在销售总额的_____。

11．盘点结束后，门店需要分析_____和_____。

二、判断题

1．商品盘点是衡量门店营运业绩的重要指标。　　　　　　　　　　（　　）

2．商品盘点的结果一定是盘亏。　　　　　　　　　　　　　　　　（　　）

3．一般而言，生鲜、香烟必须于每月月末进行盘点。　　　　　　　（　　）

4．由于零售行业自身的特点，一般采用相应交叉的盘点方法进行盘点。（　　）

5．盘点工作很简单，没有必要进行人员培训。　　　　　　　　　　（　　）

6．盘点不允许有较高的损耗率。　　　　　　　　　　　　　　　　（　　）

7．抽盘商品要选择卖场内的死角，或体积小、单价高、量多的商品。（　　）

8．盘点结果经主管核查无误后，由监盘员打印实际盘点报表。　　　（　　）

9．如果盘损率在 6‰～8‰，应视为低于标准水平，必须由店长负责寻找原因，提出整改措施。　　　　　　　　　　　　　　　　　　　　　　　　　　（　　）

10．破损商品不允许退换。　　　　　　　　　　　　　　　　　　　（　　）

三、简答题

1．简述盘点的原理。

2．简述门店盘点的目的。

3．简述商品盘点的原则。

4．简述盘点配置图牌面编号的原则。

5．简述容易漏盘的区域。

6．简述盘点结果分析的内容。

项目九

门店订货、收货及存货管理

学习目标

- 了解订货、收货及存货的相关概念
- 熟知订货、收货的管理流程和存货的管理方法
- 能够做好订货、收货和存货管理，降低成本，提升经营绩效

关键概念

订货　收货　存货　成本　绩效

项目九　门店订货、收货及存货管理

体系结构

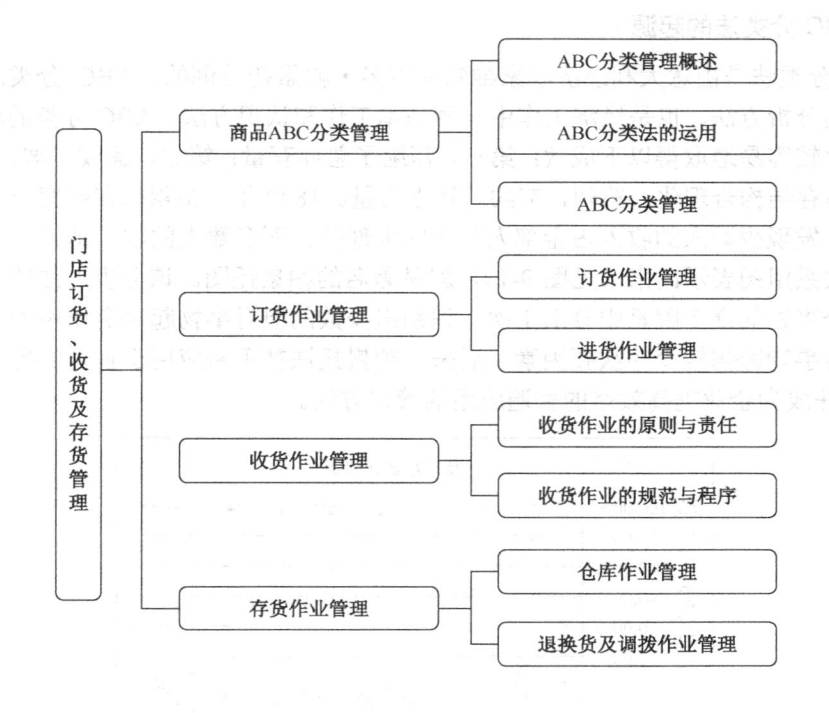

```
门店订货、收货及存货管理
├── 商品ABC分类管理
│   ├── ABC分类管理概述
│   ├── ABC分类法的运用
│   └── ABC分类管理
├── 订货作业管理
│   ├── 订货作业管理
│   └── 进货作业管理
├── 收货作业管理
│   ├── 收货作业的原则与责任
│   └── 收货作业的规范与程序
└── 存货作业管理
    ├── 仓库作业管理
    └── 退换货及调拨作业管理
```

任务一　商品 ABC 分类管理

案例引入

企业能否正常运营依赖于合理的存货管理模式，只有建立健全的企业存货管理体制，才可能在市场竞争中取得有利地位，从而走在时代的前列。沃尔玛的创立时间远没有美国经典老店"西尔斯"那样久远，却可以从创立至今这短短 50 多年间，一跃成为美国零售业的领军企业，曾连续 4 年占据《财富》世界企业 500 强的榜首。沃尔玛之所以能有今天如此之高的成就，在于其找到了适合自己的独特的存货管理模式，开启了"零存货"管理模式的新纪元。然而，从我国企业存货管理发展的角度来看，我国企业在存货管理方面还没有做到本质上的改变。尽管我国企业极力效仿国外企业成功的存货管理模式，但始终也只是流于表面，没有挖掘及领悟到其本质性的内容。

一、ABC 分类管理概述

1. ABC 分类法的含义

ABC 分类法又称帕雷托分析法，也叫主次因素分析法，是项目管理中常用的一种方法。它是根据事物在技术或经济方面的主要特征，进行分类排队，分清重点和一般，从而有区别地确定管理方式的一种分析方法。由于它把被分析的对象分成 A、B、C 三类，所以又称为 ABC 分析法。

2. ABC 分类法的起源

ABC 分类法是由意大利经济学家维尔弗雷多·帕累托首创的。ABC 分类法是储存管理中常用的分析方法，也是经济工作中一种基本工作和认识方法。ABC 分类的应用，在储存管理中比较容易地取得以下成效：第一，压缩了总库存量；第二，解放了被占压的资金；第三，使库存结构合理化；第四，节约了管理力量。1879 年，帕累托在研究个人收入的分布状态时，发现少数人的收入占全部人收入的大部分，而多数人的收入却只占一小部分，他将这一关系用图表示出来（见图 9-1），就是著名的帕累托图。该分析方法的核心思想是在决定一个事物的众多因素中分清主次，识别出少数的但对事物起决定作用的关键因素和多数的但对事物影响较少的次要因素。后来，帕累托法被不断应用于管理的各个方面，使 ABC 分类法成为企业提高效益的普遍应用的管理方法。

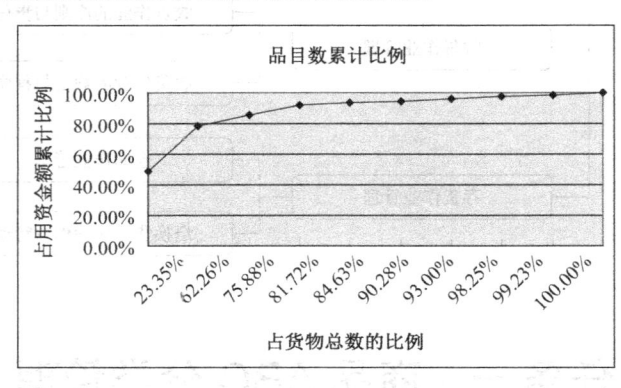

图 9-1　帕累托分析图

阅读材料

时间管理

例如，一个阳光明媚的周末上午，你正在陶醉于 Java 代码的美妙之中，忽然接到电话说中午 12 点钟有人在国际饭店请你吃饭，让你准时出现。但这时候你正听着手机，请你吃饭的喜悦心情随着一行行美妙的 Java 代码淡然逝去。直到肚皮发出了"咕咕"的抗议声响时，才想起那个电话，可是已经过了正午时分，一个很重要的约定就这样被错过了。

如果有良好的时间管理的意识和习惯，结果就会截然不同。当你挂掉电话时，立刻将到国际饭店吃饭这件事情列入自己的时间管理体系并设置时间提醒（11:00～11:30 换装打扮，11:30～11:50 在去国际饭店的路上），再继续徜徉于 Java 代码的美好世界。这样既不会因为享受学习而忘记中午有约，也不会被想着中午的约定搞得心神不宁。到了设置好的时间，自然会收到提醒。分清事情轻重缓急的帕累托原则：将事情分为图 9-2 中中的种类型。

A：重要且紧急——必须立刻去做。

B：紧急但不重要——拖一拖，甚至不办，这也不重要。

C：重要但不紧急——只要没有其他紧急事情去做，应该当成紧急的事情去做，而不是拖延。

项目九 门店订货、收货及存货管理

D：既不紧急也不重要——有时间再说。

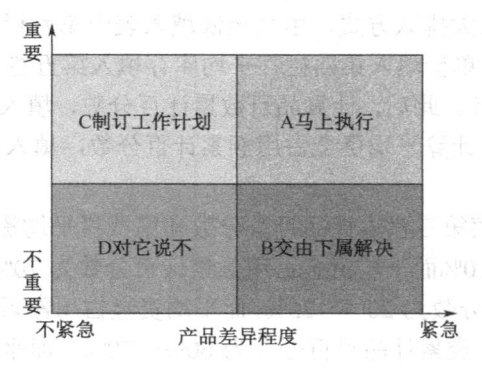

图 9-2 帕累托事情的 4 种分类

二、ABC 分类法的运用

（一）ABC 法则与分类步骤

1．ABC 法则

人们在面对众多的问题时，如果把问题进行 ABC 分类，先处理主要问题，那么次要的和不重要的问题常常也会迎刃而解。否则就会"眉毛胡子一把抓"或者"捡了芝麻，丢了西瓜"。

（1）盘点清查非常困难，而且难以确保准确性。对于非重要的材料，如低值耗品，可能影响还不大，但对于重要材料，如产品关键部件，如果计数错误，却可能导致缺料，生产自然也就不可避免地受到影响，进而不能满足市场需求，丧失市场机会，失去客户。

（2）存量控制困难。重要材料的存量应该作为重点监控，确保不断料又不积压，非重要材料由于其重要性不高和资金占用量小，则可以按一定的估计量备货。如果实行一把抓式的管理，就可能将目光集中在大量非重要材料上，而疏忽了对重要材料的控制。

2．分类步骤

（1）收集数据。

按分析对象和分析内容，收集有关数据。例如，打算分析产品成本，则应收集产品成本因素、产品成本构成等方面的数据；打算分析针对某一系统搞价值工程，则应收集系统中各局部功能、各局部成本等数据；打算分析铁路安全，则应搜集影响铁路安全的因素有哪些、铁路相关人员的素质情况等方面的数据。

（2）处理数据。

对收集来的数据资料进行整理，按要求计算和汇总。

（3）编制 ABC 分析表。

ABC 分析表栏目构成如下：第一栏为物品名称；第二栏为品目数累计，即每一种物品皆为一个品目数，品目数累计实际就是序号；第三栏为品目数累计百分数，即累计品目数占总品目数的百分比；第四栏为物品单价；第五栏为平均库存；第六栏是第四栏单价乘以第五栏平均库存，为各种物品平均资金占用额；第七栏为平均资金占用额累计；第八栏为平均资金占用额累计百分数；第九栏为分类结果。制表按下述步骤进行：将第二步已求算出的平均资金占用额，以大排队方式，由高至低填入表中第六栏。以此栏为准，将相当物品名称填入第一栏，物品单价填入第四栏，平均库存填入第五栏，在第二栏中按1、2、3、4……编号，则为品目累计。此后，计算品目数累计百分数，填入第三栏；计算平均资金占用额累计，填入第七栏；计算平均资金占用额累计百分数，填入第八栏。

（4）确定分类。

按ABC分析表，观察第三栏累计品目百分数和第八栏平均资金占用额累计百分数，将累计品目百分数为5%～10%而平均资金占用额累计百分数为70%～75%的前几个物品，确定为A类；将累计品目百分数为20%～25%，而平均资金占用额累计百分数也为20%～25%的物品，确定为B类；C类累计品目百分数为60%～70%，而平均资金占用额累计百分数仅为5%～10%。

（5）绘制ABC分类图。

以累计品目百分数为横坐标，以累计资金占用额百分数为纵坐标，按ABC分类表第三栏和第八栏所提供的数据，在坐标图上取点，并连接各点曲线，则绘成ABC曲线。按ABC分类曲线对应的数据，按ABC分类表确定A、B、C三个类别的方法，在图上标明A、B、C三类，则制成ABC分类图。在管理时，如果认为ABC分类图直观性仍不强，也可绘成直方图。

（二）ABC分类举例

某企业保持有10种商品的库存，按照大小进行分类，如表9-1所示。

表9-1 商品库存情况表

商品编号	单价/元	库存量/件
a	4.00	300
b	8.00	1200
c	1.00	290
d	2.00	140
e	1.00	270
f	2.00	150
g	6.00	40
h	2.00	700
i	5.00	50
j	3.00	2000

要求：（1）将这些商品分为A、B、C三类；（2）给出A类库存物资的管理方法。

解：（1）ABC分类管理方法如下：

A类：资金金额占总库存资金总额的60%～80%，品种数目占总库存品种总数的5%～20%。

B类：资金金额占总库存资金总额的10%～15%，品种数目占总库存品种总数的20%～30%。

C类：资金金额占总库存资金总额的0%～15%，品种数目占总库存品种总数的60%～70%。

项目九　门店订货、收货及存货管理

根据已知数据，按照商品所占金额从大到小的顺序排列计算结果，如表 9-2 所示。

表 9-2　商品库存情况表

商品编号	单价/元	库存量/件	金额/元	金额累计/元	占金额的累计比例/%	占品种的累计比例/%
b	8.00	1200	9600	9600	48.4	10
j	3.00	2000	6000	15600	78.7	20
h	2.00	700	1400	17000	85.7	30
a	4.00	300	1200	18200	91.8	40
f	2.00	150	300	18500	93.3	50
c	1.00	290	290	18790	94.8	60
d	2.00	140	280	19070	96.2	70
e	1.00	270	270	19340	97.5	80
i	5.00	50	250	19590	98.8	90
g	6.00	40	240	19830	100	100

根据计算结果，按照 ABC 分类管理的方法，对企业的库存做如表 9-3 所示的分类。

表 9-3　库存商品 ABC 分类表

分类	每类金额/元	库存品种数百分比/%	占用金额百分比/%
A 类：b, j	15600	20	78.7
B 类：h, a	2600	20	13.1
C 类：f, c, d, e, i, g	1630	60	8.2

（2）对于 A 类库存，即对 b 和 j 两种商品，企业需对它们定时进行盘点，详细记录及经常检查分析货物使用、存量增减和品质维持等信息，加强进货、发货、运送管理，在满足企业内部需要和顾客需要的前提下，维持尽可能低的经常库存量和安全库存量，加强与供应链上下游企业合作来控制库存水平，既要降低库存，又要防止缺货，加快库存周转。

三、ABC 分类管理

ABC 商品分类控制表如表 9-4 所示。

表 9-4　ABC 商品分类控制表

商品分类	A 类商品	B 类商品	C 类商品
控制程度	严格控制发货、保管、发货、报废损失和记录文档	常规关注，正常控制	尽可能采用最简便的控制
库存记录	最准确、完整与明细的记录，实时更新记录	正常地记录处理，成批更新	不用记录或最简单的记录，大计量单位计数
盘点原则	每月一次	每季度一次	每（半）年一次
订货策略	提供详细、准确的订货量、订货点等数据，并频繁地审核以保证供应并压缩库存	每季度或发生主要变化时评审一次经济订货批量与订货点	常用目视评审确定下一年的供应量
安全库存	尽可能低	较大	允许偏高
保管位置	出入口附近	中间	里面
作业优先	最高优先级	正常地处理，仅在关键时给予高优先级	最低优先级

（一）重点管理 A 类商品

1. 重点管理 A 类商品的意义

A 类商品是进货快、发货快的项目，虽然在品种数量上仅占 15% 左右，但如能管好它们，就等于管好了总销售额的 70% 左右的商品，保证了企业绝大部分收益。而 A 类商品品种不多，只要集中力量，是完全可以管理好的。所以，重点管理 A 类商品是十分值得和有意义的。

2. 重点管理 A 类商品的内容

重点管理 A 类商品包括合理降低安全库存，对库存量进行严密监控，密切联系供应商，保障供应，加强保管保养，保证产品质量，严防损坏和遗失。仓库除了应该协助企业增加其销售额外，还要在保障供给的条件下，尽量降低它们的库存额，减少占用资金，提高资金周转率。A 类商品消耗金额高，提高其周转率，具有较大的经济效益。

（二）常规管理 B 类商品

B 类商品介于 A 类与 C 类之间，根据情况可以实行重点管理，也可以实行一般管理。由于这一类商品品种数量不是太多，效益也不是太差，所以，可以根据企业的实际情况确定对该类商品管理的程度。如果有条件，就重点管理，没有条件就一般管理。

（三）一般管理 C 类商品

与 A 类商品成鲜明对照的是占总项目数近一半的 C 类商品，在经营上几乎是不重要的项目，如果我们像 A 类商品那样一一加以认真管理，费力不小，经济效益却不大，是不合算的。所以，对 C 类商品实施一般管理，对其库存数量实行一般监控，宁可多储备，在保管保养上也是采取一般的措施，不投入过多管理力量，以免分散精力。需要注意的是，C 类商品中可能包括上市不久的新商品及积压商品，对于长期积压的陈旧品种应果断清理，对新产品要进行专门的观察与分析。

（四）ABC 分类管理的几个问题

1. 单价的影响

年销售额相同的两个品种，其中一个可能年需求量大，单价低；另一个可能年需求量小，单价高。两者的管理原则应略有区别，因为单价高，库存数量略增一点，占用金额便急剧上升。所以，对于单价很高的商品，在管理上要比单价较低的商品更严格。在 ABC 分类的基础上，可再细分单价高与单价低两种情况。

（1）A 类商品：单价高的，单价低的。
（2）B 类商品：单价高的，单价低的。
（3）C 类商品：单价高的，单价低的。

控制库存时，单价高的品种的安全系数可以取低些；但要加强管理，降低因安全系数低、库存量减少而带来的风险。

2. 商品的重要性

ABC 分类的重要性主要体现在年销售额上，并不等同于商品的重要性。某些 B 类或 C

项目九 门店订货、收货及存货管理

类商品，虽然年销售额不高，但完全可能是重要商品。重要的商品一般具有以下3个特点。

（1）缺货会造成停产或严重影响正常生产的。

（2）缺货会危及安全的。

（3）市场短线商品，缺货后不易补充的。

因此，考虑商品的重要性后，ABC 分类可进一步细分如下。

（1）A 类商品：重要的，一般的。

（2）B 类商品：重要的，一般的。

（3）C 类商品：重要的，一般的。

所以，进行 ABC 分类时，只考虑销售额的多少是不够的，还必须考虑商品的重要性。对于 A 类商品，企业的策略是适当压缩库存，用加强管理的办法补救由此造成的风险。但对于重要商品，企业的策略则是增加安全库存，提高可靠性，辅以加强管理。所以，即使是 C 类商品，只要具有重要性，就应加强管理，严密监视库存动态与消耗动态，防止缺货。商品的重要性应由仓库会同用户协商确定，应该注意，A 类商品中大部分是重要商品，因此，确定 A 类中的重要商品时，应格外严格。

任务二 订货、进货作业管理

商品是门店的生命体，商品的进销存循环，犹如人体的新陈代谢，新陈代谢循环正常，身体就健康。同样的，商品的进销存循环顺畅，门店的生意自然兴旺。而其中进货与存货是门店销售的基础，这两项工作直接影响门店的经营绩效，门店的进货管理主要包括订货、进货等作业。

一、订货作业管理

（一）订货的作业规范与方式

1. 订货作业规范

订货作业是指门店在连锁企业总部所确定的供应商及商品范围内，依据订货计划而进行的叫货、点菜或称为添货的活动，要求做到以下两点。

（1）订货要有计划。订货要注意适时与适量，各类别商品的订货周期、最小订货量等都必须有事前计划。这样，一方面可以提高工作效率，另一方面可确保货源供应正常。

（2）订货方式要规范化。订货方式可采用人工、电话、传真、电子订货系统等多种形式，发展的趋势是采用 EOS（Electronic Ordering System，电子订货系统）。

2. 订货的作业方式

订货方式可分为集中式订货方式和分散式订货方式两种。

（1）集中式订货模式——沃尔玛模式。

1962 年，当沃尔玛第一家店在阿肯色州的一个小镇罗杰斯城开业时，由于其位置偏僻，路途遥远，供应商很少愿意为其送货，因此，山姆·沃尔顿不得不在总部所在地本顿威尔建立了第一家配送中心，显然，一家店不可能单独支撑一个配送中心的运营成本，于是，以该配送中心为核心，在周围一天车程即 500 千米左右的范围内迅速开店。获得成功后，又迅速复制该运营模式。

（2）分散式订货模式——家乐福模式。

家乐福采用供应商直供的模式。由于家乐福的选址绝大部分为一个城市的黄金商圈，且强调的是"充分授权，以店长为核心"的运营模式，因此商品的配送基本都以供应商直送为主。

> **阅读材料**
>
> **EOS**
>
> POS 系统与 EOS 联结，即店铺、物流中心、供应商同时接收到订货信息。门店店长就不需再次点货，系统就会将销售资料与库存相比，再根据以往这家店铺订货的惯例，建议订购数量；店铺可依个别特殊情况需求对订货进行修正，大幅度减少了店铺店长订货的时间成本，降低了库存管理成本，加速了存货的流通。
>
> 每个店铺随时都可能遇到一些特殊情况造成缺货，只要向配送中心打电话告急，配送中心就会动用安全库存对店铺进行紧急配送，如果安全库存也告急，配送中心就会转而向供应商紧急要货，并在第一时间内送到缺货的店铺。

（二）订货作业流程

1. 连锁门店的订货作业流程

连锁门店的订货作业流程如图 9-3 所示。

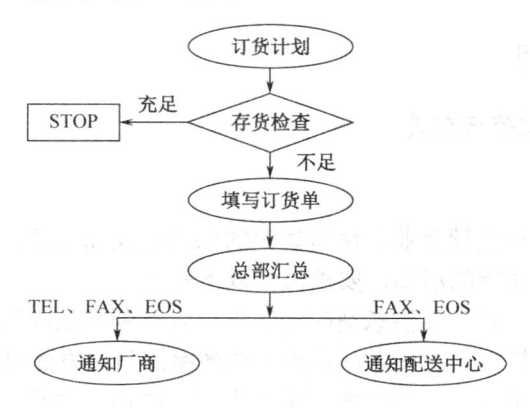

图 9-3　连锁门店的订货作业流程

2. 制订订货计划

（1）制订计划时应考虑商品的订货周期、配送周期安全存量、平均库存量、订货方式等。

（2）安全库存（又称保险库存）是指为了防止由于不确定因素（如突发性大量销售或供应商延期交货）影响销售需求而准备的缓冲库存，安全库存用于满足提前期需求（见

项目九　门店订货、收货及存货管理

图 9-4）。

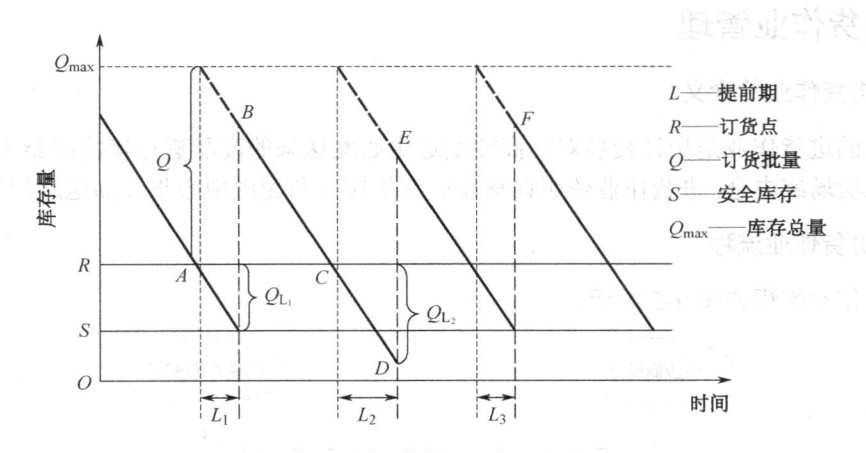

图 9-4　安全库存示意图

3．不周全的订货计划会产生的问题

（1）存量太多。

（2）商品种类减少。

（3）浪费作业时间。

4．存货检查

订货人员根据规范制度，定期检查各个商品库存，当库存量小于安全库存量时，应该及时发出订货单（见表 9-5）。

表 9-5　订货计划表

门店名称：　　　　　　商品类别：　　　　　　　　　制表日期：

品种	货号	供应商编号	规格	数量	单价	金额期	购进方式	提货方式	订货日期	到货日期

5．门店在订货作业中应注意的问题

（1）存货检查。考虑订货、处理过量、检查品质（有效期限及品质）等。

（2）适时订货。注意时效性（超过订货时间视为逾期）。

（3）适量订货。商品每日的销售量、订货至送达门店的前置时间、商品的最低安全存量、商品的规定订货单位等。

二、进货作业管理

1. 进货作业的含义

门店的进货作业是指订货后对厂商或配送中心配送来的商品进行接收或验收,从而使商品进入卖场或内仓,进货作业依照订货作业有供应商和配送中心将商品送达门店的作业。

2. 进货作业流程

进货作业流程如图9-5所示。

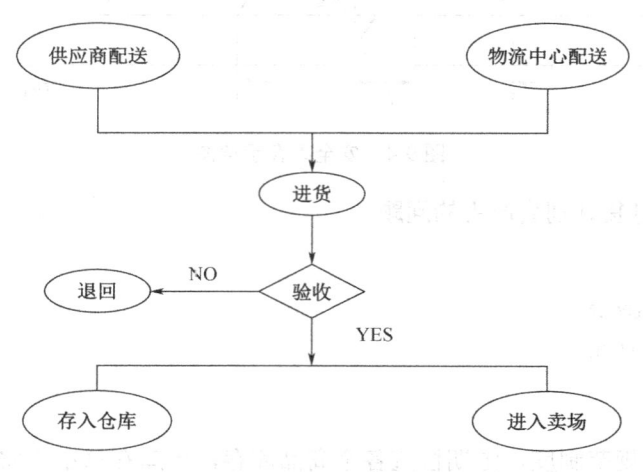

图 9-5 进货作业流程

3. 进货作业应该注意的问题

(1) 严格遵守企业总部规定的时间。
(2) 先办退货再办进货。
(3) 验收单、发票要齐全。
(4) 商品整理分类要清楚,并进行验收。
(5) 验收后部分商品直接进入卖场,部分则存入内仓或进行深加工后进入卖场。

4. 进货作业有关的表单

(1) 进货签收单,内容包括客户名称、送货地点、包装箱号等。
(2) 入库单,内容包括产品名称、入库数量、入库日期、储位、经手人等。
(3) 出库单,内容包括产品名称、出库数量、出库日期、经手人等。

阅读材料

便利店的进货管理

便利店是一种用以满足顾客应急性、便利性需求的零售业态。在当今是比较有竞争优势的,因为人们去超市需要花费很多时间,要驱车前往,卖场面积巨大,品种繁多的商品消耗了购物者大量的时间和精力;结账时还要忍受"大排长龙"等候之苦,以上种种使得

项目九　门店订货、收货及存货管理

那些想购买少量商品或满足即刻所需的购物者深感不便。于是人们需要一种能够满足便利购买需求的小超市来填补空白，便利店就应运而生了。

较多连锁便利店为了减少成本，都建立了自己的配送中心，门店向配送中心订货，配送中心按照规定的时间进行送货。当然也有个别的商品是门店的采购部向供应商直接订货，不过基本过程都相似。门店的营业员在营业时间内一般都是一边整理商品一边进行商品数量的统计，根据商品库存的数量以及每日商品的销售数量通过收银机向配送中心进行订货，订货截止时间一般都是每日的 15:00，如果超过这个时间就算做第二天的订货了。有库房的便利店可以每隔一日订货，没有库房的便利店就需要每日订货。配送中心一般都会在第二天早上进行送货。

任务三　收货作业管理

一、收货作业的原则与责任

1. 收货作业的原则

收货作业的原则如图 9-6 所示。

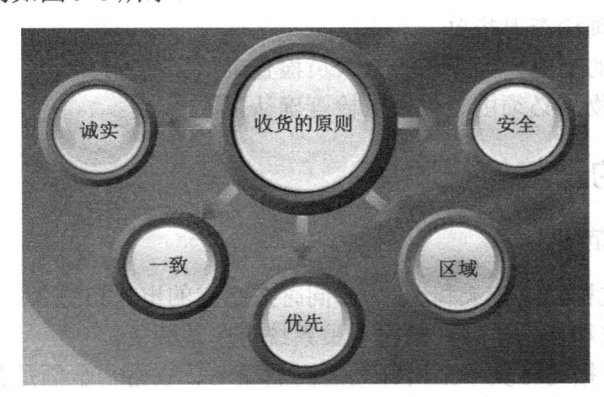

图 9-6　收货作业的原则

（1）诚实原则：收货的数据必须是真实的，不是虚假的；收货的人员必须是诚实的，不得接受供应商的任何馈赠和索要任何物品、钱财等。

（2）一致原则：单据必须是正确的，与实际的送货相一致。错误的单据必须进行及时纠正。

（3）优先原则：任何时候，生鲜食品与其他类商品优先收货，生鲜类食品中的优先程序是活鲜、冷藏食品、冷冻食品；退货优先原则，即先办理退货再进行收货；紧急优先原则，楼面已经缺货并等待销售的商品，可以考虑优先收货。

（4）区域原则：收货执行严格的区域原则，即未收货、正收货区域。各个流程中的商品必须在正确的区域内，如未进行收货的商品或不符合收货标准的商品必须在未收货区域内存放或处理，正在进行收货的商品只能在正收货区域内，已经完成收货程序的商品才能进入已收货区域。

（5）安全原则：收货部的整个区域执行严格的安全原则，包括叉车的动作、周转仓的商品存放、收货商品的码放与运输等，都必须遵守安全原则。

2．收货作业的责任

（1）验收组组长的工作职责。

① 安排验收人员的作业计划。
② 适当安排供应商送货时间。
③ 进货验收。
④ 存货管理。
⑤ 退回品处理。
⑥ 验收人员管理。
⑦ 顾客送货服务。
⑧ 传达并执行总部对门店的相关指令和规定等。

（2）验收人员的工作职责。

① 整理后场，保持环境整洁。
② 将商品按收货单内容注意清点。
③ 按总部的验收办法验收商品。
④ 验收结束，再由理货员确认。
⑤ 厂商退货必须检查退货单。
⑥ 供应商带回的空箱，必须由验收人员检查确认。
⑦ 门店员工购物，必须由验收人员检查确认。

二、收货作业的规范与程序

1．收货作业规范

（1）编制收货进程表（按天和小时），同时按指定的出入口进入。

（2）将进货单位和货物排序，验收人员系统有序地验货。

（3）核对进货单据与订货单上所开列的商品品名、规格、金额是否相符。

（4）核对进货单据与实物是否相符。

（5）清点购进的每一件商品，即使商品已装箱密封，如雪碧，也应打开所有箱子和盒子以核实商品的数量、大小等。如果订货单上该商品的数量在20箱以上，可以抽查6箱。一般开箱检查率为30%。尤其是对散箱、破箱，必须进行拆包、开箱查验，核点实数。

（6）对无生产日期、无生产厂家、无具体地址、无保质期、商品标准不符合国家有关法规的商品拒收。

（7）对变质、损坏、过保质期或已接近保质期的商品拒收。

（8）商品验收合格后方可在进货单据上签字、盖章。

（9）发现短少时，要求供应商出具一个有供应商签名的补偿担保。

2．收货作业程序

收货作业程序如图9-7所示。

项目九　门店订货、收货及存货管理

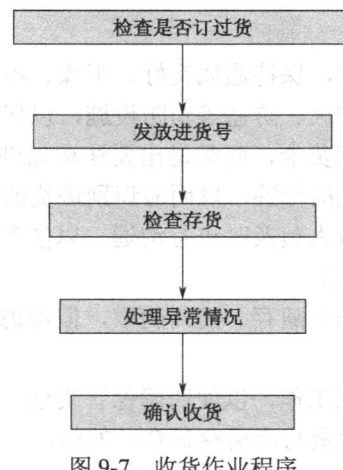

```
检查是否订过货
      ↓
　发放进货号
      ↓
　　检查存货
      ↓
　处理异常情况
      ↓
　　确认收货
```

图 9-7　收货作业程序

3．收货相关表单

（1）日常收货记录表。
（2）收货清单。
（3）每周供货商差错记录表。

任务四　存货作业管理

一、仓库作业管理

（一）仓库作业

1．仓库作业管理的含义

门店存货管理包括仓库作业管理、退货作业管理、调拨作业管理和盘点作业管理等。仓库管理是指商品储存空间的管理。

2．仓库作业的注意事项

仓库作业应当建立健全各种管理制度（包括岗位责任、作业规范、消防安全、预警机制等），特别注意以下事项。

（1）定位管理，其含义与商品配置图表的设计相似，即将不同的商品分类，按分区管理的原则来存放，并用货架放置。仓库内至少要分为 3 个区域：第一，大量存储区，即以整箱或栈板方式储存；第二，小量存储区，即将拆零商品放置在陈列架上；第三，退货区，即将准备退换的商品放置在专门的货架上。

（2）制作定位配置图，贴在仓库入口处，以便于存取。小量储存区应尽量固定位置，整箱储存区则可弹性运用。若储存空间太小或属冷冻（藏）库，也可以不固定位置而弹性运用。

（3）储存商品不可直接与地面接触。一是为了避免潮湿；二是由于生鲜商品卫生规定；

三是为了堆放整齐。

（4）要注意仓储区的温湿度，保持通风良好，干燥、不潮湿。

（5）仓库内要设有防水、防火、防盗等消防设施，以保证商品安全。

（6）商品储存货架应设置存货卡，商品进出要注意先进先出的原则。也可采取色彩管理法，如每周或每月用不同颜色的标签，以明显识别进货的日期。

（7）仓库管理人员要与订货人员及时进行沟通，以便到货的存放。此外，还要适时提出存货不足的预警通知，以防缺货。

（8）仓储存取货原则上应随到随存、随需随取，但考虑到效率与安全，有必要制定作业时间规定。

（9）商品进出库要做好登记工作，以便明确保管责任。但有些商品（如冷冻、冷藏商品）为讲究时效，也采取卖场存货与库房存货合一的做法。

（10）注意门禁管理，闲杂人员不得随便入内。

二、退换货及调拨作业管理

（一）退换货作业管理

退换货作业可与供应商或配送中心进货作业相配合，利用进货回程顺便将退换货带回。一般定期办理（如每周一次或每10天一次），以提高其作业效率。

1．退换货的原因

（1）品质不良。

（2）订错货。

（3）送错货。

（4）过期品。

（5）代销商品。

（6）总部明确的滞销品等。

2．办理退换货作业的注意事项

（1）供应商确认，即先查明待退换商品所属供应商或送货单位。

（2）妥善保管，退调商品也要清点整理，妥善保存，一般整齐摆放在商品存放区的一个指定地点，而且这些商品应按供应商或送货单位分别摆放。

（3）填写退换货申请单，注明其数量、品名及退货原因。

（4）及时办理，迅速联系供应商或送货单位办理退调货。

（5）退货时确认扣款方式、时间及金额。

（二）调拨作业管理

调拨作业是连锁企业门店之间的作业，它是某门店发生临时缺货，且供应商或配送中心无法及时供货，而向其他门店调借商品的作业。

1．调拨发生的原因

（1）门店销售急剧扩大，而存货不足。

项目九 门店订货、收货及存货管理

（2）供应商的送货量明显不足。
（3）顾客临时下大量订单。

2．调拨作业流程

调拨作业流程如图 9-8 所示。

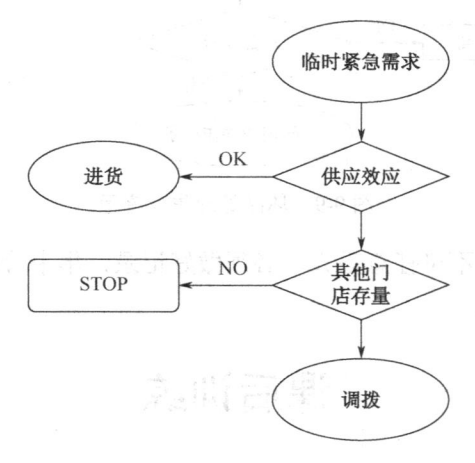

图 9-8 调拨作业流程

3．调拨前的注意事项

（1）若临时大量订单，最好先联系其他门店。
（2）商品调入与调出，须经店长批准。
（3）调拨车辆安排。
（4）工作人员与时间安排。

4．调拨时的注意事项

（1）填写调拨单，并签名确认。
（2）由双方门店验收检查并确认。
（3）调拨单一式两联。
（4）调拨单需定期汇总送至总部会计部门，以配合账目处理。

5．调拨后的注意事项

（1）拨入、拨出门店均须检查存货账与应付账是否正确。
（2）拨入门店应注意总结教训，重新考虑所拨入商品的最低安全存量、每次订货量以及货源的稳定性，尽量避免重复发生类似事件。

（三）坏品处理作业流程

坏品处理作业流程如图 9-9 所示。
（1）店长应查清坏品发生的原因，做出处理意见。
（2）坏品必须进行详细登记。
（3）发生坏品的责任在门店，门店必须进行反省。

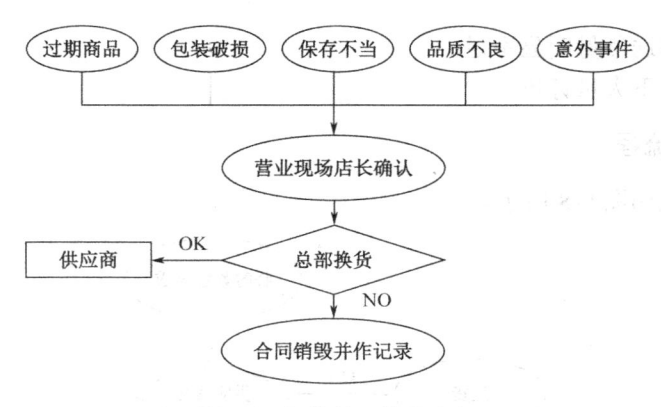

```
过期商品   包装破损   保存不当   品质不良   意外事件
                        ↓
                  营业现场店长确认
                        ↓
         供应商  ←OK——  总部换货
                        │NO
                        ↓
                  合同销毁并作记录
```

图 9-9　坏品处理作业流程

（4）不可退换的坏品不可任意丢弃，必须做好记录，集中管理。

课后训练

一、填空题

1．ABC 分类法又称_____，也叫主次_____。
2．C 类商品累计品目百分数为 60%～70%，而平均资金占用额累计百分数仅为_____。
3．门店订货方式可分为_____订货方式和_____订货方式两种。
4．收货诚实原则包括收货的数据必须是_____的；收货的人员必须是_____的。
5．收货一致原则要求单据必须是_____的，与实际的送货相一致。
6．清点购进的商品时，如果订货单上该商品的数量在 20 箱以上，可以抽查_____。
7．点验购进的商品时，一般开箱检查率为_____。
8．仓库管理是指商品_____的管理。
9．商品调拨单需要定期汇总送至_____会计部门，以配合账目处理。
10．商品验收发现短少时，要求供应商出具一个有供应商签名的_____。

二、判断题

1．ABC 分类法是由意大利经济学家维尔弗雷多·帕累托首创的。　　（　　）
2．重点管理 A 类商品包括合理降低安全库存，对库存量进行严密监控。（　　）
3．生鲜类食品中的优先程序是活鲜、冷冻食品、冷藏食品。　　　　（　　）
4．不可退换的坏品可以任意丢弃，不必做记录。　　　　　　　　　（　　）
5．对于单价很高的商品，在管理上要比单价较低的商品更严格。　　（　　）
6．即使是 C 类商品，只要具有重要性，就应加强管理，严密监视库存动态与消耗动态。　　　　　　　　　　　　　　　　　　　　　　　　　　　　（　　）

三、简答题

1．简述 ABC 分类法在储存管理中的作用。

项目九 门店订货、收货及存货管理

2．简述 ABC 分类法的步骤。
3．简述 ABC 分类法的要点。
4．简述制订订货计划应考虑的因素。
5．简述仓库内的 3 个主要区域。

四、技能训练

连锁门店订货管理调研

实训目的
1．掌握连锁门店订货作业规范和方式。
2．掌握连锁门店订货作业流程。

实训内容
对学院周边的连锁门店订货管理进行调研。

实训要求
1．分组对学院周边的连锁门店进行调研。
2．每组写出一份调研报告。
3．每组将调研报告制作 PPT 发言稿。
4．每组推选代表对调研报告进行陈述。

实训步骤
1．前期准备
（1）分组：按每 5 人一组，将全班分为若干组。
（2）资料准备：调查表、汇总表、分组表等。
2．工作任务实施
（1）明确连锁门店订货作业管理的要求和重点。
（2）确定连锁门店订货作业管理的调研流程。
（3）突出连锁门店订货作业调研要点和技巧。
3．工作检查与评价
（1）每组推荐一名学生对调研报告进行陈述。
（2）教师对学生的陈述和 PPT 予以评价。
（3）同学互评、教师点评并做出实训总结。
（4）教师对每个项目小组及小组成员进行综合成绩评定。

项目十

门店经营绩效评估

沃尔玛利用快快收钱,慢慢付款的财务策略,获得了丰厚的营运资金,提升了企业竞争力。

——《财富》杂志的分析

学习目标

- 了解门店经营绩效的内容和概念
- 掌握门店经营绩效的计算
- 理解改善门店经营绩效的措施

关键概念

- 经营绩效　评估指标　安全性改善　收益性改善　销售性改善　效率改善

项目十　门店经营绩效评估

体系结构

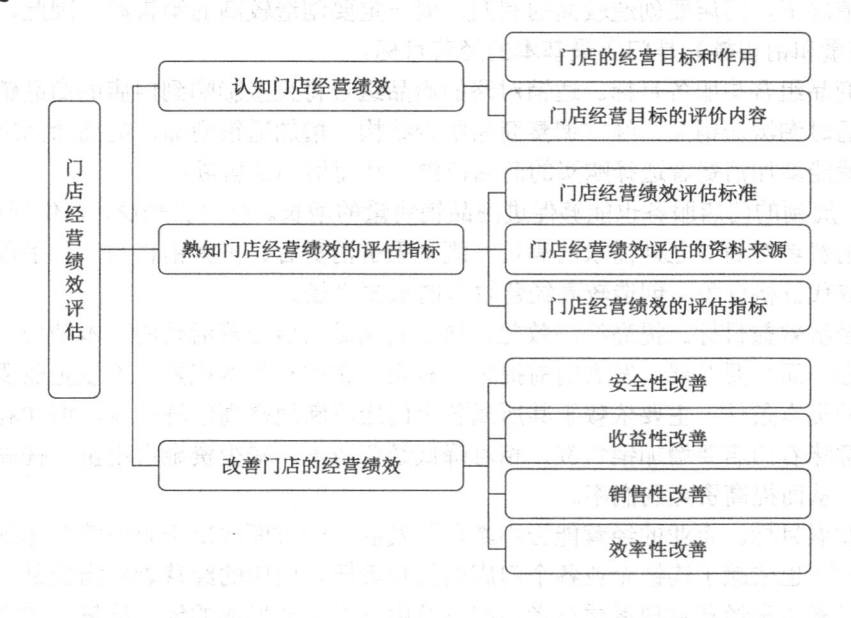

```
                            ┌─ 认知门店经营绩效 ──┬─ 门店的经营目标和作用
                            │                    └─ 门店经营目标的评价内容
                            │
门店经营绩效评估 ───────────┼─ 熟知门店经营绩效的评估指标 ┬─ 门店经营绩效评估标准
                            │                              ├─ 门店经营绩效评估的资料来源
                            │                              └─ 门店经营绩效的评估指标
                            │
                            └─ 改善门店的经营绩效 ─┬─ 安全性改善
                                                   ├─ 收益性改善
                                                   ├─ 销售性改善
                                                   └─ 效率性改善
```

任务一　认知门店经营绩效

美国一项调查发现，全美国有 1/4～1/3 的新开门店在营业第一年就会被迫结束营业，而 2/3 左右的门店在 5 年之内宣告倒闭，真正创业成功的只有约 1/3。而这 1/3 的成功者能够获得成功，并不是偶然因素造成的，其中一个重要的因素就是他们比别的门店更注重绩效评估。所以，门店经营过程中必须重视绩效评估。

一、门店的经营目标和作用

1．门店的经营目标

企业经营目标是在分析企业外部环境和内部条件的基础上确定的企业各个经济活动的发展方向和奋斗目标，是企业经营思想的具体化。企业的经营目标包括长期目标和各阶段目标。连锁企业的经营目标是各个门店在一定时期内所要达到的经营目的。门店的各项经营活动都应当围绕这一中心来组织安排。

门店的经营目标不仅是一个单纯的目标，而且是一个综合的体系。一般而言，企业的基本目标由经济收益和企业组织发展两方面构成。除了基本目标本身外，企业还必须满足所有者、经营管理者和员工这三者所想要达成的目标。这些目标必须与基本目标相一致，并与基本目标结合起来，形成一个具有内在一致性的目标体系。具体来说，门店主要的经营目标有如下几个。

（1）销售目标。组织商品流通，扩大商品销售，是门店最基本的经营任务。门店在一定时期内所实现的商品销售额的大小，一方面反映了连锁企业的经营机制运行是否有效，商业职能发挥是否充分；另一方面也说明了门店求生存、求发展能力的大小。在商业利润率相近的情况下，门店要创造较高的利润，就一定要创造较高的销售额。因此，销售目标（包括销售量和销售额）是门店最基本的经营目标。

（2）商品组合与服务目标。适销对路的商品组合将直接影响到门店的商品销售量。门店经营应适时淘汰滞销品，经常调整商品组合结构。增加适销商品，提高商品组合的广度和深度，就能增加消费者选择购买的商品范围，从而增加销售额。

同时，周到的门店服务也能够促进商品销售量的增长。对门店来说，提供周到的服务，增加了对消费者对商品之外需求的满足，既是吸引消费者、扩大销售的一种手段，也是以服务竞争取代价格竞争、创造较高经营收入的重要途径。

（3）经济效益目标。提高经济效益、增加利润是门店经营活动的基本动力。一个企业不仅要生存，而且要发展。发展的前提之一是企业必须有资本积累。连锁企业要获得扩大经营规模的资本条件，主要依赖于其所属各个门店不断地提高经济效益，增加利润。提高经济效益意味着门店要增加销售额，相对降低经营成本，减少资金占用量，提高流动资金周转速度，从而提高资金利润率。

（4）发展目标。企业的经营能否不断取得发展，一方面取决于企业管理体制和经营机制，另一方面也依赖于连锁企业各个门店的经营素质。门店的经营素质指的是门店的员工素质、技术素质和经营管理素质三者的状态及由三者综合形成的经营能量。建立健全科学的管理体制和经营机制，不断提高门店的经营质量，使其始终处于良性循环状态，是门店经营管理的一个重要目标。

2．门店经营目标的作用

企业经营必须有目的地进行。连锁企业要永续经营与发展，必须建立经营理念与经营目标，并获得全体员工的共识；团结全员向着目标努力，最终使各个门店达成良好的经营绩效。

（1）为企业各方面活动提供基本方向，是企业一切经济活动的目标和依据，对企业经营活动具有指导、统率的作用。

（2）目标反映一个组织所追求的价值，是衡量企业各方面活动的价值标准，也是企业组织生存和发展的意义所在。

（3）实现企业与外部环境的动态平衡，使企业获得长期稳定协调的发展。

二、门店经营目标的评价内容

目标评价是在目标实施的基础上，对其成果做出的客观评价活动。目标评价是科学管理连锁企业经营活动的主要方面，是提高门店经营效益的必要手段。对连锁企业门店的经营目标评价有利于总体衡量连锁企业的经营状况；为总部进行经营决策提供准确依据；通过严格的管理和经济核算提高企业自身的经营效益。连锁企业门店经营目标的评价内容有以下几项。

1．门店经营目标的实现程度

门店经营目标的实现程度主要包括数量、质量、时限等。这是目标成果评价的核心内容。评价经营目标的实现程度应注意 3 个方面：第一，计算目标成果的正确性；第二，评

项目十 门店经营绩效评估

价用相对数表示的目标值时,要和绝对数结合起来,才能得到正确的评价;第三,评价定性目标时可采用集体审定和群众评议的方式来进行。

2. 门店内的协作情况

门店内的具体协作情况是保证整体目标实现的重要条件,也是门店经营目标评价的主要内容之一。具体包括:目标分解时规定的协作项目执行情况、承担目标部门或个人向其他部门或个人求援协作情况、主动帮助其他部门或个人协作情况等方面。

3. 门店经营目标完成进度的均衡度

门店经营目标完成进度的均衡度是连锁企业门店按照预定的计划进度,组织目标实现的一种特性。有了好的均衡性,才能避免前紧后松、时紧时松和搞突击的现象发生。一般连锁企业总部都为门店设立了目标进度均衡率指标,也有门店根据自身情况设置本店均衡度指标。计算公式是:

年度目标进度均衡率＝1－(目标实施进度/目标计划进度)×100%

4. 门店经营目标对策的有效性

评价门店经营目标对策的有效性是连锁企业对各个门店和个人在实施目标过程中主动采用的对策进行评估。主要包括:经营对策是否符合连锁企业长期战略要求;门店业务管理对策是否符合现代管理方向;门店具体技术对策是否符合技术进步要求;门店劳动组织对策是否科学合理等。

阅读材料

沃尔玛:快快收钱,慢慢付款

《财富》杂志公布的2011年世界500强排行榜中,美国零售大王沃尔玛公司以4469.5亿美元的年营业收入位居第三。有关人士分析认为,沃尔玛利用快快收钱,慢慢付款的财务策略,获得了丰厚的营运资金,提升了企业竞争力。

会计学认为,衡量企业是否有足够的能力支付短期负债,经常使用的指标是流动比率。流动比率的定义是:流动比率＝流动资产÷流动负债。流动比率显示企业利用流动资产偿付流动负债的能力,比率越高,表示流动负债受偿的可能性越高,短期债权人越有保障。一般而言,流动比率不小于1,是财务分析师对企业风险忍耐的底限。台湾大学会计学教授刘顺仁分析认为,多年以来,沃尔玛的流动比率保持在2.4左右,现在已经下降到0.9,但这不代表沃尔玛的流动资产不足以偿付流动负债。

据了解,消费者在沃尔玛超市用信用卡购买商品2～3天之后,信用卡公司就必须支付沃尔玛现金。但对于供货商而言,沃尔玛维持一般商业交易最快30天付款的传统。这种快快收钱,慢慢付款办法,为公司带来了丰厚的营运资金。由于现金来源充裕且管理得当,沃尔玛不必保留大量现金,并且能在快速增长的条件下,控制应收账款与存货的增加速度。

沃尔玛与供应商的关系,也有值得借鉴的地方。沃尔玛不仅不收取供货商的任何进场费,还带动供货商改进产品工艺,降低劳动力成本,甚至分享沃尔玛的信息系统。这种良好的亲商形象,伴随着它在内地供应链体系的日趋成熟,将越来越显示其价值。

任务二　熟知门店经营绩效的评估指标

一、门店经营绩效评估标准

连锁企业的绩效评估标准和一般企业相同，但是连锁企业所面对的店铺可能多达数百家以上，针对分布各地的店铺，自然而然对店铺营运绩效的评估需求比较高。门店经营绩效评估首先要确定一个评估标准。根据实际状况判断营运表现的好坏。标准过高过低都是不合适的。实际上，门店经营绩效的评估标准是由门店的经营目标转化而来的。

绩效的标准应该考虑实际的可行性、适合的执行方式、能否被员工接受、数据本身是否有价值、是否符合目标的设定等，并且要有时间进度，以便和高层管理及横向单位的目标一致。此外，要符合商品种类、销售渠道、策略目标及财务目标等的要求。因此，一项有效的绩效标准必须符合下列条件。

1. 有效的绩效标准必须是具有挑战性而且可以达成的

具有挑战性的绩效标准，在配合营业竞赛激励员工达成的同时可激发员工的潜力增加绩效。绩效标准必须是员工的能力所能达成的，因为达不到的标准除了没有意义外，更会削弱员工的士气，产生反效果。

2. 合理的绩效标准要经过管理者及执行者双方同意

绩效标准必须经过总部高层管理者、绩效审核者及门店执行主管的共同调整，没有经过双方同意的绩效标准会减低它的效果，因为由门店所提议的绩效标准往往缺乏整体性的把握，而总店的意见则因为对各个门店具体情况不了解而忽略执行细节与实施的困难，所以一定要综合两方的意见，寻求兼顾双方的平衡点。

3. 有效的绩效标准要具体而且可以评估衡量

有效的绩效标准必须量化、具体，无法量化的标准在考核时，难以准确衡量被考核者的真实绩效，容易引起争端和矛盾，如果绩效标准是以个人意见或经验来衡量的，结果常常会因为不容易计算而使员工产生不满或困扰的情绪。

4. 可行的绩效标准要备有明确的期间限制

绩效标准应该附带明确的记录期间，以便提供评估审核，如以每个月的销售额作为绩效评估的标准，一方面可以对以前同时间的数字进行比较，另一方面也可以对未来的同时期预估进行调整。

5. 有效的绩效标准要具有灵活性

绩效标准必须能配合企业改变进行适当的调整，如针对新产品上市，门店内部外部环

项目十　门店经营绩效评估

境的变化，原有的绩效标准就要配合新的情况的出现而及时调整，绝不能采用不可能调整的绩效标准。

6. 有效的绩效标准要简单易懂、便于计算

如果牵涉到奖金，则必须有一个人人可计算的公式，以减少因为计算困难所产生的纠纷。

7. 有效的绩效标准要有助于持续性改善

必须要能对下一次的评估有对比的效果，这样才有意义。如果没有持续比较的功能，只能适用于专案类的特殊事件，并不适合一般的营运绩效标准。

二、门店经营绩效评估的资料来源

1. 门店内外部资料的收集

资料来源于门店日常从内部及外部相关方面所收集的资料，如从门店日常管理部门获取的信息及银行、税务等相关部门所获得的信息资料，进行相应的分析。

2. 资产负债表和损益表

门店的经营成果及财务状况，则通过资产负债表及损益表来反映，所以利用这些报表上的数据来评估其经营绩效才是最主要的。

（1）资产负债表是反映企业在某一特定时期所拥有的资产及来源和其求偿权的财务报表，它提供了门店许多重要的信息资料。其基本恒等式为：

$$资产 = 负债 + 所有者权益$$

（2）资产负债表的格式如表 10-1 所示。

构成资产负债的主要项目如下。

① 流动资产。指现金及 1 年内可转成现金的资产。流动资产又可分为变现资产及盘点资产。变现资产是指现金、银行存款、应收账款、应收票据等。盘点资产包括存货、包装材料、用品盘存等。盘点资产是以实地盘点决定总量，再加以评价决定盘点资产的金额。

② 固定资产。指建筑物、车辆运输器具、生产设备等使用年限超过 1 年，而一定时期内能维持其经济价值的资产。固定资产分为有形固定资产、无形固定资产、投资 3 项。

③ 递延资产。指已支出费用中，部分不以费用计算而递延于下期的结果，在本期以资产项目处理，如开办费、研究实验费、存入保证金等。

④ 流动负债。包括应付账款、应付票据、未付款、预收款、代收款、短期借款、预收收益等。

⑤ 长期负债。指支付期限在结算日计算超过 1 年的债务，如长期借款、公司债务等。

⑥ 其他负债，如存入保证金等。

⑦ 净值。由资产总额扣除负债总额即净值。与他人资本相对应，净值又称自有资本或股东权益。净值包括股本、资本公积、法定公积、特别公积及未分配盈余。

表 10-1　资产负债表

年　月　日

资　产	金　额	%	负债及净值	金　额	%
流动资产			流动负债		
现金及银行存款			应付账款		
预付款项			应付票据		
暂付款			应付费用		
应收账款及票据			应付租赁款		
用品盘存			代收款		
存货			短期负债		
预付所得税			长期负债		
固定资产			长期借款		
建筑物			其他负债		
生产设备			存入保证金		
冷冻设备			负债合计		
水电设备			股本		
装潢设备			资本公积		
空调设备			法定公积		
办公设备			特别公积		
运输设备			未分配盈余		
杂项设备					
租赁设备					
关系企业投资					
投资有价证券					
其他资产					
开办费					
存入保证金					
存入保证票据					
资产总额			负债及净值合计		

（3）损益表用以显示某一特定期间的门店营运结果。以收入和费用（成本）来表示。收入和费用之差即为净利润或净损耗。一般来说，显示营运结果的特定期间有月度、季度、半年度及年度。

通过损益表可以考核企业利润计划的完成情况，分析门店的获利能力及利润增减变化的原因，预测其发展趋势。其格式如表 10-2 所示。

表 10-2　损益表

年　月

项　目	金　额	比例/%
销售收入		
销售成本		

项目十 门店经营绩效评估

续表

项　　目	金　　额	比例/%
销售毛利		
营业费用		
营业利润		
营业外收入		
租金收入		
利息收入		
其他收入		
营业外支出		
本期净利		

阅读材料

某门店的损益表如表 10-3 所示。

表 10-3　某门店的损益表

项　　目	金额/万元	比例/%
销售收入	180	
销售成本	135	
销售毛利	45	25
营业费用	32.7	18.17
租金	10	5.56
员工薪资	12	6.67
水电费	3	1.67
装潢折旧	0.6	0.33
机器设备折旧	2.2	1.22
修理费	0.5	0.28
邮电费	0.2	0.11
盘损	0.9	0.50
税捐	2.3	1.28
杂费	1	0.56
本期净利	12.3	6.83

三、门店经营绩效的评估指标

绩效是指为了实现经营的整体目标及部门的工作目标而必须达到的经营成果。经营绩效是指企业的经济性成果，可以用一定的数量来衡量。门店经营绩效的评估就是将一定时期内门店的经营绩效与上期、同行、预定标准进行比较。门店经营绩效的指标可以分为收益性、安全性、效率性和发展性 4 个方面。

1. 收益性指标

收益性指标反映经营的获利能力。收益性指标的主要评估指标有：营业收入达成率、毛利率、营业费用率、净利额达成率、净利率、总资产报酬率以及所有者权益率等。收益性指标的计算数据大多来自损益表。

（1）营业收入达成率。指连锁企业各个门店的实际营业额与目标营业额的比率。其计算公式为：

$$营业收入达成率＝实际营业收入/目标营业收入×100\%$$

说明：评估门店营业收入达成率的同时还应该评估门店各部门的营业收入达成率。比率越高，表示经营绩效越高；比率越低，表示经营绩效越低。一般来说，营业收入达成率在100%～110%比较理想，如果高于110%或者低于100%都值得反思，大于110%，说明目标制定过低；小于100%，说明没有完成计划。

（2）毛利率。指毛利额与营业额的比率，反映的是连锁企业门店的基本获利能力，其计算公式为：

$$毛利率＝毛利额/营业额×100\%＝（销售收入－销售成本）×100\%$$

当经营多种商品时，经营指标为总毛利率（即综合毛利率），其计算公式为：

$$总毛利率＝\Sigma（各类商品的毛利率×该类商品的销售比例）$$

说明：比率越高，表示获利空间越大；比率越低，表示获利空间越小。国外超市的毛利率可以达到16%～18%，便利店可以达到30%以上。我国由于超市和便利店处于贴身竞争阶段和总部的商品管理水平有限，目前毛利率普遍较低。

此外，各类商品的毛利率也并不相同，一般来说，生鲜的毛利率较高，平均在20%上，一般食品、糖果饼干的毛利率较低，平均不到18%，烟酒以及大米的毛利率最低，约为8%。

（3）营业费用率。指连锁企业门店营业费用与营业额的比率，反映的是每一元营业额所包含的营业费用支出。其计算公式为：

$$营业费用率＝营业费用÷营业收入×100\%$$

说明：与营运绩效最直接的就是营业费用，指维持运作所耗的资金及成本，一般包括租金、折旧、人事费用、营运费用等，一个高营业额的店，如果费用也高，就会抵消它的利润。

中国连锁经营协会的资料显示，工资、房租、水电费是主要的费用开支，便利店的房租最高占到总费用的30%，占销售的4%，水电费平均占销售的1.2%，占费用总额的20%。总体上，人事费用、租金、水电费、折旧费、管理费是营业费用中占比例最高的费用。

营业费用率比率越高，表示营业费用支出的效率越低；比率越低，表示营业费用支出的效率越高。如果毛利率在16%～18%，则费用率应该控制在14%～16%以下。对于连锁超市来说，实际上很多门店的营业费用都超过了毛利，主营业务利润为负数。利润的主要来源是通道费用、年终返利和其他收入。

（4）净利额达成率。指连锁企业门店税前实际净利额与税前目标净利额的比率。它反映的是门店的实际获利程度。其计算公式为：

$$净利额达成率＝税前实际净利额/税前目标净利额×100\%$$

说明：净利额达成率要在100%以上。比率越高，说明目标利润额完成得越好。

项目十 门店经营绩效评估

（5）净利率。指连锁企业门店税前实际净利与营业额的比率，反映的是门店的实际获利能力。其计算公式为：

$$净利率 = 税前净利 \div 营业额 \times 100\%$$

说明：净利率的参考标准是2%以上。

（6）总资产报酬率。指税后净利润与总资产所得的比率，反映的是总资产的获利能力。其计算公式为：

$$总资产报酬率 = 税后净利润 \div 总资产 \times 100\%$$
$$= 税后净利润 \div [(期初总资产 + 期末总资产) \div 2] \times 100\%$$

说明：总资产报酬率表示投入资产产生的报酬率，用来衡量经营者的经营绩效，测量总资产的获利能力，比率越高，表示资本产生的净利越高；比率越低，表示资本产生的净利越低，一般参考标准在20%以上。

（7）所有者权益率。指净利润与所有者权益的比率。其计算公式为：

$$所有者权益率 = 净利润 / 所有者权益 \times 100\%$$

说明：所有者权益是所有者在企业资产中享有的经济效益，其数额为企业资产总额减去负债后的余额。所有者权益率是反映企业经营效益的重要指标，表示股东投资的收益率。所有者权益率越高，说明股东投资增值越多。

2. 安全性指标

经营的安全性主要是通过财务结构来反映的。评估的主要指标是流动比率、速动比率、负债比率、自有资产率、固定比率以及人员流动率。安全性指标的数据主要来自资产负债表。

（1）流动比率。指流动资产与流动负债的比率，主要用来测量连锁企业门店的短期偿债能力。其计算公式为：

$$流动比率 = 流动资产 / 流动负债 \times 100\%$$

说明：流动比率参考标准介于100%~200%之间，一般为200%以上。比率越高，表示短期偿付能力越强；比率越低，表示短期偿付能力越低。比率太高，则产生闲置资金，影响资金使用效率。

（2）速动比率。指速动资产与流动负债的比率，反映的是门店短期偿债能力的强弱。是对流动比率的补充，并且比流动比率反映得更加直观可信。其计算公式为：

$$速动比率 = 速动资产 / 流动负债 \times 100\%$$
$$= (流动资产 - 存货 - 预付费用) / 流动负债 \times 100\%$$

说明：速动比率的高低能直接反映企业的短期偿债能力强弱，它是对流动比率的补充，并且比流动比率反映得更加直观可信。如果流动比率较高，但流动资产的流动性很低，则企业的短期偿债能力仍然不高。在流动资产中有价证券一般可以立刻在证券市场上出售，转化为现金、应收账款、应收票据、预付账款等项目，可以在短时期内变现，而存货、待摊费用等项目变现时间较长，特别是存货很可能发生积压、滞销、残次等情况，其流动性较差，因此流动比率较高的企业，并不一定偿还短期债务的能力很强，而速动比率就避免了这种情况的发生。速动比率一般应保持在100%以上。

一般来说，速动比率与流动比率的比值在1∶1.5左右最为合适。

（3）负债比率。指负债总额与资产总额的比值，即每一元资产中所负担的债务数额。

其计算公式为：
$$负债比率 = 负债总额/资产总额 \times 100\%$$

① 负债总额：指门店承担的各项负债的总和，包括流动负债和长期负债。
② 资产总额：指门店拥有的各项资产的总和，包括流动资产和长期资产。

说明：该指标反映了连锁企业在经营上的进取性，负债比率高说明企业的举债比较多。比率越高，表示负债越高，风险越高；比率越低，表示负债越低，风险越低。负债比率一般小于100%，若大于1说明企业资不抵债。

一般来说，在经营情况好，门店发展稳定的情况下，适当举债，有利于连锁企业的开拓经营，增加利润。但如果经营状况不佳，门店经营不稳定的时候，增加负债则会带来巨大的风险。根据财务政策，应该维持适当的负债比率在50%左右。

（4）自由资产比率。指所有者权益与资产总额的比值，表示连锁企业自有资产占总资产的比值，反映门店长期偿债能力。其计算公式为：
$$自有资产比率 = 所有者权益/资产总额 \times 100\%$$

说明：比率越高，表明门店举债数额越少，偿债能力越强，参考标准在50%以上。

（5）固定比率。指固定资产与所有者权益的比值，反映的是自有资金占固定资产的比例。其计算公式为：
$$固定比率 = 固定资产/所有者权益 \times 100\%$$

说明：该指标反映的是自由资金占固定资产的比例。当比率小于100%时，说明连锁企业自有资金雄厚，全部固定资产由自有资金来保证还有余。当比率大于100%时，说明部分固定资产是由负债提供的，固定资产很难转化为现金，而负债必须以现金来偿还，因此比率越高，说明连锁企业的固定资产贡献不足，财政结构不合理。固定比率的参考标准是100%以下。

（6）人员流动率。指在一定的时期内，门店员工的流动数量占固定员工数的比率。其计算公式为：
$$人员流动率 = 期间人员离职人数/平均在职人数 \times 100\%$$

说明：比率越高，表示人事越不稳定；比率越低，表示人事越稳定。调查显示，10%～20%的员工流动率对企业长远发展有好处。

3．效率性指标

效率性指标主要反映门店的经营水平。效率性指标又可以分为商品类效益指标和销售类效益指标。

（1）商品类效益指标。

这类指标包括动销率和售罄率、来客数和客单价、同比和环比、商品周转率、存销比，以及销售金额、件数占比。

① 动销率和售罄率。

动销率也称动销比，是指门店有销售的商品品种数与门店经营商品品种总数的比率，是一定时间内考察库存积压情况或各类商品销售情况（即门店经营商品结构的贡献效率）的一个重要指标，可以看到整体库存的有效性。计算公式为：
$$动销率 = 动销品种数 \div 门店经营总品种数 \times 100\%$$

它反映了进货品种的有效性，动销率越高，有效的进货品种越多；反之，则无效的进

项目十 门店经营绩效评估

货品种较多。动销率一般按月度进行统计,如某门店销售商品品种数量总计为2900种,2016年6月有销售的商品品种数为2850种,则该门店的动销率为

$$动销率=2850\div 2900\times 100\%=98.28\%$$

在实际操作中,如果需要了解某一单品的动销情况,一般会使用以下计算公式:

$$商品动销率=商品累计销售数量\div 商品期末库存数量\times 100\%$$

累计销售可以按会计年度或者商品的销售年度来累计。通过对动销率进行分析比较,关注那些低动销率的商品。

售罄率是指一定时间段某种货品的销售占总进货的比例,根据期间范围的不同可分为周售罄率、月售罄率、季度售罄率、季末售罄率,季末售罄率是指整个商品消化期的销售数量和商品的总到货数量的比值。计算公式为:

$$售罄率=某时间段的销售数量\div(期初库存数量+期中进货数量)\times 100\%$$

例如,某服装店在2016年采购秋装12000件,从6月月底开始销售,销售数据如表10-4所示,6~11月的售罄率为月售罄率,秋装一般销售到11月,85%即为季末售罄率。

表10-4 某服装店售罄率统计表

序号	商品入库数量/件	商品销售数量/件	月末库存/件	月售罄率/%	累计售罄率/%
2016年6月	4000	600	3400	15.0	15.0
2016年7月	5000	3000	5400	35.7	40.0
2016年8月	2000	2800	4600	37.8	58.2
2016年9月	1000	2200	3400	39.3	71.7
2016年10月	0	1000	2400	29.4	80.0
2016年11月	0	600	1800	25.0	85.0
6~11月	12000	10200	1800	85.0	

分析售罄率可以及时了解商品的销售状况,检验商品的库存消化速度。对于采取期货制定货的连锁企业,如鞋服行业用得比较多;而对于随时补货的快速消费品则一般不用这个指标。

售罄率也是根据一批进货销售多少比例才能收回销售成本和费用的一个考核指标,便于确定货品销售到何种程度可以进行折扣销售清仓处理的一个合理尺度。

② 来客数和客单价。

来客数是指一段时间内进入门店购物的顾客人数;客单价是指门店的每日平均销售额与平均每日来客数的比值。其中来客数的计算公式为:

$$来客数=通行人数\times 入店率\times 交易率(依据发票数目统计)$$

说明:来客数越高,表示客源越广;来客数越低,表示客源越窄。

客单价的计算公式为:

$$客单价=每日平均营业额\div 每日平均来客数$$
$$=平均一个顾客的购买商品个数\times 平均一个单品的单价$$
$$单品平均价格=所有单品价之和\div 单品个数(有效单品平均价格)$$

说明:客单价越高,表示一次平均消费额越高;客单价越低,表示一次平均消费额越低。营业额等于来客数乘以客单价。所以来客数和客单价直接影响到营业额。据统计,大型综合超市每天的交易笔数基本上是每平方米6000个有效来客数,客单价在60元以上;

标准超市每天的交易笔数基本上是每平方米 2000 多个有效来客数，客单价为 50 元以下；便利店的有效来客数为 800 多人次，客单价在 14～15 元。

> **阅读材料**

如何应对"来客数少"的现象

1. 来客数少的原因

（1）生鲜可能没有特价促销活动。

（2）整体管理差，门店经营没有创新。

（3）未查明主要是哪几天、哪些时段来客数少。

（4）未查明一天 3 个时段的不同需求是什么。

（5）未查明主流客源来店的原因。

（6）未知晓时段性促销策划客源。

2. 采取的检查措施

一查蔬果，二查熟食，三查特价促销，四查陈列气氛，五查季节商品，六查品类结构，七查创新点，八查促销信息发布。

3. 制定改进方案

（1）今天/明天生鲜特价商品。

（2）目标计划性购买品如油、米、酱、盐、醋，周一到周五提前预告周六、周日的特价，其目的不是吸引你今天购买，而是让你在今天看到后吸引你周末再来，或告知你的亲人、朋友再来。

（3）出入口的大幅 KT 板促销品公告，不是简单地把 DM 贴在上面，因为其太小难引起顾客注意，故每一个单品都应是扩大布置及美化。

（4）消费满 X 元免费赠送。

（5）策划展示性/表演性活动。

（6）顾客参与性活动的组织。

（7）设计生活提案，下一阶段/下周怎么过，如"五一旅游套餐"、"GO，野营休闲去"等以提升来客数为核心的促销。

③ 同比和环比。

同比指的是与历史同时期比较，就是与不同年份的同一时期做比较，如 2012 年 5 月与 2013 年 5 月对比。

同比增长率＝（本期数－同期数）÷同期数×100%，指和去年同期相比较的增长率。

说明：

➤ 如果计算值为正值（＋），则称增长率；如果计算值为负值（－），则称下降率。

➤ 如果本期指本日、本周和本月，则上年同期相应指上年同日、上年同周和上年同月。

例如，某门店今年 3 月的销售额是 300 万元，去年 3 月的销售额是 100 万元，那么其同比增长率为：

同比增长率＝（本期数－同期数）÷同期数×100%＝（300－100）÷100＝200%

项目十　门店经营绩效评估

环比指的是与前一个相邻的时期做比较，如 2 月与 3 月相比较。环比包括两种：环比增长率和环比发展率。

环比增长率＝（本期数－上期数）÷上期数×100%

反映本期比上期增长了多少。

环比发展率＝ 本期数÷上期数×100%

反映前后两期的发展变化情况。

说明：

➢ 如果计算值为正值（＋），则称增长率；如果计算值为负值（－），则称下降率。

➢ 如果本期指本日、本周、本月和本年，则上期相应指上日、上周、上月和上年。

例如，某门店今年 3 月的销售额是 300 万元，4 月的销售额是 400 万元，则：

环比增长速度＝（本期数－上期数）÷上期数×100%＝（400－300）÷300＝33.3%；

环比发展速度＝本期数÷上期数×100%＝400/300＝100%×133.3%。

同比和环比示意图如图 10-1 所示。

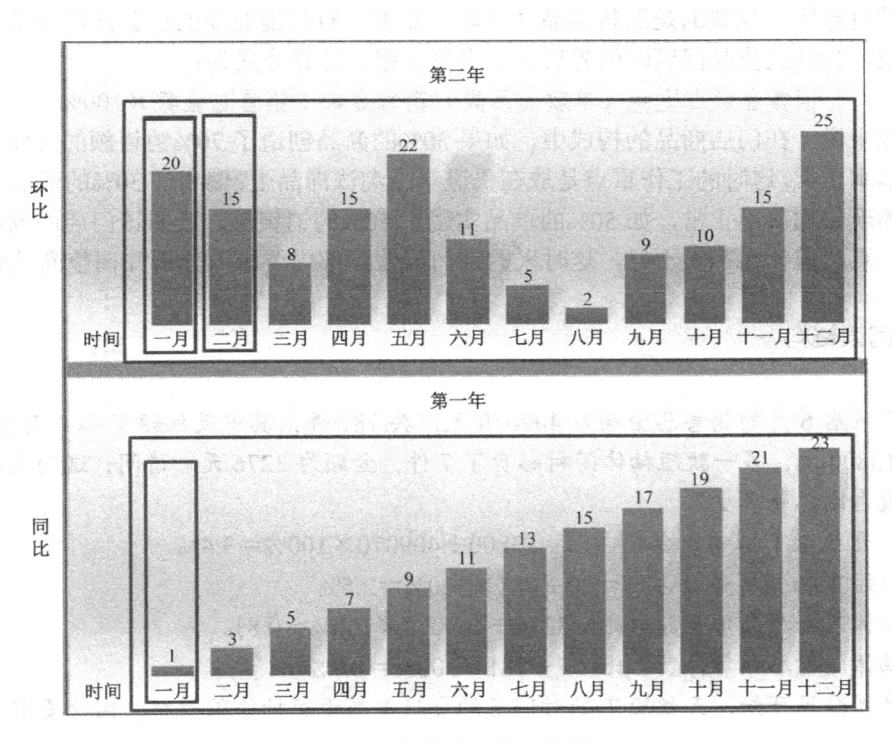

图 10-1　同比和环比示意图

④ 商品周转率。

商品周转率指销售额与平均存货的比值，计算公式为：

商品周转率（次数）＝销售额÷平均库存

＝销售额÷[（期初库存＋期末库存）÷2]

说明：商品周转率反映的是商品的流动速度，数值越大，流动速度越快，表明商品的销售情况越好。例如，100 元的商品一年周转 12 次，价值就是 1200 元，周转 4 次，那么该商品的价值就只有 400 元。该项指标的参考标准为 30 次/年以上。不同商品的周转率并不相同，一般来说，农产品的周转率最高，其次是水产、畜产和日配，日用百货的周转率最低，周转率一般结合行业平均水平进行评价。

⑤ 存销比。

存销比是指在一个周期内，商品库存与周期内日均销量的比值，是用天数来反映商品即时库存状况的相对数，反映的是多少个单位的库存实现 1 个单位的销售，反映资金利用效率。计算公式为：

$$存销比 = 月末库存 \div 月总销售额 \times 100\%$$

例如，某门店 10 月的销售总金额为 409070 元，截至月末库存为 1852904 元，则

$$存销比 = 1852904 \div 409070 \times 100\% = 452.96\%$$

需要注意的是，越是畅销的商品，设置的存销比就越小，这就能更好地加快商品的周转效率；越是滞销的商品，存销比就越大。

⑥ 销售金额、件数占比。

销售金额、件数占比是指所售商品（单款、品类）的销售金额或件数占销售总金额或总件数的百分比，反映的是所售商品（单款、品类）对店铺业绩的重要性以及是否与其他店铺一致，为解决货品问题时的先后次序提供依据。计算公式为：

$$销售金额占比 = （单款、品类）销售金额 \div 销售总金额 \times 100\%$$

一般来说，在门店商品的构成中，如果 30% 的商品创造了 70% 销售额的时候，表明商品构成基本正常，这时的工作重点是放在引进新品淘汰滞品上；偏离了 30% 的商品产生 70% 销售额的现象均属不正常，如 50% 的单品实现了 50% 的销售额，表明该门店的商品中什么都能卖一点，但什么都卖不好，这时采购部门、营运部门要深入分析并调整商品结构。

阅读材料

某服装店 6 月的销售总金额为 409070 元，共 781 件，其中天丝短 T 恤共卖了 20 件，金额为 13800 元，另一款短袖休闲衬衫卖了 7 件，金额为 3276 元。请问：这两款的销售金额和件数占比各是多少？

解：天丝短 T 恤销售金额占比 = $13800 \div 409070 \times 100\% = 3.4\%$

天丝短 T 恤销售件数占比 = $20 \div 781 \times 100\% = 2.5\%$

短袖休闲衬衫销售金额占比 = $3276 \div 409070 \times 100\% = 0.8\%$

短袖休闲衬衫销售件数占比 = $7 \div 781 \times 100\% = 0.9\%$

由计算结果可知，天丝短 T 恤对门店的贡献要高于短袖休闲衬衫，因此要重点管理。

(2) 销售类效益指标。

销售类效益指标主要包括交叉比率、人效和平效、劳动分配率、盈亏平衡点、经营安全率、总资产周转率、固定资产周转率等。

① 交叉比率。

交叉比率指毛利率与商品周转率的乘积。它反映的是连锁门店在一定时间内的获利水平。计算公式为：

$$交叉比率 = 毛利率 \times 存货周转率$$

说明：交叉比率融合了毛利率和商品周转率，可以更精确地对商品进行分析，从而更

项目十　门店经营绩效评估

翔实地反映商品的实质绩效。所以说这是一个衡量总体盈利能力的一个综合性指标，其经济意义是每投入一元的流动资金，在一定时期内可以创造多少元的毛利。交叉比率的数值愈大愈好，因为它同时兼顾商品的毛利率及周转率，表示毛利率高且周转又快。

> **阅读材料**

交叉比率应用举例

假设某门店有 4 种品牌的护理商品：护 A、护 B、护 C、护 D，其商品分析如表 10-5 所示。

表 10-5　某门店的商品分析

	护 A	护 B	护 C	护 D
毛利率	0.1	0.12	0.08	0.44
周转率	20	21	26	4
交叉比率	2	2.52	2.08	1.76

由表 10-5 中可以看出护 A、护 B、护 C 这 3 种商品中最符合在门店经营销售。

② 人效和平效。

人效，也叫人员绩效，是营业额与门店员工数的比值，是一个人力生产力指标，反映门店的劳动效率。其计算公式为：

$$人均劳效＝营业额÷门店员工人数$$

说明：比率越高，表示员工绩效越高；比率越低，表示员工绩效越低。

平效即卖场面积效率，也叫卖场绩效，是指卖场 1 平方米的效率，一般作为评估卖场实力的一个重要标准，可看出每单位空间所提供的效益，计算公式为：

$$平效＝营业额÷卖场面积×100\%$$

说明：面积效率越高，表示卖场面积所创造的营业额越高；面积效率越低，表示卖场面积所创造的营业额越低。一般小面积的平效会比较高，如百货公司内的专卖店。另外，每一类商品所占的面积、销售金额、周转率不同，其卖场面积效率也不同。例如，烟酒、畜产、水产的周转率高，单价高，所占面积小，故其单位卖场面积效率就高，但一般食品的单位卖场面积效率则较低。

需要注意的是，在我国台湾地区计算卖场面积效率时，常使用"坪效"，1 坪≈3.3 平方米。

③ 劳动分配率。

劳动分配率指连锁企业门店的人事费用与营业毛利的比率，反映的是人工费用对盈利的贡献程度。其计算公式为：

$$劳动分配率＝人事费用÷营业毛利×100\%$$

其中的人事费用包括员工工资、奖金、加班费、劳保费和伙食津贴等。

说明：比率越高，表示员工创造的毛利越低；比率越低，表示员工创造的毛利越高，即对利益的贡献度越高，生产能力越高。劳动分配率的一般参考标准在 50% 以下。

④ 盈亏平衡点。

盈亏平衡点也称保本点、损益平衡点，指连锁企业门店的营业额达到多少时，其盈亏才能达到平衡。其计算公式为：

$$盈亏平衡点 = 固定费用 \div (毛利率 - 变动费用率)$$

说明：该指标表示门店的收益与支出相抵，既不盈利，也不亏损。损益平衡点越低，表示获利时点越快；损益平衡点越高，表示获利时点越慢。

⑤ 经营安全率。

经营安全率指连锁企业门店的实际销售额减盈亏平衡点销售额与实际销售额的差与实际销售额的比值，反映的是各门店的经营安全程度。其计算公式为：

$$经营安全率 = 安全销售额 \div 实际销售额 \times 100\%$$
$$= (实际销售额 - 盈亏平衡点销售额) \div 实际销售额 \times 100\%$$

说明：经营安全率数值越大，反映该门店的经营状况越好。一般来说，经营安全率在 30%以上为良好；25%~30%为较好；15%~25%为不太好，应保持警惕；10%以下则为危险。

⑥ 总资产周转率。

总资产周转率指连锁企业的年销售额与总资产的比值，反映的是连锁企业总资产的利用程度，是测量连锁企业门店总资产的利用程度的指标。其计算公式为：

$$总资产周转率（次数）= 年销售额 / 总资产$$
$$= (营业收入 + 非营业收入) \div [(期初总资产 + 期末总资产) \div 2]$$

说明：比率越高，表示资产利用程度越好，也就是资产经营效率越高；比率越低，表示资产的利用程度越低，即资产经营效率越低。不同产业、不同规模的连锁企业门店在经营上的资产周转率的确定不相同，一般来说，总资产周转的参考标准是 2 次以上。

⑦ 固定资产周转率。

固定资产周转率指连锁企业的年销售额与固定资产的比值。它反映的是连锁企业的固定资产利用的效果。其计算公式为：

$$固定资产周转率 = 年销售额 / 固定资产$$
$$= 年销售额 / 固定资产[(期初总资产 + 期末总资产) \div 2]$$

说明：该指标越高，表明固定资产的使用效果越好。一般来说，固定资产周转率的参考标准为 4 次/年以上。

4．发展性指标

发展性指标主要反映企业的成长速度，评估的主要指标有营业额增长率、开店速度、营业利益增长率、卖场面积增长率。

（1）营业额增长率。指门店的本期营业额同上期相比的变化情况，反映的是门店的营业发展水平。其计算公式为：

$$营业额增长率 = 本期营业收入 \div 上期营业收入 \times 100\%$$

说明：比率越高，表示成长性越好；比率越低，表示成长性越差。一般来说，营业额增长率要高于经济增长率。理想的参考标准是高于经济增长率的 2 倍。

（2）开店速度。指连锁企业本期门店数目与上期门店数目相比的增长情况，反映的是连锁企业连锁化经营的发展速度。其计算公式为：

$$开店速度 = (本期门店数 \div 上期门店数 - 1) \times 100\%$$

项目十　门店经营绩效评估

说明：开店速度取决于发展战略与发展目标、开店的营运标准是否健全，有无专业队伍以及资金条件。否则连锁化经营快速发展的风险是很大的。超级市场在一般情况下，其连锁经营应在 3 年内达到基本规模。每月开业一家门店为快速开店，每 2～3 个月开业一家门店为一般开店速度。

（3）营业利润增长率。指门店本期营业利润与上期营业利润相比的变化情况。它反映的是连锁企业门店获得利润能力的变化情况。其计算公式为：

$$营业利润增长率＝（本期营业利润÷上期营业利润－1）\times 100\%$$

说明：比率越高，表示利润增长性越好；比率越低，表示利润增长性越差。营业利润增长率至少要大于零，最好要高于营业额增长率。

（4）卖场面积增长率。指连锁企业门店本期的卖场面积与上期卖场面积相比的变化情况。其计算公式为：

$$卖场面积增长率＝（本期卖场面积÷上期卖场面积－1）\times 100\%$$

说明：新店铺的开拓或是门店卖场面积的扩大都会使得连锁企业门店的总卖场面积增加，从而扩大卖场面积增长率。但一般来说所增加的营业额的比率要高于卖场面积增加的比率，这样才是提高了单位面积的营业额，从而提高了效益。

连锁企业的经营者在进行营运分析时，主要根据资产负债表、损益表、费用明细表等财务报表进行各项比率的分析：以收益力分析获利能力；以安全性分析财务状态是否良好及偿债能力的强弱；以效率性指标分析资本及人力的效率；以发展性指标分析企业的发展性。

阅读材料

如何提高客单价

销售额是零售业最关注的问题，而零售企业的销售额又是由各个门店的销售额累加而成的。简单来说，销售额＝门店客流量×客单价，在客流量稳定的情况下，努力提高客单价就是提高销售额的一个最佳途径。

1. 影响客单价的因素

客单价就是顾客一次性购买所支付的购物总金额，门店的客单价就是门店销售额除以门店客流量。就单个商品而言，由于购物数量与商品价格之间存在负相关的关系，即同样的商品，价格越高顾客购买的数量越少，价格越低顾客购买的数量越多。因此，追求合适的价格（需要考虑利润）和尽可能高的销售数量成为提升客单价的主要方向。

一般而言，影响门店客单价的因素有以下几项。

（1）品类的广度与深度。

大卖场品类的广度与深度高于超市，超市又高于便利店，大卖场的客单价一般可以达到 50～80 元，而超市一般只有 20～40 元，便利店一般则在 8～15 元。由此可见，门店品类的广度与深度对于客单价的影响是根本性的，是主要影响因素。

品类的广度与深度又呈现结构方面的复杂性。门店可以通过在自己专长的品类上拓宽它的广度（增加中小品类的数量）和加深其深度（增加品种数）来提升自己门店的特色化，建构自己的核心竞争力。

(2) 门店商品定位。

除了品类的广度和深度这一重要影响因素外，门店的商品定位也是一个非常重要的因素。门店的商品定位主要是指门店商品的档次，也即商品的平均单价，同样面积大小的超市，可能从品类数量和单品数量来对比差不多，但是由于一家定位高端、一家定位中低端，客单价就会相差数倍，这就是门店商品定位对客单价的影响。

(3) 促销活动。

既然客单价是顾客购物篮内的商品数量与商品单价的乘积之累计，那么通过促销活动促成顾客购买本不想买的东西，或者想买的东西多买，这就是促销活动对提升客单价的作用。门店促销对于提升客单价的帮助非常明显。

(4) 商品的关联组合。

商品的关联组合有同品类与相近品类组合和跨品类甚至跨部类和跨大类组合，如围绕婴儿的食品、穿着、玩具来考虑商品组合时，其实就横跨了两个部类、3 个大类，但是这样的组合对于顾客购物习惯来说是很自然的，可以"触景生情"产生许多冲动性消费。

(5) 商品陈列。

商品陈列对于客单价的影响同样也是不可忽视的。不管门店是大还是小，相对于顾客在门店内所待的时间来说，这些商品总是远远"过剩"的，因此，要想让合适的商品吸引到顾客足够的眼球，就需要在陈列上下功夫。

2. 提升客单价的措施

其实提升客单价无非是促成顾客同类商品多买、不同类商品多买、买价值更高的商品这 3 种途径。

(1) 促成顾客同类商品多买。

促成顾客同类的商品多买，是提升客单价最基本的途径。

降价促销：通过降价方式刺激顾客多买，由于存在商品的价格弹性，对于那些价格弹性大的商品，通过降价促销这种方式能有效提升顾客的购买量。

捆绑销售：这种方式其实是降价促销的变形，如超市里常做的两捆蔬菜按单捆的价格出售，洗衣皂 3 块一起只卖两块的价钱等，这些都可以增加同类商品的销量，大部分还可以增加单个顾客销售额。

买赠活动：与捆绑销售类似的一种促销途径，这种促销方式常见于新品的搭赠促销，或者是一些即将过期商品、待处理商品的处理上，同样也能够刺激同类商品的销售。

(2) 促成顾客不同类商品多买。

促成顾客不同类商品多买，也可以通过上述的捆绑销售和买赠活动来实现，如将饮料与牙膏捆绑在一起降价销售、将洗手液与灭蚊剂捆绑销售，这些都可以有效带动异类商品的销售。

在促成顾客不同类商品多买的过程中，我们要考虑关联性商品和非关联性商品。利用这种互补性和暗示性的刺激购物拉动顾客购买同类或异类商品。

(3) 促成顾客购买价值更高的商品。

如果顾客的消费量固定，但有效地利用陈列和促销手段，无形却有意地推动消费者的消费升级，其实也是一种比一般促销更有效的推动客单价提升的办法。

项目十　门店经营绩效评估

任务三　改善门店的经营绩效

绩效评估之后，对未达到的目标或标准必须进行分析，找出原因，针对具体情况具体分析，找出问题所在，提出相应的解决办法，从而促进门店更好地发展，实现经营目标。下面对安全、收益、销售及效率改善分别加以说明。

一、安全性改善

如果门店投资大，获利率不高，经营不善，就会导致巨大亏损。因此门店必须保证有充足的自有资本。如果只想靠现金付款，或者开长期支票，或靠借款来获取资金，对门店而言则存在相当的风险。因此门店还应该采用其他对策来改善其安全性。

（1）避免不当的库存金额，降低资金积压。要做好库存管理，适当订购，并做好商品ABC分类管理，淘汰滞销品。

（2）延长货款的付款周期，但不能影响商品的进货价格及品质。

（3）避免不必要或不适当的设备投资。

（4）妥善规划资金的来源与运用。

（5）适当的银行保证额度及余额。

二、收益性改善

收益的关系式如下：

$$毛利额＝营业额－进货成本－损耗$$
$$营业利润＝毛利额－销售费用及一般管理费用$$
$$净利润＝营业利润＋营业外收入－营业外支出$$

由上列关系式可知，收益改善对策有以下几项。

（1）提升营业额。降低商品进货价格，选择高利润率的商品加强推销，加强变价及损耗的管理控制，创造商品特色及差异化，以提高附加价值。

（2）降低进货成本。通过集中采购，与供应厂商议价，降低商品进价；减少中间环节；开发有特色、附加价值高的产品；保持合理的商品结构。

（3）减少损耗。一是针对商品采购、定价、进货验收、卖场展示、变价作业、退货作业、收银作业、仓储管理、商品结构等流程处理不当而引起的损耗进行处理；二是对生鲜品的技术处理、运送作业、品质管理、陈列量、商品结构的不恰当管理导致的损耗进行处理；三是对由于设备质量较差造成的商品损失进行及时处理。除此之外，财务中出现的如传票漏记、计算错误、顾客偷窃、员工偷窃、不当折扣、高价低卖等其他管理不当造成的损失也应及时处理。

（4）降低销售费用及一般管理费用。降低占门店大部分费用的人事费、折旧费、租金及电力费用的支出。首先应提高人员效率，降低人事费，将EOS、POS系统导入门店管理，使作业流程计算机化，妥善安排营运计划，有效运用兼职人员，节省人力、物力，简化管理部门；其次可以在不影响价格的前提下，减少投资以降低折旧费；还可以导入专柜分担部分租金；装备节电设备以节省电力，不开不必要的灯；严格控制费用预算，有效运用广告促销费用。

（5）增加营业外收入。门店常从这几个方面增加营业外收入：一是引进专柜收取租金和收取新品上架费；二是门店可以将店内墙壁、柱子出租给厂商或广告商，在不影响整体美观的情况下收取看板广告费，或与供应商协商，在商品销售量或年度营业额达到某一水平时收取年度折扣；三是在新开店、周年庆、节庆以及日常促销时向厂商收取广告赞助费。

（6）减少营业外支出。营业外支出主要是指利息支出，较少发生的是财产交易损失和投资损失。采取强化自有资金、谨慎做好投资评估、减少投资损失等方式来减少营业外支出。

三、销售性改善

销售的关系式如下：

$$营业额＝来客数×客单价$$
$$＝（通行客数×顾客入店比率×顾客交易比率）$$
$$×（平均购买商品点数×每点平均单价）$$
$$＝立地力×商品力×贩卖力$$

由上式可以看出，销售改善对策如下。

1．强化立地力

寻找优良立地，减少开店失败率。包括以下内容。
（1）住户条件：户数、人口数、发展潜力、收入水平、消费能力等。
（2）交通条件：道路设施、人口流量、交通网、交通线、停车方便性、交通安全性。
（3）竞争条件：相辅行业或竞争行业的多少及其竞争力。

2．提升商品力

提升商品力包括提升商品结构、品种齐全度、品质鲜度、商品特色及差异化、价格的竞争力。

3．强化贩卖力

（1）卖场展示：即陈列具有美感，突出量感和给消费者带来价值感的特点与优势。
（2）采购进货阶段：依据存货数量及销售情况，谨慎决定订购量。进货验收及入库作业均要准确点验查收；进货点验查出的不合格品、不良品或保存期已逾期的商品，应做记录，以建立厂商考核资料；超过验收时间的进货商品，除非属于紧急采购或顾客预订外，尽量不予接受。
（3）销售阶段：随时检查商品销售动态，注意添货、补货，以免发生断货、缺货情形；对于畅销品及毛利率贡献较高的商品，适时调整陈列位置；补货时应注意商品保存日期，将快到期的商品陈列在货架前面，防止因服务人员疏忽形成逾期品，影响商品的周转；随时检查货架上有无逾期品或不良品，随时发现随时剔除，并依有关商品退换货规定处理；定期清查滞销商品，并进行退换工作，以便随时补充新商品，提高销售利润；供试吃用的

项目十　门店经营绩效评估

商品，应请供应主在试吃品上标记"样品"，以避免与进货商品混淆；超市中的生鲜食品，应随时注意检查陈列展示柜的温度是否正常，并要求冷冻（藏）展示柜全日运转，以维持生鲜食品的品质。

（4）仓储阶段：严禁过多囤积存货；仓库货架要标示编号及产品名称，存货应陈列整齐；不可使用太高的货架陈列商品，以免取用不便而造成商品堆积；出仓库时采用先进先出的原则；在仓库里陈列商品时，要将小箱子放置在大箱子前面。逾期品、不良品、退货品均应开设专区陈放处置，以免散失而造成存货损失。回收的有账面记录的空瓶、空箱，均应视同存货商品妥善保管；仓储场所应做好通风、防潮、防火、防虫鼠等工作，以减少破坏损失。

（5）促销活动：即促销商品有吸引力，价格有吸引力，活动内容有吸引力。

（6）信息告知：方式有传单、店内广告、背景音乐（BGM）广播、报纸、电台、电视台、电影院、宣传车、车厢广告等。

（7）顾客服务：即服务功能多样化；服务礼貌及用语；提货、送货服务；收银服务正确、迅速。

四、效率性改善

1. 提高商品效率

提高商品效率，主要指提高商品周转率及交叉比率。要提高商品效率，就必须提高销售额、毛利率及减少存货。但减少存货并非指一味地降低库存量，否则易发生缺货、断货的情形。此外，必须在营运的进、销、存流程中，做好商品的存货管理。

2. 提高人员效率

有效运用人力资源、合理控制人数，以提高人员效率。换言之，即重视人的质和量。在质的方面，必须规定各部门、各层级人员的资格条件，慎选用人，有计划地培育人才。同时制定奖惩办法，创造良好的工作环境，让员工的潜能充分发挥。

在量的方面，应制定各部门人员标准，控制员工人数，简化事务流程，使用省力化、省人化的设备，妥善运用兼职人员，训练并培养员工的第二专长、第三专长，使不同部门的人员可相互支援。

3. 提高场地运用效率

开店之前，需做好销售预测及门店规划。首先分析该地区的消费者密度、顾客等级、发展潜力、收入水平及消费能力；其次考察该地区的道路设施、人口流量、交通线、停车方便性、交通安全性等交通条件；最后对该地区的竞争企业及竞争力进行充分调查、比较、分析，从而确定商品配置和卖场布局。

（微课视频：绩效评估体系）

课后训练

一、填空题

1. 具体来说门店主要的经营目标有_____、_____、_____和_____。

2. 固定资产分为_____、_____、_____三项。
3. 营业收入达成率是指门店的_____与_____的比率。
4. 毛利率是指_____与_____的比率。
5. _____的高低能直接反映企业的短期偿债能力强弱。
6. 负债比率一般小于_____，若大于1说明企业_____。
7. 动销率越高，_____的进货品种越多；反之，则_____的进货品种较多。
8. 交叉比率是指_____与_____的乘积，反映的是连锁门店在一定时间内的获利水平。
9. 提升客单价有_____、_____、_____等3种途径。
10. 平效即卖场面积效率，可看出_____所提供的效益。

二、判断题

1. 销售目标（包括销售量和销售额）是门店最基本的经营目标。（　　）
2. 无法量化的标准在考核时容易引起争端和矛盾。（　　）
3. 流动资产是指现金及1年以上可转成现金的资产。（　　）
4. 长期负债是指支付期限在结算日计算超过1年的债务。（　　）
5. 营业费用率比率越高，表示营业费用支出的效率越高。（　　）
6. 流动比率越高，表示短期偿付能力越低。（　　）
7. 自由资产比率越高，表明门店举债数额越少，偿债能力越强。（　　）
8. 动销率越高说明无效的进货品种较多。（　　）
9. 商品周转率越大，流动速度越快，表明商品的销售情况越好。（　　）
10. 交叉比率的数值愈大愈好，表示毛利率高且周转又快。（　　）

三、简答题

1. 简述门店经营目标的作用。
2. 简述门店经营目标的评价内容。
3. 简述门店经营绩效指标的含义。
4. 简述影响客单价的因素。
5. 简述收益性改善的对策。

四、技能训练

1. 已知某商品不含税进价为13.5元，不含税售价为15元。请问：该商品的毛利率是多少？
2. 已知某商品不含税进价为800元，含税售价为990元，增值税税率为10%。请问：该商品的毛利率是多少？
3. 已知某商品不含税进价为30元，厂商折扣为5%，增值税税率为5%，毛利率设定为10%。请问：该商品的含税售价是多少？
4. 已知某商品含税进价为100元，厂商折扣为5%，运输费用为2元/件，增值税税率为5%，含税售价为110元。请问：该商品的毛利率是多少？

第四篇　安损篇

项目十一

门店安全管理

> 安全措施订得细，事故预防有保证，宁为安全操碎心，不让事故害人民。
>
> ——超市安全管理格言

学习目标

- 认知门店安全管理的概念和意义
- 了解门店重要部位安全管理
- 熟悉门店职业安全管理
- 掌握门店食品安全管理的内涵和主要内容
- 了解门店发生消防安全的原因和消防人员的工作职责

关键概念

安全管理　职业安全　食品安全　消防安全

体系结构

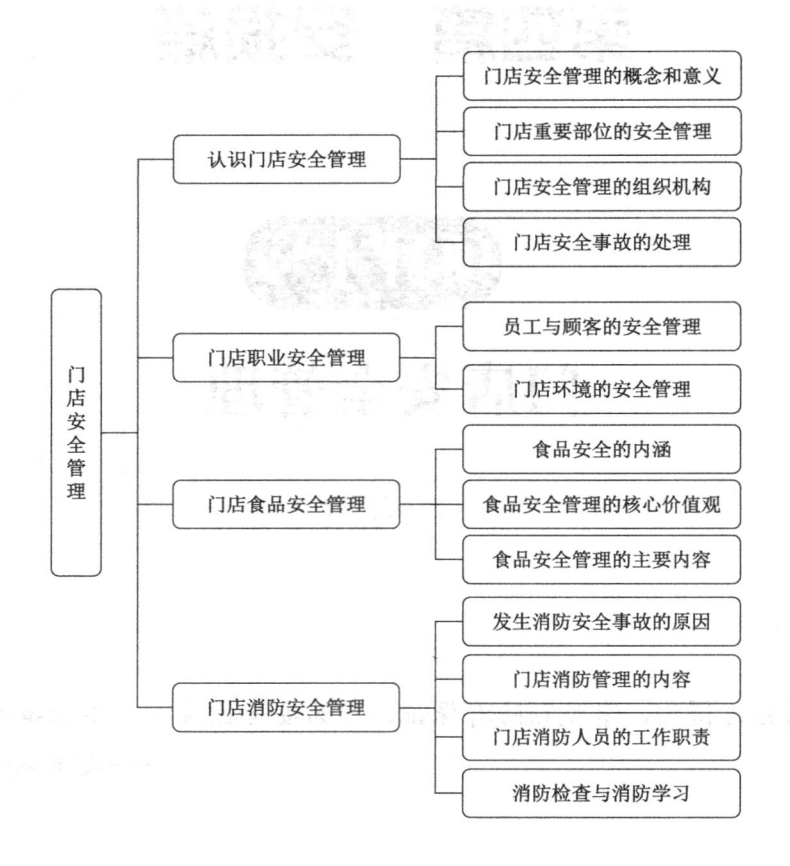

```
                                    ┌─ 门店安全管理的概念和意义
                                    ├─ 门店重要部位的安全管理
                    ┌─ 认识门店安全管理 ┤
                    │                ├─ 门店安全管理的组织机构
                    │                └─ 门店安全事故的处理
                    │
                    │                ┌─ 员工与顾客的安全管理
                    ├─ 门店职业安全管理 ┤
    门店安全管理 ────┤                └─ 门店环境的安全管理
                    │
                    │                ┌─ 食品安全的内涵
                    ├─ 门店食品安全管理 ┼─ 食品安全管理的核心价值观
                    │                └─ 食品安全管理的主要内容
                    │
                    │                ┌─ 发生消防安全事故的原因
                    │                ├─ 门店消防管理的内容
                    └─ 门店消防安全管理 ┤
                                     ├─ 门店消防人员的工作职责
                                     └─ 消防检查与消防学习
```

任务一　认知门店安全管理

一、门店安全管理的概念和意义

（一）门店安全管理的概念

安全的一般意义是指没有危险、不受到威胁和不发生事故。连锁企业门店的安全是指门店以及员工、顾客的人身和财产在门店所控制的范围内没有危险和威胁，也不存在其他因素导致危险的发生。

门店安全管理是为了实现安全营运而组织和使用人力、物力、财力等各种物资资源的过程，目的是制定出最佳的安全保障方案和管理措施，减少和避免意外事故的发生，保护门店的财产安全和减少损耗，为门店最终的盈利做贡献。

门店安全管理主要包括以下几个方面的内容：在门店控制的范围内，门店以及员工、顾客的人身和财物不受侵害；工作秩序、生活秩序、购物秩序良好；不存在安全隐患，即导致人身和财产受到伤害的因素。

安全管理是门店管理的重要内容之一，是整个门店综合管理水平的重要指标。

项目十一　门店安全管理

（二）门店安全管理的意义

1. 直接影响门店形象

安全管理是门店经营的前提条件，如果没有这样一个前提条件，不仅会直接影响经营目标的实现，还会给门店造成难以挽回的重大损失，像火灾和食品安全事故造成的影响，短时间内难以恢复，甚至很可能因此导致门店关门破产，多年的经营成果被安全事故吞噬殆尽，在消费者心目中造成不可挽回的负面影响。

2. 直接影响经营业绩

购物安全是顾客光顾门店最起码的要求，一个进店购物失去安全感的顾客，必然不愿意重复进店购物。如果门店安全措施不力，缺乏必要的管理，致使门店治安秩序混乱，失窃事件屡屡发生，或者是不断有侵害顾客和员工的安全事件发生，必然会影响客流量，从而影响到门店的经营业绩。

3. 直接影响员工的积极性

门店的安全管理工作，事关员工的安全，作为企业，有责任为员工提供一个良好的安全作业环境，否则，如果员工在工作中时常受到伤害，工伤事故不断，健康状况不佳，就很难有效地调动员工的积极性，门店的经营业绩也很难提高。

安全，是连锁企业门店一切经营管理工作的保障。现代连锁企业门店是一个大型的综合型企业，机构庞大，业务范围广泛，它的正常运行，一要靠门店总经理（店长）有力的领导，二要靠科学的、严密的行政管理，三要有安全保障，三者缺一不可。

二、门店重要部位的安全管理

一个连锁门店的要害和重点安全管理部位为：变配电室、空调室、液化气设备管道、餐厅操作间、地下机房、锅炉房、木工房、贵重商品库房、危险品库房、自动安全系统总控室、电梯机房、收银台、档案室、计算机房、电话总机室、财务审计部、总经理室（店长室）。这些地方的管理重点如下。

（1）要害部位的主管人员和部门领导为责任人，均须与安全保卫部门签订责任书。

（2）严格审查要害部门工作人员的上岗条件，未经培训学习达标者不得上岗操作。建立重点岗位人员档案，对不符合条件的工作人员及时调离。

（3）严禁非工作人员进入重点要害部位。

（4）重点要害部位必须建立安全制度，经常进行安全自查，每天签检查记录单，发现问题立即报告，迅速整改。

（5）安全保卫部要经常定期对要害部位进行安全检查，保证设备设施处于良好状态。

（6）重点要害部位必须由本部门制定突发事件预案，并报门店安全保卫部门备案。

阅读材料

连锁超市变配电室管理制度

变配电室应配备用电设备布置平面分布图、配电线路平面分布图安全技术资料，并悬挂变、配电系统操作模拟图板。严禁存放易燃、易爆等物品，并保证变配电室的消防设备、设施完好有效。

第一条 10千伏电压等级且容量在630千伏安及其以上的变配电室，应当安排专人24小时值班，值班人员应当做好值班工作记录。

第二条 变配电室应设置防止雨、雪和小动物从采光窗、通风窗、门、电缆沟等进入室内的设施。变配电室的电缆夹层、电缆沟和电缆室应采取防水、排水措施。变配电室出入口应设置高度不小于400毫米的挡板。

第三条 变配电室应配备高、低压作业工具，劳动防护用具，应急工具等安全用具，并保证使用安全。

第四条 商场超市营业区域内电源线路的设置，应当符合国家标准和行业标准；接、拉临时用电线路的，应当采取有效防护措施；电器设备应当安装漏电和过载保护装置。

第五条 商场超市在营业期间，应当至少每两小时对营业区域进行1次安全巡查。营业开始前和结束后，应当进行全面检查，并做好巡查和检查记录。

三、门店安全管理的组织机构

门店安全管理的组织机构由店长、各区域负责人和基层安全防范员工组成。

（一）门店安全管理总负责人：店长

根据谁领导谁负责的原则，店长是门店管理第一负责人，也是门店安全工作的总负责人，对门店安全工作负有领导责任。总负责人的安全工作职责是全面负责门店安全工作的推进，日常安全工作的管理和培训，事件处理，责任追究，成绩考评及奖惩措施的施行。

（二）各区域负责人

（1）行政副店长，作为当天店办的责任人，对店办范围内以及全体职能管理人员、电工的安全防范工作开展负有领导责任。如遇店长因休假或其他原因不在店内的，值班店长还应承担店面安全防范工作总负责人的工作职责。

（2）各营运部门负责人，对该部门范围内以及营业员、促销员的安全防范工作开展负有领导责任。

（3）总收室负责人，作为店内总收室的责任人，对总收室、各收银台范围内以及收银员的安全防范工作开展负有领导责任。

（4）防损主管：检查门店安全情况，发现隐患及时处理并上报；分析商场发生的盗窃情况，及时采取防范措施；组织防损员打击盗窃分子，处理发生的盗窃事件。

区域负责人除本职范围内的安全防范工作外，还应配合店面安全防范工作总负责人做好店面整体的安全防范保卫工作，发现问题立即组织处理，并及时上报总负责人。

（三）基层安全防范员工

作为基层安全防范员工，对本职工作区域内的安全防范工作负有直接责任，同时对其他工作区域的安全情况有及时提醒、发现问题立即上报本区域负责人的义务。

行政副店长对整个店面和店面办公室负安全管理责任。

督导对本品类的区域负安全管理责任。

营业员、理货员、促销员、收银员、仓库管理员对各自负责的岗位区域负安全责任。

电工、防损员对整个门店的设施、消防及店外设施负安全管理责任。

四、门店安全事故的处理

（一）事故致因理论

国内外安全理论研究发现，安全事故发生的原因主要是人的不安全行为和物的不安全状态相互作用而引起的，造成"人的不安全行为"和"物的不安全状态"的原因常常是管理的缺陷。人们常说的"隐患"来自物的不安全状态，即危险源，而且是和管理的缺陷或管理人员失误共同偶合才能够形成；如果管理得当、及时控制，变不安全状态为安全状态，则不会形成隐患。客观上一旦出现隐患，主观上人又有不安全行为就会促进物的不安全状态的发展，或导致新的不安全状态的出现，如此相互循环，最终导致安全事故的发生。图 11-1 直观地揭示了这一理论。

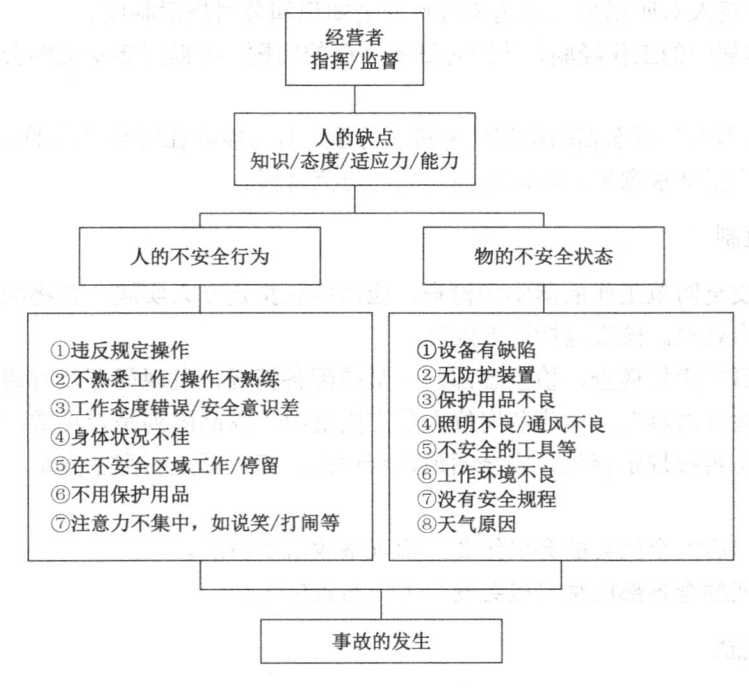

图 11-1 事故致因理论图解

（二）安全事故的预防

从事故致因理论可以看出，预防事故的根本方法在于找出导致事故的各种原因，包括人的不安全行为和物的不安全状态，制定严格的操作规范和管理制度，有针对性地加以防范和严格管理。具体来说，包括例会制度、检查机制和反馈机制。

1. 例会制度

门店安全例会是安全工作培训指导、经验总结的重要手段。一般是由门店安全工作总负责人每周定期召开，与会者为各部门责任人。

（1）安全周例会。

门店安全周例会是整个店面安全工作总结、指导、任务下达的会议，一般包括以下内容。

① 针对各部门负责人的安全知识培训以及公司规章制度的学习。

② 对近期店面安全情况以及安全工作的开展进行分析，总结出前期成功的经验，针对目前存在的问题，尤其是区域联防协助不力的，及时提出整改意见，并规定整改期限和检查方法。

③ 对下周的店内即将面临的销售情况进行分析，根据前期的安全经验，制定下周安全指导要点，突出强调可能存在安全隐患部位的防范工作。

每周召开的安全例会应及时形成会议纪要，上报门店管理部、行政物业管理部存档备查，同时下发给每个部门负责人加强学习，提高落实力度。

（2）晨会。

各部门晨会是贯彻门店安全例会要求的主要手段，应包括如下内容。

① 部门负责人对所属员工传达和讲解安全知识和公司规章制度。

② 总结本部门的工作经验，并针对目前存在的问题，根据门店安全例会的要求下达整改目标和计划。

③ 对下周本部门所面临的销售任务进行分解，对可能存在安全隐患的部位，下达防范工作任务，并广泛征求意见，以期达到更高的防范目标。

2．检查机制

门店日常安全防范工作的落实和检查，应由店长指定专人实施，并将结果及时上报店长，以便进一步处理。检查包括以下内容。

（1）通过日常卖场巡查，检查各部门人员的配备情况，发现问题及时通知该部门负责人进行整改，检查内容有：门店各岗位人员在岗情况、商品陈列是否正常、收银台是否安全、贵重商品是否按规定存放、安全通道是否通畅、灭火器是否配备齐全、消防栓是否被遮挡等。

（2）根据门店安全例会的会议纪要，检查整改落实情况。

（3）不定期抽查各部门每日晨会安全工作布置情况。

3．反馈机制

（1）门店各部门应定期组织员工进行学习，并要求上报学习心得。

（2）每季度门店定期对安全防范工作进行总结，并上报至连锁企业总部。

（3）在安全管理试行的过程中，如有更合理更科学的建议应及时反馈，以便补充和修改。

（三）突发事件的处理

门店除正常的营运作业之外，突发事件时有发生。突发事件具有突然性和难以应付的特点，如果处理不当，其危害之大是不可估量的。因此，为减少和降低财产的损失和人员的伤亡，门店应本着谁在岗，谁负责；谁主管，谁负责；谁主办，谁负责；群防群治，人人有责的原则，迅速、有效地处理紧急事件，进行抢救作业，这是门店经营管理人员，特

项目十一　门店安全管理

别是重点负责此部分工作的安全部必须具备的能力和素质。

根据 2007 年 11 月 1 日开始实施的《中华人民共和国突发事件应对法》的相关规定：所谓突发事件，是指突然发生，造成或者可能造成严重社会危害，要采取应急处置措施予以应对的自然灾害、事故灾难、公共卫生事件及社会安全事件。

1. 突发事件的种类

（1）自然灾害，如台风、地震、洪水、暴雨。

（2）事故灾难，如顾客或员工在卖场内晕倒、摔倒、受伤、踩踏、电击、枪击；门店主要设备（供电系统、供水系统、空调、电梯、冰柜等）突然发生故障，影响正常营业。

（3）公共卫生事件，指突然发生，造成或者可能造成社会公众健康严重损害的重大传染病疫情、群体性不明原因疾病、重大食物和职业中毒，以及其他严重影响公众健康的事件。

（4）社会安全事件，如没有预先通知的突然停电、停水；收到炸弹、毒药的威胁或恐吓；卖场内发生骚乱、斗殴；匪徒抢劫收银台的现金或卖场内的贵重商品；由政治性原因引起的游行示威行动等。

> **阅读材料**
>
> **如何应对抢劫事件**
>
> **1. 预防抢劫事件的发生**
>
> 要注意在商场漫无目地闲逛且多次进出商场的人；定时做安全广播；商场内设安全提示牌。
>
> **2. 抢劫事件的处理**
>
> 目击者听到顾客喊抢劫时，员工立即询问情况，如抢劫者的身高、年龄、肤色、衣服样式颜色、头发和眼睛的颜色，协助顾客拦截抢劫者（注意自身人身安全）；用对讲机呼叫，或跑到出/入口请求保安/客服人员协助；保安在商场区域范围内进行拦截，并在可能的情况下，尽力在商场区域内进行拦截；如拦截失败，保安和客服人员可协助顾客到派出所报案。
>
> **3. 注意事项**
>
> 门店应表现出积极协助的态度；如顾客提出索赔，及时报告上级；如顾客的物品被抢劫者拿去利用可造成更大的损失，应提醒顾客尽快采取相应的补救措施，以防止损失扩大，如信用卡和身份证、汽车钥匙和行驶证、住宅钥匙等。

2. 突发事件的处理方法

突发事件多属于意外发生，情况紧急，如果处理不及时，将会造成重大的经济损失和负面社会影响，所以门店必须预先成立紧急应变小组，对人员进行有组织的分工和训练有素的培训，真正做到对突发事件有准备、有预防，这样在事故发生时，才能够迅速、有效、有重点地进行灾中、灾后的抢救处理工作，将损失降低到最低程度。门店还必须将"突发事件处理小组"（以下简称"处理小组"）的组织名单（见图 11-2）、岗位分配列成名册送连锁企业总部备案。

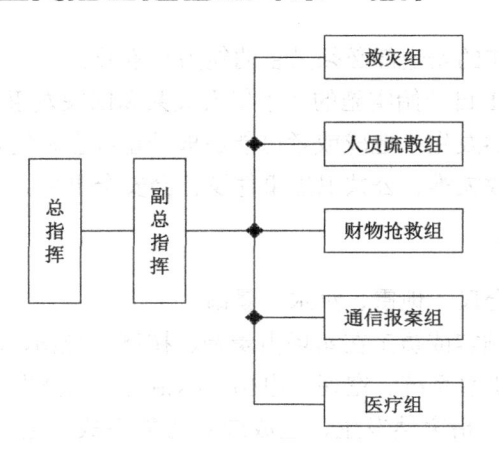

```
                    ┌── 救灾组
                    │
                    ├── 人员疏散组
┌────┐   ┌────┐    │
│总  │   │副总│    ├── 财物抢救组
│指挥│───│指挥│────┤
└────┘   └────┘    ├── 通信报案组
                    │
                    └── 医疗组
```

图 11-2　处理小组的名单

总（副）指挥以及各组人员在紧急事件处理中的权限和职责如下。

（1）总指挥：一人，由店长担任。负责指挥、协调现场的救灾作业，掌握全店员工的动态，并随时将灾害的发展状况及应变的处理作业向上级相关主管单位反映。

（2）副总指挥：一人，由副店长担任或安全部经理担任，协助连锁门店经理指挥，执行各项任务，负责对外报案及内外通信联络，负责截断所有电源，实施全面的救火工作，控制灾情的进一步扩大。

（3）救灾组：组长由消防组长担任，组员主要由消防组员、义务消防员、工程人员等组成。具体工作职责为：负责各种救灾设施和器材的检点、维护与使用，水源的疏导，障碍物的拆除，配合售货员抢救物资以及灾害抢救等任务。各项消防设施及器材应予以编号，并指定人员负责，以避免发生抢用等情形。

（4）人员疏散组：组长由运营经理担任，组员由广播员、理货员、安全员等员工组成，具体工作职责如下。

播音：广播员要立即广播店内的危急状况，语音沉着，语速和平常一样，不能过分紧张，否则可能导致局势难以控制。

打开通道：安全员要尽快打开所有安全门、紧急出口及收银通道。

疏散：售货员要迅速疏导顾客从安全门出去，正确引导人流进行分流，避免人员过多从一个出口疏散而导致拥挤或事故。

防盗：安全人员要警戒灾区四周，以防止他人乘机偷盗商品。

（5）财物抢救组：组长由安全主管或经理担任，副组长由收银主管担任，主要负责抢救收银机区域、现金室的现金，计算机中的重要文件、软盘和计算机设施等。

收银区域：收银员立即关上收银机，将现款及重要的文件、财物交抢救组组长带离现场。现金室人员迅速将所有现金、支票、有价证券送往金库上锁，由收银主管和安全主管共同带离现场。

计算机中心办公室：计算机部员工应将重要文件、磁盘、设备等带离现场进行保管。

（6）通信报案组：负责对外报案及内外通报联络等任务，报案人员应指定专人负责。

（7）医疗组：负责伤患的抢救及紧急医护等。组长由资深安全员担任，组员经过必要的急救知识培训，熟知门店内所有药箱放置的位置，能配合医务人员进行伤患抢救和紧急医护。

以上 5 个小组，应各设组长一名，由资深且经验丰富的人员担任，负责各组人员的任

项目十一　门店安全管理

务调度。店长应将门店"应变处理小组"的编组结果列成名册，并特别注明总指挥、通信报案人员，以及重要工作的代理人姓名。同时将"防火器材位置图"和"人员疏散图"张贴在店内的指定位置。

此外，门店的每位员工均应对自身在事故处理中的任务与职责有确切的认识与了解，以便能顺利完成任务，进行有效的安全作业管理。新进人员以及附属的专柜人员应一并纳入编制。

尽管事变的发生大部分都属于临时的状况，但是如果能够针对各项安全管理项目，在平时做好事前防范的工作，而在意外事故发生时，处理小组也能依据正确的作业程序来处理，则可将事故造成的伤害降至最低程度。等到事故发生之后，也必须依序处理好善后的工作，以加速灾后重建和复原的时效。

阅读材料

发生突发事件时各部门的职责如图11-3所示。

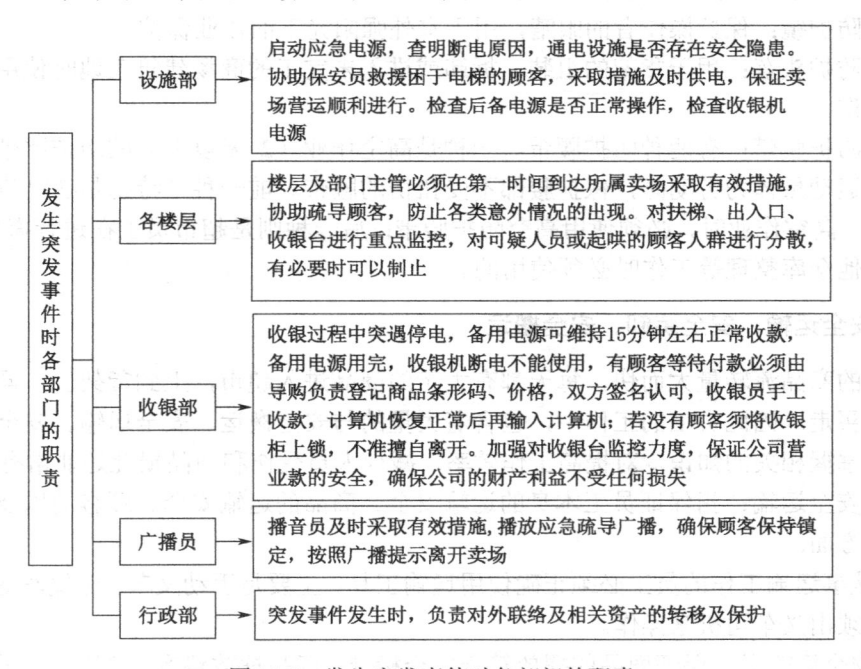

发生突发事件时各部门的职责	部门	职责
	设施部	启动应急电源，查明断电原因，通电设施是否存在安全隐患。协助保安员救援困于电梯的顾客，采取措施及时供电，保证卖场营运顺利进行。检查后备电源是否正常操作，检查收银机电源
	各楼层	楼层及部门主管必须在第一时间到达所属卖场采取有效措施，协助疏导顾客，防止各类意外情况的出现。对扶梯、出入口、收银台进行重点监控，对可疑人员或起哄的顾客人群进行分散，有必要时可以制止
	收银部	收银过程中突遇停电，备用电源可维持15分钟左右正常收款，备用电源用完，收银机断电不能使用，有顾客等待付款必须由导购负责登记商品条形码、价格，双方签名认可，收银员手工收款，计算机恢复正常后再输入计算机；若没有顾客须将收银柜上锁，不准擅自离开。加强对收银台监控力度，保证公司营业款的安全，确保公司的财产利益不受任何损失
	广播员	播音员及时采取有效措施，播放应急疏导广播，确保顾客保持镇定，按照广播提示离开卖场
	行政部	突发事件发生时，负责对外联络及相关资产的转移及保护

图11-3　发生突发事件时各部门的职责

任务二　门店职业安全管理

一、员工与顾客的安全管理

门店经营管理应把人员安全管理放在相当重要的位置，安全压倒一切。门店的人员安全管理应包括员工与顾客两方面，为员工创造安全、舒适的工作环境，为顾客营造一个安全优美的购物环境。

（一）员工的安全管理

1. 个人防护用品的使用

根据国家劳动法律的规定，劳动者在从事具备危险因素的劳动时需要个人防护用品的保护。尽管超市从业人员不属于危险工作，但为更好地保护劳动者的身心健康，需要使用必要的个人防护用品，超市通常的防护用品有以下几项。

（1）防护棉衣：当员工进入冷冻库/冷藏库作业时，必须穿防护棉衣。

（2）防护背心：员工长期在较低温度下作业，如在肉类加工间、蔬果加工间、冷冻柜（冷藏柜）区域工作，必须穿防护背心。

（3）防护手套：防护手套有棉质和化学材料两种。棉质手套多用于搬卸商品时保护双手，化学材质的多用于接触化学试剂时，如生鲜部门接触的清洁剂等。

（4）一次性手套：主要在操作食品时使用，既是食品操作最基本的卫生要求，又可以起到防止操作者被感染皮肤和血液疾病。

（5）防切手套：防止被切割的手套，用于肉类的分割工作时保护分割者不受伤害。

（6）防护镜：保护操作者的眼睛，用于室外强阳光下的作业保护。

（7）防护头盔：用于货架的组装、拆卸或进入未完工的商场建筑工地时使用，保护头颅不受损伤。

（8）防护腰带：有两种防护腰带。一种是高空作业（2米以上）的防护腰带，一种是在从事大运动量体力劳动时，保护腰部不受扭伤的腰带。前一种，特别是在高货架的仓储型超市中，高空作业时，必须使用高空防护腰带；后一种则是超市员工在进行搬货、卸货、陈列或其他仓库整理等工作时必须使用的。

2. 安全运输、安全装卸、安全搬运

超市的商品流转量大而快，每天都有大量的商品进入超市，上到货架上，同时又不断地被顾客买走。因此员工的工作中，包含着大量的与安全搬运、安全运输、安全装卸有关的内容，掌握相关的知识，对提高工作效率、减少人员受伤和商品损耗是非常有利的。

（1）安全运输：指保证员工本身的运输安全、商品的运输安全、顾客的以及环境设施的安全等方面。

① 从事运输工作的员工必须正确使用运输工具，主要是手动叉车、运输车等，对于电力叉车必须由叉车司机来操作。

② 安全运输必须保证商品的摆放符合安全标准，商品摆放整齐、稳固，对于高空货架的作业，商品必须用安全皮筋或缠绕膜进行捆绑。

③ 安全运输包括空车作业过程的安全，如空车时不能载人等。

④ 安全运输中，最重要的是环境安全，必须随时注意通道的畅通，是否有积水、垃圾、障碍物，经过营业区域时应注意到儿童、顾客、购物车、商品等，电力叉车在营业区域操作时，必须设立围栏，规定的区域内不能有顾客。

（2）安全装卸：指保证员工本身的装卸安全、商品的装卸安全、顾客的安全以及环境设施的安全等方面。

① 装卸的员工必须有正确的劳动资势，以避免造成自身的伤害。

② 装卸的员工必须使用必要的个人防护用品，以保证人身安全。

项目十一 门店安全管理

③ 装卸的员工必须树立保护商品或物品不受损失的意识,以适当的方式进行装卸,坚决避免野蛮装卸。

④ 装卸后商品应摆放在安全的区域内,是员工在装卸时应考虑的安全因素之一。如将拆卸的设施随便放在通道上,可能会伤及过往的其他同事,就不是一种好的安全装卸。

(3) 安全搬运:指保证员工本身的搬运安全、商品的搬运安全、顾客的安全以及环境设施的安全等方面。

① 搬运的员工必须有正确的劳动姿势和操作规程,以避免造成自身的伤害。

② 搬运的员工必须使用必要的个人防护用品,以保证人身安全。

③ 搬运的员工必须正确使用搬运的工具,专业的工具由专业人员操作或必须取得上岗证。

④ 搬运的员工必须有保护商品不受损失的意识,以适当的方式进行搬运,保证商品不受损坏。

⑤ 搬运的员工必须在劳动时注意周围的环境,包括人、物、设施,既避免危险因素的侵害,又避免伤及周围的顾客、同事或设施等。

(二) 顾客的安全管理

顾客的安全管理一般是指顾客在卖场购物时应防止顾客摔伤、挤伤及顾客间争斗等,具体内容如下。

1. 儿童、顾客的安全

(1) 儿童坐在购物车上,是否广播提醒顾客有危险因素。
(2) 是否有儿童在玩耍或乘坐而无人照顾。
(3) 顾客在选购商品时,因不慎损坏商品而引发不安全因素。
(4) 开业或节假日,是否顾客过多而导致拥挤而引发不安全因素。
(5) 特价商品的促销,是否会导致顾客的哄抢而引发不安全因素。
(6) 顾客之间的矛盾导致在超市购物中的相互伤害而引发不安全因素。

2. 商品展示的安全

(1) 商品展示时,电、水、电器的使用是否安全。
(2) 商品展示完毕时,电源是否关闭,带有危险的器具是否收回。
(3) 商品展示台是否过大,导致通道过窄,引起拥挤。

阅读材料

惊悚9秒!荆州一商场发生"电梯吃人"事故

2015年7月6日,湖北荆州的安良百货公司,上午10点10分05秒左右,一名女子牵着一名小男孩通过手扶电梯从六楼上七楼。此时,电梯顶部有两名商场营业员站在一起,看着母子俩。

快到达电梯顶部时,电梯上的女子托着小男孩的腋下,把他托起放在身前,预备踏入商场楼层。

10点10分11秒，女子右脚起步，踏上电梯顶部接近楼层的踏板，踏板瞬间裂开，掉落，形成空洞。女子跌入空洞中，小男孩也被摔在另外一块踏板上。

在那一瞬间，女子只有胸部以上还露在踏板上面。她迅速把孩子往安全地带推了一把，被吓了一跳的两名营业员，也赶快伸手将孩子往外拽了一把，然后其中一名营业员拉住女子的左手，试图将她拉上来，但没能奏效。随后，跌入空洞的女子双手扒在踏板上，用力挣扎，试图爬出，但也没有成功。

此时，电梯依旧还在运行，女子的身体明显开始往下陷。

10点10分20秒，女子最后一只手在视频中消失，整个身体完全陷入空洞中。电梯依旧还在运行。

随后，一名营业员慌乱中把身边的小男孩抱走，另一名营业员也慌忙跑开。电梯此时停止了运行。

由于女子整个人都被卷进了手扶梯里，当下午2点20分，消防官兵将被卷入电梯的女子找到时，她已经没有生命体征。

据调查结果显示，发生事故的电梯在维修后，只铺了铺板忘了安装连接螺丝，酿成惨剧，说明商场在安全管理方面存在漏洞。

二、门店环境的安全管理

门店有责任为顾客提供安全、整洁的购物环境，员工也有义务维护和保持良好的商场环境。好的环境不仅仅体现顾客服务的宗旨，也可为员工自己创立一个舒畅、安全的工作条件。

（一）商场地面及通道安全

1. 泄漏物

泄漏物是指地面上的液体物质，如污水、化学液体、饮料、黏稠液体等。

无论在门店任何地方，任何员工发现有泄漏物时，都有责任及时处理，以避免不必要的滑倒和人身伤害。尤其是在销售区域，必须立即清除。

首先守住有泄漏物的区域，请求帮助，不让顾客和其他人员经过这一区域，及时用正确的方法进行处理，如属于危险化学品或专业用剂，必须用正确的方式清除，必要时需请专业人员帮助。清理完毕后，若地面未干，则要放置"小心地滑"的警示牌。

2. 垃圾

垃圾是指地面上的杂物等丢弃物。销售区域的垃圾主要指纸皮、废纸、塑料袋等。

无论在门店的任何地方，任何员工发现有垃圾时，都有责任及时处理，如一块纸皮、一张纸屑或一小段绳子，都应该拾起，放入垃圾桶内，以保持干净的购物环境，减少不安全的因素。

非操作区域垃圾的处理应遵循有关的垃圾处理程序，特别是化学用品垃圾的处理，必须遵循相应的指示规定。

项目十一 门店安全管理

3．障碍物

障碍物指与购物无关、阻碍购物或存放不当的物品。例如，在消防通道的梯子、销售区域的叉车甚至散落在通道上的卡板、商品等，都是障碍物。

正确的处理方式是将物品摆放在应有的区域而不脱离员工的管控范围。

（二）商品存放的安全

1．商品陈列的安全

（1）商品的陈列高度要合适。商品陈列过高，或是摆放不整齐时，容易因人为碰撞而使商品倒塌或掉落，造成顾客或员工的意外伤害。另外，堆头陈列的高度有一定的限制，同时要注意堆积技巧的使用，以使商品稳固。

（2）货架装设安全。货架摆设的位置不当、不稳固，或是有突角产生，都可能使顾客在购物时发生意外事故。

（3）使用专业的货架的陈列设备。安全牢固的货架不仅能承重一定分量的商品，还能为顾客提供安全的购物环境，避免因货架倒塌而引起不必要的事故。

2．商品的库存安全

（1）高货架的商品库存的存放必须符合安全标准。

（2）散装的商品是否全部装入纸箱。

3．卖场装潢安全

连锁门店经营者为了吸引消费者，往往在装潢上做出相当大的投资。但是在美观之余，还必须注意其安全性。例如，部分连锁卖场喜欢利用玻璃作为装饰，但因玻璃制品易碎，除了容易引起严重的伤害之外，还因为其不容易清理干净，使其他的顾客再次受伤。

（三）设施、设备的安全

1．安全使用陈列设备

（1）陈列设备的承重是否在安全极限内。

（2）陈列设备是否光滑，有无锋利的边角会伤及顾客和商品。

2．安全使用手动液压叉车

（1）使用手动叉车前，必须经过培训。

（2）叉车的叉舌必须完全进入卡板下面，将货物叉起，保持货物平稳。

（3）叉车在使用时，必须注意通道及环境，不能撞及他人、商品和货架。

（4）叉车只能由一人操作。

（5）叉车空载时，不能载人或在滑坡上自由下滑。

（6）叉车不用时，必须处于最低的状态，且存放在最低的地方。

（7）叉车的载重不能超过极限。

（8）损坏的叉车必须进行维修或报废，不能使用。

3．安全使用卡板

（1）已经断裂或霉变的卡板要停止使用。
（2）搬运木制的卡板时，要戴好防护手套。
（3）不要在积水多的部门使用木制卡板。
（4）空卡板不能竖放，只能平放或平着跌放。
（5）空卡板必须及时收回到固定的区域，严禁占通道、卖场及各出入口。

4．安全使用电梯

（1）无论客梯、货梯，如停电，都应第一时间报修。
（2）在电梯关门时，不要进入电梯。
（3）不要使用客梯大批量运送货物。
（4）禁止儿童在电梯上玩耍。

5．安全使用专用电力设备

（1）使用前未取得专用电力设备的培训和上岗证，不要操作设备。
（2）专用电力设备的操作、清洁，必须按有关的使用规程进行。
（3）专用电力设备的故障必须由专业人员来修理，不得私自拆卸。
（4）为专用电力设备设立保养、维护、交接的制度。
（5）当专用电力设备处于运转状态时，尽量与设备区域保持一定的距离。

（四）店外/停车场的安全

1．车辆的进出安全

（1）车辆按规定的进出道行驶，按规定的区域进行停放。
（2）车辆进出的行驶速度放缓。
（3）有提醒顾客注意安全的警示标语。

2．购物车/篮的安全

（1）购物车/篮有无被顾客推离停车场的范围。
（2）购物车/篮无停放在停车场内，无零散地放在停车广场内。
（3）购物车/篮无损坏，如断裂、少轮子等，有无可能伤人的毛刺。

3．恶劣天气时的安全

（1）恶劣天气，超市进出口员工需提醒顾客注意安全。
（2）恶劣天气，店外的高空悬挂物要取下。
（3）雨雪天气，要向客人发放雨伞袋，在超市进出口地面放好脚垫。
（4）雪天需将超市的广场或进出口通道的积雪清理干净。

项目十一　门店安全管理

> 阅读材料

门店安全管理制度

一、安全使用电力

（1）凡是进行与电有关的操作，必须是由持有电工证的专业人员进行操作，其他人员不得操作电线、电器、电力设备的拆卸、改装、维修等。

（2）对于涉及用电故障的维修，超市采取报修制度，报修部门填写表格，由维修部统一维修。

（3）严格执行国家《电业安全操作规程》，电工必须配备绝缘保护用具，用电设施采取必要的接地、接零装置，以保护操作人员免于触电事故。

（4）所有"危险"的区域，必须张贴明显的警示标语、标牌或通用符号以示提醒。

（5）公共区域的电闸、开关，必须明确标明"开"与"关"，店面人员操作开关前，必须通过维修部的培训。

（6）配电房、风机房等特殊区域，不得进行明火作业，以及电动工具的切割、打钻作业，不得放置易燃易爆商品。

（7）对营业区域内的照明灯、代照明设备、临时电线、插头开关、各种用电设备（如生鲜部的生产加工机器）、小型电器（如电饭锅、电熨斗等），维修部必须进行例行的检查并记录，防患于未然。

（8）维修部和使用电力设备的营运部门必须存档有关电力设备操作的注意事项、使用说明书等有关文件。

二、安全使用燃气

（1）操作人员必须经过燃气具安全使用的培训，正确使用燃气及燃器具。

（2）进入操作间及点火前，应嗅闻室内有无燃气外泄的异味，如发现有漏气现象，应立即上报部门主管及防损部。

（3）操作人员使用燃气具时，必须在现场看管，不得擅自离岗。

（4）保证燃气操作间有良好的通风，灶间周围不能存放其他易燃材料。

（5）每日营业结束后，要对燃气具进行安全检查，燃气管道总阀必须关闭，确认安全后方可离开。

（6）燃气具要进行日常清洁保养，如发生故障时，应由专业人员处理，不得擅自拆改燃气具及附属设备。

（7）维修部定期检查燃气报警系统，每半年对所有燃气具进行一次检修。

（8）燃气具操作间的油烟管道、油网必须经常清洁，以免积油过多，发生火灾。

（9）禁止非专职操作人员上岗操作燃气具。

三、安全使用水

（1）水龙头、水池需完好无损。

（2）工作结束后需及时关闭水源。

（3）使用沸水作业时，需有足够的措施和意识防止烫伤。

四、安全处理化学用品及危险品

（1）所有化学用品及危险品的容器（含稀释液）必须有明确的名称标识。

（2）所有化学用品及危险品的容器（含稀释液）必须有清楚的使用说明书或使用方法。

（3）员工在使用化学用品及危险品前，必须经过培训，必须全面了解其性能、使用方法、注意事项及紧急处理提示。

（4）员工在使用化学用品及危险品时，必须按要求采取防护措施。

（5）所有化学用品及危险品的容器的存放必须在规定的地方，以合适的方式进行存放。

（6）所有化学用品及危险品溢出时，按正确的方法处理，特别是有毒性、腐蚀性物品的处理，不能伤及人员健康。

任务三　门店食品安全管理

民以食为天，食以安为先。食品是人类赖以生存的能源，食品安全是人们消费的底线，关系到广大人民群众的身体健康和生命安全，关系到国民经济健康发展和社会的和谐稳定。超市作为食品供应链的末端，已经成为顾客选购食品的主要渠道，因而确保其食品安全的任务尤为重要。然而，近年来，食品安全问题层出不穷，给广大消费者的健康和生命财产造成了极大的危害并已成为全社会关注的焦点问题。例如，苏丹红、农药残留、瘦肉精和三聚氰胺等非法添加剂的不安全食品频频出现在超市的货架上；重庆沃尔玛超市销售"假绿色猪肉"、郑州家乐福超市销售"过期食品"、上海华联超市销售"染色馒头"等事件。这些引发了社会各界对超市食品安全问题的普遍关注。更让公众对连锁超市的食品安全保障能力产生了质疑，严重影响了企业的形象和消费者的信心，在损害消费者利益的同时，也给企业造成了很大的负面影响。因此，作为一个有社会责任的企业，必须时刻将食品的安全管理放在经营管理的首位，常抓不懈，不断提高管理水平，以保证门店销售和加工的食品不给消费者带来任何危害。

一、食品安全的内涵

（一）食品安全的概念

1. 食品安全

世界卫生组织在《食品安全在卫生和发展中的作用》中将食品安全定义为"生产、加工、储存、分配和制作食品过程中确保食品安全可靠、有益于健康并且适合人们消费的种种必需条件和措施"。

2. 食品质量

质量是指工作或者产品的优劣程度。我国政府部门给食品质量的定义是：食品满足规定或者潜在要求的特征以及特性总和，反映的是食品质量的优劣。

项目十一 门店安全管理

3. 食品卫生

狭义上的食品卫生是指食品干净、未被污染，不使人致病。1996年世界卫生组织对食品卫生的概念做了清晰的阐述，食品卫生是指为了确保食品在食品链的各个阶段具有安全性和适宜性的所有条件和措施。

基于以上认识，门店食品安全的概念可以表述为：食品（食物）的加工、包装、贮藏、运输、销售、消费等活动符合国家强制标准和要求，不存在可能损害或威胁人体健康的有毒有害物质以导致消费者病亡或者危及消费者及其后代的隐患。该概念表明，门店的食品卫生安全既包括结果安全，也包括过程安全；既包括现实安全，也包括未来安全。

（二）门店的食品安全管理

门店的食品安全管理是指连锁企业门店为了承担自身相应的社会责任，保证社会公共利益和消费者的利益，保证自身产品的质量和企业信誉，动员和运用有效资源，采取计划、组织、领导和控制等方式，对食品（食物）在运输、贮藏、加工、包装、销售等各个环节所采取的检疫、卫生、环境保护等一系列技术措施和监督的活动过程。

连锁企业门店位于食品链的末端，仅仅依靠店内的质量排查无法真正解决产品安全问题。与供应链各环节进行密切合作，将控制力渗透到产品的生产过程才是真正的解决之道。

（三）食品安全相关法规

食品安全关系到人们的身体健康和生命安全，因此，一直以来都受到国内外学者的重视，自20世纪80年代以来，一些国家以及有关国际组织从社会系统工程建设的角度出发，逐步以食品安全的综合立法替代卫生、质量、营养等要素立法。1990年，英国颁布了《食品安全法》；2000年，欧盟发表了具有指导意义的《食品安全白皮书》；2003年，日本制定了《食品安全基本法》；部分发展中国家也制定了《食品安全法》。综合型的《食品安全法》逐步替代要素型的《食品卫生法》、《食品质量法》、《食品营养法》等，反映了时代发展的要求。我国也先后出台了一系列食品安全法律法规，包括《中华人民共和国食品安全法》、《中华人民共和国农产品质量安全法》、《中华人民共和国进出境动植物检疫法》、《乳品质量安全监督管理条例》等，对于企业的食品安全管理制度的建立和健全，提出了更高的要求。

对于建立了高层次防损理念的连锁企业门店来说，食品安全管理已经被列入到了防损体系中。

阅读材料

长沙无名粉店"从不洗菜"，粉锅洗拖把，剩菜当现炒

在长沙，米粉是市民最钟爱的早餐。在长沙众多的粉馆中，采取特许加盟经营的无名粉店是比较知名的一家。然而无名粉店雨花亭店竟然用煮粉的大锅来洗拖把，并将客人吃剩下的菜回收之后再卖出去，此种行为已经恶劣到令所有人愤怒。

据了解，该店的菜从来不洗，辣椒、鸡杂、肉类也都不洗。煮粉的锅是热水锅，要换水时，就把锅放在边上，把拖把放在里面烫一下，沥一下，再去擦大厅。

长沙政法频道记者以应聘服务员的名义进入该店进行调查。工作人员说，他们这里一

般不用洗菜，因为菜有没有洗，干不干净，客人根本看不出来，也吃不出来。通过近一天的观察该名记者发现，该店"剩菜再利用"似乎是个惯例，但由于每次操作时都十分谨慎，发现这一情况的顾客并不多。

他们之所以每天都用煮粉的锅来洗拖把，是因为店里没有专门用来洗拖把的地方，而菜从来不洗，是因为这样能省下不少时间，将客人吃剩下的菜全部回收是用来做盖码饭，或是放在粉面里，这样一来能省下不少开销。

2012年2月29日，长沙市卫生监督所执法人员对无名粉店雨花亭店进行卫生督查，指出该店存在6项严重的食品安全问题。

（1）没有专门的防烟、防水设施。
（2）餐具、蔬菜、肉类没有专门的分类清洗池，只有几个水龙头。
（3）现场工作环境差。
（4）员工不能提供健康证。
（5）食品原材料来源不明。
（6）现场发现一些没有任何标识的食品原材料。

2012年3月2日，雨花区食品安全委员会办公室组织工商、卫监、法制办等单位负责人就如何处理这一事件进行了研究，一致同意做出如下决定：一是迅速吊销餐饮服务许可证和营业执照；二是责令其永久性关门停业；三是顶格进行经济处罚；四是建立雨花区首个食品安全黑名单。定案后将该企业法人姓名、身份证号对外公布，今后不许其在雨花区从事食品安全行业的生产经营活动；五是对相关员工进行训诫，建立雨花区从业人员黑名单，向劳动就业部门进行通报。

二、食品安全管理的核心价值观

1. 以消费者食用安全为关注焦点

在任何情况下，食品是否可接受最终由消费者来确定。因为消费者的需求和期望是不断变化的，门店应当理解消费者对食品安全性的要求和食用营养性的需求，构建超市食品安全质量管理体系，能够帮助组织分析消费者的需求，提供持续满足要求的食品，增强顾客满意度，实现顾客忠诚。

2. 领导作用是关键

组织需要进行动态、快速调整，以适应外部环境的变化，领导作用是关键。在超市食品安全质量管理体系策划、运行过程中，组织的最高领导者应制定食品安全质量方针、目标，确定组织在食品安全质量方面的统一的宗旨和方向，创造并保持使员工能充分参与和实现组织目标的内部环境。

3. 全员参与是基础

最高管理者通过其领导作用及各种措施创造一个员工充分参与的环境，使超市食品安全质量管理体系在这种环境中有效运行。全员参与是全面质量管理（TQM）的一个重要特征，只有组织的全体员工明确自己在食品安全质量管理体系中的职责和权限，参与到食品

项目十一　门店安全管理

安全质量管理中，才能实现组织的食品安全质量目标。同时组织建立良好的人力资源开发系统、激励机制，强调员工权益和员工满意。

4．培育学习型组织和个人

快速地获取、理解市场信息，学习获取竞争力的顾客价值，需要一个持续学习、持续改进的组织环境。学习型组织是现代组织理想的管理模式。学习能够使超市食品安全质量管理体系持续改进，使组织提供更好的产品和服务，使组织的经营绩效达到较高的水平，也带给员工更好的满意度和追求卓越的动机。

5．预防为主的过程方法

过程就是一组将输入转化为输出的相互关联或相互作用的活动。在超市食品的安全供应过程（采购、储存、销售）中，采购、储存、销售过程为价值创造过程。通过对超市食品的安全供应过程进行危害分析，确定关键控制点的监控措施，对食品供应过程的显著危害实施有效的控制，达到预防为主、过程监控的目的，从而使组织增值。

支持过程是支持食品安全实现过程运作和对这些过程进行监视。管理职责，资源管理，食品安全质量管理体系的确认、验证和改进为支持性过程。安全食品实现过程和支持过程相互关联、相互作用，构成的食品安全质量管理体系的动态的 PDCA（Plan，计划；Do，执行；Do，Check，检查；Action，纠正）循环，如图 11-4 所示。

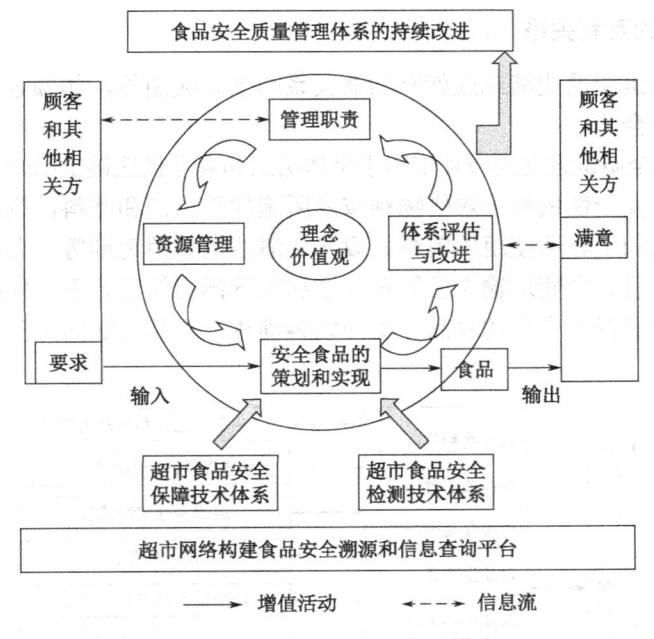

图 11-4　超市食品安全保障模式

（资料来源：李晓萍．超市食品安全质量管理体系及其关键技术研究．南京：南京理工大学，2008）

6．基于事实的决策方法

超市食品安全质量管理体系强调科学的信息管理，并确保数据和信息的完整性。运用统计技术，收集数据信息，科学地分析信息，在数据和信息分析的基础上做出有效的决策。例如，在采购过程中，利用统计抽样技术对食品进行检验；在食品供应过程中，利用控制图对关键控制点进行统计过程控制等。在质量形成的每一个阶段均可利用统计方法，发现问题、解决问题、实现持续改进。

7. 实施系统化和可追溯性管理

依据 ISO 22000：2005 和 ISO 9001：2000 两大标准构建整合型的超市食品安全质量管理体系，将相互联系、相互作用的过程进行系统化管理，提高门店的整体绩效。

食品的可追溯性可涉及原辅料的来源、加工过程和交付后分布的范围。此外，门店应运用计算机辅助软件构建食品安全信息查询平台，对食品安全供应的全过程实施系统化的管理，使之具有可追溯性。同时，门店在销售给消费者的食品存在安全隐患时，应根据可追溯系统，对已售出的不安全食品实施召回、销毁，尽可能将食品安全危害降到最低水平。

8. 灵活性和快速反应

随着市场竞争的全球化，时间成为衡量企业绩效的一个关键过程指标。缩减新的或改进的食品和服务导入的周期，快速响应消费者需求的变化；并且对立法部门颁布的新的食品安全法规和最新的食品安全研究成果做出快速响应；同时，在销售给消费者的食品存在安全隐患时，应利用食品安全溯源和信息查询平台，启动应急准备和响应程序，对已售出的不安全食品实施快速召回。

9. 与相关方的互利关系

相关方是指与组织的业绩或成就有利益关系的个人或团体，如顾客、股东、员工、供方、合作伙伴或社会等。

门店在食品安全质量方面的成功依赖于全体员工和食品供应链上的合作伙伴。如图 11-5 所示，经营食品的安全性依赖于农作物种植者所施的杀虫剂和肥料，饲料加工者所施的兽药和添加剂，食品加工者所使用的辅料、设备、清洁剂和消毒剂等，食品批发、零售商所使用的食品包装材料、仓储运输设备等在立法和监管部门的监管下，保障整条食品供应链的安全性，提供给消费者安全的食品，增强顾客满意，提高企业的竞争力，使股东、员工和合作伙伴获益。

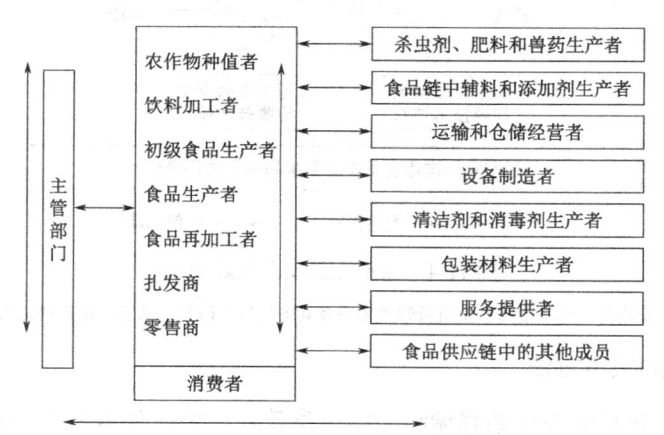

图 11-5　食品链上的沟通实例

（资料来源：李晓萍．超市食品安全质量管理体系及其关键技术研究．南京：南京理工大学，2008）

项目十一　门店安全管理

10. 关注未来，追求持续改进和稳定发展

门店要追求稳定的增长和持续的发展，就必须对关键的利益相关者（顾客、员工、供应商和合作伙伴、股东和社会）做出长期、有效的承诺，根据这一承诺制定战略目标和资源分配。因而，门店构建食品安全质量管理体系，研究消费者对食品安全性的基本要求和营养性的持续要求，重视员工和合作伙伴，注重相关方利益平衡，以预防为主，追求体系的持续改进和组织的稳定发展。

阅读材料

HACCP 体系

HACCP 体系是 Hazard Analysis Critical Control Point 的英文缩写，表示危害分析的临界控制点。HACCP 体系是国际上共同认可和接受的食品安全保证体系，主要是对食品中微生物、化学和物理危害进行安全控制。开展 HACCP 体系的领域包括饮用牛乳、奶油、发酵乳、乳酸菌饮料、奶酪、生面条类、豆腐、鱼肉火腿、蛋制品、沙拉类、脱水菜、调味品、蛋黄酱、盒饭、冻虾、罐头、牛肉食品、糕点类、清凉饮料、机械分割肉、盐干肉、冻蔬菜、蜂蜜、水果汁、蔬菜汁、动物饲料等。

我国食品和水产界较早引进 HACCP 体系。2002 年正式启动对 HACCP 体系认证机构的认可试点工作。目前，在 HACCP 体系推广应用较好的国家，大部分是强制性推行采用 HACCP 体系。

1. 体系宗旨

HACCP 是一种控制食品安全危害的预防性体系，用来使食品安全危害风险降低到最小或可接受的水平，预测和防止在食品生产过程中出现影响食品安全的危害，防患于未然，降低产品损耗。HACCP 包括 7 个原理。

（1）进行危害分析。
（2）确定关键控制点。
（3）确定各关键控制点关键限值。
（4）建立各关键控制点的监控程序。
（5）建立当监控表明某个关键控制点失控时应采取的纠偏行动。
（6）建立证明 HACCP 系统有效运行的验证程序。
（7）建立关于所有适用程序和这些原理及其应用的记录系统。

2. HACCP 的组成

HACCP 质量管制法，是美国 Pillsbwg 公司于 1973 年首先发展起来的管制法。它是一套确保食品安全的管理系统，这种管理系统一般由下列各部分组成。

（1）对从原料采购→产品加工→消费各个环节可能出现的危害进行分析和评估。
（2）根据这些分析和评估来设立某一食品从原料直至最终消费这一全过程的关键控制点。
（3）建立起能有效监测关键控制点的程序。

三、食品安全管理的主要内容

超市负责人是食品安全第一责任人,应当依照法律、法规和食品安全标准组织开展食品经营活动。

(一)进货索证索票

(1)严格审验供货商(包括销售商或者直接供货的生产者)的许可证和食品合格的证明文件。

(2)对购入的食品,索取并仔细查验供货商的营业执照、生产许可证或者流通许可证、标注通过有关质量认证食品的相关质量认证证书、进口食品的有效商检证明、国家规定应当经过检验检疫食品的检验检疫合格证明。上述相关证明文件应当在有效期内首次购入该种食品时索验。

(3)购入食品时,索取供货商出具的正式销售发票;或者按照国家相关规定索取有供货商盖章或者签名的销售凭证,并留具真实地址和联系方式;销售凭证应当记明食品名称、规格、数量、单价、金额、销货日期等内容。

(4)索取和查验的营业执照(身份证明)、生产许可证、流通许可证、质量认证证书、商检证明、检验检疫合格证明、质量检验合格报告和销售发票(凭证)应当按供货商名称或者食品种类整理建档备查,相关档案应当妥善保管,保管期限自该种食品购入之日起不少于2年。

(二)食品进货查验记录

(1)每次购入食品,如实记录食品的名称、规格、数量、生产批号、保质期、供货者名称及联系方式、进货日期等内容。

(2)采取账簿登记、单据粘贴建档等多种方式建立进货台账。食品进货台账应当妥善保存,保存期限自该种食品购入之日起不少于2年。

(3)食品安全管理人员定期查阅进货台账和检查食品的保存与质量状况,对即将到保质期的食品,应当在进货台账中做出醒目标注,并将食品集中陈列或者向消费者做出醒目提示;对超过保质期或者腐败、变质、质量不合格等食品,应当立即停止销售,撤下柜台销毁或者报告工商行政管理机关依法处理,食品的处理情况应当在进货台账中如实记录。

(三)库房管理

(1)食品与非食品应分库存放,不得与洗化用品、日杂用品等混放。

(2)食品仓库实行专用并设有防鼠、防蝇、防潮、防霉、通风的设施及措施,并运转正常。

(3)食品应分类、分架、隔墙隔地存放。各类食品有明显标志,有异味或易吸潮的食品应密封保存或分库存放,易腐食品要及时冷藏、冷冻保存。

(4)食品必须按照生食和熟食分容器储存,并且保证食品覆盖。食品容器不能直接放在地上。肉类解冻池和清洗池分开配备,防止食品污染。清洗过后的餐具必须存放在专用的餐具柜内。食品生产和销售用小工具,必须清洗干净后放在指定的容器中备用。

(5)贮存散装食品的,应在散装食品的容器、外包装上标明食品的名称、生产日期、保质期、生产经营者名称及联系方式等内容。

（6）建立仓库进出库专人验收登记制度，做到勤进勤出，先进先出，定期清仓检查，防止食品过期、变质、霉变、生虫，及时清理不符合食品安全要求的食品。

（7）食品仓库应经常开窗通风，定期清扫，保持干燥和整洁。

（四）食品销售卫生

（1）食品销售工作人员必须穿戴整洁的工作衣帽，洗手消毒后上岗，销售过程中禁止挠头、咳嗽，打喷嚏用手捂口。

（2）按照国家相关法规要求设定食品标签的内容，并且在店内定期开展检查。检查内容包括 QS 标志、生产日期和保质期是否完整、食品标签是否涉及医疗功效的宣传内容。

（3）冷藏的食品必须在 0℃～5℃内销售，冷冻食品必须在≤-18℃下展示和销售。需要加热展示的食品应该保存在 60℃以上销售。

（4）销售直接入口的食品必须有完整的包装或防尘容器盛放，使用无毒、清洁的售货工具。

（5）门店应该与具备良好资质和能力的灭害服务商合作对卖场进行有效的虫害控制，并从基础卫生和防护做起，设立食品销售专柜或专间，配备防尘、防蝇、防污染设施，利用物理、生物、化学以及管理的办法综合控制虫害，减少化学用药。

（6）对于直接入口和不需清洗即可加工的散装食品，应标明厂名、厂址、品名、生产日期和保存期限（或保质期）等，严格覆盖，并且由专人负责向顾客销售，配合顾客提示标贴，告知顾客不要自己动手接触食品。

（7）对于不可以直接入口，需要清洗加工后的散装食品必须控制储存和销售中的卫生和防护，防止鼠虫危害。

（8）所有散装食品必须配合相对应的食品标签，并在店内开展定期检查。

（五）食品展示卫生

（1）展示食品的货架必须在展示食品前进行清洁消毒。

（2）展示食品必须生、熟分离，避免食品交叉感染。

（3）展示直接入口的食品必须使用无毒、清洁的容器，保持食品新鲜卫生，不得超出保质期。

（4）展示柜的玻璃、销售用具、架子、灯罩、价格牌不得直接接触食品，展示的食品不得直接散放在货架上。

（5）展示食品的销售人员必须持有有效健康证明上岗，穿戴整洁的工作衣帽。

（六）从业人员健康检查

门店在食品的现场加工中，应从人员卫生、防止交叉感染、清洗消毒、工艺设定等方面制定操作规范并要求员工执行。

（1）销售人员在生产和销售区域必须穿着统一配置的工作服，从事食品生产和销售的人员必须佩戴口罩和一次性手套，并且按照国家相关要求，不得佩戴首饰、手表和使用化妆品。

（2）食品经营人员必须每年进行健康检查，取得健康证明后方可参加工作，不得超期使用健康证明。

（3）食品安全管理人员负责组织本单位从业人员的健康检查工作，食品现场生产和销售人员必须经过体检，并获得健康证，由门店专人负责管理，建立从业人员卫生档案。

（4）患有痢疾、伤寒、病毒性肝炎等消化道传染病的人员，以及患有活动性肺结核、化脓性或者渗出性皮肤病等有碍食品安全的疾病的人员，不得从事接触直接入口食品的工作。

（5）员工不得在患有腹泻、呕吐、黄疸、发烧引起的喉咙痛和伤口感染、手化脓的情况下从事食品生产。

（七）食品用具清洗消毒

（1）建立《清洗消毒标准操作程序》，规定各类食品加工设备、地面、墙壁、下水道、食品展示设备等的标准清洗操作方法和频率。

（2）食品用具、容器、包装材料应当安全、无害，保持清洁，防止食品污染，并符合保证食品安全所需的温度等特殊要求。

（3）食品用具要定期清洗、消毒。

（4）食品用具要有专人保管，不混用、不乱用。

（5）食品冷藏、冷冻工具应定期保洁、洗刷、消毒，专人负责、专人管理。

（6）食品用具清洗、消毒应定期检查、不定期抽查，对不符合食品安全标准要求的用具及时更换。

（八）问题商品的撤架和召回

根据政府公布的商品检验信息、顾客投诉分析、店内自查问题反馈，以及供应商自主声明等，及时撤架出现问题的商品，将撤架的商品存放在规定的位置，并且按照要求销毁食品或者退回供应商。

食品召回制度是门店对存在质量和安全问题的出售商品食品的一种改正和矫正行为，是为了保护消费者免受污染食品、伪劣食品以及标识不清楚食品的潜在不利影响而采取的制度，包括自愿性食品召回和强制性食品召回。

自愿性食品召回是指门店为了保护公众健康和安全而采取收回食品或其他预防措施的行为。

强制性召回是指政府及相关部门强制要求门店召回其销售出去的被确认为存在安全问题的食品。门店如果不执行强制召回的命令，就有可能被视为违法犯罪，对当事人处以罚金或关押。

如产品需要召回，应向顾客发布召回信息。

（九）从业人员食品安全知识培训

（1）认真制订培训计划，定期组织管理人员和从业人员参加食品安全知识、职业道德和法律、法规的培训以及操作技能培训。

（2）新参加工作的人员（包括实习工、实习生）必须经过培训、考试合格后方可上岗。

（3）建立从业人员食品安全知识培训档案，将培训时间、培训内容、考核结果记录归

项目十一　门店安全管理

档，以备查验。

（十）食品卫生安全检查

（1）制订定期或不定期卫生检查计划，将全面检查与抽查、问查相结合，主要检查各项制度的贯彻落实情况。

（2）卫生管理人员负责各项卫生管理制度的落实，每天在营业后检查一次卫生，检查各岗是否有违反制度的情况，发现问题，及时指导改进，并做好卫生检查记录备查。每周1～2次全面现场检查，对发现的问题及时反馈，并提出限期改进意见，做好检查记录。

（3）对销售的商品的保质期、有效期进行每周一小查，每月一大查，严格按照《商品临近保质期规定》执行，属人为因素的追究其当事人的责任，部门主管负连带责任。

（4）对在保质期内的商品出现变质、漏气、胀袋等现象，要及时下架处理，不得将这些商品销售给顾客，一经发现，必追究当事人及部门主管的责任。

阅读材料

相关农产品的质量认证标志

凡标注有无公害农产品、绿色食品、有机食品、良好农业规范（GAP）、农产品地理标志等农业主管部门认证的农产品，必须出具下列认证标志方可出售。

1. 无公害农产品

无公害农产品是指使用安全的投入品，按照规定的技术规范生产，产地环境、产品质量符合国家强制性标准并使用特有标志（见图11-6）的安全农产品。

图11-6　无公害农产品标志

认证管理机关——农业部农产品质量安全中心。

无公害农产品定位——保障基本安全，满足大众消费。

无公害农产品认证是政府行为，认证不收费。

2. 绿色食品

绿色食品是指在生产、加工过程中按照绿色食品的标准，禁用或限制使用化学合成的农药、肥料、添加剂等生产资料及其他可能对人体健康和生态环境产生危害的物质，并实施"从土地到餐桌"的全程质量控制。

绿色食品的认定机构是中国绿色食品发展中心。

绿色食品标志如图11-7所示。

图 11-7　绿色食品标志

3. 有机食品

有机产品的涵盖非常广，主要包括有机食品、有机农业生产资料、有机化妆品、有机纺织品、有机林产品等。

有机食品是指在生产和加工过程中不使用人工合成的农药、化肥、激素、食品添加剂等物质，不使用转基因技术的环保型安全食品。目前，有机食品在有机产品中占绝大多数。

有机食品的认证机构是经国家认证认可监督管理委员会确定的中国认证机构认可委员会评定认可的具有资质的第三方认证机构。

中国有机产品认证标志如图 11-8 所示，中国有机转换产品认证标志如图 11-9 所示。

图 11-8　中国有机产品认证标志　　　　图 11-9　中国有机转换产品认证标志

4. 良好农业规范（GAP）

良好农业规范的英文为 Good Agricultural Practice，简称 GAP，是针对农产品种植、养殖、采收、清洗、包装、贮藏和运输过程中有害物质和有害生物的控制及其保障能力，保障农产品质量安全，同时还关注生态环境、动物福利、职业健康等方面的保障能力。

良好农业规范（GAP）的认证机构为第三方认证机构。

良好农业规范（GAP）的认证级别分为一级认证和二级认证，其中，一级认证等效欧盟 EUREPGAP 认证。一级认证标志如图 11-10 所示，二级认证标志如图 11-11 所示。

图 11-10　一级认证标志　　　　　　　图 11-11　二级认证标志

项目十一　门店安全管理

5. 农产品地理标志

农产品地理标志是标示农产品来源于特定地域，产品品质和相关特征主要取决于自然生态环境和历史人文因素，并以地域名称冠名的特有农产品标志（见图11-12）。

农产品地理标志的登记工作机构为农业部。

图11-12　农产品地理标志

任务四　消防安全管理

消防是指防止火灾、水灾及灭火和其他灾情处理的专门工作。我国现执行的消防方针是"预防为主，防消结合"、"以防为主，以消为辅"。

火灾是威胁人类的重大灾害之一。俗话说水火无情，火灾往往给企业带来重大经济损失和人员伤亡，对于从事商业活动的连锁企业来讲，门店的消防管理是安全管理的重点。目前的连锁门店，多属于封闭性建筑，并且多集中在闹市区，场区和店内顾客多，人员繁杂，另外，门店内经营的许多商品，如纺织品、塑料制品等多属于易燃品，再者，现在的门店装修也使用了如木材、油漆、橡胶之类的材料，电源、电线等多隐藏其中，所有这些都属于火灾隐患。正是由于这些火灾隐患的存在，各类商业零售店的火灾事故时有发生，因此，连锁企业门店必须做好消防管理工作，健全制度，建立组织，常抓不懈，防患未然。

一、发生消防安全事故的原因

统计资料显示，门店发生的消防安全事故中，大多数是由于门店的人为疏忽造成的，概括起来，主要原因有以下3点。

1. 门店的设备老化

门店的电器设备老化，或是从不做定期保养和检查，导致设备线路的绝缘老化，再加上接头松动、过载或短路等因素导致电线过热而引起火灾。

2. 员工基本常识不足

许多门店员工消防安全意识不够，缺乏相关的常识，不按操作规程作业，超负荷用电，不重视消防设施维护，造成门店消防安全事故。

3. 员工缺乏警惕性

虽然总体来说每年都有门店发生消防安全事故，但是对于单个的门店来说，发生消防安全事故的概率是很低的，并不是说经常会发生火灾。因此，许多门店员工缺乏足够的警惕性，一旦出现消防安全隐患，往往掉以轻心，不能及时采取相应措施来解决，结果酿成大祸。

【课堂讨论】

摁掉报警声的安全值班员

2013年10月11日，北京石景山喜隆多商场发生火灾。经调查，起火原因系麦当劳餐厅甜品操作间内电动自行车蓄电池在充电时发生故障。商场内部监控录像显示，首先发现火情的麦当劳餐厅女值班店长和另一名员工既未处置火情也未在第一时间提醒顾客疏散，自行逃离，其失职导致失去了最佳的灭火时机。商场消防中控室的值班人员在听到自动报警后不是马上启动喷淋系统，而是先后两次摁掉报警声继续玩平板电脑游戏。直到几分钟后大面积的报警灯闪烁起来，显示火势已经大范围蔓延，这名工作人员这时才停下手中的游戏，起身去观察他身后的自动报警和自动灭火系统，但由于不会操作，这名值班人员始终在翻看研究说明书。后来又跑进来两名值班人员，但同样手足无措，没有人启动自动灭火系统。

由于起火初期现场没有采取任何灭火措施，大火很快从麦当劳餐厅蔓延到了商场的外面，并沿着整个外立面的广告牌迅速蔓延到整座大楼。

这次火灾动用了15个消防中队的64部消防车、300多名消防官兵，消防官兵历经9个小时才将大火扑灭，导致两名消防战士牺牲和重大的财产损失。

讨论：从这次火灾中应吸取什么样的教训？

二、门店消防管理的内容

零售企业为了加强卖场的安全管理，保障商业企业和社会公众的安全，应根据《中华人民共和国安全生产法》、《中华人民共和国消防法》、《特种设备安全监察条例》及有关规定，结合企业的实际情况，制定消防规范。

（一）门店消防管理的组织结构和制度

1. 建立消防组织

门店内要设立消防中心，由店长担任负责人，根据门店规模配备一定数量的专职工作人员，并在此基础上，配备一定数量的兼职消防人员或消防骨干。上到店长下到普通员工，人人有责，从组织上保证消防工作的有效进行。

（1）消防委员会的组成，如图11-13所示。

① 每月组织一次消防工作会议，检查以往对事故和危害的解决措施，纠正商场中不安全的工作方法和危险的工作环境。

② 每季度进行一次消防演习。

③ 负责消防员的学习、训练及灭火演练，每年不少于3次。

④ 负责与各部门签订《防火安全责任书》，与出租厂家签订《引进厂家防火安全责任

书》，全面控管消防安全工作。

（2）消防小组的组成，如图 11-14 所示。

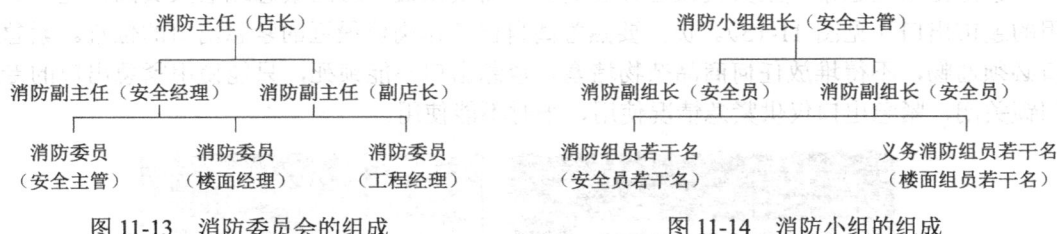

图 11-13　消防委员会的组成　　　　图 11-14　消防小组的组成

① 消防小组每周进行一次消防检查。
② 消防安全员每日进行全场的消防巡视。

2．制定消防安全管理制度

店内消防中心负责制定消防制度，督促各部门贯彻落实消防措施，负责调查违反消防安全事件的原因，提出处理方案和意见。

消防安全管理制度一般包括消防安全例会制度、防火检查制度、消防宣传教育培训制度、消防设施、器材管理制度、用电防火安全管理制度、消防常识。

3．消防知识培训

店内消防中心负责对员工进行消防知识培训，开展消防宣传教育，同时不断配合进行消防演练。

4．购置和补充消防器材

店内消防中心负责购置和补充消防灭火器材，对消防设备定期进行检测、保养和维修，及时排除消防设备故障，使其处于完好状态。

5．排查重点消防隐患

店内消防中心要不断排查重点消防隐患，如隐蔽工程内的电源、电路和电源是否匹配，是否有超功率、超负荷运转，是否有接触不良而引起短路、电火花等；检查消防通道是否畅通无阻；检查消防栓是否漏水、无水；检查工作人员在工作过程中哪些环节容易导致发生火灾等。

6．消防保卫安全

店内消防中心负责外来施工单位人员的安全监督及出入登记手续，保证店内施工期间的消防安全，防止外来施工人员或其他人员带来的不安全事故。

（二）门店消防安全管理体系

1．消防通道

消防通道是建筑物在设计时留出的供消防、逃生使用的通道。员工要熟悉离自己工作岗位最近的消防通道的位置。消防通道必须保持通畅、干净，不得堆放任何商品杂物堵塞通道。

2. 紧急出口

紧急出口是超市发生火灾或意外事故时，需要以最快时间紧急疏散人员离开超市时使用的超市出口（见图 11-15）。员工要熟悉离自己工作岗位最近的紧急出口的位置。紧急出口必须通畅，不得堆放任何商品杂物堵塞。紧急出口不能锁死，只能使用紧急出口的专用门锁关闭，紧急出口仅供紧急情况使用，平时不能使用。

图 11-15　紧急出口

3. 疏散图

疏散图是表示超市各个楼层紧急通道、紧急出口和紧急疏散通道的标识图（见图 11-16）。它为人们提供在危险的时刻如何逃生的途径，指示人们行动的方向、通道、出口。疏散图需要悬挂在超市的明显位置，供员工和顾客使用。

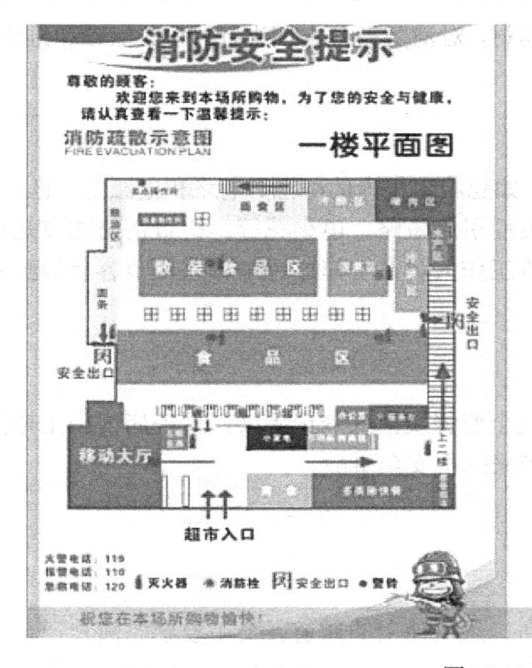

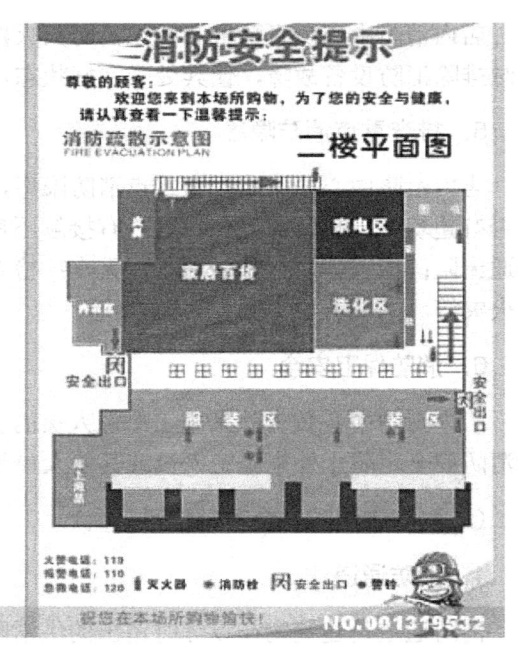

图 11-16　疏散图

项目十一　门店安全管理

4．消防设施

消防设施是指用于火灾报警、防火排烟和灭火的所有设备。消防器材是指用于扑救初起火灾的灭火专用轻便器材（见图11-17）。超市主要的消防设施有以下几种。

（1）火灾警报器：当发生火警时，超市的警报系统（见图11-18）则发出了火警警报。

（2）烟感/温感系统：通过对温度、烟的浓度进行测试，当指标超过警戒时，则烟感/温感系统发出警报。

（3）喷淋系统：当火警发生时，喷淋系统启动，则屋顶的喷淋头会喷水灭火。

（4）消防栓：当火警发生时，消防栓的水阀打开，喷水灭火。

（5）灭火器：当火警发生时，使用灭火器进行灭火。

（6）防火卷闸门：当火警发生时，放下防火卷闸门（见图11-19），可以隔离火源，阻止烟及有害气体的蔓延，缩小水源区域。

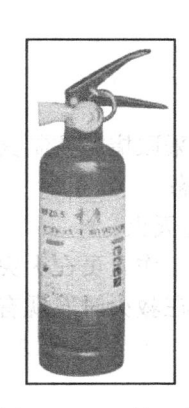

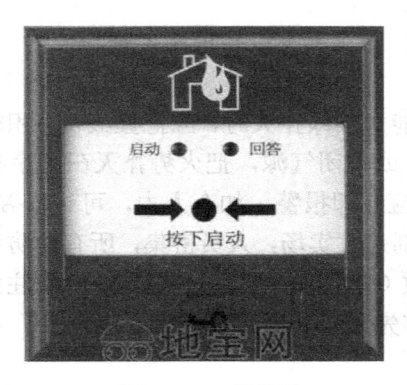

图11-17　干粉灭火器　　　图11-18　报警器　　　图11-19　防火卷闸门

（7）内部火警电话：当火警发生时，所有人员均可以拨打内部火警电话报警，便于迅速组织灭火工作。

5．监控中心

监控中心是超市设置的监控系统的计算机控制中心，控制超市的消防系统、保安系统、监视系统。监控中心通过图像、对讲系统，能24小时对超市的各个主要位置、区域进行监控，第一时间处理各种紧急事件。

6．紧急照明

在火警发生时，超市内的所有电源关闭时，可启动紧急照明系统。

7．火警广播

当火警发生时，在营业期间或非营业期间，广播室都必须进行火警广播，通知顾客，稳定情绪。火警广播有规定的播音内容和播放规定。火警广播的内容如下：顾客朋友们，请注意！由于本店××地方发生火灾，请大家迅速从最近的安全通道、紧急出口离开商场。请大家维持好秩序，不要惊慌，不要拥挤，我们所有工作人员愿为您提供服务。谢谢！

三、门店消防人员的工作职责

做好一名消防人员的关键在于爱岗敬业的工作态度和一丝不苟的工作精神。具体的业务职责要求有以下几个方面。

（1）牢记火警电话119和门店消防中心电话，发生火灾时要保持镇静，不要惊慌失措，及时报警。报告火警时要讲明地点、位置、燃烧物质、楼层高度、火势情况、单位名称和本人姓名。

（2）做好日常店内班前班后消防安全检查。要熟悉自己的岗位环境、操作设备及物品情况，牢记安全出口和消防器材的摆放位置，熟练掌握消防器材的使用方法。

（3）不断排查和排除消防隐患。

① 仓库和卖场内严禁吸烟。
② 保持安全通道畅通。
③ 及时清理碎纸、垃圾、物品等。
④ 注意异味、异色和异声的辨别。
⑤ 积极协助做好火灾现场的保护，防止火灾以外再添灾难。

（4）正确处理初起火灾。

① 火势较小，完全可以以自己的能力立即扑灭时，应把握战机，积极采取措施控制火势，就地取材进行灭火，或切断电源，或关闭气源，把火势扑灭在萌芽状态。
② 火势稍大，不能立即扑灭时，应立即报警。如有人力，可边报警边灭火。
③ 火势较大，先救人后救火，特别是大卖场，人员密集，所有消防和工作人员在火灾发生后都应立即引导顾客进行安全疏散（疏散时不要乘坐电梯）。特别注意在救火时发现有毒物品燃烧或有爆炸危险情况时，要首先采取防毒防爆措施才能救火。

阅读材料

吉林商业大厦的火灾

2010年11月5日9时8分，位于吉林市船营区珲春街的吉林商业大厦发生火灾，共造成19人死亡、24人受伤，过火面积约15830平方米，造成了重大财产损失。据调查，起火原因是电气线路在低温状态下短路引起火灾，起火点位于商厦一层二区东北部自动扶梯南侧的斯舒郎精品店西侧仓库。

在火灾发生时，保卫科科长擅离中控室岗位，未能及时启动消防设备进行火灾初期扑救。电工吴春海、宗久顺在火灾发生时未按照规定切断室内电源，而将两套低压主受开关关闭，致使消防电源开关关闭，消防设施未发挥作用导致火灾蔓延。

四、消防检查与消防演习

1. 消防检查

消防工作的重要原则是预防为主，因此日常的消防检查是最基本、最有效的工作方法。消防检查要形成一种制度性的工作，不仅是检查巡视，更是一种随时随地的检查；不仅是消防专职人员的分内工作，也是每一位员工应在工作中时刻注意的方面，一旦发现隐患，

项目十一 门店安全管理

任何人员都有责任立即通知有关部门。

（1）消防检查的类型。

① 日消防检查、月消防检查、季度消防检查。

② 安全经理消防检查、安全员消防检查、部门义务安全员的消防检查。

③ 项目消防检查。

（2）消防检查的程序。

消防检查的程序如图 11-20 所示。

① 消防检查：消防专员每日按检查表的内容进行例行检查。

② 消防检查报告：检查后，出具检查报告，由消防中心进行审核。

③ 相关部门（人）：将检查报告提交相关部门的负责人（如工程部、营运部门、承租厂商、企划部等），指出问题的所在和改进期限。

④ 整改工作：楼面或相关部门按报告的指示进行改进，并在报告上注明改进的结果。

图 11-20　消防检查的程序

⑤ 整改报告：整改后的结果以口头或书面的方式反馈给安全部。

⑥ 安全部检查结果：安全部门对重要的隐患进行整改效果的检查。

（3）消防检查的内容。

消防检查的内容很多，很细，以下是门店消防管理中需重点注意的项目。

① 灭火器、消防栓的位置是否正确，配件是否齐全。

② 紧急出口、通道是否畅通，紧急出口标志、防火标志、禁止吸烟标志、紧急疏散图是否完好无损、位置正确。

③ 火警报警系统是否正常工作。

④ 堆积商品是否距离消防喷淋头至少 50 厘米。

⑤ 配电房是否有易燃物品。

⑥ 工程部储物间是否采取安全措施。

⑦ 电力、燃气设备的操作员工是否有上岗证。

⑧ 仓库照明是否符合要求。

⑨ 隐患通知是否全部反馈。

2．消防演习

（1）目的。

消防演习的目的是检查门店火警的报警系统是否正常运转，员工是否熟悉火警信号，以及员工是否熟悉逃生的渠道和基本的逃生方法，提高全体人员对火警的警惕性，起到警钟长鸣的作用。

（2）程序。

消防演习的程序如图 11-21 所示。

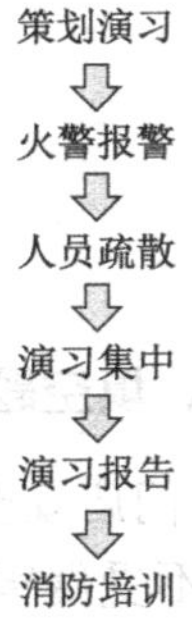

① 策划演习：安全部按全年计划确定本次演习时间、指挥人员，为确保效果，要对演习的时间进行保密。

② 火警报警：拉响警报。

图 11-21　消防演习的程序

③ 人员疏散：门店所有人员从各个出口进行撤离、逃生，管理层进行紧急疏散程序的演练。

④ 演习集中：所有已经逃离现场的人员，到指定的演习集中区进行集中，规定时间一到，立即清点已经在场的人员，并记录未能撤出的人员姓名和部门。

⑤ 演习报告：安全部对本次演习的结果进行评估，做出总结报告。

⑥ 消防培训：对未能及时撤出的人员，进行消防知识的培训，并对所属部门的管理层进行监督评分。

阅读材料

某超市火灾救援应对流程如表 11-1 所示。

表 11-1 某超市火灾救援应对流程

涉及人员	对应流程	对应措施
现场目击者	报告情况	现场目击者发现火情后，迅速将火情报告值班店长及监控室，说明着火的地点、物质、火势大小等情况
	扑救初起火灾	迅速召集附近的人员利用周围的消防器材扑救初起火灾，最大限度地控制火势
监控员	启动应急预案	1. 密切观察火情的大小，如火势无法控制立即报火警 119； 2. 立即打电话向消防安全领导组汇报，同时启动消防应急预案； 3. 启动消防广播疏散人群，启动排烟系统并通知电修工切断电源、气源，火势严重时启动喷淋系统； 4. 根据情况调动其他门店人员进行支援
消防安全领导组	指挥义务消防队人员扑救	指挥义务消防队按照各自的职能分工，扑救火灾、疏散顾客及员工，将火灾损失降到最低
全体员工	应急疏散	火势较大时，全体员工按照应急疏散路线，迅速撤到安全地点
119 消防队	消防队扑救火灾	对于较大的火势由消防队支援扑救，消防安全领导组要配合消防队做好相关工作
相关部门	调查处理	火灾事故后，对此次事故原因进行调查，并制定整改方案
	落实整改措施	相关部门按照整改措施进行整改，由公司进行验收

课后训练

一、填空题

1. 门店安全管理主要是指在门店控制的范围内，门店以及_____、_____的人身和财物不受侵害。

2. 安全管理是门店管理的重要内容之一，是整个门店_____的重要指标。

3. 安全管理是门店经营的_____。

4. 门店安全防范工作总负责人是_____。

5. 国内外安全理论研究发现，安全事故发生的原因主要是_____和_____相互作

项目十一　门店安全管理

用而引起。

6．安全事故的预防制度包括_____、_____和_____。

7．门店突发事件包括_____、_____、_____、_____。

8．门店紧急事件的处理小组包括_____、_____、_____。

9．员工的安全管理包括_____和_____。

10．顾客的安全管理包括_____和_____。

11．门店环境的安全管理包括_____、_____、_____、_____、_____。

12．商品存放的安全包括_____、_____、_____。

13．食品安全的概念包括_____、_____、_____三层含义。

14．冷藏的食品必须在_____内销售，冷冻食品必须在_____展示和销售。需要加热展示的食品应该保存在_____以上销售。

15．超市食品安全监管关键点包括_____、_____、_____。

16．所有散装食品必须配合相对应的_____，并在店内开展_____。

17．门店消防安全的发生主要有 3 个原因：_____、_____、_____。

18．消防工作的重要原则是_____。

二、简答题

1．简述门店安全管理的主要内容。

2．简述门店安全管理的意义。

3．简述门店重要部位安全管理的重点。

4．简述事故致因理论。

5．简述救灾组人员构成和工作责任。

6．简述商品陈列的安全。

7．简述以消费者食用安全为关注焦点的含义。

8．简述超市食品监管规范性要求。

9．简述门店消防人员的工作职责。

10．简述门店消防演习的目的和程序。

三、技能训练

1．门店安全管理分析。

实训目标：理解门店安全管理的知识。

实训环境：图书及网络资料查阅。

实训组织：学生 3～4 人一组。

实训任务：案例分析——夏先生的购物车。

实训要求：将讨论结果制作成 PPT，并由一名小组成员汇报，时间约为 10 分钟。

案例分析：夏先生的购物车

某日，夏先生在家乐福超市购物，买了很多东西，准备到一楼结账。当他推着载满商品的购物车乘坐自动扶梯下楼时，购物车的前轮突然"打横"，卡在了自动扶梯的凹槽里，怎么也推不动。

但是自动扶梯仍在滚动，后面的顾客却涌了上来，其中一名顾客的购物车直接撞到了夏先生的腿上，由于惯性，夏先生的身体又撞到了自己的购物车上。几秒钟后，夏先生终于将自己卡住的购物车推下扶梯，却感到腿特别疼，十分生气。

当时超市一名郭姓员工上前帮助夏先生对伤口进行了紧急处理，在电话请示后向夏先生表示，超市负责报销夏先生腿伤的医药费。

考虑到这位员工的态度不错，夏先生气也消了，自行到医院花了100多元拍了X光片，并包扎了伤口。

事后，夏先生找到该门店客服部经理商量赔偿问题，但该经理却表示，超市的自动扶梯没有损坏，购物车也没有损坏，夏先生受伤是"他自己造成的"，所以超市没有任何责任。

对于之前郭姓员工对夏先生的承诺，该经理表示"就算他说了也不算，我说了才算"，并强调，该事故的责任需经法律认定。

问题：请结合所学的门店安全管理知识对此事进行分析。

2．门店食品安全管理分析。

实训目标：理解门店食品安全管理的知识。

实训环境：图书及网络资料查阅。

实训组织：学生3～4人一组。

实训任务：案例分析——带瘀血的牛肉。

实训要求：将讨论结果制作成PPT，并由一名小组成员汇报，时间约为10分钟。

案例分析：带瘀血的牛肉

2012年2月15日某商场接到顾客叶小姐的投诉，说2012年2月8日在商场购买的牛肉有问题。顾客称2月11日将牛肉解冻时，发现切开的每一块牛肉都有瘀血，当时没有在意。第二天再次解冻时还是发现这种情况，于是就打电话给肉联厂的一位经理，该经理声称这种情况最大可能为死牛肉或注水牛肉，要顾客保留好样品等肉联厂上班后再拿去鉴定。顾客也将此现象反应给了商场的值班经理，当班负责人请顾客拿牛肉到商场处理。顾客不同意，她一定要先鉴定后再商议。值班经理将此情况通知肉档课长，要求马上去查实。2月20日，叶小姐将肉带到某肉联厂鉴定，负责检测的黄小姐致电商场，告之该肉很可能是死牛肉并没有做检疫。经了解，得知牛肉的来源：牛肉是一个私人老板供应的，供货老板声称是××肉联厂进的货，没有问题。商场有关负责人致电顾客叶小姐来服务台共同协商，叶小姐很气愤，要求赔偿1000元，若不同意会在媒体曝光，并做身体检查。

问题：请结合所学的食品安全管理的知识对这件事进行分析。

项目十二

商品损耗管理

损耗的高低是超市是否获利的关键,一个单品的损耗＝5～6个商品的消耗,要提高商品的销售绩效,就必须加强对商品损耗的管理。

——超市管理格言

学习目标

- 掌握商品损耗的概念、意义、分类和计算
- 熟知商品的防损体系
- 了解商品损耗的防范措施
- 了解商品防损的技术

关键概念

商品损耗　防损体系　防损技术　无线射频识别

体系结构

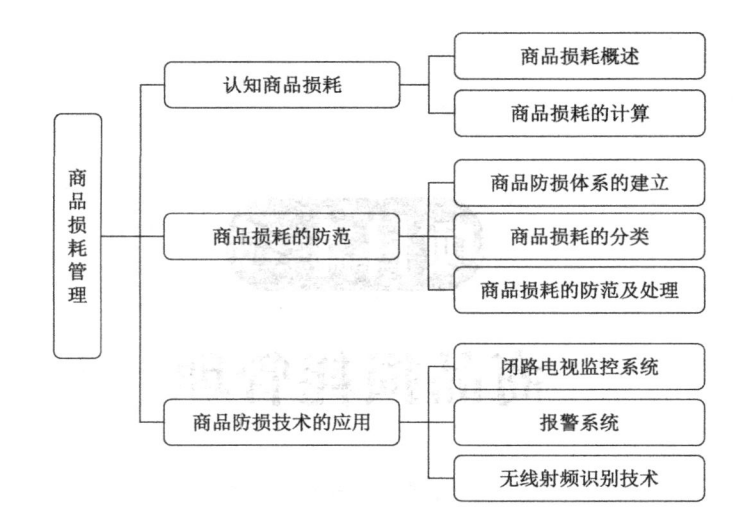

```
                          ┌── 认知商品损耗 ──┬── 商品损耗概述
                          │                  └── 商品损耗的计算
                          │
                          │                    ┌── 商品防损体系的建立
商品损耗管理 ──────────────┼── 商品损耗的防范 ──┼── 商品损耗的分类
                          │                    └── 商品损耗的防范及处理
                          │
                          │                         ┌── 闭路电视监控系统
                          └── 商品防损技术的应用 ──┼── 报警系统
                                                    └── 无线射频识别技术
```

任务一　认知商品损耗

一、商品损耗概述

1. 商品损耗的概念

商品损耗是指门店商品价值的损失。商品损耗又分为数量损耗和价值损耗。数量损耗是商品在数量上损失了，如偷盗、破损等；价值损耗是商品在价值上损失了，如清仓。数量损耗与价值损耗往往同时发生，如商品被盗，既有数量损耗，又有价值损耗；而降价、清仓等，商品数量没有损耗，但价值发生损耗；对于缺货，商品数量上没有损耗，但因潜在的销售损失而造成价值上的损耗。

本书主要介绍商品的数量损耗，即门店在接收进货时的商品零售值与售后获取的零售值之间的差额。

2. 商品防损的意义

商品损耗的后果是严重的，增加了运营成本，降低了商品的获利能力，严重时可以威胁到门店的生存。据统计，全世界零售业的平均损耗率为1.7%，每年的商品损耗高达1600亿美元；在我国也高达250亿元人民币。上海某超市第一个月的营业额为60万元，但由于商品损耗超过10万元而歇业。

因此，商品防损对门店的生存发展有十分重要的意义，具体来说体现在两个方面：一是通过防损可探查开发超市利润的源泉；二是通过防损可搭建提升超市管理的平台。

（1）超市利润的源泉。

超市是一个典型的微利业态，然而它却每天面对着数额庞大的损耗数据，损耗每时每

项目十二 商品损耗管理

刻都在吞噬着超市的利润,而降低损耗的有效方法就是防损。许多超市都不同程度地存在类似"狗熊掰棒子"的做法。一边用九牛二虎之力提高销售额,一边却对居高不下的损耗视而不见,到头来本以丰厚的利润缩减了许多,有的甚至落了个"埋头干一年,赔本赚吆喝",其症结就在于没有准确探查和开发超市利润的源泉。利润是企业的生命,而损耗恰似利润的天敌。显而易见,损耗与利润呈反比关系,损耗率高,利润率则肯定低;利润率多,损耗率则必然少。有局部数据表明,商品每降低 1 个耗损点(1%),可提高 9.33%的销售额,公式为(1%+1%×12%)÷12%=9.33%,可提高 1.12%的毛利额。因此,毫不夸张地说,防损是挖掘超市利润源泉的最佳途径。

(2)超市管理的平台。

"降低营运成本,提升管理水平"是超市管理者所追求的目标。据资料显示,我国每年仅零售业损耗额就高达数百亿元。许多优秀企业案例证明,只有最大限度的减少损耗,才能升华超市的管理水平。世界著名企业沃尔玛有一个重要的管理切入点,就是"防损无处不在"的管理新理念。在它的业绩当中有相当多的利润是由防损带来的,也就是说防损在天网(指通信卫星)、地网(指物流配送体系)的网络下,实现了利润最大化。

局部统计数据表明,以国际商品丢失率 0.5%为依据,以国内超市实际损耗比例为基数计算,一个 5000 平方米的超市年损耗点达到 1.7%时为预警线,达到 5%时为生存线,达到 8.3%时为死亡线。

二、商品损耗的计算

不是所有商品都需要计算损耗,对于生鲜分区(肉类、海鲜、熟食、果蔬、面包等),由于其商品很难做到单品管理,因此定期计算部门的毛利率是评估其运作的最好方法。只有非生鲜分区的自有库存部分,才需要通过盘点确定其损耗和损耗率。

根据存货的不同计价方法,损耗的计算分为零售价法(Retail)和成本价法(Cost)。

1. 零售价法

(1)零售价法的计算方法。

零售价法以沃尔玛超市业态为代表,目前美国的零售企业有一半采用这种方法。计算方法如下:

$$损耗金额=实际盘点库存-账面库存$$

实际盘点库存为年终盘点时所有商品的零售价乘以库存数量的总和。

$$账面库存=期初库存+收货金额-销售额-\sum 降价金额$$
$$降价金额=(原售价-新售价)\times 商品现货数量$$

公式里的每一项都以零售价计算,特别要注意账面库存中的降价金额部分,由于是以零售价计算的,因此每个商品在盘点期间每一次零售价的变化都需要准确记录,这要求在变价时要人为地确认变价商品的现货数量,如果出错将影响账面库存的准确,从而产生损耗。

例如,一家商场只有一种商品,零售价为 10 元,库存数量为 100 个。假如期间没有发生收货和销售,只是在盘点前零售价从 10 元降到 9 元,在变价时计数 90 个,请计算是否产生损耗。

解:实际盘点库存=9×100=(900元)(假设盘点是准确的)

$$账面库存=10×100-(10-9)×90=910（元）$$
$$损耗金额=900-910=-10（元）$$

商场没有任何经营活动，竟然盘亏了 10 元。原因很简单，就是在变价计数时计错了数量，如果计为 100 个，就不会有损耗了。在实际运作中，商品的实际现货数量和计算机库存数量一定存在差异，所以在变价计数时一定要点实数，如果只按库存数量，损耗就会产生。

（2）零售价法的优点。

平时库存数量的调整不影响账面库存，只有在年终盘点和平时变价时需要准确点数，这样平时修正库存不会产生损耗，员工敢于调整库存，可以保证库存准确，有助于订货的准确。

大盘点一年盘一次即可。

对于零售价经常变动的折扣店，可以随时掌握变价金额，便于控制毛利。

（3）零售价法的缺点。

每一次变价都需要计数，如果员工责任心不强，就会产生大量的账面损耗。

盘点结果损耗只能分析到部门，不易精确到单品，不利于损耗原因的查找和调查。

损耗率要比成本价法的损耗率偏高。

2. 成本价法

（1）成本价法的计算方法。

成本价法以沃尔玛山姆会员店业态为代表，也是绝大部分国内零售企业采用的方法。计算方法如下：

$$损耗金额=实际盘点库存-账面库存$$

实际盘点库存为年终盘点时所有商品的成本价乘以库存数量的总和：

$$账面库存=期初库存+收货成本-销售额成本$$

公式里的每一项都以成本价计算，商品的库存数量和账面库存一一对应，每一次库存的调整都会改变账面库存，改变库存的途径通常有库存调整和报损调整两种。成本法的关键是平时要周期性盘点，并调整库存，累积损耗，再加上年终盘点时的库存差异，即为全年的损耗。以上只是不明原因的损耗，如果企业规定需要加上报损金额，还要把这部分加上。

（2）成本法的优点。

损耗分析可以精确到单品，便于损耗原因的查找和调查。

损耗率要比零售价法的损耗率偏低。

（3）成本法的缺点。

平时每一次调整库存都影响账面库存，员工不敢轻易做库存调整，不利于库存维护，影响订货的准确。

对于几万种 SKU（库存量单位）的商场，平时周期盘点是一个巨大的工程，影响效率。

3. 损耗率的计算

损耗率应该作为零售企业的一个财务指标，它受到不同地区和业态的影响，一般控制在 5‰，但据美国《全球零售盗窃晴雨表 2010》的统计，全球零售业平均损耗为 1.36%，损耗额超过 1073 亿美元，远高于理论控制的水平。因此，如何有效地降低损耗率，是全球

项目十二 商品损耗管理

零售业共同要解决的一个难题。损耗率的计算方法如下:

损耗率＝损耗金额/盘点商品的销售额×100%

对于零售价法,分子以零售价计算;对于成本价法,分子以成本价计算。而分母的销售额都以零售价计算。需要注意的是,准确地讲,销售额应该仅是由盘点的商品产生的,不应该包括生鲜分区,联营商品的销售额,才能反映企业营运的真实水平。

任务二　商品损耗的防范

商品损耗的防范简称商品防损,是指根据门店的人流、物流、信息流的活动规律和特点,通过合理的人员安排、流程规定、管理制度,对可能产生损耗的不安全因素的每一个环节进行监督和控制,从而达到全面控制损耗的目的。

一、商品防损体系的建立

(一)防损工作职能概述

1. 保障公司、顾客及员工财产和人身安全

(1)负责整个商场内部的商品及财产设备的安全防范工作;担负整个商场安全保卫工作,维护商场的正常营业、秩序及人员的安全。

(2)按规定程序处理商品的损坏、流失、被盗等事项;负责商场的设备和商品安全。

(3)巡视整个商场营业场所,防止商品被盗,以及跟踪可疑人员是否有扒窃行为;负责收银员收款、结款安全;重点防范内部职工盗窃问题。

(4)负责货物通道的进出货物的单据查验包括退货单的验证及收缴防损联单。

(5)及时处理各种突发事件,如火警、抢劫、盗窃、斗殴、寻衅滋事等在商场范围内的违法事件。

(6)负责对停车场车辆指挥与管理,确保顾客的车辆的安全;做好夜间的商场警戒巡逻工作。

(7)负责对员工的纪律监督,如着装、礼仪等。

(8)重大促销活动及会议的秩序维护。

2. 偷窃案件处理

(1)抓获嫌疑人员立即带至防损部进行处理,并请求同事协助。

(2)对小偷的处理应由班长以上人员负责。女性须有女防损员在场。

(3)认定偷窃性质,礼貌动员嫌疑人自己拿出赃物。切勿搜身或殴打,如嫌疑人拒绝合作,可晓之以理并明确告之不得存在侥幸心理。

(4)嫌疑人承认偷窃后,填写《商品偷窃处理登记表》,由嫌疑人签订认罚书。

(5)通知其亲属或朋友带罚款到商场交款领人。

(6)对未成年人通知其家长,轻处理,重在教育。

(7)罚款准则为"偷一罚十",即按商品销价的10倍。

（8）到财务部交罚款。

（9）把偷窃处理资料统一归类，对偷窃人员实行照相、填写特征资料。

（10）对拒不承认或不认罚人员交派出所处理。

（11）对确定没有作案的，要对其做到认错快、道歉快、补偿快。

（二）门店防损组织架构

1. 基本架构

一般来说，门店的防损组织结构由防损部经理、防损部主管、防损领班、保安人员、稽核人员、反扒人员、监控人员、机动人员组成，如图12-1所示。

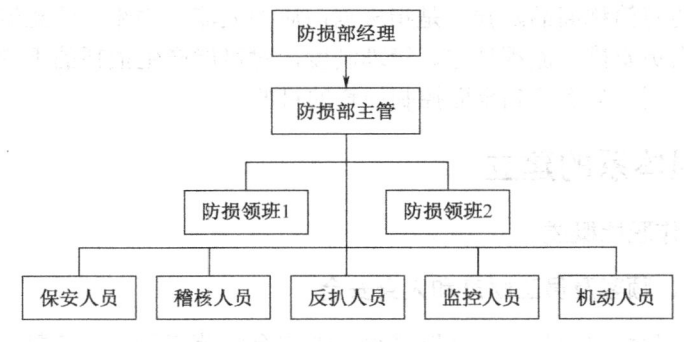

图 12-1　门店防损组织的基本架构

2. 架构简介

（1）防损人员：按照需求设置定点工作岗位，负责对自营商铺所有人员、商品进行监督检查、负责维持店内的治安环境、店内突发事件的处理。

（2）稽核人员：负责收银钱，稽核出入口的检查工作和防盗系统的测试及警报处理，并协助商铺出入货的确认，护银工作。

（3）反扒人员：负责在营业期间不定期地巡视商铺，及时发现店内出现的内盗、外盗现象并进行处理。

（4）监控人员（在监控中心工作）：负责对店内监控设备的维护和管理，在营业时间通过监控设备查看所有布控点，及时发现异常现象，营业结束后负责开启自动报警装置。

（5）机动人员：检查各店铺高端价、易丢失商品的日盘，找出高损耗商品进行重点监控，配合各岗位工作，按需进行顶岗。

二、商品损耗的分类

在门店的营业中，损耗每天都在发生。一般来说，引起商品损耗的原因主要有两个方面：一是不可抗拒的自然灾害的突然发生，称为不可控因素，主要有水灾、台风、地震等，本书不做介绍；二是人为因素造成的商品数量和价值的损失，称为可控损耗。主要是指由于管理不善所带来的，一般分为员工作业错误、顾客行为不当造成的损耗、偷盗造成的损耗、供应商欺诈造成的损耗以及意外事故造成的损耗，这是本书重点介绍的内容。

项目十二　商品损耗管理

（一）员工作业错误造成的损耗

（1）收银员的行为不当造成的损耗（如收银员收付款错误、调价未输入、脱机销售出现问题）。

（2）收货时验收不当造成的损耗（如商品名称、数量、价格、重量等出现错误）。

（3）由于作业手续上的不当造成的损耗（如退货不及时、自行采购商品未按要求验收）。

（4）商品管理不当所造成的损耗（如运输途中商品受损、储存过程中发生商品霉变、商品有效期管理不善、生鲜处理不当、变价计数不准确、盘点不当等）。

（二）顾客行为不当造成的损耗

（1）顾客的不当退货。

（2）顾客（特别是儿童）在购物过程中将商品污损、破坏，无法销售。

（三）偷盗造成的损耗

盗窃是指非法窃取他人财物的行为，社会危害极大。偷盗的处罚标准只能由立法机关授权的机关予以判定。而门店作为一个企业，是无权自行确定偷窃处罚标准的，因为当其制定的标准与国家法律相抵触时，将会给社会的法制秩序造成混乱。

对门店来说，主观上存在故意不付款而将商品带出店外的行为，都可以认定为偷窃。

1. 员工偷窃

员工偷窃又称内盗，由于员工对门店商品的情况比较熟悉，因此他们偷窃的机会和造成的损失要远远大于顾客偷窃。主要有个人随机偷窃、里外勾结、团伙偷窃等几种形式，主要的偷窃方法有：夹带[随身夹带、皮包夹带、购物袋夹带、废物箱（袋）夹带]；偷吃或使用商品；收银员窃取现金；服务台员工空退货；收货员伪造出货单据；楼面员工藏匿商品；防损员监守自盗；促销员/清洁工侵占商品；将商品高价低标，卖给亲朋好友，将用于顾客兑换的奖品、赠品据为己有；与亲友串通，购物未结账或少付货款；管理人员数据作假。

门店的任何岗位上都有可能出现内盗，但是容易出内盗的岗位包括收银员、专柜售货员、防损员、管理人员。

2. 顾客偷窃

顾客偷窃主要有职业盗窃团伙、惯偷、占小便宜、欺诈、个人随机偷窃等几种形式，主要的偷窃方法有：夹带（随身夹带、皮包夹带、购物袋夹带）；将偷盗来的商品退回而取得现金；将包装盒留下，拿走里面的商品；调换标签；将高价商品混杂于类似的低价商品中，欺骗收银员。

（四）供应商欺诈造成的损耗

供应商欺诈的行为表现如下。

（1）供应商将已经收货完毕的商品，重新按未收货点数。

（2）以次充好，以少充多。供应商送货商品的数量、质量、重量的作弊行为。供应商将不合格商品、过期商品或低于采购标准质量的商品冒充合格产品，造成收货数量（重量）

少于送货数量（重量），收货质量低于采购标准。

（3）供应商私自丢弃应属于退货且未办理手续的商品，从而减少退货数量，如生鲜食品等。

（4）李代桃僵。供应商自己来挑选单件商品扫描。这可能导致以下可乘之机：第一，供应商可能提供成本较高的商品扫描，这样收货员工扫描了成本较高的商品而与实际送的商品不符；第二，扫描商品的规格与实际商品不同，如将8只装小圆面包当成12只装扫描。

（5）釜底抽薪。供应商不打开货箱接受检查，不清点箱内商品而从箱外的包装上获得商品数量，箱子可能从底部被打开并被取走一些商品而造成短装。

（6）顺手牵羊。供应商未经检查即移动空箱子或容器，这可能使供应商将商品放在箱内带走。

（7）场外交易：供应商（包括其导购员、营业员）有意将本应在门店实现的销售，秘密地在门店以外的地点销售。

（8）隐瞒销售：供应商（包括其导购员、营业员）有意将在门店实现的销售收入隐瞒，短报或不报营业款。

（五）意外事故造成的损耗

（1）由于管理不善造成的火灾、营业时间内的突然停电、设备故障等。

（2）恶劣天气：指台风、暴雨、高温等天气。

（3）客观意外：如抢劫、诈骗、骚乱、游行示威、爆炸物等。

（4）人身意外：如员工/顾客的意外事故伤害、一氧化碳中毒、电击等。

阅读材料

员工内盗何时休

美国零售业做过以下统计：在一个零售企业里至少有30%的员工有偷窃的想法，即使加上严密的防范和控制，仍然有10%的员工想偷窃；只有10%的员工是诚实的，而其他的80%受以上两种人的影响。在各类损耗中，88%是由于店员作业错误、店员偷窃或意外损失造成的，7%是顾客偷窃，5%属厂商偷窃，其中尤以店员偷窃所遭受的损失为最大。美国全年被员工偷窃造成的损失高达4000万美元，比顾客偷窃额高出5.6倍；我国台湾省，员工偷窃的比例亦达60%之高。

这些资料表明，防止商品损耗应该以加强内部员工管理及作业为主。

三、商品损耗的防范及处理

（一）员工作业错误的防范措施

（1）建立巡视制度。巡视内容包括：营业部门在开业前、营业中要不断抽检食品的保质期，检查蔬果肉类的丢弃、外卖是否符合公司要求；POS系统是否已接到商品调价指令；商品促销及陈列是否有利于防损；退换货是否符合程序规范；收货、票据部门的各种单据及票据是否及时办理；收银零钞及财务部现金（含金银首饰库）是否准确安全；员工纪律；消防安全；商品报损情况等。

项目十二　商品损耗管理

（2）建立台账制度。营业部门将巡视情况及时记录并马上归档，对发生的问题提出改进意见及建议报店长；对门店营运情况进行检查监督并确认每个问题都得到落实或解决。

（3）日落原则：今日事今日毕，防止问题堆积。

（二）偷盗行为的防范措施

1. 员工偷盗的防范

员工偷盗有多种表现形态，具有隐蔽性、长期性和方便性的特点。上海的某家乐福超市，家电部的几位资深店员利用他们对地理环境的熟悉，内外勾结、监守自盗时间长达半年之久，造成高达几十万元的经济损失。一般来说，采取以下措施来防范员工偷盗。

（1）检查现金报表。主要有现金日报表、现金损失报告表、现金投库表、营业状况统计表、换班报告表、营业销售日报表、营业销售月报表等。

（2）检查商品管理报表。主要有商品订货簿、商品进货统计表、商品进货登记单、坏品及自用品统计表、商品调拨表、商品退货单、盘点统计表等。

（3）为防员工监守自盗，须制定处罚办法，并公布通知，严格执行。

（4）员工购物应严格规定时间、方法及商品出入手续。

（5）严格要求员工上下班时从规定的出入口出入，并自觉接受检查。

（6）装备电子监视系统。

2. 顾客偷盗的防范

一般来说，门店会设置便衣安全员。设置便衣安全员是有效防止和发现顾客盗窃的有利手段，他们的隐蔽性好、专业反扒能力强，是超市防盗的强有力的队伍。通常安全人员通过如下异常现象来发现盗窃。

（1）购买的商品明显不符合顾客的身价或经济实力。

（2）购买商品时，不进行挑选，大量盲目地选购商品。

（3）在商店开场或闭场时，频繁光顾贵重商品的区域。

（4）在超市中走动，不停东张西望或到比较隐蔽的角落。

（5）拆商品的标签，往大包装的商品中放商品，撕掉防盗标签或破坏商品标签。

（6）往身上、衣兜、提包中放商品。

（7）几个人同时聚集在贵重商品柜台前，向同一售卖员要求购买商品。

在确认嫌疑人是否盗窃时，要注意反扒的四要素。

（1）防损反扒人员亲眼看见涉嫌人拿取商品。

（2）亲自跟踪涉嫌人从未间断。

（3）确认涉嫌人将商品藏在身上未付款。

（4）涉嫌人已走出收银区域。

只有符合上述四要素的嫌疑人才能确认其盗窃的事实，防损人员才能采取相应的措施。否则，不但给嫌疑人带来精神上的伤害，还损害了企业信誉。

（三）供应商欺诈的防范措施

（1）收货部严格执行收货制度，对所有入库的商品（包括联营柜的联营商品）均进行严格的验收。

（2）防损员的检查：防损员严格对供应商的进出进行控制和管理，对进出携带物品进行检查。

（3）禁止供应商进入仓库。

（4）由公司收货人员负责全过程的收货操作，禁止供应商及其促销员参与收货。

（5）将已经收货和未收货的商品按区域严格分开。

（6）收货部做好商品的退换货工作，防损部加强监督。

（7）定期检查联营供应商的销售动态，对异常的大笔销售进行检查。

（四）意外事故的防范及处理

（1）完善并严格执行大卖场的各种操作规定。例如，驾驶叉车必须持相关有效证件；堆放货物应将大、重商品放在下面，小、轻商品放在上面。

（2）如果顾客发生意外伤害：①首先应上前慰问，如需要必须立即送医院；②第一时间通知卖场高层领导、防损部及人事部相关管理人员；③切忌乱承诺、乱表态，使卖场在处理事件的过程中处于被动状态；④遇天灾时有一套完整有效的疏散、处理计划，并切实保证每位员工都经过训练（如火灾、台风等）。

【课堂讨论】

一把青菜怎么这么重

一位顾客手里拿着糖、口香糖及价值17元/块的巧克力5块，此顾客未推购物车，胳膊下夹了一把雨伞，购物篮里装了一些青菜。当他走到角落时，趁机将巧克力等商品藏在篮子里的3袋青菜内，又在篮子里加了3把青菜后去计量处打价。几把青菜提起来明显没那么重，计量员却未发现任何可疑迹象，且未察觉青菜重量与实际重量不符，依旧照常计量。当顾客在收银台付款时，收银员也未察觉，最后被一直跟踪该顾客的便衣防损员请进了办公室。青菜的总价也就六七块钱，而青菜中夹带的商品总价值却有130多元钱。

问题：1. 请对案例中防损出现的问题进行分析。

2. 如何解决案例中出现的问题。

任务三　商品防损技术的应用

改革开放以前，由于受经济发展的限制，我国的安防主要以人防为主，安全技术防范还只是一个概念，技术防范产品几乎还是空白。随着人民生活水平的不断提高，安防作为一个行业在北京、上海、广州等经济发达城市和地区悄然兴起。同时，伴随着国民经济发展和经济全球化进程的加快，安防行业领域不断扩大，我国安防产业迅速发展成为世界上最庞大的安全防范产品市场。

防损技术作为安防技术行业的一个分支，近十几年来伴随着零售业的成熟也在日新月异地发展，新产品层出不穷，成本不断降低，起到了为零售企业的经营保驾护航的作用。

目前连锁超市在安全和防盗方面最常用的防损技术手段包括闭路电视监控系统；报警系统；门禁系统；电子防盗系统、防盗保护道具和无线射频识别技术。下面我们将重点介绍闭路电视监控系统、报警系统和无线射频识别技术。

项目十二　商品损耗管理

一、闭路电视监控系统

1. 闭路电视监控系统简介

闭路电视监控系统是门店安全技术防范体系中的一个重要组成部分，是一种先进的、防范能力极强的综合系统，它可以通过遥控摄像机及其辅助设备（镜头、云台等）直接观看被监视场所的一切情况，可以把被监视场所的情况一目了然。同时，电视监控系统还可以与防盗报警系统等其他安全技术防范体系联动运行，使门店安全防范能力得到整体的提高。

2. 闭路电视监控系统的组成和工作原理

闭路电视监控系统由摄像前端装置，包括各类摄像机、定焦或变焦变倍镜头、实现摄像机上下左右运动及旋转的云台、保护摄像机及镜头的保护罩、接收并执行主机命令的解码器，以及数码录像监控系统等部分组成。

工作原理：闭路电视监控系统是利用系统前端音/视频采集设备（如摄像机等）采集的音/视频信号，通过同轴电缆等传输媒质，传至中央控制室监控主机集中监控、管理，从而有效达到监控目的的电子系统。

3. 监控点的位置设计

（1）卖场的出入口、员工通道、自动扶梯口。
（2）停车场的主要通道和出入口。
（3）顾客服务台（带录音功能）存包处。
（4）押款通道、交款处、收银台和金库区域。
（5）高值、易盗商品区域。
（6）卖场内视觉死角区域。
（7）卖场内部的主要通道区域（可采用云台摄像机）。
（8）收货和仓库区域。
（9）防损办公室（带录音功能）。

二、报警系统

1. 报警系统的组成

简单的报警系统由前端探测器、中间传输部分和报警主机组成。门店报警系统由红外报警系统和门磁报警系统组成。主要包括前端的红外报警探测器及门磁探测器及后端的红外报警监控主机。

2. 报警系统的原理

（1）红外报警系统主机的工作原理是利用前端的传感器设备（如红外探测器、门磁传感器等）来完成相关区域的设防工作，从而有效控制了相关区域的安全。

（2）红外探测器的工作原理：探测人体所发出的固有红外波长（通常为10微米，安装在4米高时有效探测面为4.5~7米），当有此波长物体进入设防区域时，探测器向主机发出信号，主机报警。

（3）门磁探测器的工作原理：当门关闭时，门磁状态处于常闭状态，当门打开后，门磁状态改变为常开状态，探测器向主机发出信号，主机报警。

3. 报警系统的设置

整个卖场是封闭的，所有对外的门包括紧急出口门都应安装门磁探测器，根据门的出入性特点将卖场的防区设为即时防区和 24 小时防区。例如，紧急出口门属于 24 小时防区，需永久设防；收货门和出入口属于即时防区，可根据进出需要进行撤防和设防。紧急出口门同时需要安装 DETEX 类型的特爆锁，推开会发出报警声音，同时门磁探测器报警，实现双保险。

红外探测器可安装在金库、员工通道、入口和出口等没有门磁探测器的位置，子夜间卖场无人时设防，红外探测器报警不宜安装过多的防止误报。

三、无线射频识别技术

随着人们生活质量的提高，拥有贵重货品及奢侈品是多数人的追逐目标和理想，但对于商铺来说，如何管理昂贵货品的丢失并实现盈利是最为重要的。由于人的虚荣心和贪婪心的驱使，个别人会铤而走险进行偷窃行为，该行为给商铺带来极大损失。

采用无线射频识别技术可实现货品的远距离识别、自动化全程监控，具有识别速度快、识别率高、可自动获取商品信息等优势。

1. 无线射频识别技术简介

无线射频识别技术是 Radio Frequency Identification 的缩写，简称 RFID，俗称电子标签（E-Tag），是一种非接触式的自动识别技术，它通过射频信号自动识别目标对象并获取相关数据，识别工作无须人工干预，操作快捷方便。

RFID 最早的应用可以追溯到第二次世界大战中用于区分盟军和纳粹飞机的"敌我识别"系统。20 世纪 80 年代起被用于超市防盗，至今已有 30 多年的历史，在世界范围内正被广泛地应用，为开架自选超市的发展立下了汗马功劳。

2. 系统工作原理

（1）系统结构。

RFID 货品防盗系统主要包括 RFID 标签初始化、柜台管理、进出门区域报警管理三部分，如图 12-2 所示。

```
                    货品防盗系统
                         │
        ┌────────────────┼────────────────┐
   RFID标签初始化      柜台管理      进出门区域报警管理
```

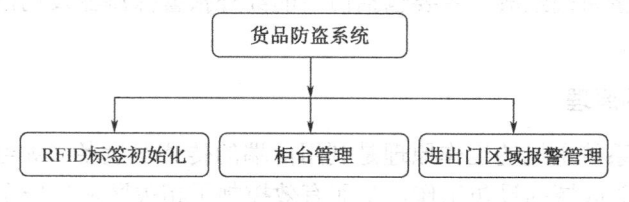

图 12-2　RFID 货品防盗系统的结构

（2）系统工作原理。

项目十二　商品损耗管理

　　RFID 货品防盗管理系统融射频识别技术、计算机通信技术、自动控制技术为一体。首先在每一个贵重货品上贴一张射频标签（又称电子标签或智能标签，见图 12-3），它是由 IC 芯片和无线通信天线组成的一种超微型的小标签。芯片中存储有能够识别目标的信息。这些信息通过 RFID 读写器均可读取；在店铺必经通道安装 RFID 读写器和 RFID 天线（见图 12-4）。系统工作时，阅读器发出微波查询信号，电子标签收到微波查询能量信号后将其一部分整流为直流电源供电子标签内的电路工作，另一部分微波能量信号被电子标签内保存的数据信息调制后反射回读写器/阅读器（俗称读头）。读写器接收反射回的幅度调制信号从中提取出电子标签中保存的标识性数据信息，通过解读器把它转换成相关数据。控制计算器就可以处理这些数据从而进行管理控制。例如，天线和读写器安装在进出门的地方，另一个桌面发卡器放置在柜台对售出货品进行读写或注销，当未注销的标签进入出门时，读写器将闭合 IO 口控制外部报警器报警，从而遏制盗窃行为。

　　RFID 标签初始化：对商品进行贴标，标签内包含了商品的详细信息，如生产日期、产地、品牌、颜色、大小、状态（出售或未出售）入库时间等。

　　柜台管理：对商品的标签进行注销操作。

　　进出门区域报警管理：对商品的进出重要区域进行智能化监控管理，当非法携带商品时系统将即时报警。

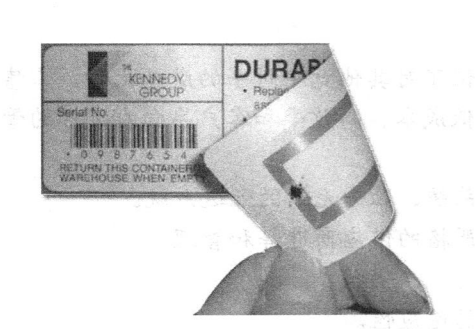

图 12-3　RFID 标签　　　　图 12-4　装有 RFID 系统的购物车

（3）系统特点。

　　自动化监控可远距离监控天线范围内的所有标签，天线对不同处理方式后的货品采取不同操作，对非法带出安全区的货品启动报警功能，全过程无须人工操作。

　　远距离数据的读写 RFID 读写器可远距离读写标签信息，且可一次处理多个标签，并可以将货品状态写入标签，供不同区域的天线产生相应操作。

　　柜台销售自动化使用电子标签可以实现柜台销售、退货、柜台存货、盘点、收款等销售自动化作业的功能。

3．RFID 应用的注意事项

（1）所有门店要有一个统一的 RFID 商品清单，由门店防损部保管。
（2）防损部定期有专人按清单检查加装标签的情况和效果，并统计检查结果。
（3）清单上的商品根据需要定期调整。
（4）定期给收银员进行消磁培训。

（5）平时认真做好RFID报警记录，便于分析统计。
（6）谨慎处理RFID报警事件，制定严格的处理程序。

阅读材料

RFID在沃尔玛的应用

1. 成熟的信息系统

早在20世纪80年代沃尔玛就建立起自己的商用卫星系统。在强大的技术支持下，如今的沃尔玛已形成了"四个一"："天上一颗星"——通过卫星传输市场信息；"地上一张网"——有一个便于用计算机网络进行管理的采购供销网络；"送货一条龙"——通过与供应商建立的计算机化连接，供货商自己就可以对沃尔玛的货架进行补货；"管理一棵树"——利用计算机网络把顾客、分店或山姆会员店和供货商像一棵大树一样有机地联系在一起。

2. 惊人的损耗统计

据有关资料显示，沃尔玛一年单是盗窃的损失就差不多有20亿美元，通过采用RFID，沃尔玛每年可以节省83.5亿美元，其中大部分是因为不需要人工查看进货的条码而节省的劳动力成本。RFID有助于解决零售业两个最大的难题：商品断货和损耗。RFID技术能够帮助把失窃和存货水平降低25%。

3. 超级物流供应链管理水平

国际知名零售企业的庞大并高效的物流网络保证了对其他竞争对手的成本优势。零售连锁业本质和供应链管理的实质不谋而合，都是以低成本、高效率和客户导向为目标的管理模式，以沃尔玛为例：

天罗地网——世界上最大的民用卫星和数据库系统、独一无二的配送系统。

霸权主义——为消费者提供最优价格的产品、严格的供应商选择和管理。

产销联盟——零售商主导的供应链模式。

管理支持——管理模式与供应链管理有着天然的适应性。

奢侈投资——沃尔玛总共投入到信息系统建设中的费用达到7亿美元。

4. 全球连锁规模

沃尔玛是美国最大的非国营企业雇主，在全球28个国家开设了超过11000家商场，下设70个品牌，全球员工总数220多万人，每周光临沃尔玛的顾客达2.5亿人次。2015年销售额超过4856亿美元，占美国国民生产总值的2.8%。

（资料来源：http://www.wal-martchina.com/walmart/index.htm）

课后训练

一、填空题

1. 商品损耗，是指门店_____的损失，分为_____和_____。
2. 商品损耗的计算方法包括_____和_____。

项目十二 商品损耗管理

3．员工作业错误的防范及处理包括建立_____、_____、_____。
4．引起商品损耗的原因一是不可抗拒的_____的突然发生，称为_____；二是人为因素造成的_____的损失，称为_____。
5．主观上存在故意不付款而将商品带出店外的行为，都可以认定为_____。
6．偷盗包括_____、_____和_____。
7．员工偷盗具有_____、_____和_____的特点。
8．商品防损有两大职能，一是_____；二是_____。
9．简单的报警系统由_____、_____和_____组成。
10．RFID 系统主要包括_____、_____、_____三部分。

二、简答题

1．简述商品防损的概念。
2．简述商品防损的意义。
3．由于管理不善造成的商品损耗有哪几类？
4．意外事故造成的损耗有哪几种？
5．简述意外事故的防范及处理。
6．简述反扒的四要素。
7．门店防损技术有哪些？

三、技能训练

不翼而飞的影碟机

一天下午，某超市所在社区停电，整个超市供电不足，灯光昏暗，交接班人员都在岗位上，人数非常多。这种环境为那些利欲熏心、意图不轨的人提供了难得的机会，家电部 A 课长趁此时机，将不知从哪里弄来的发票拿到家电售后服务中心，声称有顾客要退货，而商品正在卖场试机，让家电服务中心人员提供退货小票，又利用职务之便开好退货单，并冒充顾客在退货单上签了名，然后让毫不知情的售后课课长 B 某签了字，B 课长也未仔细询问，在没见到顾客及实物的情况下，草草地签了名，并通知服务台工作人员办理退款手续，服务台工作人员问："为什么退货？" A 课长答复"顾客刚买的单，现在没货。"服务台工作人员也未仔细询问，便到收银台办理了退款手续。就这样一台价值 928 元的 TCL DVD 影碟机退货款便轻易地被 A 课长装入了腰包。

事后，某员工提醒 B 课长："退货商品和单据怎么都没返回？" B 课长这才有所警觉，马上报部门助理和主管，核对计算机库存及实物，发现计算机库存少一台。

事后，门店对此事的相关负责人给予了严肃的处理。

问题：1．请对此案例中影碟机丢失的原因进行分析。
2．请分析如何杜绝此类事件的发生。

参 考 文 献

[1] 陈伟. 沃尔玛大学:标准化管理的68个细节. 北京:企业管理出版社,2005.
[2] 范征. 连锁企业门店营运管理. 2版. 北京:电子工业出版社,2013.
[3] 郭伟,喻合. 连锁经营门店营运. 北京:中国财政经济出版社,2015.
[4] 姚昆遗,邹炜. 超市管理经营实务. 辽宁:科学技术出版社,2004.
[5] 赵涛. 连锁店经营管理. 北京:北京工业大学出版社,2006.
[6] 章洁. 新编现代商场超市规范管理大全. 北京:蓝天出版社,2004.
[7] 周勇. 连锁店经营管理基础. 上海:立信会计出版社,2004.
[8] 周文. 连锁超市经营管理师操作事务手册——店铺运营篇. 湖南:科学技术出版社,2003.
[9] 张晔清. 连锁企业门店营运与管理. 上海:立信会计出版社,2002.
[10] 戴春华. 超市标准化营运管理·商品营运管理. 广州:南方日报出版社,2002.
[11] 戴春华. 超市标准化营运管理·安全与防损管理. 广州:南方日报出版社,2002.
[12] 黄福华,田野,周文. 现代连锁超市经营管理实务. 长沙:湖南科学技术出版社,2002.
[13] 禹来. 卖场设计与管理. 广州:广东经济出版社,2004.
[14] 郭延江. 连锁经营管理技术. 北京:北京交通大学出版社,2012.
[15] 姚昆遗,邹炜. 超市经营管理实务. 沈阳:辽宁科学技术出版社,2004.
[16] 金娟,王颖,毕春辉. 连锁超市经营管理实务. 深圳:海天出版社,2003.
[17] 周文. 连锁超市经营管理师操作实务手册——促销管理篇. 湖南:科学技术出版社,2003.
[18] 王方. 市场营销原理与实务. 北京:高等教育出版社,2013.
[19] 王婉珍. 商品陈列的心理艺术. 哈尔滨商业大学学报(社会科学版),2005,(06):88-90.
[20] 肖怡. 企业连锁经营与管理. 大连:东北财经大学出版社,2015.
[21] 黄权藩. 品类管理——教你如何进行有效定价. 北京:机械工业出版社,2013.
[22] 联商网. www.linkshop.com.cn.
[23] 超商网. www.ccsm.com.cn.
[24] 华夏超市猎人商业网. www.cslieren.com.
[25] 苏宁电器. www.cnsuning.com.
[26] 超市周刊. www.cszk.cn.
[27] 波特商业管理网. www.szporter.com.
[28] 中华零售网. www.i18.cn.
[29] 中国人力资源学习网. www.21hrd.com.
[30] 中华营销培训网. www.byqp.com.
[31] 中华企管网. www.wiseman.com.cn.
[32] 零售网. www.leadshop.com.cn.